lonely planet

LONELY PLANETs

WANN
AM BESTEN
WOHIN

DER ULTIMATIVE REISEPLANER FÜR JEDEN MONAT

INHALT

Januar

S. 8–31

Februar

S. 32–55

März

S. 56–79

April

S. 80–103

Mai

S. 104–127

Juni

S. 128–151

INHALT

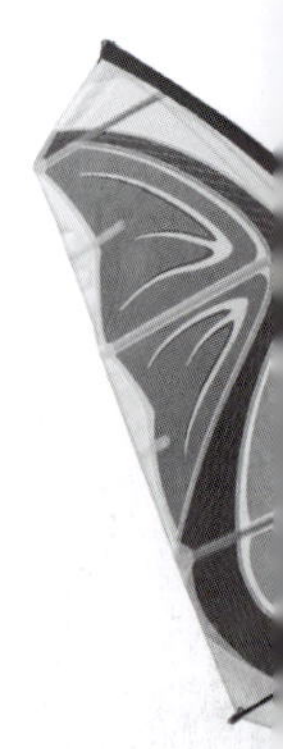

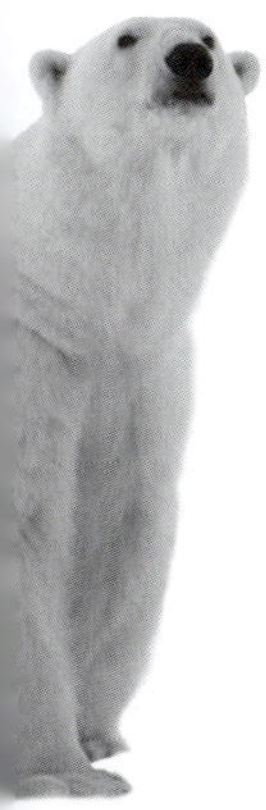

Oktober

November

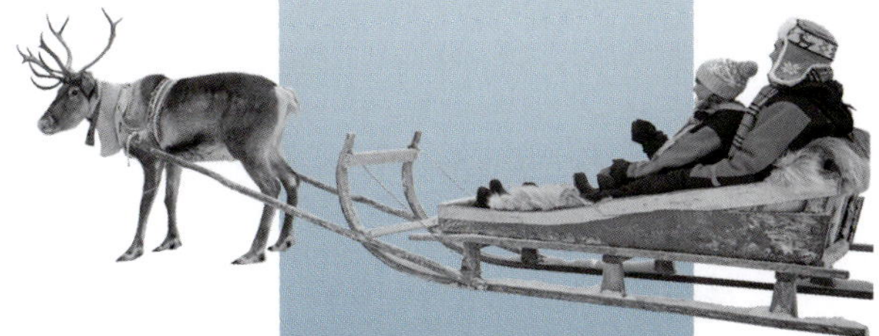

Dezember

EINLEITUNG

→ Beinahe wären wir Anfang Juni gefahren. Frühsommer, schönes Wetter, aber die Massen kommen erst später. Das ist bestimmt eine gute Zeit – oder etwa nicht? Nein, tatsächlich nicht. Mit einem Grappa auf einer sonnenbeschienenen Terrasse sitzend, ließ ich den Blick über die Dolomiten vor einem wolkenlosen blauen Himmel schweifen und war froh, dass wir doch bis Anfang Juli gewartet hatten. Denn jetzt waren die Berghütten und Seilbahnen geöffnet, auf den Hochpässen lag kaum noch Schnee und das Angebot an Aktivitäten war groß. Die Wildblumen blühten schon überall, trotzdem war nicht viel los. Und so prosteten wir uns zu. Saluti! Ein Hoch auf gutes Timing!

Wären wir passionierte Skifahrer, hätten wir natürlich im Februar oder März anreisen müssen. Dann ist die winterliche Kälte in den norditalienischen Bergen nicht mehr ganz so eisig und der Pulverschnee einfach perfekt. Jeder Traveller hat andere Wünsche und Bedürfnisse – und genau da kommt dieses Buch ins Spiel.

Beim Reisen lautet die entscheidende Frage „Wann am besten wohin?" Wer etwa auf dem Inca Trail in Peru wandern will, sollte wissen, dass er im Februar geschlossen ist, dass im Juli und August die meisten Wanderer unterwegs sind und dass man in jedem Fall eine Genehmigung braucht.

Vielleicht ist man auch zeitlich festgelegt und muss zwei Wochen Urlaub im Oktober nehmen. Dann ist es sinnvoll zu wissen, wo es zu dieser Zeit sonnig ist (wie in Griechenland), die Sehenswürdigkeiten zugänglich sind (z. B. in Jordanien), gute Surfbedingungen herrschen (in Fidschi) oder Tiere beobachtet werden können (wie in Namibia).

Dieses Buch liefert Rat und Inspiration, zeigt Optionen auf, informiert und trägt

vielleicht dazu bei, Reiseziele in Erwägung zu ziehen, die einem bis dato noch nie in den Sinn gekommen sind. Es gibt zwölf Kapitel – für jeden Monat eines –, die alle mit einem praktischen „Entscheidungshelfer“ beginnen. Durch die Fragen in der Grafik lässt sich die Auswahl der Reiseziele Schritt für Schritt einengen. Ist Entspannung angesagt oder eine persönliche Herausforderung? Will man Kulturstätten erkunden, aktiv werden oder sich selbst finden? Möchte man sich an einem menschenleeren oder an einem Partystrand sonnen? Dieses Buch liefert zahlreiche Ideen.

Wir haben 360 Orte ausgesucht, die von familienfreundlich bis zu adrenalingeladen alles abdecken, und jeweils die besten Reisezeiten angegeben. Vielleicht gibt's ja ein Festival, das man nicht verpassen sollte, oder vor der Hauptsaison ist es nicht nur ruhiger, sondern auch deutlich günstiger. Möglicherweise hat man nur saisonal Gelegenheit, Mantarochen, Eisbären oder Schmetterlinge zu sichten oder das Wetter ist in diesem oder jenen Monat besonders schön. Egal, welche Reiseart einem vorschwebt oder in welchem Monat man frei hat, ganz gleich, ob man Wanderer, Radfahrer, Feinschmecker, Hängemattenschaukler, Eisenbahnfan, Road-Trip-Liebhaber oder Raver ist, wir haben den passenden Vorschlag.

Von Sarah Baxter & Paul Bloomfield

(L) Die Dolomiten im Sommer;
(R) Machu Picchu; Rumba-Trommler in Havanna

Januar

WANN AM BESTEN WOHIN?

ICH WILL

MIR ETWAS GÖNNEN

Auf einer winterlichen Schiffstour durchs indische Kerala innere Ruhe erlangen – und lecker essen

LASS UNS AUSGEHEN

ESSEN

KERALA, INDIEN S.24

TASMANIEN, AUSTRALIEN S.17

TRINKEN

WIEN S.25

Bei einem Walzer den Zauber der berühmten Wiener Ballsaison spüren

AUF IN DIE STADT

STADT & STRAND?

FLORIDA, USA S.14

SYDNEY S.19

KALT

BUDAPEST S.15

HEISS

WELLINGTON, NEUSEELAND S.31

Die winterliche Sonne genießen in Miami Beach (und im ganzen Bundesstaat Florida)

AB ZUM STRAND

AUFDREHEN

THAILAND S.26

ENTSPANNEN

GRENADA S.20

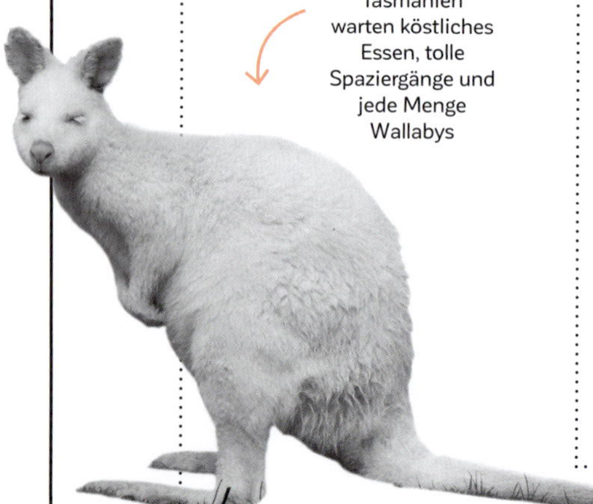

Im sonnigen Tasmanien warten köstliches Essen, tolle Spaziergänge und jede Menge Wallabys

In Budapest, der Stadt der Thermalbäder, ordentlich ins Schwitzen kommen

Einen Kulturkick erleben bei den abwechslungsreichen Events des Sydney Festivals

VERSCHNEITE STÄDTE AUS DEM ZUG BEWUNDERN?

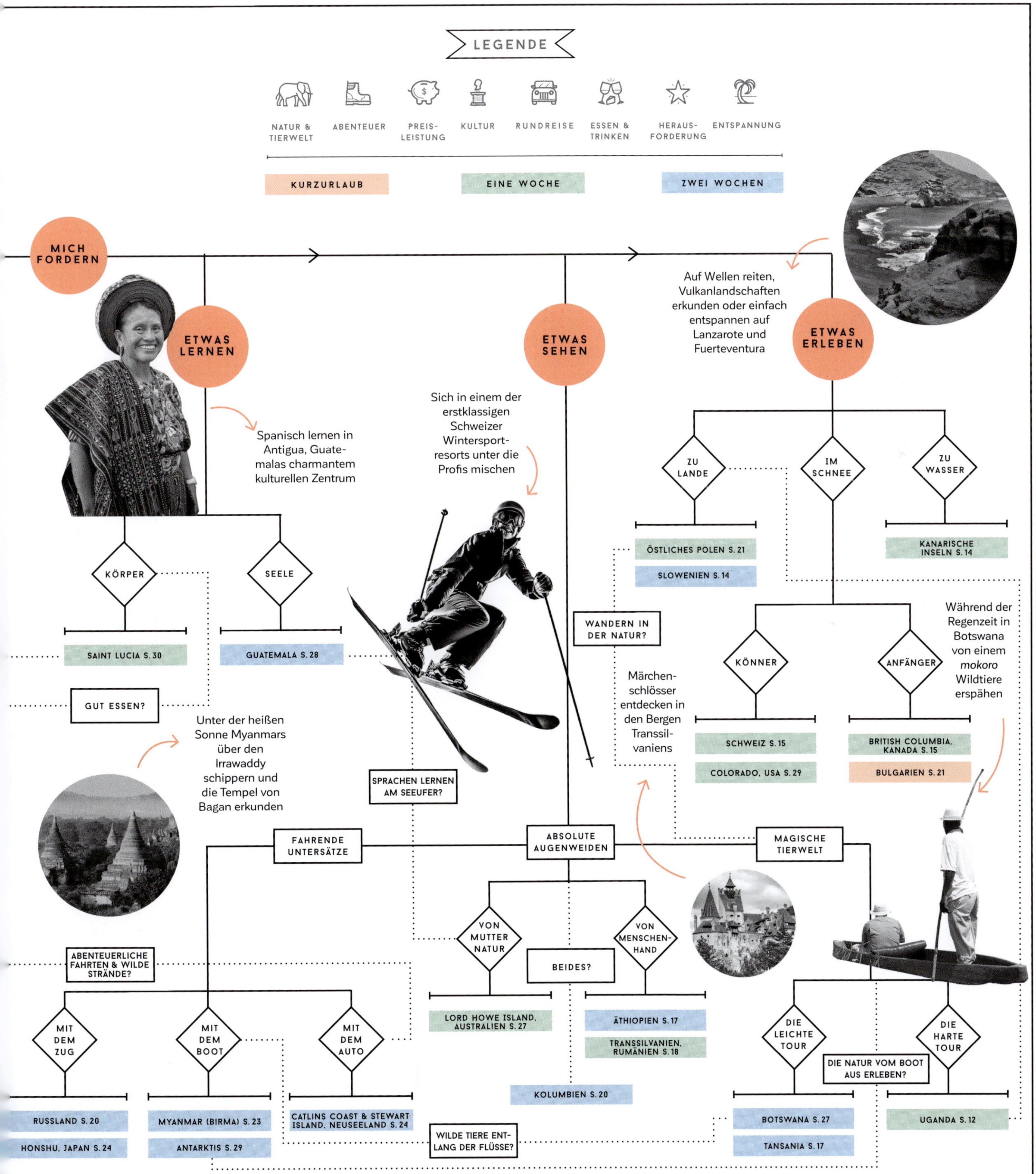
LEGENDE
NATUR & TIERWELT
ABENTEUER
PREIS-LEISTUNG
KULTUR
RUNDREISE
ESSEN & TRINKEN
HERAUS-FORDERUNG
ENTSPANNUNG
KURZURLAUB
EINE WOCHE
ZWEI WOCHEN
MICH FORDERN
ETWAS LERNEN
ETWAS SEHEN
ETWAS ERLEBEN
Auf Wellen reiten, Vulkanlandschaften erkunden oder einfach entspannen auf Lanzarote und Fuerteventura
Spanisch lernen in Antigua, Guatemalas charmantem kulturellen Zentrum
Sich in einem der erstklassigen Schweizer Wintersport-resorts unter die Profis mischen
KÖRPER
SEELE
SAINT LUCIA S. 30
GUATEMALA S. 28
GUT ESSEN?
Unter der heißen Sonne Myanmars über den Irrawaddy schippern und die Tempel von Bagan erkunden
ZU LANDE
IM SCHNEE
ZU WASSER
ÖSTLICHES POLEN S. 21
SLOWENIEN S. 14
KANARISCHE INSELN S. 14
WANDERN IN DER NATUR?
Märchen-schlösser entdecken in den Bergen Transsil-vaniens
KÖNNER
ANFÄNGER
SCHWEIZ S. 15
COLORADO, USA S. 29
BRITISH COLUMBIA, KANADA S. 15
BULGARIEN S. 21
Während der Regenzeit in Botswana von einem *mokoro* Wildtiere erspähen
SPRACHEN LERNEN AM SEEUFER?
FAHRENDE UNTERSÄTZE
ABSOLUTE AUGENWEIDEN
MAGISCHE TIERWELT
VON MUTTER NATUR
BEIDES?
VON MENSCHEN-HAND
LORD HOWE ISLAND, AUSTRALIEN S. 27
ÄTHIOPIEN S. 17
TRANSSILVANIEN, RUMÄNIEN S. 18
KOLUMBIEN S. 20
ABENTEUERLICHE FAHRTEN & WILDE STRÄNDE?
MIT DEM ZUG
MIT DEM BOOT
MIT DEM AUTO
RUSSLAND S. 20
HONSHU, JAPAN S. 24
MYANMAR (BIRMA) S. 23
ANTARKTIS S. 29
CATLINS COAST & STEWART ISLAND, NEUSEELAND S. 24
WILDE TIERE ENT-LANG DER FLÜSSE?
DIE LEICHTE TOUR
DIE HARTE TOUR
DIE NATUR VOM BOOT AUS ERLEBEN?
BOTSWANA S. 27
TANSANIA S. 17
UGANDA S. 12

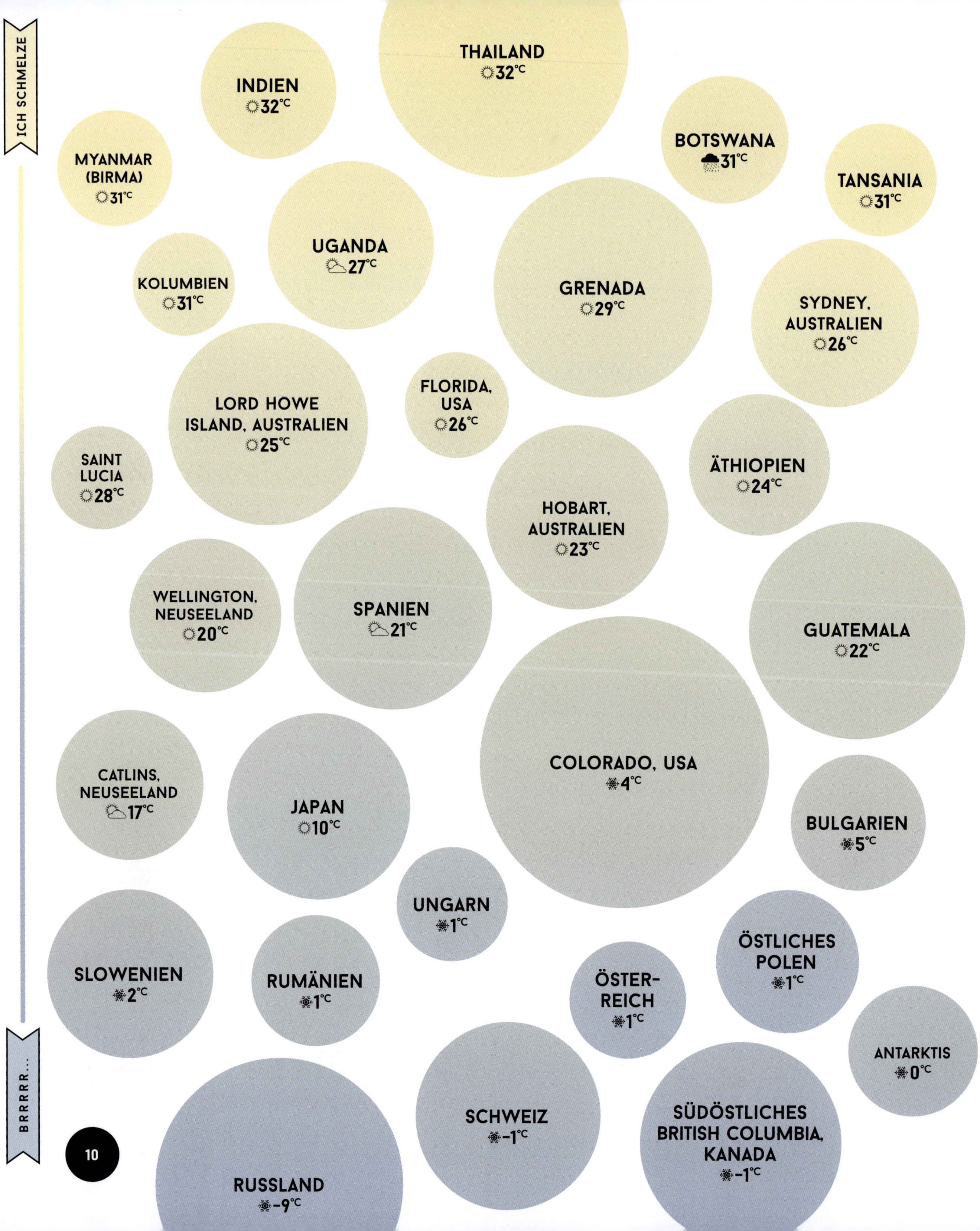
ICH SCHMELZE
BRRRRR...
THAILAND 32°C
INDIEN 32°C
BOTSWANA 31°C
MYANMAR (BIRMA) 31°C
TANSANIA 31°C
UGANDA 27°C
KOLUMBIEN 31°C
GRENADA 29°C
SYDNEY, AUSTRALIEN 26°C
FLORIDA, USA 26°C
LORD HOWE ISLAND, AUSTRALIEN 25°C
SAINT LUCIA 28°C
ÄTHIOPIEN 24°C
HOBART, AUSTRALIEN 23°C
WELLINGTON, NEUSEELAND 20°C
SPANIEN 21°C
GUATEMALA 22°C
COLORADO, USA 4°C
CATLINS, NEUSEELAND 17°C
JAPAN 10°C
BULGARIEN 5°C
UNGARN 1°C
SLOWENIEN 2°C
RUMÄNIEN 1°C
ÖSTLICHES POLEN 1°C
ÖSTER-REICH 1°C
ANTARKTIS 0°C
SCHWEIZ -1°C
SÜDÖSTLICHES BRITISH COLUMBIA, KANADA -1°C
RUSSLAND -9°C

Januar

GEFÄLLT DER GANZEN FAMILIE

TEUER, ABER ES LOHNT SICH

VIEL ERLEBEN FÜR WENIG GELD

DIE KINDER ZUHAUSE LASSEN

Mitten im Sommer Sydneys fantastisches Kunst- und Kulturfestival besuchen

SCHWEIZ

LORD HOWE ISLAND, AUSTRALIEN

SYDNEY

FLORIDA, USA

Auf frisch gefallenem Tiefschnee fahren im angesagten Colorado

COLORADO, USA

SAINT LUCIA

TANSANIA

GRENADA

Einen goldenen Buddha in Thailand besichtigen

BRITISH COLUMBIA

THAILAND

KANARISCHE INSELN, SPANIEN

TRANSSILVANIEN, RUMÄNIEN

BULGARIEN

WELLINGTON, NEUSEELAND

Den Tag mit einem opulenten südindischen Frühstück im ruhigen Kerala beginnen

TASMANIEN, AUSTRALIEN

SLOWENIEN

In Tasmanien wundervolle Kreaturen erspähen wie diesen Beutelmarder

KERALA, INDIEN

CATLINS & STEWART ISLAND, NEUSEELAND

BUDAPEST, UNGARN

WIEN, ÖSTERREICH

Während der Wiener Ballsaison einen romantischen Walzer tanzen

MYANMAR (BIRMA)

JAPAN

Das eher schlichte Bagan in Myanmar ist durchzogen von den Spitztürmen atemberaubender Tempel

UGANDA

ANTARKTIS

Antarktische Pinguine sind besonders lebhaft, wenn gerade ihr Nachwuchs geschlüpft ist

ÖSTLICHES POLEN

GUATEMALA

In Botswanas Okavangodelta zur Regenzeit die Tierwelt erforschen

BOTSWANA

Kolumbiens frühere Kolonialstadt Cartagena erkunden

TRANSSIBIRISCHE EISENBAHN

KOLUMBIEN

Zwischen lebhaften Einheimischen und vor herrlichen Kulissen in Guatemala die eigenen Spanischkenntnisse verbessern

ÄTHIOPIEN

UGANDA

Warum jetzt? Der trockene (na ja, trockenere) Januar ist ideal, um die weltgrößten Primaten zu beobachten

Es gibt nur noch etwa 700 Berggorillas weltweit, und die Hälfte lebt in den dichten Wäldern des Bwindi-Impenetrable-Nationalparks. Eine Begegnung mit ihnen muss man sich erarbeiten; mitunter geht's stundenlang steile, schlammige Pfade entlang auf Höhen bis zu 3000 m. Im Park leben neun Gorillafamilien, die an Menschen gewöhnt sind. Für jede von ihnen werden jeweils nur acht Genehmigungen ausgestellt. Wer eine davon ergattert, kann die „sanften Riesen" (ein ausgewachsener Silberrücken wiegt bis zu 180 kg!) aus nächster Nähe beobachten – ein unvergessliches Erlebnis. Uganda bietet aber noch einiges mehr. Der Queen-Elizabeth-Nationalpark ist für kletternde Löwen bekannt (sie erklimmen Bäume), und im Kibale-Nationalpark warten Schimpansen. Jenseits des Albertsees formt der Nil die Murchison Falls, und das Ruwenzori-Gebirge lädt zum Wandern ein.

Vor Ort: Vom internationalen Flughafen Entebbe geht's zur Landebahn von Ishasha und weiter nach Bwindi. Zusätzliche Zeit einplanen für die Nationalparks Queen Elizabeth, Kibale und Murchison Falls.
Gut zu wissen: Gorilla-Genehmigungen müssen vorab erworben werden, sind einen Tag gültig und kosten Ausländer derzeit 600 US$ (im April, Mai und November 450 US$). Mindestalter: 15 Jahre.
Wann sonst? Dez.–Feb. & Juni–Sept.: am trockensten und die beste Wanderzeit; März–Mai: nass, prima zum Vögel beobachten; Okt.–Nov.: nass, vielleicht kommt man leichter an eine Genehmigung.

- Natur & Tierwelt
- Herausforderung
- Abenteuer

Jeden Cent wert: Begegnungen mit Gorillas im Bwindi-Impenetrable-Nationalpark

FLORIDA
USA

Warum jetzt? Warme Sonnenstrahlen im Januar erhaschen

Floridas greller, strahlender Superstar Miami ist die perfekte Medizin gegen Winter-Blues. Während des Art-Deco-Weekend-Festivals Mitte Januar erstrahlt der ganze South Beach zartrosa und neonblau. Auf dem Ocean Drive steigt dann eine Party mit Musik, Aufführungen, Vorträgen, Touren, Freiluftkino und Vintage-Shopping. Und wer eine Pause braucht, der findet abseits der Strände und Bars, dem lateinamerikanisch angehauchten Nachtleben und dem kompromisslosen Glamour erfrischende Ruhe vor. Zwischen November und März verschlägt es Hunderte Manatis auf der Suche nach wärmeren Gewässern in den Crystal River im Nordwesten der Stadt. Mit dem Kajak kann man durch die Everglades paddeln und nach Alligatoren und Vögeln Ausschau halten. Praktisch: In der trockenen Winterzeit sind weniger Stechmücken unterwegs.

Vor Ort: Besucher des Art-Deco-Festivals nutzen am besten South Beach als Basis.

Gut zu wissen: Das Art Deco Weekend (www.artdecoweekend.com) erstreckt sich über drei Tage Mitte Januar.

Wann sonst? Okt.–Mai: angenehm warm; Juni–Sept.: Sommer, heiß, schwül.

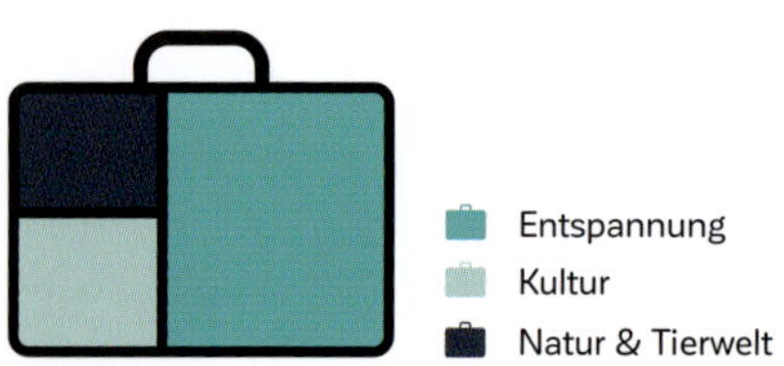

LANZAROTE & FUERTEVENTURA
KANAREN

Warum jetzt? Zum Surfen (oder Entspannen) in der Sonne

Der warme, aber nicht brütend heiße Januar ist der perfekte Zeitpunkt für einen Besuch der Vulkanlandschaften und Sanddünen auf den östlichsten Kanarischen Inseln. Fuerteventura und Lanzarote sind ein Paradies für jeden Surfer: Die Könner suchen El Quemao (La Santa) und San Juan (Caleta de Famara) im Nordwesten von Lanzarote oder Los Lobos auf Fuerteventura auf, und Kite- und Windsurfer haben die Qual der Wahl. Wanderer und Radfahrer werden begeistert sein von den schwarzen Lavafeldern Fuerteventuras und Lanzarotes Landschaft mit 300 Vulkankegeln. Natürlich gibt's auch jede Menge Strände – auf Fuerteventura hat man die Wahl zwischen Gold und Schwarz – z. B. auf der entspannten kleinen Insel La Graciosa vor der Nordspitze Lanzarotes. In der Region La Geria auf Lanzarote liegen mehrere Weingüter. Ebenfalls sehenswert: die innovative Architektur von César Manrique.

Vor Ort: Fähren verbinden Playa Blanca auf Lanzarote und Corralejo auf Fuerteventura (30 Min. Fahrtzeit).

Gut zu wissen: Gewöhnlich pfeift der Wind an den Westküsten kräftiger und die Wellen sind entsprechend größer.

Wann sonst? Jan.–Juni & Sept.–Dez.: schön; Juli & Aug.: heiß, überlaufen.

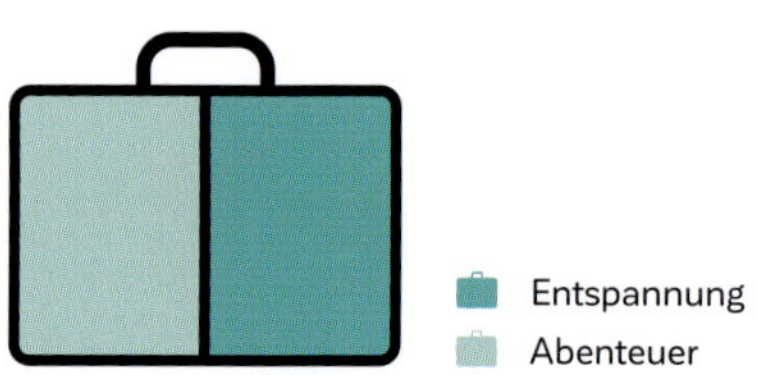

SLOWENIEN

Warum jetzt? Sensationell günstiger Wintersport

Skifahren ist Sloweniens Nationalsport, und der nördliche Teil des Landes ist geradezu von Bergen übersät. Auf der Landkarte fallen sofort mehrere Massive ins Auge, die sich von den Julischen Alpen Richtung Osten erstrecken. Von Dezember bis März liegt Schnee, und im Januar herrschen die besten Bedingungen, um die Hänge hinabzuwedeln: Zwischen den Ferien zu Weihnachten und im Februar ist weniger los, und Skigebiete wie Vogel, Kranjska Gora, Mariborsko Pohorje, Krvavec und Kanin bieten traumhafte Kulissen, mit großen Waldflächen und spektakulärem Bergpanorama. Dazwischen liegen Kirchen und Dörfer, die unter einer Schneedecke einfach zauberhaft aussehen. Natürlich kommen auch Snowboarder und Langläufer auf ihre Kosten, man kann Schlittenfahren und Schneeschuhwanderungen unternehmen und es gibt gute Pisten für Anfänger und Kinder. Außerdem ist es deutlich günstiger als in vielen anderen Skiregionen.

Vor Ort: Im kleinen Slowenien erreicht man jedes Skigebiet ganz schnell. Vom Flughafen in Ljubljana sind es nie mehr als 130 km.

Gut zu wissen: Auf den nordwestlichen Bergpässen sollten Autofahrer sehr vorsichtig sein. Nach starken Schneefällen bleibt der Vršič-Pass oft längere Zeit geschlossen.

Wann sonst? Dez.–März: Winter; Mai–Juni & Sept.: warm, trocken, perfektes Wander- und Strandwetter; Juli & Aug.: an Stränden und Seen ist viel los; April & Okt.–Nov.: kühl, nasser.

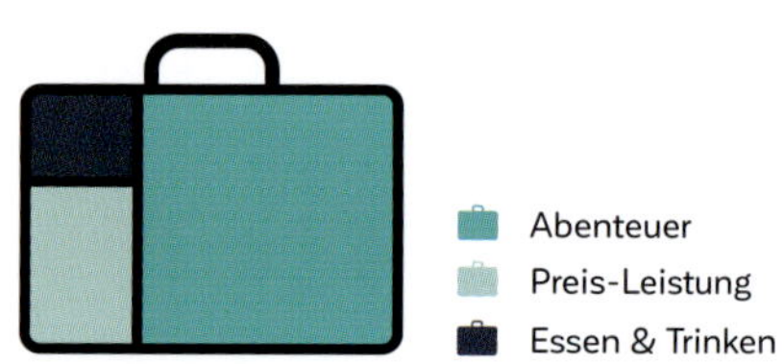

ST. MORITZ
SCHWEIZ

Warum jetzt? Sich mit allerlei Promis in einem der besten Wintersportorte der Welt tummeln
„Erfunden“ wurde der Skiurlaub vor etwas mehr als 150 Jahren in St. Moritz im Schweizer Engadin. Und noch heute gilt die Region als eines der besten Skigebiete überhaupt. Die verschiedenen Pisten in den drei Hauptarealen Corviglia, Corvatsch (mit herrlichen Gletscherabfahrten) und Diavolezza sind zusammen ganze 350 km lang. Günstig ist das Ganze nicht (St. Moritz zieht die Reichen und Schönen geradezu magisch an), aber im Januar gibt's kaum einen besseren Ort, um eine schwarze Piste hinunterzubrettern. Gepflegte Loipen mit einer Länge von 160 km führen Langläufer in die bildschönen Wälder ringsum. Und im Anschluss lockt ein entspannendes Thermalbad. In St. Moritz bieten zudem Cresta-Rennen einen Adrenalinkick; die berüchtigte Eisrinne wurde 1884 gebaut, ist 1,2 km lang und ab Ende Dezember geöffnet. Auch Anfänger können auf einem Skeleton-Bob durch die Kurven schießen – man braucht jedoch Nerven wie Drahtseile.
Vor Ort: Im 200 km entfernten Zürich befindet sich der nächste Flughafen. Die Zugfahrt (4 Std.) ist malerisch.
Gut zu wissen: Für Cresta-Anfänger gibt's nur begrenzt Plätze, also rechtzeitig buchen (www.stmoritz.ch/winter/cresta-run).
Wann sonst? Dez.–April: Winter, viel Schnee, Skifahren; Mai–Sept.: warm, prima für Sehenswürdigkeiten und Wanderungen, Schnee auf den Hochpässen bis Juni; Okt.–Nov.: kalt, grau.

Abenteuer
Herausforderung

SÜDÖSTLICHES BRITISH COLUMBIA
KANADA

Warum jetzt? Pulverschnee!
Im Januar versinkt der Südosten von British Columbia förmlich in frischem Pulverschnee. Teilweise liegt er mehr als 8 m hoch! Die Skisportorte reichen von niedlichen, altmodischen Städtchen bis hin zu großen, familiengerechten Anlagen – wir empfehlen deshalb eine Ski-Safari: Los geht's in der ehemaligen Goldgräberstadt Rossland mit den anspruchsvollen Pisten des Red Mountain. Das nahe gelegene Nelson ist eine gute Basis für die Erkundung des kleinen Skiresorts Whitewater. Auch dort bleiben die Besucherzahlen übersichtlich. Dann folgen ein oder zwei Tage in Fernie. Berge umringen die hübsche Stadt, und über 100 Pisten führen durch abwechslungsreiches Terrain, u. a. durch Baumbestände. Auch Revelstoke und Big White im Nordwesten sind sehenswert … aber wer hat schon so viel Zeit?
Vor Ort: Gute Ausgangspunkte für die Ski-Safari sind Spokane, Washington (unterwegs im Schweitzer Mountain Resort halten) oder Kelowna in der Nähe des großen, familienfreundlichen Big White Resort.
Gut zu wissen: Bei einem Schneesturm die Berge zu überqueren ist eine echte Herausforderung – selbst mit Winterreifen und Schneeketten!
Wann sonst? Dez.–März: Winter; April–Okt.: gut für Wanderungen, in den Höhen liegt noch Schnee bis Juni; Nov.: kalt.

Abenteuer
Rundreise

BUDAPEST
UNGARN

Warum jetzt? In der Stadt der Thermalbäder zu entspannen
Mehr als 120 Thermalquellen liegen über ganz Budapest verteilt. Zu den zahlreichen öffentlichen Thermen gehören etwa das Rudas-Bad im türkischen Stil, das Gellert-Bad, ein Jugendstilschmuckstück, und das weitläufige Széchenyi-Bad. Die Stadt selbst ist zu jeder Jahreszeit sehenswert. Mit seiner mittelalterliche Pracht bildet Budas Burgberg einen schönen Gegenpol zur sezessionistischen Schönheit von Pest. Die langen, dunklen Winternächte vertreibt man sich wahlweise in einem urig-schicken Pub oder bei einer Darbietung in der Staatsoper (Baustil: Neorenaissance) – das Budapester Nachtleben ist wirklich abwechslungsreich.
Vor Ort: Bei der Unterkunft hat man die Wahl zwischen Buda (westliches Donauufer, vom mittelalterlichen Burgberg dominiert) und Pest (auf der anderen Flussseite, eine Jugendstilperle). Durch das gut ausgebaute Metro-, S-Bahn- und Tramnetz ist Sightseeing in der Stadt völlig stressfrei zu schaffen.
Gut zu wissen: Nicht alle Bäder öffnen täglich, und teilweise auch nur für Männer bzw. Frauen. Unter der Woche kann man gewöhnlich zwei Stunden bleiben, an Wochenenden 90 Minuten.
Wann sonst? Jan.–Juni & Aug.–Okt.: die schönsten Reisemonate; Juli & Aug.: heiß, voll; Nov.–Dez.: kalt, nass.

Kultur
Entspannung

Der Dove Lake, mit Cradle Mountain im Hintergrund, Tasmanien

© kjekol / Getty Images

(L) Ein Löwe hä
Ausschau nac
seinem Mittag
essen, Serenge
(R) Mädchen vor d
Kirche Bet Amanue
Lalibe

TASMANIEN
AUSTRALIEN

Warum jetzt? Gutes Essen, Wanderungen im Sonnenschein und Tierbeobachtung
„Apfelinsel" sagt heute zwar niemand mehr, aber Tasmanien zieht Gourmets immer noch magisch an. Das Feinschmecker-Epizentrum ist Bruny Island, ein kleines Stück südlich von Hobart. Dort locken im Januar Wanderwege und menschenleere Strände unter der strahlenden Sonne. Feinschmecker genießen frische Austern, Käsesorten und Wurst und trinken dazu Weine aus dem südlichsten Anbaugebiet Australiens. Mit etwas Glück erspäht man *pademelons* (Filander), *quolls* (Beutelmarder), *potaroos* (Gilbert-Kaninchenkängurus) und die berühmten weißen Wallabys von Bruny Island. Exkursionen ins Umland, z. B. Tageswanderungen zum Cradle Mountain und mehrtägige Wanderungen auf dem Overland Track oder dem Three Capes Track verbrennen überschüssige Kalorien.
Vor Ort: Von Melbourne, Sydney und Brisbane gehen Direktflüge nach Hobart. Mit einem (Miet-)Wagen erkundet man die Gefängnisstätte Port Arthur, die Wineglass Bay, Launceston, den Hafen am Gordon River in Strahan und den Cradle Mountain und fährt auf dem Heritage Highway zurück, vorbei an historischen Ortschaften.
Gut zu wissen: Im Sommer setzen Fähren von 6.30 bis 19 Uhr mindestens stündlich von Kettering nach Bruny Island über (www.brunyislandferry.com.au).
Wann sonst? Nov.–März: besonders trocken und sonnig, top für Outdoor-Aktivitäten; April–Okt.: kühler.

ÄTHIOPIEN

Warum jetzt? Weihnachten und Timkat zwischen uralten Stätten bei trockenem, kühlem Wetter feiern
In Äthiopien ist alles anders – die Sprachen, das Essen und der Kaffee (oh, dieser göttliche Kaffee!) machen es zu einem einzigartigen Land. Selbst der Kalender weist kuriose Eigenheiten auf: Neujahr ist am 11. September und Trauben von Gläubigen feiern Weihnachten am 7. Januar (Leddet oder Gena) in den unterirdischen Kirchen von Lalibela; sie wurden im 12. und 13. Jh. in den Stein geschlagen. Ein noch größeres Spektakel ist Timkat, das Fest zur Taufe Jesu. Besonders sehenswert sind die Feierlichkeiten an den Burgen von Gondar (17. Jh.): Priester tragen Tabots, Nachbildungen der Bundeslade, zu Fasilidas' Bad, halten dort Nachtwache und führen anschließend Taufrituale durch. Und es warten noch viele weitere Erlebnisse: Nördlich von Gondar liegen die uralten Stelen (Obelisken) von Aksum, im Simien-Gebirge winden sich Pfade an Dschelada-Affen vorbei über steile Grate, und der von mittelalterlichen Klöstern gesäumte Tanasee erstreckt sich im Süden.
Vor Ort: Von der Hauptstadt Addis Abeba gehen Inlandsflüge nach Lalibela, Gondar, Aksum und Bahir Dar (zur Weiterfahrt zum Tanasee). Man sollte mindestens zehn Tage einplanen.
Gut zu wissen: Timkat findet gewöhnlich am 19., in äthiopischen Schaltjahren am 20. Januar statt.
Wann sonst? Okt.–April: meist trocken; Mai–Sept.: in vielen Gegenden nass.

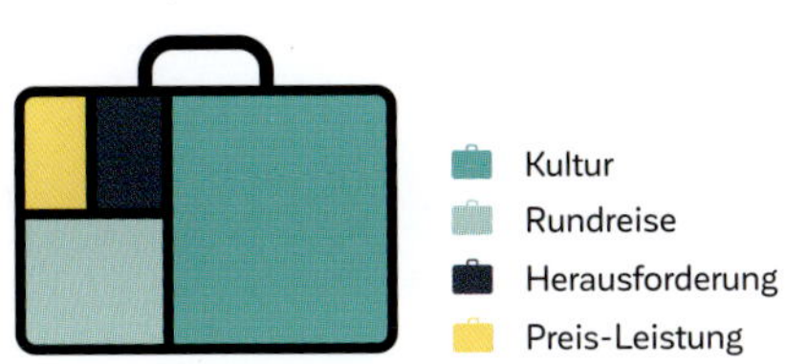

SÜDLICHE SERENGETI
TANSANIA

Warum jetzt? Hunderttausende Gnus beim Grasen beobachten
Gnus, die sich in von Krokodilen bevölkerte Flüsse stürzen, Löwen, die den Herden über die Masai-Mara-Ebenen folgen … Wenn einen solche Bilder nicht loslassen, dann sollte man schleunigst eine Reise nach Tansania buchen, denn hier kommen jedes Jahr bis zu 500 000 Gnu-Kälber zur Welt! Der Januar ist die richtige Zeit, um diesen wenig besuchten Zipfel Afrikas zu besuchen und Gnus und Zebras dabei zu beobachten, wie sie grasend über die Ebenen ziehen und sich die nötige Energie anfressen, um vom Monatsende an ihren Nachwuchs zur Welt zu bringen. Dann erlebt man auch die Raubtiere in Aktion. Geschätzte 1,5 Millionen Tiere ziehen auf der zyklischen Gnu-Wanderung im April nach Nordwesten. Während der „kleinen Regenzeit" bieten manche Safari-Camps Preisnachlässe an. In der Nähe liegt auch die Olduvai-Schlucht, die „Wiege der Menschheit", in der frühzeitliche Überreste von Hominiden gefunden wurden, und der Ngorongoro-Krater wartet mit einem großen Tierreichtum auf.
Vor Ort: Von Arusha fliegt man nach Seronera und wohnt dort in einer Lodge.
Gut zu wissen: An den großen Flughäfen werden Visa für 50 US$ ausgestellt.
Wann sonst? Dez.–Feb.: trocken, grasende Gnus; März–Mai: „große Regenzeit"; Juni–Sept.: Hauptsaison, Gnuwanderung in der nördlichen Serengeti und der Masai Mara; Okt.–Dez.: „kleine Regenzeit".

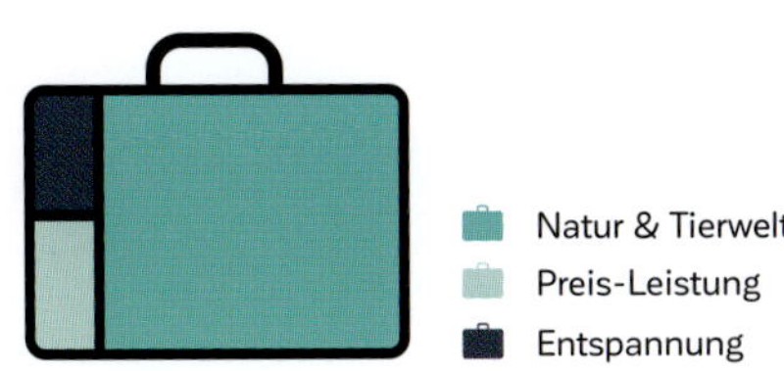

Ein Schäfer mit seiner Herde auf einer Weidefläche in den Hügeln Transsilvaniens

TRANSSILVANIEN
RUMÄNIEN

Warum jetzt? Märchenschlösser erkunden und in den Bergen die Spuren der Wölfe lesen
Manche denken bei den Burgen und Bergen Transsilvaniens an Märchen, andere eher an Vampire. Der Winter ist die stimmungsvollste Zeit für einen Besuch der Region, die vor allem Familien einiges zu bieten hat. Mittelalterliche Städte wie Sibiu und Sighişoara (der Geburtsort von Vlad III. Tepes, dem historischen Graf Dracula) sehen unter Schnee doppelt zauberhaft aus. Schloss Bran aus dem 14. Jh. wird auch Draculas Schloss genannt, obwohl die Verbindung zu Vlad III. nicht eindeutig belegt ist. Gegen Winterspeck helfen Schneeschuhwanderungen, Skitouren oder Trips im Winterwunderland der Karpaten, wo man im glitzernden Schnee auch Wolfsspuren folgen kann. Rumänien ist ein günstiges Reiseziel; eine Übernachtung im Hotel of Ice ist preiswerter als in skandinavischen oder kanadischen Eishotels.

Vor Ort: Sieben bis zehn Tage einplanen für eine Rundtour nach Sibiu, Sighişoara, Braşov und Bran ab Bukarest oder Sibiu (dort befinden sich die beiden praktischsten Flughäfen).

Gut zu wissen: Im Winter fallen die Temperaturen im Hochgebirge auf bis zu −20 °C.

Wann sonst? Dez.–Feb.: sehr kalt, viel Schnee; Juni–Aug.: warm, trocken, prima zum Wandern; April & Sept.–Okt.: mild, farbenfrohe Blütenpracht; Mai: sehr nass; März & Nov.: kühl.

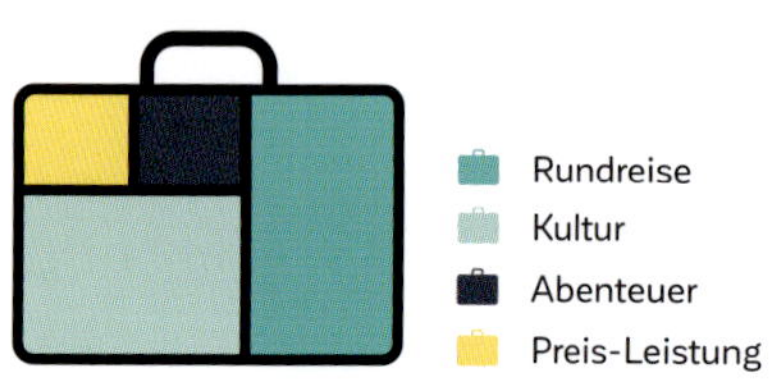

Sydneys berühmte Oper wurde 1973 fertiggestellt

SYDNEY
AUSTRALIEN

Warum jetzt? Weil das Sydney Festival einen Kulturkick verspricht

Sydney ist während des Hochsommers heiß, unruhig und grell – aber auch aufregend und einfach wunderschön. Im Januar startet das dreiwöchige Sydney Festival mit Hunderten Veranstaltungen, darunter Zirkusvorführungen, Country- und Filmmusik, Opern, Tanz, Kunstinstallationen, Burlesque-Darbietungen und Aktivitäten für die ganze Familie. Neben diesem Event lockt Sydney natürlich noch mit dem Opernhaus, den Stränden und der Harbour Bridge – aber auch mit spektakulärer Natur. Wer den Hafen von einer anderen Seite kennenlernen will, kann die Manly-to-Spit-Bridge-Wanderung unternehmen oder in die Wälder des Ku-ring-gai-Chase-Nationalparks und des Royal National Park (der zweitälteste Nationalpark der Welt, eingeweiht 1879) vordringen, um Felsmalereien der Aborigines aufzuspüren und die Küstenbrise zu genießen.

Vor Ort: Nach ein paar Tagen voll kultureller und kulinarischer Vielfalt in Sydney stehen die Parks in der Nähe auf dem Programm. Ku-ring-gai Chase ist super zum Wandern und Mountainbiken.

Gut zu wissen: Für öffentliche Verkehrsmittel (inkl. Fähren) benötigt man eine Opal Card, erhältlich und aufladbar (Mindestguthaben: 10 AUS$) in Kiosken/Zeitschriftenläden.

Wann sonst? Dez.–Feb.: Sommer, heiß, voller; März & April: Herbst, regnerischer; Mai–Aug.: Winter, kühler, teilweise trockener als der Sommer; Sept.–Nov.: Frühling, trocken, warm.

TRANSSIBIRISCHE EISENBAHN
RUSSLAND

Warum jetzt? Sibiriens Landschaften durch die Fenster eines beheizten Waggons betrachten
Draußen ist es eisig – in Chabarowsk bis zu −26 °C kalt –, aber nach Sibirien reist man ja nicht wegen der Sonne, sondern weil seine Tannenwälder und Grasebenen unter einer Schneedecke noch schöner aussehen. Achtung: Viele sprechen von der transsibirischen Eisenbahn, meinen aber die transmongolische Route, die von Irkutsk durch Ulan Bator bis nach Peking führt. Welche Strecke man auch nimmt, die meiste Zeit verbringt man in Sibirien mit Stopps in Perm, Jekaterinburg und Irkutsk am Baikalsee. Ein gutes Buch einstecken und sich darauf freuen, das Abteil (und die eine oder andere Flasche Wodka) mit Fremden zu teilen.
Reiseplanung: Es gibt die transsibirische Eisenbahn von Moskau nach Wladiwostok (9900 km, 7 Nächte), die transmongolische Eisenbahn nach Peking (7620 km, 6 Nächte) und die transmandschurische Eisenbahn über Harbin nach Peking (9050 km, 6 Nächte).
Gut zu wissen: Die Strecke wird nicht nur von (sauberen) öffentlichen Zügen, sondern auch von luxuriösen Privatlinien wie dem Golden Eagle bedient.
Wann sonst? Nov.–März: sehr kalt; April & Okt.: etwas wärmer, beliebte Reisezeit; Mai–Sept.: Temperaturen über 0 °C.

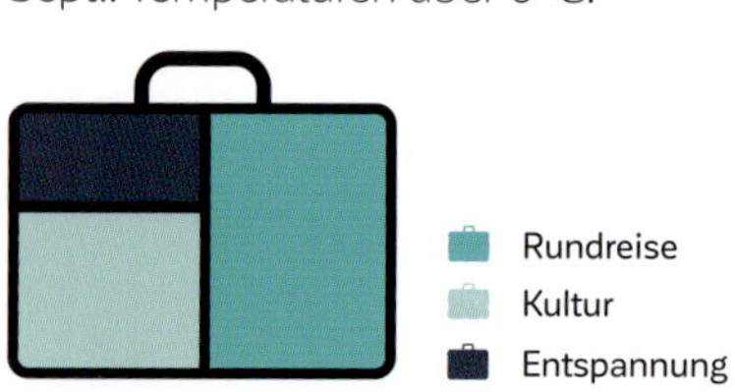

KOLUMBIEN

Warum jetzt? Ein abwechslungsreiches Land bei gemäßigten Temperaturen kennenlernen
Kolumbien zeigt sich im Januar von seiner Schokoladenseite. Es ist warm und trocken, und das Hay Festival zieht ein literarisches Publikum an: Dann halten Schriftsteller in der Altstadt von Cartagena auf Balkons und in Gassen Lesungen ab. Aber diese Perle am karibischen Meer ist nicht die einzige Attraktion des Landes. Die Hauptstadt Bogotá hat ein koloniales Viertel, La Candelaria, und auf den Kaffeeplantagen im zentralen Hochland hat man die Gelegenheit, mehr über traditionelle Lebensweisen zu erfahren. Wer eine Zeitreise machen möchte, sollte die Sierra Nevada de Santa Marta ansteuern und die viertägige Wanderung zur „verlorenen Stadt", der Ciudad Perdida, unternehmen.

Reiseplanung: Auf einer zweiwöchigen Tour ab Bogotá kann man die Salzkathedrale von Zipaquirá, die Zona Cafetera, die Strände und Dschungel des Parque Nacional Tayrona und Cartagena besuchen und zur Ciudad Perdida wandern.
Gut zu wissen: Viele Besucher erhalten bei der Einreise ein 90 Tage gültiges Visum. Besser keine größeren Geldsummen einführen.
Wann sonst? Dez.–März: warm, trocken; April–Juni: etwas Regen (regional unterschiedlich); Juli–Sept.: manche Gebiete trocken, voll; Okt. & Nov.: nass, günstig.

GRENADA

Warum jetzt? In der Trockenzeit den Geschmack der „Gewürzinsel" kosten
Die Inselnation am südlichen Ende der „Inseln über dem Winde" (Kleine Antillen) ist eine Gourmetdestination. Der Muskatnussanbau hat Tradition, bekannt ist Grenada heutzutage aber auch für ausgezeichnete Schokolade und Gewürze. Die Gewürzpflanzungen erstrecken sich in fruchtbaren Tälern und an Hängen mit Regenwaldbestand, in denen Pfade zu abgeschiedenen Wasserfällen führen. Natürlich kommt man auch zum Entspannen in die Karibik, und die Strände sind die großen Touristenmagneten – auf der Hauptinsel lockt vor allem Grand Anse, toll ist auch die verschlafene Insel Carriacou nordöstlich. Eine Dosis Sonne im Winter tut wohl, aber es gibt gute Gründe, das Date mit der Sonnenliege zu verschieben: Die kaleidoskopisch bunten Korallenriffe und Unterwasserskulpturen von Jason deCaires Taylor versprechen fantastische Schnorchel- und Taucherlebnisse an ruhigen, klaren Januartagen. Die Sichtweite beträgt normalerweise über 15 m (häufig eher 30 m).
Reiseplanung: Einen Flieger zum Maurice Bishop International Airport im Südwesten in der Nähe der meisten Strände und Ferienresorts nehmen.
Gut zu wissen: Grenada liegt am Südrand des Hurricane-Gürtels und ist deshalb nur selten von Tropenstürmen betroffen.
Wann sonst? Jan.–Mai: trocken, warm (Jan.–April: am vollsten); Juni–Dez.: heftige Regengüsse.

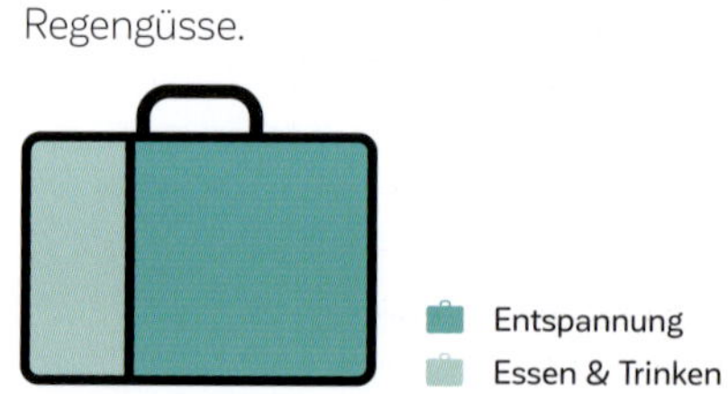

In den Wäldern im Osten Polens Elche und Wölfe sichten

ÖSTLICHES POLEN

© Mark Read / Lonely Planet

Warum jetzt? Den Spuren von Wölfen und Luchsen durch ein ursprüngliches Winterwunderland folgen
Der Wisent (auch Europäischer Bison), das größte Säugetier auf dem Kontinent, kann bis zu 1,80 m groß werden und fast eine Tonne wiegen. Vertreter dieser Gattung leben im Białowieża-Nationalpark, der zum Białowieża-Wald gehört. Dieser zieht sich über die Grenze von Polen bis nach Weißrussland. 1919 war der Wisent in Europa ausgestorben, aber 1929 wurden hier gezüchtete Bisons ausgewildert; im polnischen Teil des Waldes leben heute rund 500 Tiere. Der Winter ist die optimale Zeit, um Bison-, Wolf- und Elchspuren im Schnee zu folgen und Wildschweine, Luchse und Baummarder zu sichten. Wer keinen wilden Wisent vor die Linse bekommt, kann die in Gefangenschaft lebenden Tiere im Park bewundern. Ein Wintertraum ist auch der nahe Biebrza-Nationalpark, in dem um die 600 Elche leben.

Reiseplanung: Nach Warschau fliegen und zu den Nationalparks Białowieża und Biebrza fahren. Für Białowieża vier Tage einplanen, für beide Parks eine Woche.
Gut zu wissen: Die Temperaturen liegen im Januar bei ca. −5 °C, können aber auch kälter sein. Warme Kleidung einpacken!
Wann sonst? Dez.–Feb.: Winter, viel Schnee; Mai–Okt.: warm, prima für Tierbeobachtungen; Nov. & März–April: kalt, z. T. auch nass.

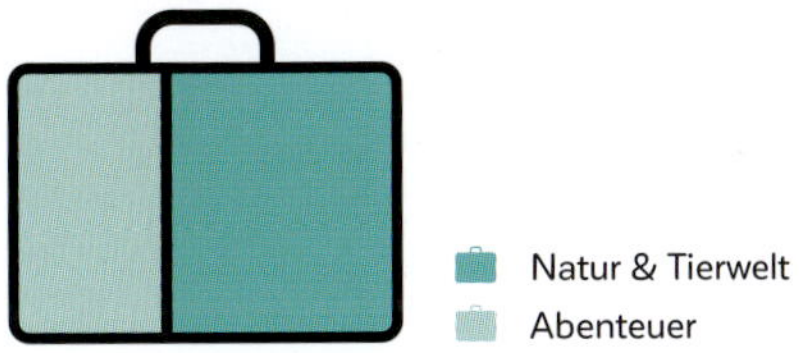

© Mark Read / Lonely Planet

BULGARIEN

Warum jetzt? Skianfänger kommen für wenig Geld auf ihre Kosten
In kaum einem Land kann man preiswerter Ski fahren. Bulgarien bietet die perfekte Kombination aus guten Schneeverhältnissen und günstigen Preisen für nette Unterkünfte, Essen und Getränke. Auch ein Skipass ist um mehr als die Hälfte günstiger als in den Alpen. Die drei Hauptskigebiete Borowez im Rila-Gebirge, Bansko im Pirin-Gebirge und Pamporowo im Osten bieten allerdings auch weniger Pisten. Das größte Skigebiet, Bansko, umfasst z. B. insgesamt nur 75 km. Dafür ist der Unterricht erschwinglich und die feinen Mawrud-Rotweine und das Essen versprechen ein tolles Après-Ski. Sehenswert sind auch die Kirchen und Museen in der Altstadt von Bansko. Die coole Hauptstadt Sofia mit ihren römischen und osmanischen Relikten verdient ebenfalls ein bis zwei Tage Aufmerksamkeit.
Reiseplanung: Borowez ist eine Fahrstunde von Sofia entfernt, Bansko zwei Stunden. Pamporowo erreicht man via Plowdiw.
Gut zu wissen: Da es nur wenige schwarze Pisten gibt, ist Bulgarien für fortgeschrittene Skifahrer eher uninteressant.
Wann sonst? Jan.–März: Skisaison; April–Sept.: prima für Wanderungen und Stadtbesichtigungen; Okt.–Dez.: kalt, nasser.

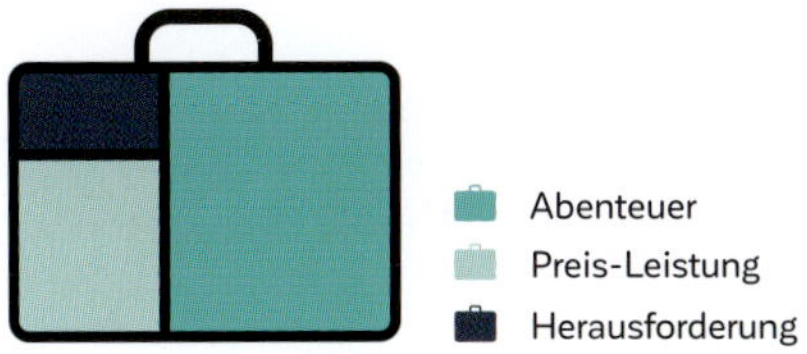

© Andrew Montgomery / Lonely Planet

MYANMAR (BIRMA)

Warum jetzt? Über den Irrawaddy schippern und Bagans Tempel im Sonnenschein erkunden

Myanmar ist das wohl freundlichste Land Asiens. Großzügig verschenken die herzlichen Einwohner ihr Lächeln. Auch die Sehenswürdigkeiten, Klänge und Gerüche Myanmars verzaubern, z. B. der goldene Shwedagon Paya in der einstigen Hauptstadt Rangun (Yangon), die Pferdekarren und Erdbeeren von Pyin U Lwin oder die Tempel und die mit den Beinen rudernden Fischer am Inle-See. Die ideale Route nach Mandalay führt nicht über Asphalt: Der Irrawaddy verläuft zwischen Rangun und der ehemaligen königlichen Hauptstadt und führt im Januar viel Wasser. Mit dem Boot geht's vorbei an bukolischen Landschaften, Dörfern und uralten Stätten. Ehrfurchtgebietend ist die weitläufige Ebene von Bagan voller tausendjähriger Stupas, Pagoden und Tempel.

Reiseplanung: Rangun und Mandalay haben internationale Flughäfen. In zwei Wochen kann man sich von Rangun aus auf den Weg zum „Goldenen Felsen" (Kyaiktiyo), zum Inle-See und den Bergvölkern rund um Kalaw, nach Pyin U Lwin sowie zu den Tempeln und dem Palast von Mandalay machen, bevor es flussabwärts nach Bagan und ins Irrawaddy-Delta geht.

Gut zu wissen: Der Eintritt zur Archäologischen Zone Bagan beträgt zurzeit 25 000 Kyat (ca. 22 US$) und ist fünf Tage gültig.

Wann sonst? Okt.–April: trocken (Dez.–Feb.: Hauptsaison, kühler); Mai–Sept.: regnerisch, heiß, niedrigere Preise.

Kultur
Rundreise
Preis-Leistung

Jung und alt: ein Novize (L) und die Pagoden von Shwe Inn Thein (R)

CATLINS COAST & STEWART ISLAND NEUSEELAND

Warum jetzt? Die wildeste Küste und die unberührteste Insel Neuseelands entdecken

Die Catlins Coast an der südlichsten Spitze Neuseelands spielt in einer eigenen Liga. Der wilde Küstenabschnitt wird von Klippen und Regenwald gesäumt und kommt bei einem Road Trip im Hochsommer gut zur Geltung – volltanken und der Southern Scenic Route zwischen Balclutha und Waipapa Point folgen! Unterwegs hält man nach Seebären und -elefanten, Walen, Delfinen und Gelbaugenpinguinen Ausschau. Jenseits der Foveauxstraße liegt Stewart Island, den Maori als Rakiura („Land des glühenden Himmels") bekannt. Inzwischen sind 85 % der Insel geschützt. Sie bietet Wandermöglichkeiten, einsame Strände und hohe Rimu-Wälder, und mit etwas Glück sieht man Kiwis und andere Vögel.

Reiseplanung: Für die Fahrt vom Nugget Point (ca. 100 km südlich von Dunedin) zum Waiapapa Point zwei Tage einkalkulieren und dann noch ein paar Tage extra für Stewart Island/Rakiura.

Gut zu wissen: Nach Stewart Island/Rakiura gelangt man mit dem Flugzeug ab Invercargill (der Flug ist kurz und holprig) oder mit dem Schiff (von Bluff nach Oban, 1 Std.; häufig bei rauer See).

Wann sonst? Dez.–April: Sommer, trocken; Mai–Nov.: kühler.

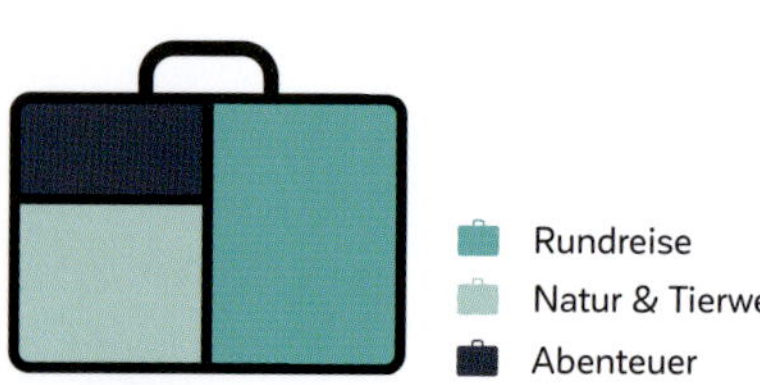

HONSHU JAPAN

Warum jetzt? Es ist weniger los und die Insel besonders schön

Im Januar sieht die japanische Hauptinsel wunderhübsch aus, warm ist es allerdings nicht. Der Fuji und die Japanischen Alpen sind schneebedeckt und geringe Niederschläge sorgen für einen klaren Himmel. Sehenswürdigkeiten wie die Tempel von Kyoto sind im Januar weniger überlaufen. Die Tage sind kurz, doch die bunten Lichter Tokios schaffen Abhilfe. Aufwärmen kann man sich in einem *onsen* (Thermalbad) oder im Restaurant bei einer Portion *nabe* (Eintopf) und warmem Sake an einem *kotatsu* (beheizter Tisch mit Decken). Der Bahnverkehr läuft wie geschmiert und in den Zügen ist es warm, sodass man durchs Land brausen und sich die Landschaft ansehen kann, ohne zu frieren. Die Übernachtungspreise sind zu dieser Zeit auch niedriger.

Reiseplanung: Mit einem Japan Rail Pass gelangt man mit *shinkansen* (Hochgeschwindigkeitszüge) günstig zu den Attraktionen von Honshu, z. B. von Tokio nach Kyoto, Osaka, Hiroshima und Takayama in den Japanischen Alpen. Auch zum Fuji-Hakone-Nationalpark fahren Züge.

Gut zu wissen: Der Japan Rail Pass muss vor der Ankunft gekauft werden.

Wann sonst? Dez.–März: kalt, häufig klar und trocken; April & Mai: Kirschblüte, teuer; Juni & Juli: regnerisch; Aug.: warm, voll; Sept.–Nov.: buntes Herbstlaub.

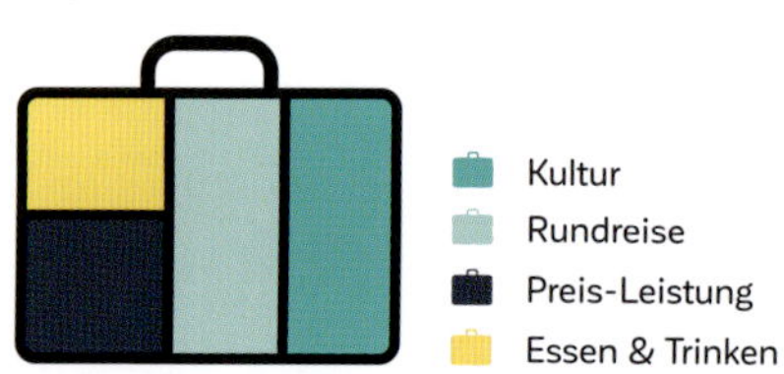

KERALA INDIEN

Warum jetzt? Bei Sonne und Yoga in „Gottes eigenem Land" sein inneres Leuchten finden

In den letzten Jahrzehnten haben sich die Strände von Varkala und Kovalam, ehemals friedliche Rückzugsorte von Fischern und gläubigen Hindus, in Backpackerhochburgen und Urlaubsresorts mit exklusiven Hotels verwandelt. Hier und da findet man aber noch ein ruhiges Fleckchen Sand und kann sich das Beste aus den angebotenen Trance-Partys, Hotels und Privatunterkünften herauspicken. Nach der weihnachtlichen Völlerei bietet Kerala die Möglichkeit, Bilanz zu ziehen und bei einem Yoga-Seminar zu entgiften, die Nebenflüsse auf einem Reiskahn zu erkunden oder in den Westghats kühlere Temperaturen zu genießen und wilde Tiere an den bewaldeten Hängen und auf Teeplantagen zu beobachten.

Reiseplanung: Via Delhi oder Mumbai nach Kochi fliegen. Von dort ist es nur ein kurzer Weg nach Varkala, Kovalam und zu den Privatunterkünften oder Seminarstätten in den Vorbergen im Landesinneren. Alappuzha ist Ausgangspunkt der meisten Flussfahrten, die Bergstation Munnar ist derweil eine tolle Basis für Wanderungen und Tierbeobachtungen im Tierschutzgebiet Chinnar.

Gut zu wissen: Fast alle Touristen benötigen ein Visum für Indien. Elektronische Visa mindestens eine Woche vor der Reise beantragen.

Wann sonst? Dez.–März: trocken, nicht zu heiß; April & Mai: sehr heiß; Juni & Juli: sehr nass; Aug.–Nov.: weniger regnerisch, aber wärmer.

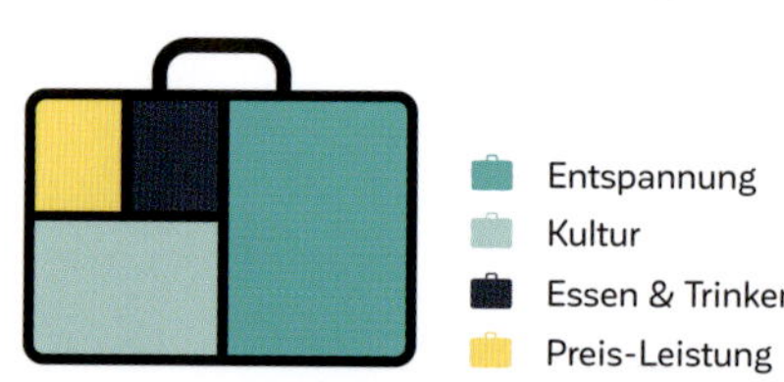

WIEN
ÖSTERREICH

Warum jetzt? Den Glamour der berühmten Ballsaison erleben
Die österreichische Hauptstadt wickelt ihre Besucher zu jeder Jahreszeit um den Finger. Die Mischung aus Barock und Jugendstil, die kaiserliche Pracht und die Kaffeehauskultur verlieren nie ihren Reiz. Wer die Stadt jedoch im feinsten Zwirn erleben möchte, sollte zur Ballsaison anreisen. Im Januar und Februar vergnügt sich die Hautevolee, gewandet in Abendkleid und Smoking, auf rund 300 Bällen. Obwohl die Veranstaltungen Namen wie Ärzte-, Juristen- oder Jägerball tragen, sind sie vielfach öffentlich zugänglich. Einfach ein Ticket kaufen (weit im Voraus!), sich herausputzen und die Atmosphäre genießen. Auch tagsüber steckt Wien voller Leben: Es locken Paläste, Kirchen und Museen im attraktiven Schneemantel. Nicht verpassen: die Hofburg, das Kunsthistorische Museum und die Barockschlösser Schönbrunn und Belvedere. Überall gibt's leckeren Kaffee sowie zahllose moderne Bars und Restaurants. Keine Frage, auch kulinarisch ist Wien ein Vergnügen.
Reiseplanung: Ankommen, angucken, Walzer tanzen, schmausen und trinken!
Gut zu wissen: Auf den meisten Bällen gibt's eine strenge Kleiderordnung: Smoking oder Jackett für Männer, Abendkleider für Frauen. Man kann sie in Geschäften ausleihen.
Wann sonst? ganzjährig voll; Jan. & Feb.: Ballsaison; Juni & Aug.: Sommer, Hauptsaison.

Süße Schmankerl und Kaffee in einem Wiener Kaffeehaus

RUND UM WIEN

BRATISLAVA, SLOWAKEI • 64 KM • Cafékultur in der Altstadt aus dem 18. Jh.

KREMS & DÜRNSTEIN • 84 KM • Barocke Häuser und Klöster sowie eine mittelalterliche Burgruine

BUDAPEST, UNGARN • 241 KM • Jugendstilbauten und dampfende Thermalbäder

SALZBURG • 306 KM • In den Hügeln ringsum meint man die Lieder der Trapp-Familie zu hören …

ANDAMANEN-KÜSTE
THAILAND

Warum jetzt? Bei warmen Temperaturen schnorcheln gehen
Hauptgrund für einen Besuch sind natürlich die Strände. In Verbindung mit Cocktails bei Sonnenuntergang und scharfer thailändischer Küche ergibt sich daraus der perfekte Strandurlaub. In der kurzen Trockenzeit an der Südwestküste des Landes kann man aber noch mehr erleben. Die fotogenen Karstformationen rund um Krabi sind z. B. für Kletterer aller Niveaus geeignet, und Korallengärten und Wracks versprechen tolle Tauch- und Schnorchelabenteuer. Die wohl besten Tauchgründe Thailands sind Richelieu Rock (nahe der Grenze zu Myanmar) und Hin Daeng vor Ko Lanta. Weiße Sandstrände und idyllische Inseln findet man entlang der gesamten Küste und Unterkünfte reichen von Backpackerhütten auf Phi Phi bis zu familienfreundlichen und exklusiven Resorts auf Phuket, sodass man sich die Art Sonnen-, Meer- und Strandurlaub zusammenstellen kann, die man möchte.
Reiseplanung: Kein Plan nötig! Man kann nach Phuket oder Krabi fliegen und einfach faulenzen oder den persönlichen Horizont mit ein wenig Stadtkultur in Bangkok oder Chiang Mai erweitern. In beiden Städten ist es im Sommer trocken.
Gut zu wissen: Zwischen April und November ist an der Andamanenküste Monsunzeit.
Wann sonst? Dez.–März: mit Ausnahme der Inseln im Golf ist es überall warm und trocken; Mai–Okt.: an der Andamanenküste regnerisch; April & Nov.: Zwischensaison, etwas Regen.

Kletterer aus aller Welt zieht es nach Krabi

LORD HOWE ISLAND AUSTRALIEN

Warum jetzt? Abseits der Hektik ein abgeschiedenes zauberhaftes Stück Australien entdecken

An den Stränden und in den Städten Australiens brodelt es im Januar. Nicht so auf Lord Howe Island. Das grüne vulkanische Fleckchen Erde, von der Unesco zum Weltkulturerbe erklärt, liegt ca. 600 km nordöstlich von Sydney im Pazifik und die Besucherzahl ist auf 400 beschränkt. Es warten sensationelle Schnorchel- und Tauchbedingungen an den südlichsten Korallenriffen der Welt und Orte wie die Balls Pyramid, die höchste Felsnadel der Welt (551 m), an denen man Schildkröten, Delfine, Lippfische und Galápagos-Haie vor die Taucherbrille bekommt. Im Januar hat das Wasser kuschelige 24°C, während die Meeresbrise an Land für kühlere Temperaturen sorgt. Ein Geflecht aus Wanderwegen überzieht die Insel. Besonders schön: der Trek auf den Mount Gower (875 m, 8 Std.), dessen Krönung ein Rundumblick ist. Wellenreiter steuern Blinky Beach an und Vogelfans staunen über 130 Vogelarten, darunter der Rotschwanz-Tropikvogel. Von den Malabar-Klippen kann man sie beim Balzen beobachten.

Reiseplanung: Es gibt nur 400 Betten für Touristen auf der ganzen Insel – rechtzeitig buchen! Täglich bestehen Flugverbindungen ab Sydney (Flugzeit unter 2 Std.).

Gut zu wissen: Das digitale Entzugsprogramm gibt's gratis dazu: Auf der Insel hat man nirgendwo Handy-Empfang.

Wann sonst? ganzjährig warmes Wasser (Sept.–Juni: Hauptsaison).

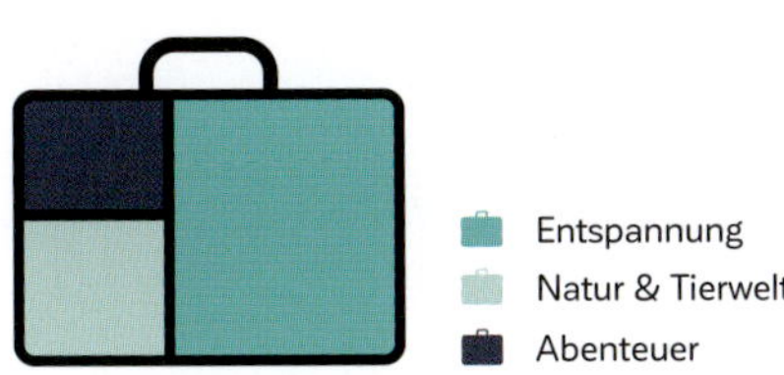

BOTSWANA

Warum jetzt? In der „grünen Saison" bei wenig Andrang eine Luxussafari zum ermäßigten Preis erleben

In Botswana erwarten einen unvergleichliche Abenteuer mit wilden Tieren, z. B. im Rahmen einer Fahrt mit einem *mokoro* (Einbaumkanu) auf den Kanälen des Okavangodeltas oder im Chobe-Nationalpark, wo riesige Elefanten- und Büffelherden umherstreifen. Das ist allerdings ein teurer Spaß: Wenig Touristen, hohe Preise, so lautet die Losung. Die hiesigen Safaris sind die so ziemlich teuersten weltweit. In der euphemistisch als „grün" bezeichneten Saison fallen die Preise um bis zu 40 %. Dann ziehen nachmittags häufig Gewitter auf, aber es regnet nur selten den ganzen Tag. Und weil es zu dieser Zeit von Zugvögeln, Jungtieren und ihren Jägern nur so wimmelt, ist die grüne Jahreszeit auch top für Begegnungen mit wilden Tieren. Achtung: Im Okavangodelta ist während der Trockenzeit Flut. Ausflüge mit dem *mokoro* sind jedoch auf Kanäle beschränkt, die beständig Wasser führen.

Reiseplanung: Mit dem Flieger geht's von Gaborone nach Maun. Am besten Übernachtungen in zwei Lodges oder Camps in verschiedenen Teilen des Deltas buchen.

Gut zu wissen: Manche Wege sind in der Regenzeit unpassierbar und einige Camps und Lodges sind geschlossen.

Wann sonst? Nov.–April: „grüne Saison", niedrige Preise; Mai–Okt.: Trockenzeit (ab Juni: das Okavangobecken füllt sich mit Wasser).

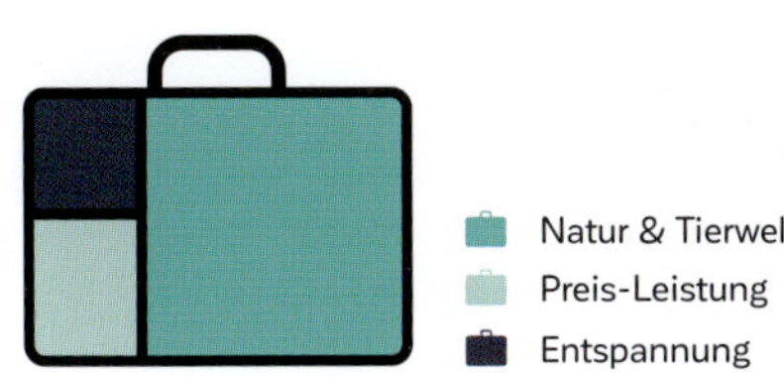

Ein Guide auf einem alten Maya-Pfad nahe Cruce Dos Aguadas, Guatemala

GUATEMALA

Warum jetzt? In Guatemalas hübscher Kulturhochburg Antigua Spanisch lernen

Neues Jahr, neue Herausforderungen, neue Sprache. Wer Spanisch lernen möchte, ist hier genau an der richtigen Adresse, denn Guatemala bietet Unmengen guter Sprachschulen. Und die Trockenzeit ist der ideale Zeitpunkt für einen Sprachkurs. Antigua allein beherbergt Dutzende Institute an den kopfsteingepflasterten ockerfarbenen Straßen im Kolonialstil. Nach ein oder zwei Wochen Privatunterricht (meist 2–6 Std. pro Tag) beherrscht man die Grundlagen. Nutzen kann man sie dann bei der Besichtigung von uralten Maya-Tempeln, hochgelegenen Vulkanseen – Antigua wird von drei Vulkanen umringt – und auf bunten Märkten. Ehrgeizige Sprachschüler sollten sich während des Kurses in einer Gastfamilie einquartieren – dann ist man gezwungen, auch außerhalb des Unterrichts Spanisch zu sprechen.

Reiseplanung: Mit dem Bus oder Taxi ist Antigua eine halbe Stunde vom Flughafen in Guatemala-Stadt entfernt. Während der Hauptsaison (dazu gehört auch der Januar) sollte man die Unterkunft und den Sprachkurs vorab buchen.

Gut zu wissen: In Antigua gibt's die meisten Sprachschulen, aber Quetzaltenango und Panajachel am Lago Atitlán sind ebenfalls beliebt bei Spanischlernern.

Wann sonst? Nov.–April: trocken, besonders entspanntes Reisen; Mai–Okt.: regnerisch (Juli & Aug.: ebenfalls voll).

ANTARKTISCHE HALBINSEL & SÜDGEORGIEN

Warum jetzt? In der weißen Weite am Ende der Welt (fast) rund um die Uhr Sonnenlicht genießen

Im Hochsommer sind die Tage auf der antarktischen Halbinsel schier endlos und warm – zumindest relativ gesehen! Die Temperaturen liegen jetzt um den Gefrierpunkt, manchmal sogar etwas höher, was die Einheimischen freut. Im Januar sind die Pinguinkolonien besonders laut, denn die Küken (frisch geschlüpft) haben Hunger! Seehundenachwuchs kann man in Südgeorgien bestaunen, und gegen Ende des Monats werden zunehmend Wale gesichtet. Das Wetter ist unbeständig, nicht zuletzt in der Drakestraße zwischen Feuerland und der Antarktis – wer Pech hat, erlebt den „Drake Shake" (und wird ordentlich durchgeschüttelt), aber im Januar sind die Chancen gut, an riesigen Eisbergen und hoch aufragenden Klippen vorbeizuschippern, und Wasser und Eis reflektieren die Sonnenstrahlen.

Reiseplanung: Die meisten Antarktiskreuzfahrten starten in Ushuaia (Argentinien) auf Feuerland und dauern zwischen 11 und 14 Tagen – mit einem Abstecher nach Südgeorgien noch ein paar Tage länger.

Gut zu wissen: Für die Überquerung der Drakestraße benötigt man mindestens zwei Tage in jede Richtung. Alternativ kann man von Punta Arenas (Chile) nach King George Island oder umgekehrt fliegen.

Wann sonst? Nov.–März: Sommer, die Antarktis kann von Touristenschiffen angesteuert werden; April–Okt.: Winter, dunkel, kalt, schwer erreichbar.

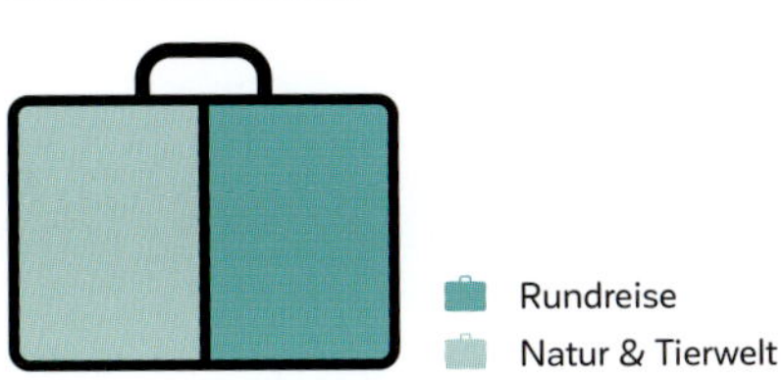

Viktorianische Häuserfassaden in der Wintersporthochburg Silverton, Colorado

© Mark Read / Lonely Planet

COLORADO USA

Warum jetzt? Skifahren auf frischem Pulverschnee

Wer im Januar in tiefem Pulverschnee versinken möchte, kann mit dem hoch gelegenen Colorado nicht viel falsch machen. Der Bundesstaat ist für sein trockenes Klima und verlässliche Schneefälle im Dezember bekannt und wartet mit 25 Skigebieten für alle Niveaus und Budgets auf. Bekannte Areale wie Aspen, Vail und Telluride sind bekanntlich teuer, doch es gibt genug Gegenden, wo Nervenstärke mehr zählt als der Dispo, z. B. das fordernde Skigebiet Silverton Mountain. Anfänger pflügen die sanften Hänge von Buttermilk oder die familienfreundlichen Pisten von Powderhown und Cooper um. Rund 300 Mikrobrauereien im Staat bereichern Colorados Après-Ski, und man kann sich an mexikanischer Küche, Edel-Burgern mit gediegenen Trüffel-Pommes oder Lammkoteletts satt essen.

Reiseplanung: Das zum Können passende Skigebiet wählen. Silverton ist gut für Fortgeschrittene. Familien oder Anfänger können es mit Purgatory oder Buttermilk probieren.

Gut zu wissen: Vorab buchen, insbesondere an Wochenenden oder wenn besondere Ereignisse anstehen wie das ULLR Fest in Breckenridge oder Wintersköl in Aspen.

Wann sonst? Nov.–März: Skisaison; April–Mai & Sept.–Okt.: Frühling & Herbst, Wanderwetter; Juni–Aug.: Sommer, heiß, voll.

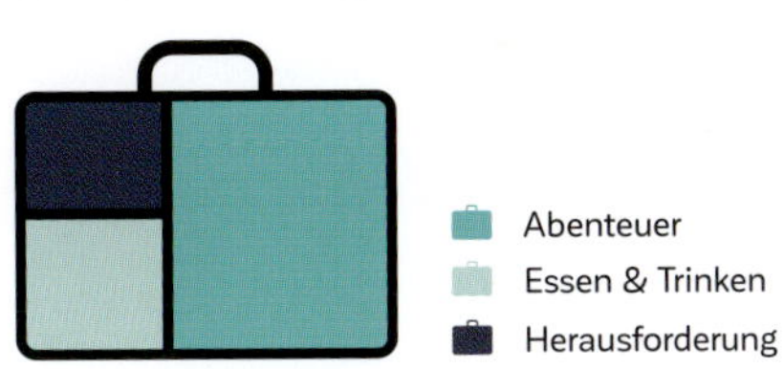

(L) Ein Wanderer bewundert den Petit Piton, Saint Lucia; (R) Havana Coffee Works, Wellington

SAINT LUCIA

Warum jetzt? Ein Entgiftungsprogramm im neuen Jahr in warmem, trockenem Karibikklima absolvieren
Im Januar ist Trockenzeit in Saint Lucia – einem smaragdgrünen Eiland, geprägt von Regenwald und Plantagen – und Urlauber strömen herbei auf der Flucht vor der Winterkälte. Die hübschen Strände der Vulkaninsel haben ihren tollen Ruf mehr als verdient, und es gibt neuerdings auch ein großes Angebot an Wellness- und Fitnessprogrammen. Wie wär's mit einer ayurvedischen oder Kakaomassage, einer Behandlung mit heißen Steinen oder Yogakursen? Alternativ kann man sich Schlamm aus den schwefelhaltigen Quellen auf die Haut spachteln oder sich ein Fitnessprogramm gönnen inklusive Personal Trainer, Vierkampf und Prüfung der maximalen Sauerstoffaufnahme. Einfach an den Strand legen geht natürlich auch!
Reiseplanung: Entweder quartiert man sich an den Stränden im Nordwesten oder in den Resorts an der Soufrière-Bucht im Südwesten mit Blick auf die Pitons ein.
Gut zu wissen: Die meisten internationalen Maschinen landen auf dem Flughafen Hewanorra im Süden. Flüge von anderen Karibikinseln steuern meist den George F. L. Charles Airport nahe der Hauptstadt Castries und den Resorts im Nordwesten an.
Wann sonst? Dez.–Mai: am trockensten, warm (Ende Dez.–März: am vollsten); Juni–Nov.: Regenzeit.

Entspannung
Herausforderung
Essen & Trinken

WELLINGTON
NEUSEELAND

Warum jetzt? Den wärmsten Monat des Jahres in der windgepeitschten Hauptstadt Neuseelands verbringen

Neuseeland bereitet dem *raumati* (das Maori-Wort für Sommer) jedes Jahr einen überhaus herzlichen Empfang. Vom Neujahrstag an bringt das „Summer City"-Festival die Hauptstadt Wellington mit Veranstaltungen zum Schwingen. Im Botanischen Garten finden Gratis-Konzerte statt, und das Pasifika-Festival huldigt der Kunst, der Musik und der Küche der Pazifikregion. Zu den ganzjährigen Attraktionen zählen großartige Museen (vor allem das Nationalmuseum Te Papa Tongarewa) und das Öko-Schutzgebiet Zealandia. Das Januarwetter bietet sich auch für Ausflüge an die Strände der Miramar Peninsula und in die bewaldeten Hänge um die Stadt an. Alternativ genießt man die Cafékultur und die tollen Restaurants.

Reiseplanung: Wellington hat genügend Museen, Galerien, Geschäfte, Bars und Restaurants, um Besucher einige Tage bei Laune zu halten. Außerhalb der Stadt locken Zealandia und Weingüter.

Gut zu wissen: Mindestens viermal am Tag setzen Fähren von Wellington nach Picton über (3 Std.). Sie passieren die bildhübschen Marlborough Sounds. Die Betreiber sind Bluebridge (www.bluebridge.co.nz) und Interislander (www.interislander.co.nz).

Wann sonst? Nov.–April: angenehme Temperaturen; Mai–Okt.: kühler, ein bisschen nasser.

RUND UM WELLINGTON

MATIU/SOMES ISLAND • 8 KM • Historischer Leuchtturm und Quarantänestation, endemische Tierarten

KAPITI ISLAND • 60 KM • Seltene Vögel, schnorcheln und wandern

MARTINBOROUGH • 80 KM • Altstadt mit viel Grün, tolle Winzerbetriebe

NAPIER • 317 KM • Eine wunderbar erhaltene Art-déco-Stadt

Februar

WANN AM BESTEN WOHIN?

Sich für den Karneval begeistern oder auf den Kanälen Venedigs den Massen entkommen

ICH WILL

MIR ETWAS GÖNNEN

In Südportugal von angenehmen Preisen und Temperaturen sowie der Nähe zu Lissabon profitieren

Im Meer vor Honduras in eine Unterwasser-Wunderwelt abtauchen – für wenig Geld

LASS UNS AUS-GEHEN

In Mendozas wundervollen Weinkellereien Chardonnay und Malbec probieren

ESSEN

QUÉBEC, KANADA S. 44

TRINKEN

MENDOZA, ARGENTINIEN S. 54

NÖRDLICHE SÜDINSEL, NEUSEELAND S. 41

AUF IN DIE STADT

KALT

VENEDIG, ITALIEN S. 55

HEISS

DAYLESFORD, AUSTRALIEN S. 45

SINGAPUR S. 49

RIO DE JANEIRO S. 52

AB ZUM STRAND

GERÄTETAUCHEN & ZUM STRAND

AUF-DREHEN

HAITI S. 53

KAP VERDE S. 44

ENT-SPAN-NEN

GAMBIA S. 39

INDISCHER OZEAN, KENIA S. 41

PORTUGAL S. 43

GROSSARTIGES STADTESSEN?

Sich in Québec in Kanada am hellen Licht der Städte, am Winter-karneval und an Gourmetküche erfreuen

Vor dem Dorf Donsol auf den Philippinen bei wundervollem Wetter mit Walhaien schnorcheln

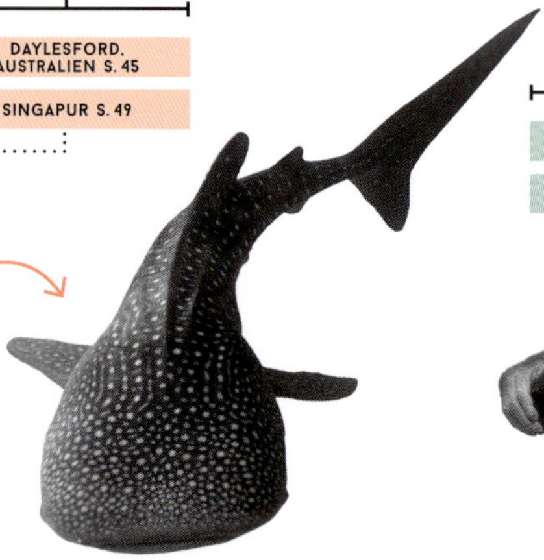

An langen, trockenen Tagen in Gambia nach Tieren Ausschau halten

TOLL ESSEN & SKIFAHREN?

LEGENDE

NATUR & TIERWELT
ABENTEUER
PREIS-LEISTUNG
KULTUR
RUNDREISE
ESSEN & TRINKEN
HERAUS-FORDERUNG
ENTSPANNUNG

KURZURLAUB
EINE WOCHE
ZWEI WOCHEN

MICH FORDERN

ETWAS LERNEN

STRANDBESUCH & YOGA?

KÖRPER
HONDURAS S. 51

SEELE
IBIZA, SPANIEN S. 38

Bei warmem, klarem und größtenteils trockenem Wetter den Kilimandscharo erklimmen, Afrikas höchsten Berg

ETWAS SEHEN

Auf Dominica sämtliche Farben des karibischen Karnevals erleben

BERGPANORAMA & WANDERN?

ETWAS ERLEBEN

Nach Hokkaido in Japan fliegen und Vögel, Skifahren und ein paar Gläser Whisky genießen

ZU LANDE
DOMINICA S. 44
KILIMANDSCHARO, TANSANIA S. 48

ZU WASSER
GOLD COAST, AUSTRALIEN S. 51

IM SCHNEE

MAGISCHE TIERWELT

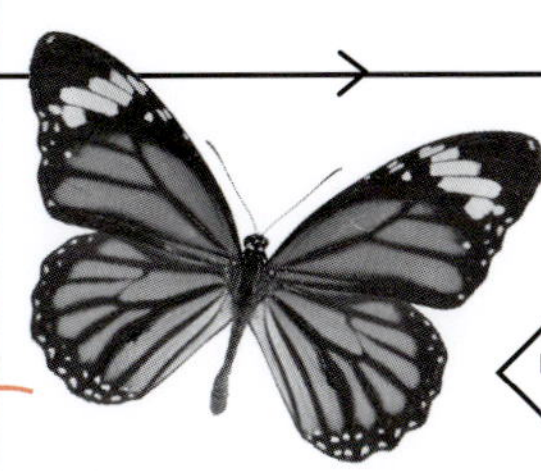

DIE LEICHTE TOUR
BAJA CALIFORNIA, MEXIKO S. 39
DOMINIKANISCHE REPUBLIK S. 39

DIE HARTE TOUR
LADAKH, INDIEN S. 41
PHILIPPINEN S. 45

STRÄNDE & WALE ERLEBEN?

SKI-FAHREN
WYOMING, USA S. 42
ANDORRA S. 38
HOKKAIDO, JAPAN S. 48

HUNDE-SCHLIT-TEN
LAPPLAND, FINNLAND S. 38

Die beste Fitness gegen den inneren Schweinehund gibt's auf Ibiza

DER RICHTIGE WEG

Millionen Monarchfalter fliegen jetzt aus Michoacán in Mexiko gen Norden

ABSOLUTE AUGENWEIDEN

Auf Island den Sprung ins (gar nicht so) kalte Wasser wagen

IM BOOT
ADELAIDE & MURRAY RIVER, AUSTRALIEN S. 48

MIT DEM AUTO
CÔTE D'AZUR, FRANKREICH S. 50

IM AUTO DIE KÜSTE ERKUNDEN?

VON MUTTER NATUR
BLUE MOUNTAINS, AUSTRALIEN S. 53
ISLAND S. 37

VON MENSCHEN-HAND
KAMBODSCHA S. 47

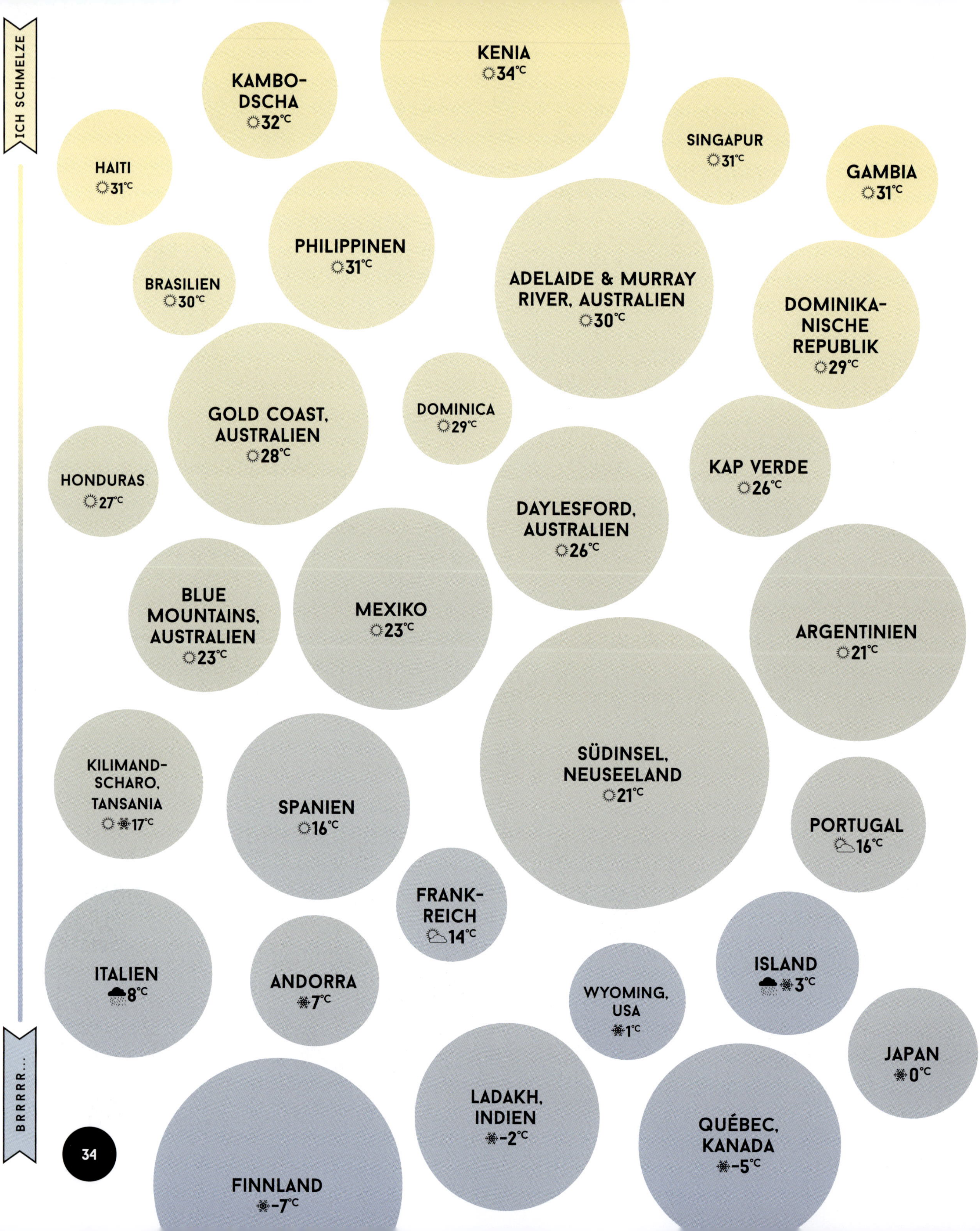
ICH SCHMELZE
KENIA 34°C
KAMBO-DSCHA 32°C
SINGAPUR 31°C
HAITI 31°C
GAMBIA 31°C
PHILIPPINEN 31°C
BRASILIEN 30°C
ADELAIDE & MURRAY RIVER, AUSTRALIEN 30°C
DOMINIKA-NISCHE REPUBLIK 29°C
GOLD COAST, AUSTRALIEN 28°C
DOMINICA 29°C
HONDURAS 27°C
KAP VERDE 26°C
DAYLESFORD, AUSTRALIEN 26°C
BLUE MOUNTAINS, AUSTRALIEN 23°C
MEXIKO 23°C
ARGENTINIEN 21°C
SÜDINSEL, NEUSEELAND 21°C
KILIMAND-SCHARO, TANSANIA 17°C
SPANIEN 16°C
PORTUGAL 16°C
FRANK-REICH 14°C
ITALIEN 8°C
ANDORRA 7°C
WYOMING, USA 1°C
ISLAND 3°C
JAPAN 0°C
LADAKH, INDIEN -2°C
QUÉBEC, KANADA -5°C
FINNLAND -7°C
BRRRRR...

GEFÄLLT DER GANZEN FAMILIE

TEUER, ABER ES LOHNT SICH

VIEL ERLEBEN FÜR WENIG GELD

DIE KINDER ZUHAUSE LASSEN

Die Lichter der Aurora Borealis sind zu dieser Jahreszeit besonders schön

LAPPLAND, FINNLAND

Im südaustralischen Spätsommer Süßwasser-Flusskrebse fangen

GOLD COAST, AUSTRALIEN

ADELAIDE & MURRAY, AUSTRALIEN

KAP VERDE

Sich an den Kostümen und dem Calypso des dominikanischen Karnevals ergötzen

BLUE MOUNTAINS, AUSTRALIEN

Bei einer Panorama-Seilbahnfahrt die frische Luft der Blue Mountains einatmen

DOMINICA

Eine Gourmetmahlzeit nach einer Skifahrt durch die Innenstadt? Das gibt's nur in Québec City

PORTUGAL

QUÉBEC, KANADA

ANDORRA

DOMINIKANISCHE REPUBLIK

INDISCHER OZEAN, KENIA

GAMBIA

Ein Aufenthalt beim Chimpanzee Rehab Project an der „Smiling Coast" im Westen Afrikas

SINGAPUR

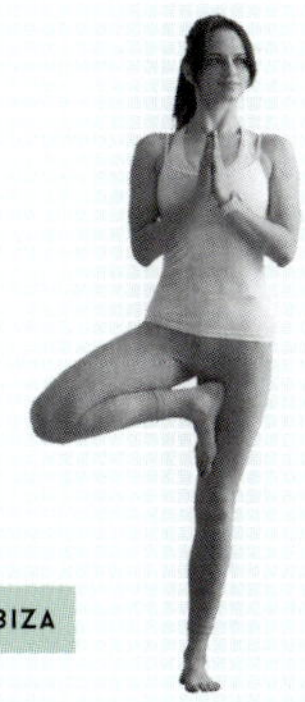

SÜDINSEL, NEUSEELAND

MEXIKO

In einer von Ibizas vielen Yoga-Einrichtungen das eigene Wohlbefinden steigern

IBIZA

PHILIPPINEN

HONDURAS

DAYLESFORD, AUSTRALIEN

Yellowstones steile Hänge und heiße Quellen genießen, aber ohne den Andrang im Sommer

WYOMING, USA

VENEDIG

CÔTE D'AZUR, FRANKREICH

Am Karnevalswochenende spielt die Stadt verrückt, aber ansonsten ist es in Venedig ganz ruhig

Die Tempel von Angkor unterm trockenen Februarhimmel besuchen

KAMBODSCHA

ISLAND

HOKKAIDO, JAPAN

Die Grazilität der Mandschurenkraniche auf Japans nördlichster Insel erleben

RIO, BRASILIEN

Jetzt ist die Gelegenheit, den majestätischen Kilimandscharo zu besteigen, der über der Savanne Afrikas thront

KILIMANDSCHARO, TANSANIA

Erst ein Ritt mit einem Gaucho, dann ein paar Gläschen Malbec in Argentiniens Weinregion

HAITI

MENDOZA, ARGENTINIEN

LADAKH, INDIEN

ISLAND

Warum jetzt? Nicht so kalt, wie man denkt – aber sehr cool

Island im Februar hört sich eher kalt und düster an, doch das ist es nicht: Durch den Golfstrom wird es auf der Insel vergleichsweise warm (durchschnittlich 3 °C) und am Ende des Monats geht die Sonne vor 9 Uhr auf und erst nach 18 Uhr wieder unter. Doch es bleibt immer noch genügend Dunkelheit, um – hoffentlich – das Nordlicht zu sehen. Mögliche Winteraktivitäten sind Gletscherwanderungen, Schneemobilfahrten, Eishöhlenwandern und Superjeeptouren über Vulkane. Und da die Ringstraße schneefrei gehalten wird, ist es auch möglich, selbst zu fahren. In Silfra kann man zwischen der nordamerikanischen und der eurasischen Platte tauchen: Das gletschergespeiste Wasser hat fast das ganze Jahr über dieselbe Temperatur und im Neoprenanzug ist es sowieso schön warm. Wem es zu kalt wird, der kann sich in eine der warmen Quellen flüchten, z. B. die schöne, aber touristische Blaue Lagune oder eins der billigeren öffentlichen Bäder in Reykjavík.

Vor Ort: Ausflüge von Reykjavík aus ins Umland planen. Ein paar Nächte außerhalb der Stadt verbringen, um vielleicht das Polarlicht zu sehen.

Gut zu wissen: Badesachen für die warmen Quellen mitnehmen.

Wann sonst? Okt.–März: kalt, dunkel, Polarlicht möglich; April–Sept.: mehr Touren, wärmer.

Abenteuer
Natur & Tierwelt
Herausforderung
Entspannung

Die atemberaubende Halbinsel Snæfellsnes, umhüllt von dunklen Wolken

LAPPLAND FINNLAND

Warum jetzt? Hundeschlitten und tanzende Lichter

Zu dieser Jahreszeit funkelt der nördliche Polarkreis. Die Landschaft ist von Schnee bedeckt und die Seen sind zugefroren. Die Zeit der Polarnächte, in denen es nicht hell wird, ist vorüber und die Sonne zeigt sich immer länger. Wahrscheinlich tanzt auch das zauberhafte Polarlicht: Februar/März und September/Oktober sind laut dem Finnischen Meteorologischen Institut die beste Zeit dafür. Außerdem eignet sich diese Zeit toll für Ausflüge in die Natur. Die immer noch niedrigen Temperaturen fangen langsam an zu steigen und die Wildnishütten bieten jetzt das volle Programm: Hundeschlitten-, Schneemobil- und Schlittenfahrten, Schneeschuhwanderungen und Skilanglauf … das bringt einen sicher in Wallung! Ansonsten gibt's ja auch noch die traditionelle finnische Sauna.

Vor Ort: Flughäfen im Norden sind Rovaniemi und Ivalo. Wer mindestens vier Nächte in einer Wildnishütte verbringt, hat gute Chancen, das Polarlicht zu sehen und viel Spaß im Schnee zu haben.

Gut zu wissen: Viele Hütten bieten einen Polarlicht-Weckruf.

Wann sonst? Dez.–April: Wintersport (Sept.–April: Polarlicht); Mai–Aug.: lange Tage, am wärmsten; Sept.–Nov.: kurzer Herbst, Abkühlung.

ANDORRA

Warum jetzt? Guter Schnee für Anfänger

Das winzige Pyrenäen-Fürstentum besteht fast nur aus Bergen – und ist daher perfekt fürs Skifahren. Andorra bietet die besten Bedingungen in den gesamten Pyrenäen, mit modernen Skiliften, erstklassigen Skischulen, einer guten Palette an Unterkünften und tollen Hängen für Anfänger und Fortgeschrittene. Alle Skigebiete liegen nah beieinander, sodass man schnell zwischen ihnen wechseln kann – die beiden größten, Soldeau und Pas de la Casa, sind sogar durch Skilifte miteinander verbunden. Und das alles zu bezahlbaren Preisen. Der Februar, mit klarem Himmel und fast garantiertem Schnee in den Hochlagen, eignet sich besonders gut für einen Skiurlaub. Auch die Après-Ski-Szene lässt nichts zu wünschen übrig, und wer möchte, kann dank niedriger Mehrwertsteuer sogar noch günstig shoppen.

Vor Ort: In Grandvalira gibt's für Anfänger breite Pisten, sanfte Hänge und einige der besten Skischulen.

Gut zu wissen: Die nächsten internationalen Flughäfen sind Toulouse (Frankreich) und Barcelona (Spanien).

Wann sonst? Dez.–April: Skisaison; Mai–Sept.: warm, am besten fürs Wandern/Radeln; Okt.–Nov.: kühl, Nebensaison.

IBIZA SPANIEN

Warum jetzt? In warmen Gefilden die Fitness stärken

Jetzt erlebt man auf Ibiza das Gegenstück zum balearischen Hedonismus: Die für ihre wilde Sommer-Partyszene bekannte Insel ist in der Nebensaison erheblich stiller und eine gute Wahl, um Körper und Seele eine Pause zu gönnen. Wenn im Februar die guten Vorsätze fürs neue Jahr langsam in Vergessenheit geraten, kann man ihnen mit einem Wellnesstrip nach Ibiza neues Leben einhauchen und sich gleichzeitig an dem recht milden Winterklima (ca. 10–16 °C) erfreuen. Die auf gesunden Urlaub spezialisierten Unterkünfte liegen oft an guten Jogging- und Mountainbike-Strecken und bieten teils Extras wie Fitnesstrainer und eine kreative, kalorienarme Küche. Ganzjährig laden Yoga-Retreats zum Entspannen ein. Oder man sorgt auf eigene Faust für seine Fitness: Mit ihren Kiefernwäldern, hübschen Buchten, zerklüfteten Hügeln und weißen Dörfchen ist die schöne Insel ideal zum Laufen in der freien Natur. Ein toller Bonus im Februar ist die prachtvolle Mandelblüte.

Vor Ort: Eine echte Pause vom Trubel findet man in abgelegenen Villen. In der Inselhauptstadt Ibiza-Stadt sind viele Restaurants auch im Winter geöffnet.

Gut zu wissen: Viele Bars und fast alle Clubs schließen von Oktober bis Mai.

Wann sonst? Juni–Aug.: heiß, voll; Sept.–Okt.: ruhiger, Clubs schließen; Nov.–März: milder Winter; April–Mai: Frühling.

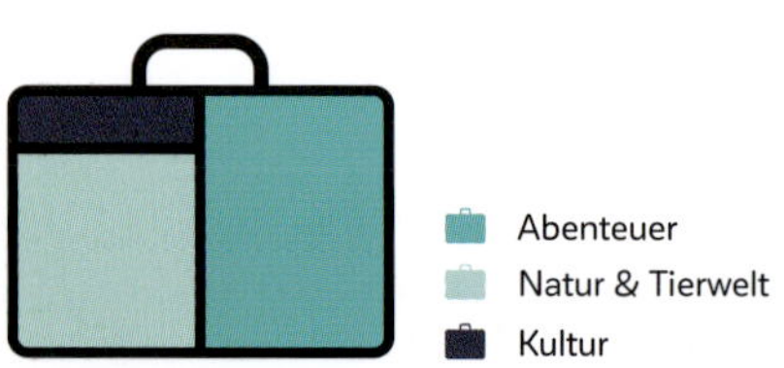

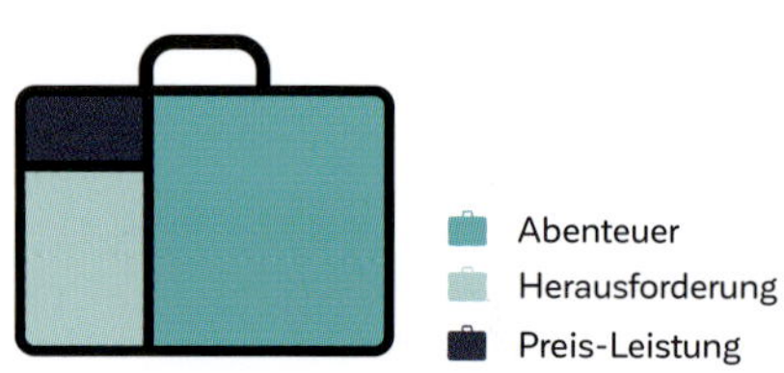

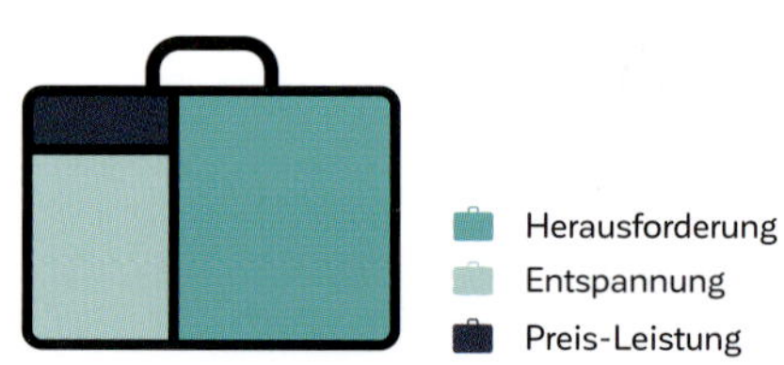

GAMBIA

Warum jetzt? Lange, trockene Tage Dieser Streifen von Westafrika ist mit einer schönen Atlantikküste und wildem Binnenland gesegnet – und Kälte kennt man hier nicht. Die durchschnittliche Höchsttemperatur liegt das ganze Jahr über bei 30 bis 34°C. Im Februar – wie auch insgesamt von November bis Mai – kann man die schönen, leeren Strände bei wenig Regen, niedriger Luftfeuchtigkeit, wenigen Moskitos, zehn Stunden Sonne am Tag und einer angenehmen Meeresbrise genießen. Dies ist ein besonderes, aber kein riskantes Ziel: Die „Smiling Coast" ist sicher und freundlich. Wer sich vom Strand losreißt, kann das Landesinnere erkunden, z. B. auf einer Pirogentour auf den von Mangroven gesäumten Nebenflüssen des Gambia. Oder man dringt weiter vor und übernachtet beim Chimpanzee Rehabilitation Project, wo auf einer Inselgruppe über 100 Schimpansen leben. Und im Februar kann man auch hervorragend Vögel beobachten.

Vor Ort: Vom Strand aus Tagestrips zum Tanji Fishing Village mit lebhaftem Markt und zum Slavery Museum in Juffure sowie Flussfahrten unternehmen. Oder man kombiniert den Strand mit Tierbeobachtungen weiter flussaufwärts.

Gut zu wissen: Gambia wurde 2015 zur muslimischen Republik, doch andere Religionen können frei ausgeübt werden.

Wann sonst? Nov.–Juni: trocken (Feb.–Mai: geringste Luftfeuchtigkeit); Juli–Okt.: nass.

MICHOACÁN MEXIKO

Warum jetzt? Millionen Monarchfalter beim Abheben beobachten
In den Wäldern von Michoacán kann man an einem sonnigen Februarmorgen ein grandioses Schauspiel erleben: Millionen orange-schwarzer Schmetterlinge erheben sich in riesigen Scharen in die Lüfte. Jeden Winter ziehen bis zu einer Milliarde dieser unglaublichen Insekten Tausende Kilometer von Nordostamerika ins wärmere Mexiko, besonders in die Tannenwälder von Oyamel in Michoacán, von denen einige inzwischen als Biosphärenreservat Mariposa Monarca geschützt sind; am besten besucht man die Sektoren El Rosario und Sierra Chincua. Hier pflanzen sich die Monarchfalter fort, bevor sie wieder in ihre Sommergründe im Norden zurückkehren.

Vor Ort: Möglich ist ein Tagesflug zu den Schmetterlingen ab Mexiko-Stadt oder Morelia, besser ist aber eine Übernachtung z. B. in Angangueo oder Zitácuaro. Alternative: eine Rundtour ab Mexiko-Stadt zu den Schmetterlingen, in die Kolonialstadt Morelia, nach San Miguel de Allende und zur toltekischen/aztekischen Pyramidenstätte Tula.

Gut zu wissen: Tierfans können im Februar Schmetterlinge mit Buckelwalen vor Puerto Vallarta (Pazifikküste) oder Grauwalen vor Baja California kombinieren.

Wann sonst? Okt.–April: Schmetterlinge; Mai–Sept.: nasser, heiß.

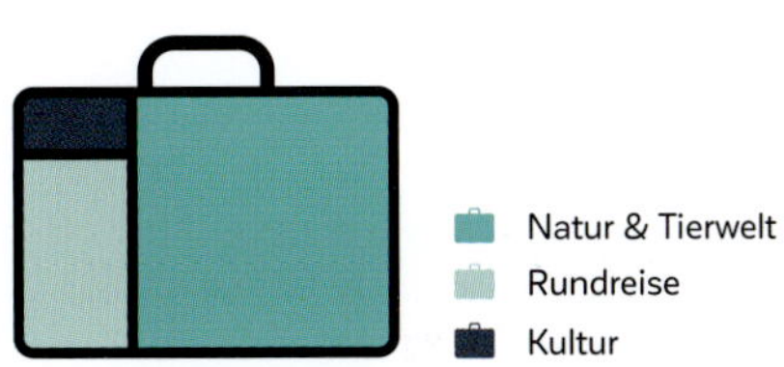

DOMINIKANISCHE REPUBLIK

Warum jetzt? Wind, Wale und wunderbares Wetter
Die Dominikanische Republik, die die Osthälfte der Insel Hispaniola einnimmt – auf der Westhälfte liegt Haiti –, ist groß genug, um jedem etwas zu bieten: Backpacker-Unterkünfte in angesagten Fischerdörfern, noble Flitterwochen-Refugien und familienfreundliche All-inclusive-Domizile. Dazu kommen noch der höchste Berg der Karibik, der 3098 m hohe Pico Duarte, eine ihrer ältesten Städte (Santo Domingo) und sogar ein ureigener Tanz – hier entstand der Merengue. Im Februar herrscht schönes, trockenes Wetter für alle möglichen Aktivitäten und es ist eine tolle Zeit zum Windsurfen im quirligen Cabarete, während sich in der Samaná-Bucht für kurze Zeit Tausende Buckelwale zur Fortpflanzung tummeln.

Vor Ort: Man kann sich für zwei Wochen am Strand einnisten oder begibt sich nach ein paar Tagen zu den Walen nach Samaná, fährt dann Richtung Nordwesten nach Cabarete, anschließend zu Hochlandabenteuern gen Süden in die Berge bis Jarabacoa und schließlich zur Kolonialstadt Santo Domingo.

Gut zu wissen: Die wichtigsten Flughäfen sind Santo Domingo (Süden), Puerto Plata (Norden) und Punta Cana (Osten).

Wann sonst? Dez.–April: trocken, warm (Wale Jan.–März); Mai–Nov.: feuchter (am meister Regen Aug.–Okt.).

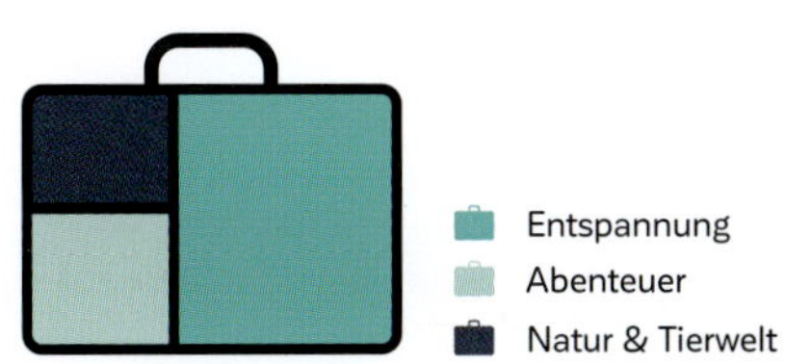

© Butterfly Hunter / Shutterstock

Dhau-Rennen beim Maulidi Festival vor der kenianischen Küste am Indischen Ozean

In der neuseeländischen Region Marlborough befinden sich mehr als 150 Weingüter

Im Februar kommen Schneeleoparden in Ladakh zur Paarung hinab in die Täler

© travellinglight / Getty Images

NÖRDLICHE SÜDINSEL NEUSEELAND

Warum jetzt? Hochgenuss bei weniger Trubel

Im Februar ist es in Neuseeland am wärmsten (20–30°C), doch die Kiwi-Kids sind schon wieder in der Schule. So eignet sich der Monat z. B. gut für den Besuch des beliebten Abel-Tasman-Nationalparks: Wenn die Sonne scheint und nicht so viel los ist, macht das Wandern, Kajakfahren und Zelten an den goldenen Stränden gleich viel mehr Spaß. Interessant auf der nördlichen Südinsel ist auch die Region Marlborough mit ihren mehr als 150 Weingütern, deren Trauben vor der Ernte (März bis Mai) schon jetzt prall sind. Die Kellereien lassen sich gut mit dem Fahrrad abklappern. Und außerdem präsentiert im Februar das Marlborough Food and Wine Festival in Blenheim die besten Erzeugnisse der Region: Kirschen, Erdbeeren und Aprikosen; Käse aus Kaikoura und Venusmuscheln von der Cloudy Bay; Sandbarsch und Grünlippmuscheln aus den Marlborough Sounds. Auf den Weingütern gibt's teilweise auch gutes Essen – oder man geht selbst Angeln.

Vor Ort: Aktivitäten im Abel Tasman, dazu das szenige Nelson, Weinproben in Marlborough und Walbeobachtung in Kaikoura.

Gut zu wissen: Die Fähre von der Nordinsel legt in Picton an, 100 km östlich von Nelson und 30 km nördlich von Blenheim.

Wann sonst? Dez.–Feb.: am wärmsten und vollsten; März–Mai: kühler, ruhig, für Gourmets; Juni–Aug.: kalt, nass; Sept.–Nov.: wärmer.

LADAKH INDIEN

Warum jetzt? Schneeleoparden und Eiswandern

Brrrrrrr! Warm ist es jetzt nicht gerade im Himalaya in Nordwestindien (tagsüber ca. –6°C), doch für zwei sehr spezielle Erlebnisse lohnt es sich, der Kälte zu trotzen. Tierfans sollten den Hemis-Nationalpark ansteuern: Hier gibt's ein 400 Jahre altes Kloster, aber dies ist auch einer der wenigen Orte auf der Welt, an denen sich der scheue Schneeleopard bisweilen zeigt. In der Paarungszeit im Winter, mit Höhepunkt im Februar, kommen die Großkatzen aus ihren hoch in den Bergen gelegenen Revieren auf der Suche nach Paarungspartnern hinunter in die Täler. Wanderer können auch den Chadar in Angriff nehmen. Diese anstrengende Winterwanderung beginnt bei Leh und führt über den zugefrorenen Fluss Zanskar – zu dieser Zeit ist es der einzige Weg in die Bergdörfer. Wer sich von den eisigen Temperaturen nicht abhalten lässt, wird dafür mit dem spektakulären Anblick schneebedeckter Berge belohnt.

Vor Ort: Flug nach Leh. Hemis liegt 10 km südlich; auf geführten Wanderungen im Tarbuns-Tal zeigen sich vielleicht Leoparden. Die Chadar-Wanderung (6 Tage) beginnt in Chilling, 65 km von Leh.

Gut zu wissen: Leh liegt auf 3500 m Höhe; zur Akklimatisierung sollte man immer genügend trinken.

Wann sonst? Nov.–März: kalt, Schnee (Jan.–Feb.: Chadar möglich); April–Mai & Okt.: ruhig, kühl; Juni–Sept.: beste Zeit für normales Wandern.

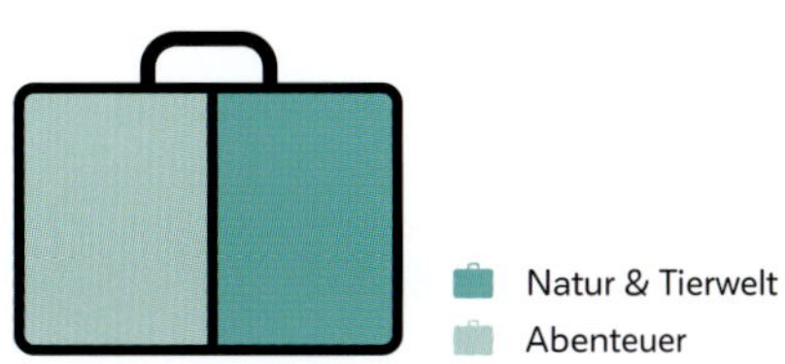

INDISCHER OZEAN KENIA

Warum jetzt? Heiße Luft, wundervolles Wasser

In einem Land mit einigen der faszinierendsten Wildtierparks der Welt vergessen viele einfach die Küste, dabei ist das Ufer des Indischen Ozeans in Kenia alles andere als zweitklassig: feiner blendend weißer Sand, in kristallklaren Blautönen glitzerndes Meer und weitere Fotomotive wie malerische Fischer-Dhaus, sich im Wind wiegende Palmen und Frauen in bunten *kangas*. Die Kultur der Küste zeigt sich in den arabischen Häusern in Mombasa sowie in den für die Region typischen Currys – lecker duftend und voller Meeresfrüchte. Die meisten Hotels sind eher klein, bieten aber genügend Platz. Auch schnorcheln und tauchen kann man hier wunderbar, besonders im Januar und Februar: Dann ist es heiß und trocken und die Sicht im Wasser am besten. Auch wandernde Walhaie kommen hier vorbei (Feb.–April, Sept.–Okt.).

Vor Ort: Mombasas Altstadt und das Fort Jesus besichtigen; auf einer Überlandtour von Nairobi nach Mombasa in Tsavo eine Safari einschieben. Südlich von Mombasa bietet Diani traditionellen Strandurlaub; Watamu und Malindi, 12 km nördlich, haben Meeresnationalparks.

Gut zu wissen: Sich über die Sicherheitslage informieren – für die Küste nördlich von Malindi gelten vielleicht Reisewarnungen.

Wann sonst? Jan.–Feb.: heiß, trocken, üppig; März–Mai: lange Regengüsse, sehr nass; Juni–Okt.: trocken, gut zur Tierbeobachtung; Nov.–Dez.: kurze Regenfälle.

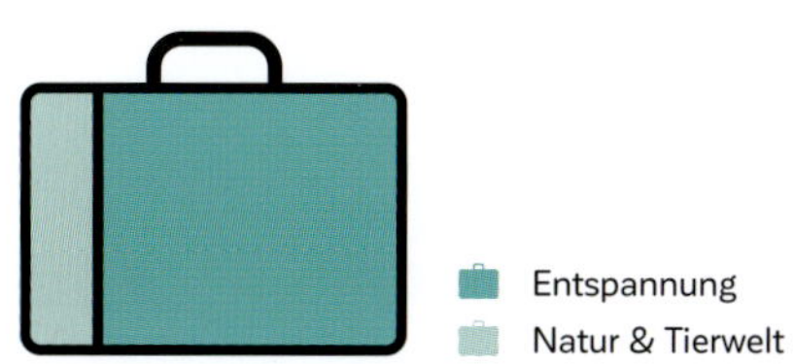

Thermalquelle im Yellowstone-Nationalpark

© Pete Seaward / Lonely Planet

WYOMING USA

Warum jetzt? Tolle Hänge, heiße Quellen

Wenn Schnee den Cowboy-Staat einhüllt, geschehen ganz besondere Dinge. Skifahrer und Snowboarder lieben den Wintersportort Jackson Hole in den Teton Mountains mit seinem steilen Terrain und Pulverschnee. Es gibt auch einige Anfängerpisten, doch für Fortgeschrittene ist das Gebiet besser geeignet. Auch das Après-Ski kann sich sehen lassen. Weiter nördlich warten im Yellowstone Abenteuer anderer Art. Im Sommer ist der Nationalpark überlaufen, im Winter aber leer: Die Straßen bleiben gesperrt und man kann den Park nur per Schneekutsche oder -mobil, auf Langlaufskiern oder mit Schneeschuhen erkunden. Aus Geysiren strömt heißer Dampf und an den warmen Stellen sammeln sich Tiere. In der Schneelandschaft leben z. B. Grauwölfe – am besten unternimmt man auf ihren Spuren im Lamar Valley eine geführte Wanderung.

Vor Ort: Für Anfänger eignet sich das Skigebiet Snow King besser. Die Fahrt nach Norden zum Yellowstone ist landschaftlich reizvoll; kostenlose Ranger-Touren finden auch im Winter statt oder man bucht ein Paket mit Tierbeobachtung und Wintersport.

Gut zu wissen: 12 km nördlich von Jackson liegt der Jackson Hole Airport, 90 km südlich vom Südtor des Yellowstone.

Wann sonst? Nov.–März: Skifahren, Winter im Yellowstone; April–Mai & Sept.–Okt.: mild, nicht so voll; Juni–Aug.: heiß, voll.

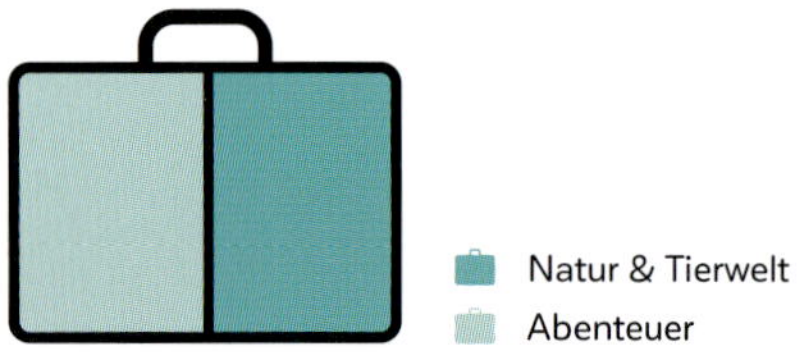

Der Süden Portugals: Bergdörfer, gute Weine und Korkeichen

© Matt Munro / Lonely Planet

© Matt Munro / Lonely Planet

© Matt Munro / Lonely Planet

SÜDLICHES PORTUGAL

Warum jetzt? Gute Preise, tolles Wetter, blühende Bäume
Im tiefen Südwesten Europas ist der Winter nur eine vorübergehende Erscheinung und selten hart. An den Stränden der wilderen Küste des westlichen Alentejo und der sanfteren südlichen Algarve ist es vielleicht nicht warm genug zum Baden, aber sie sind schön leer und eignen sich wunderbar für Spaziergänge und zum Mountainbiken. Außerdem sind jetzt die Preise niedriger – und das heißt in dieser ohnehin schon preisgünstigen Region einiges. Weil der Februar so mild ist (durchschnittlich 16 °C), setzt der Frühling früh ein und die Mandelbäume verzaubern mit ihrer Blüte die Landschaft. Während im Sommer eine sengende Hitze herrschen kann, ist der Februar eine tolle Zeit für die Erkundung des Landesinneren – z.B. das Bergdorf Monsarat, das maurische und mittelalterliche Évora und die Korkeichenwälder der Ebenen.
Vor Ort: Flug nach Lissabon oder Faro. In Portugal gibt's preiswerte Unterkünfte in schönen alten *casas* und *quintas* (Bauernhäuser) – oder man reist per Auto, zu Fuß oder mit dem Fahrrad umher.
Gut zu wissen: Die traditionelle wärmende Wintersuppe *caldo verde* wird meist mit Schweinswurst und Maisbrot serviert.
Wann sonst? Nov.–März: kühler, Nebensaison; April–Okt.: warm/heiß (Juli–Aug.: am vollsten).

Kultur
Preis-Leistung
Entspannung
Essen & Trinken

QUÉBEC (STADT)
KANADA

Warum jetzt? Sehenswürdigkeiten, Sport und Feiern

Québec, eine der ältesten Siedlungen Nordamerikas, wird teils von einer Stadtmauer aus dem 18. Jh. umgeben. Ein Besuch hier lohnt sich zu jeder Jahreszeit, aber besonders im Februar. Trotz der niedrigen Temperaturen (–5 bis –15°C) stehen viele Aktivitäten zur Auswahl: Man kann die Altstadt unter ihrem Schneekleid bewundern, im Stadtzentrum skilanglaufen – Loipen und Skiverleih gibt's auf den Plaines d'Abraham –, mit dem Kanu über den kalten Sankt-Lorenz-Strom paddeln, im nahen Hôtel de Glace (Jan.–März) ein Zimmer mieten oder im 25 km entfernten Stoneham die Pisten unsicher machen. Im Februar findet außerdem der Carnaval de Québec statt, eines der beliebtesten Feste der Stadt: zwei Wochen voller Umzüge, Schneeskulpturen und Eisspiele, dazu jede Menge *chocolat chaud* und heißer Caribou (Rotwein, Likör, Ahornsirup und Gewürze).

Vor Ort: Für den Karneval frühzeitig buchen. Auf ein paar Tage in Québec (Stadt) könnten Montréal oder die Skipisten des Mont Tremblant folgen.

Gut zu wissen: In kalten Wintern gefriert das Sprühwasser der Montmorency-Fälle in Québec zu einem kleinen Berg.

Wann sonst? Dez.–März: frostig; April–Juni: wärmer; Juli–Sept.: heiß, Festivals; Okt.–Nov.: Herbstfarben.

Kultur
Abenteuer
Essen & Trinken

KAP VERDE

Warum jetzt? Atemberaubende Inselgruppe im Atlantik

Sie gehören zu Afrika, weisen aber starke portugiesische und brasilianische Einflüsse auf: Die Kapverdischen Inseln verdanken dies vor allem ihrer Lage 1000 km westlich des Senegal mitten im Atlantik. Dank dieser Abgeschiedenheit gedieh eine sehr eigene Mischkultur, die ihren vielleicht besten Ausdruck in der mitreißenden kapverdischen *morna*-Volksmusik findet. Hier gibt's Sandstrände, muntere Bars (besonders auf São Vicente und Sal) und tolle Wandermöglichkeiten, vor allem am Vulkan Pico auf der Insel Fogo und in den Bergen von Santo Antão. Die ganzjährige Wärme (26–30°C) spricht besonders Sonnenhungrige aus Nordeuropa an. Der Februar ist als einer der windigeren Monate außerdem gut für Segler, Surfer, Wind- und Kitesurfer – aufgrund der Passatwinde ist dies ein erstklassiges Wassersportziel.

Vor Ort: Die Inseln Sal und Boavista bieten die beste Kombination aus Strand, Nachtleben und Wassersport. Zwischen den Inseln gibt's Flugverbindungen.

Gut zu wissen: Sal, Santiago, Boavista und São Vicente haben internationale Flughäfen.

Wann sonst? Dez.–Feb.: trocken, am windigsten, warm; März–Juni: warm, trocken; Juli–Nov.: regnerisch.

Abenteuer
Entspannung

DOMINICA

Warum jetzt? Natur und Kultur in der Karibik

Dominica ist nicht wie der Rest der Karibik: Zwar gibt's hier ein paar tolle Strände, doch bestehen sie zumeist aus schwarzem Sand. Stattdessen vermarktet sich das Eiland als Reiseziel für Leute, die in ihrem Karibikurlaub auch ein bisschen Abenteuer und vor allem viel Grün möchten. Die zerklüftete Insel liegt fast vollständig unter üppiger Vegetation versteckt. Highlights sind aktive Vulkane, ein kochender See, zahllose Wasserfälle und der 200 km lange Waitukubuli, der einzige Fernwanderweg der Region. Auch die Kultur ist faszinierend: Im Kalinago Territory leben einige der letzten Kalinago, die Ureinwohner der Karibik, die ihre Traditionen am Leben erhalten. Und der Februar ist nicht nur wegen der Sonne der Trockenzeit ein guter Monat, sondern auch wegen des Mas Dominik, des dominicanischen Karnevals. Der wird auf der ganzen Insel gefeiert, mit zwanglosen Calypso-Wettbewerben und Leuten mit gehörntem Kopfschmuck.

Vor Ort: Vom Meer aus Ausflüge unternehmen: Canyoning im Landesinnern, warme Quellen in Wotton Waven oder wandern auf einem der 14 Abschnitte des Waitukubuli Trail.

Gut zu wissen: Schnellboote verbinden Dominica mit Guadeloupe, Martinique und Saint Lucia.

Wann sonst? Dez.–April: trocken; Mai–Juni: Beginn der Regenzeit; Juli–Nov.: am feuchtesten, stürmisch.

Entspannung
Abenteuer
Kultur

DONSOL PHILIPPINEN

Warum jetzt? Große Fische bei schönem Wetter

Mit einer Länge von bis zu 13 m sind Walhaie die größten Fische der Welt – und neben einem solchen Koloss herzuschnorcheln ist eines der tollsten Reiseerlebnisse! Nur wenige Orte auf der Welt bieten so gute Bedingungen dafür wie Donsol, ein Küstendorf im Süden der Insel Luzon. Während der Walhaisaison von November bis Juni (ihren Höhepunkt erreicht sie zwischen Februar und Mai) sind manchmal mehr als zehn Walhaie zu sehen. Zahlreiche Veranstalter bieten Bootstouren zum tierfreundlichen Schnorcheln mit den Fischen. Der Februar ist außerdem mitten in der Trockenzeit und ideal für Erkundungen – die Philippinen warten mit mehr als 7000 Inseln auf!

Vor Ort: Flug von Manila nach Legazpi bei Donsol. Dann weiter Richtung Süden nach Cebu mit seiner reichen Kultur, zu den „Schokoladenbergen" und Tieren auf Bohol und den Traumstränden von Panglao.

Gut zu wissen: Vor einem Trip zu den Walhaien erfolgt eine Einweisung dazu, wie man sich in Gegenwart der Tiere verhält.

Wann sonst? Nov.–April: trocken; Mai–Okt.: nass.

Februar ist der Höhepunkt der Walhaisaison vor Luzon auf den Philippinen

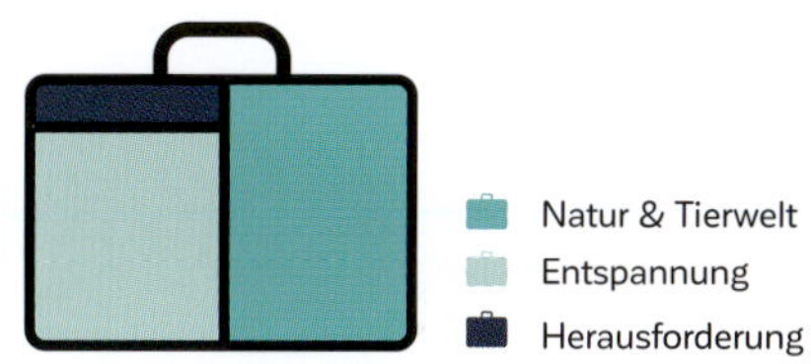

DAYLESFORD AUSTRALIEN

Warum jetzt? Abkühlung mit Heilwasser

Wer raus will aus dem brütend heißen Melbourne, sollte sich ins Auto setzen und die Alpen ansteuern. Na ja, fast: Der kleine Ort Daylesford im Bergland Victorias wurde Mitte des 19. Jhs. von Tessiner Goldgräbern besiedelt und verströmt auch heute noch ein altmodisches europäisches Flair. Er hat seit seiner Gründung zahlreiche Künstler und Alternative angezogen und wartet außerdem mit einer florierenden Restaurantszene auf. Das alles macht Daylesford zu einem idyllischen Ausflugsziel mit kühlen Badeseen, schönen botanischen Gärten, Galerien und Antiquitätenläden sowie schicken Restaurants. Außerdem quillt hier erfrischendes Heilwasser: 72 natürliche Quellen wurden bereits gefunden. An abgeschiedenen Wasserpumpen, zu erreichen über schattige Waldwege, kann man seine Trinkflasche auffüllen: Jede Quelle soll einen anderen Mineraliengehalt und Geschmack haben. Und wer seinen Gaumen noch weiter verwöhnen möchte, kann eines der örtlichen Weingüter ansteuern.

Vor Ort: Daylesford liegt 90 Autominuten von Melbourne entfernt. Vor Ort lassen sich die Dörfer und Goldgräberstätten der Macedon Ranges erkunden. Daylesford selbst bietet tolle Unterkünfte, ideal für ein romantisches Wochenende.

Gut zu wissen: Wenn es gerade sehr heiß ist, kann man auf den 1010 m hohen Mount Macedon flüchten, das Sommerrefugium der Melbourner Elite des 19. Jhs.

Wann sonst? Dez.–Feb.: heiß; März–Mai: Ernte, mild; Juni–Aug.: kalt, klar; Sept.–Nov.: wärmer, Blüten.

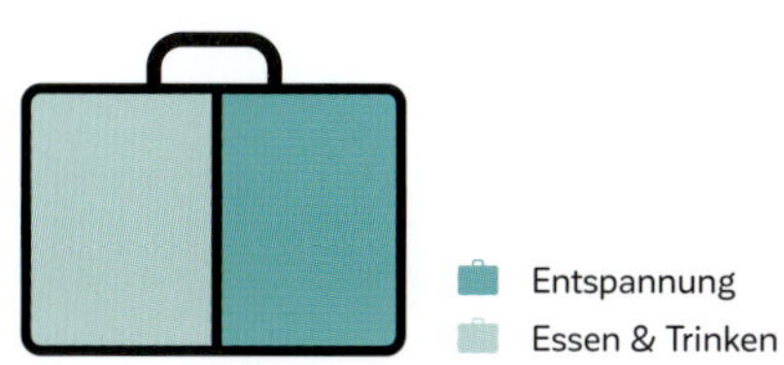

© Mark Read / Lonely Planet

KAMBODSCHA

Warum jetzt? Trockenes Wetter und es ist noch Wasser im See
Im Februar präsentiert sich ganz Kambodscha von seiner besten Seite: trocken und schön – ob an den goldenen Stränden von Sihanoukville oder den Tempeln von Angkor. Das Quecksilber klettert weiter nach oben als zu Beginn der Trockenzeit von Oktober bis Januar, aber es ist noch nicht brütend heiß – ein guter Monat für die Erkundung des riesigen Unesco-Welterbes, denn fürs Sightseeing eignen sich Temperaturen um die 27°C sehr gut und inmitten der Mauern und überwucherten Reste von Angkor findet man immer ein schattiges Plätzchen. Außerdem führt der Tonlé-Sap-See jetzt noch genug Wasser, um mit dem Boot zu schwimmenden Dörfern zu fahren, die tatsächlich noch schwimmen – in der Trockenzeit stehen die Stelzenhäuser schließlich irgendwann einfach im Schlamm.

Vor Ort: Von Siem Reap nach Angkor, dann mit dem Boot über den Tonlé-Sap-See. Anschließend folgen die Museen von Phnom Penh und ein Strandurlaub in Kep oder Sihanoukville; auch eine Wanderung in den Cardamom Mountains ist möglich.
Gut zu wissen: Angkor-Pässe gibt's für einen, drei und sieben Tage.
Wann sonst? Okt.–April: trocken; Mai–Sept.: nass (April–Juni: am heißesten und feuchtesten).

Kultur
Preis-Leistung
Entspannung
Rundreise/Road Trip

Mönche in den Ruinen des Tempels Ta Prohm in Angkor

KILIMANDSCHARO
TANSANIA

Warum jetzt? Afrikas höchsten Gipfel erklimmen, während es warm, klar und trocken ist

Über der Savanne thront der Kilimandscharo (5895 m), der höchste freistehende Berg der Welt. Der Aufstieg auf den Koloss ist ein einzigartiges Erlebnis – das Terrain und die Höhe stellen Körper und Geist auf die Probe; hier entstehen Freundschaften fürs Leben und Weltanschauungen werden umgekrempelt. Wenige Abenteuer sind so hart und zugleich so zugänglich. Im Februar ist weniger los als Anfang Januar, tagsüber kann es regnen, doch morgens und abends ist es klar – perfekt für eine Nachtbesteigung: Um Mitternacht geht's los und bei Sonnenaufgang ist man oben. Mehrere Routen führen auf den Vulkan: Die Marangu bietet als einzige auch Hütten; auf den anderen muss man zelten, aber die Ausrüstung wird von Trägern geschleppt. Weniger los ist auf der Lemosho- und der Rongai-Route.

Vor Ort: Der Aufstieg dauert fünf bis neun Tage – länger ist besser für die Akklimatisierung. Danach chillen auf Sansibar oder eine Safari in Nordtansania. Am Kilimandscharo gibt's einen internationalen Flughafen.

Gut zu wissen: Ein Guide ist Pflicht.

Wann sonst? Jan.–März & Juni–Okt.: trocken, gut fürs Bergsteigen; März–Mai & Nov.–Dez.: nass.

HOKKAIDO
JAPAN

Warum jetzt? Perfekter Pulverschnee, Balztanz und Whisky

Hokkaido ist Japan, aber anders. Die nördlichste der Hauptinseln des Landes ist wild und voller Berge, mit spektakulärer Tierwelt und dem feinsten Pulverschnee der Erde. Von Sibirien wehen Schneestürme herüber und bestäuben den Westen der Insel. Im Februar sollte man Niseko ansteuern – hier gibt's erstklassigen Pulverschnee, drei große Skigebiete und viel Hinterland zum Erkunden per Ski, Snowboard oder Schneeschuh. Nach einem langen Tag auf der Piste bieten sich ein Bad in einer warmen Quelle (*onsen*) und anschließend vielleicht ein Gläschen des hiesigen Nikka-Whiskys an. Im Winter hat man außerdem die Möglichkeit, zwei spektakulären Tierschauspielen beizuwohnen: Im Schutzgebiet Tsurui-Ito Tancho im Osten von Hokkaido ist der Balztanz des 1,5 m großen Rotkronenkranichs zu sehen, und im kleinen Ort Rausu tummeln sich jede Menge Seeadler, darunter auch Riesenseeadler mit einer Flügelspannweite von bis zu 2,5 m – einer der größten Greifvögel der Welt.

Vor Ort: Flug nach Sapporo, ein paar Tage auf der Piste und dann Weiterreise zu den wilderen Gegenden im Osten der Insel.

Gut zu wissen: Stärkung bieten Hokkaido-Käse und Ishikari *nabe*, eine Art Lachssuppe.

Wann sonst? Dez.–März: Schnee; April–Mai: Frühling, Blüten; Juni–Aug.: am wärmsten; Sept.–Nov.: Herbstfarben.

ADELAIDE & MURRAY RIVER
AUSTRALIEN

Warum jetzt? Heiße Stadt und kühler Fluss

Im Februar beträgt die Durchschnittstemperatur im kulturbeflissenen Adelaide rund 30 °C, perfekt für die Erkundung der großen Parks in der Stadt, für ein Abendessen unter freiem Himmel an der Rundle Street und für das bunte Fringe Festival (Feb.–März). Abkühlen kann man sich in den Galerien und Museen an der North Terrace und am Strand von Glenelg. Wer einen richtigen Ausflug unternehmen will, leiht sich am nahen Murray River ein Hausboot – und genießt auf der Fahrt sanfte Brisen, kühle Drinks an Deck und erfrischende Bäder. Praktisch (weniger als zwei Autostunden von Adelaide) und schön ist die Region Riverland: Hier fließt der Murray vorbei an Rotem Eukalyptus, Kalksteinkliffen, Sandstränden, Weingütern und Obstgärten sowie an Siedlungen wie Blanchetown (gegründet 1855) und Morgan an der Great Bend. Tipp: eine Reuse kaufen und damit selbst ein paar Yabbie-Krebse fangen! Die Chancen dafür stehen im Spätsommer am besten.

Vor Ort: Adelaide ist ein paar Tage Aufenthalt wert. Hausboote für den Murray kann man vielerorts am Fluss für einen beliebigen Zeitraum leihen; sie sind etwa 7 km/h schnell.

Gut zu wissen: Besucher aus dem Ausland benötigen einen internationalen Führerschein.

Wann sonst? Nov.–März: heiß; April–Okt.: Fluss ruhiger, Wasser kälter.

SINGAPUR

Warum jetzt? Gutes Wetter, kühle Gärten und tolles Essen

Im nur ein Grad nördlich des Äquators gelegenen Singapur ist es das ganze Jahr durchschnittlich rund 27°C warm. Der Februar zählt jedoch zu den trockensten Monaten, und wenn man nach dem chinesischen Neujahr kommt, ist es auch nicht mehr so voll. Die Luftfeuchtigkeit bleibt konstant hoch, aber in einer Stadt, die sich als „Stadt im Garten" verkauft, gibt's immer irgendwo ein schattiges Plätzchen, z. B. im Botanischen Garten im Zentrum oder in den 2012 geschaffenen Gardens by the Bay. Man kann natürlich auch mit dem Bus in die Regenwälder der Umgebung mit ihren vielen Tieren fahren. Aber der Hauptgrund für einen Singapur-Trip ist wohl das Essen. An den Ständen in den Hawker Centres kann man für wenig Geld wunderbar schlemmen und auch die noblen Gourmettempel werden immer besser. Wir empfehlen Chili-Krebse, das pikante *rendang*-Curry und die verschiedenen für die Region typischen *nonya*-Gerichte.

Vor Ort: Zusätzlich zu ein paar Tagen Sightseeing sollte man eine Streetfood-Tour mitmachen, um auch ein paar weniger touristische Viertel kennenzulernen.

Singapur ist von den Gardens by the Bay bis zur Skyline atemberaubend

Gut zu wissen: Termine fürs chinesische Neujahr: 16. Februar 2018, 5. Februar 2019, 25. Januar 2020.

Wann sonst? Nov.–Jan.: am nassesten; Feb.–Okt.: heiß, feucht, trockener.

RUND UM SINGAPUR

PULAU UBIN • 1,6 KM • Fahrradfreundliche, ländliche Insel in der Straße von Johor

MALAKKA • 250 KM • Stadt in Malaysia mit Einflüssen aus Portugal, den Niederlanden, China und dem Islam

BANGKOK • 1835 KM • In die Hauptstadt Thailands fährt der luxuriöse Eastern & Oriental Express

SYDNEY • 6300 KM • Zehn Flugstunden entfernte australische Metropole, eines von vielen Zielen ab dem Flughafen Changi

CÔTE D'AZUR
FRANKREICH

Warum jetzt? Still, mild und besonders pikant
Wie sich die Zeiten ändern: Der Februar gilt an der Côte d'Azur inzwischen als Nebensaison – eine gute Zeit also, um den Horden von Sommergästen aus dem Weg zu gehen. Doch es waren die Besucher im Winter, die dieses Stück Mittelmeerküste im 19. Jh. zu einem angesagten Reiseziel machten. Sie kamen wegen des Klimas, das der Côte d'Azur, die ungefähr von Menton bis nach St. Tropez reicht, angenehm milde Winter (die Durchschnittstemperatur im Februar ist 10 °C) beschert. Außerdem begeisterten sie das ach so blaue Wasser, die Inseln und die steilen Berge; Künstler lockte die Klarheit des Lichts hierher. All das gibt's natürlich noch immer, aber die Massen warten lieber auf das Bikiniwetter. Im Februar dagegen sind die Buchten und Küstenstraßen, die Altstadt von Nizza und der noble Hafen von Monaco eher leer. Und wer es lieber voll mag, kann Menton ansteuern: Hier findet jedes Jahr im Februar das zweiwöchige Zitronenfest statt.
Vor Ort: Flug nach Nizza und Erkundung der Côte d'Azur per Auto – im Winter ist der Verkehr auf den Küstenstraßen nicht so höllisch. Dazu: Cannes mit seinen Cafés und das hoch oben gelegene Saint-Paul de Vence.
Gut zu wissen: In Nizza wird es beim zweiwöchigen Karneval rappelvoll.
Wann sonst? Juni–Sept.: tolles Wetter, sehr voll; Okt.: wechselhaft; Nov.–Jan.: einige Geschäfte schließen; Feb.–Mai: ruhiger, warm.

Häuser mit Terrakottadächern auf den Hügeln der Côte d'Azur

GOLD COAST
AUSTRALIEN

Warum jetzt? Auf verschiedene Arten nass werden

Der als Gold Coast bekannte Küstenstreifen in Süd-Queensland bietet die vielleicht am besten erschlossenen 35 km Australiens. Seine Hochhäuser, Freizeitparks und Einkaufszentren machen es nicht gerade zu einem idyllischen Ziel, aber dafür kann man hier viel Spaß haben. Im Februar bleibt es immer noch heiß genug fürs Faulenzen am Strand und das Wasser im Meer hat einladende 25°C, außerdem ist nach den Schulferien Ruhe eingekehrt. Es kann regnen, aber man wird ja sowieso nass, ob beim Surfen, Baden oder auf den Wasserrutschen von Wet 'n' Wild. Das Gegenstück zum Rummel bietet das Hinterland der Goldküste. In den üppig grünen Nationalparks Springbrook und Lamington tummeln sich Tiere statt Menschen, die Wasserfälle führen viel Wasser, und das kühlere Wetter ist ideal für Spaziergänge durch kleine Täler mit Farnen und den gemäßigten Regenwald. Abends sollte man die Natural Bridge im Springbrook ansteuern, wo besonders in den wärmeren, feuchteren Monaten Millionen Glühwürmchen glimmen.

Vor Ort: Strände und Freizeitparks plus Erkundung des Hinterlands.

Gut zu wissen: Vom Flughafen Brisbane fahren Züge an die Gold Coast (90 Min.).

Wann sonst? Dez.–Feb.: heiß, nass (am vollsten Mitte Nov.–Mitte Dez.); April–Mai & Sept.–Nov.: milder; Juni–Aug.: am kühlsten, aber immer noch warm, trocken, Wale.

HONDURAS

Warum jetzt? Tauchen bei tollem Wetter für wenig Geld

Beim Tauchen kommt der Mensch dem Gefühl zu fliegen am nächsten. Unter Wasser atmen lernen, seine Schwerkraft meistern und eine ganz eigene Welt erkunden – ohne Zweifel eins der großartigsten Abenteuer in freier Natur. Mit ihren zahlreichen sehr preiswerten Tauchschulen eignen sich die honduranischen Bay Islands wunderbar, um tauchen zu lernen, besonders Utila und Roatán. Die Inseln selbst sind idyllisch, mit weißen Sandstränden und dem klaren Wasser der Karibik – von Februar bis Juni hat man die beste Sicht. Auch das Meeresleben ist unglaublich, mit Delfinen, Echten Karettschildkröten, Adlerrochen und Riffhaien. Zwischen Februar und Mai sind auch noch Walhaie zugegen.

Vor Ort: Flug oder Fähre nach Roatán, wo ein Open-Water-PADI-Kurs etwa vier Tage dauert. Der trockene, kühle Februar eignet sich auch gut zur Erkundung der Maya-Ruinen von Copán und des Nationalparks Pico Bonito.

Gut zu wissen: Die meisten Flüge aus dem Ausland landen in San Pedro Sula.

Wann sonst? Feb.–Mai: trocken, warm; Juni–Nov.: regnerisch; Sept.–Jan.: nass an der Nordküste, sonst trocken.

© Celso Pupo / Shutterstock

Karnevalsaison in Rio: Samba-Shows und surfen am Strand von Ipanema

© Michael Heffernan / Lonely Planet

RIO DE JANEIRO
BRASILIEN

Warum jetzt? Party machen! Nirgends wird so gefeiert wie beim Karneval in Rio. In einer der schönsten Städte der Welt tanzen, turteln und trinken zwei Millionen Menschen – eine buntere, frechere, lautere und unvergesslichere Feier gibt's einfach nicht. Für einige ist das sicher die Hölle auf Erden, für andere wiederum ein absolutes Muss. Wer das Spektakel einmal mitmachen möchte, sollte sich sehr früh um eine Unterkunft kümmern und eine Party-Location auswählen: Man kann von Tribünenplätzen im Sambodrom die Paraden anschauen, mit einer Sambaschule mitten durchs Getümmel marschieren oder auf einer der weniger formellen *blocos* (Straßenpartys) mitfeiern. Andere brasilianische Städte feiern jetzt ebenfalls, oft mit einem ganz eigenen Flair – z. B. gibt's in Salvador ein eher afrikanisches Fest und Recife oder Olinda veranstalten einen traditionellen Straßenkarneval.

Vor Ort: Für die Karnevalszeit muss man rechtzeitig buchen. Anschließend ist dann Erholung am Strand angesagt, in Búzios bei Rio oder auf der Ilha de Tinharé bei Salvador.

Gut zu wissen: Termine für den Karnevalssonntag: 11. Februar 2018, 3. März 2019, 23. Februar 2020.

Wann sonst? Dez.–März: Rio Sommer, heiß (Karneval Feb.–März); April–Mai: kühler, feucht; Juni–Sept.: milde Winter; Okt.–Nov.: warm, nicht so voll.

Kultur
Herausforderung
Entspannung

HAITI

Warum jetzt? Zur besten Zeit in die etwas andere Karibik

Ja, hier ist man in der Karibik. Doch nur wenige kommen für die Strände nach Haiti, und seien sie noch so sandig und voller Palmen. Stattdessen wollen Besucher die Region von ihrer eigenwilligsten, afrikanischsten Seite erleben, in einem Land, das langsam auf die Beine kommt. Nach dem verheerenden Erdbeben von 2010 herrscht endlich wieder etwas mehr Optimismus, und alle, die sich darauf einlassen, erwartet ein überaus spannendes Reiseziel. Im Februar ist es auf der ganzen Insel kühl und trocken – die ideale Zeit für einen Besuch. Eine schwungvolle Einführung ins Land bietet die Hauptstadt Port-au-Prince mit ihren Straßenhändlern, Voodoo-Ritualen und einer bunten Musikszene. Das Kunstzentrum Jacmel mit seinen hübschen Stränden und wildem Karneval ist entspannter. Oder man badet in den Lagunen und Wasserfällen des Bassin-Bleu und wandert hoch zur Citadelle Laferrière, einer Festung aus dem 18. Jh.

Vor Ort: Für Haiti braucht man mindestens zehn Tage. Wer von Port-au-Prince nach Cap-Haitien (mit der Zitadelle) fliegt, spart Zeit.

Gut zu wissen: Haiti ist Malariagebiet.

Wann sonst? Nov.–März: am kühlsten, trocken (regnerisch im Norden Nov.–Jan.); April–Juni: heißer, regnerisch in der Mitte; Aug.–Okt.: feucht, nass, Stürme möglich.

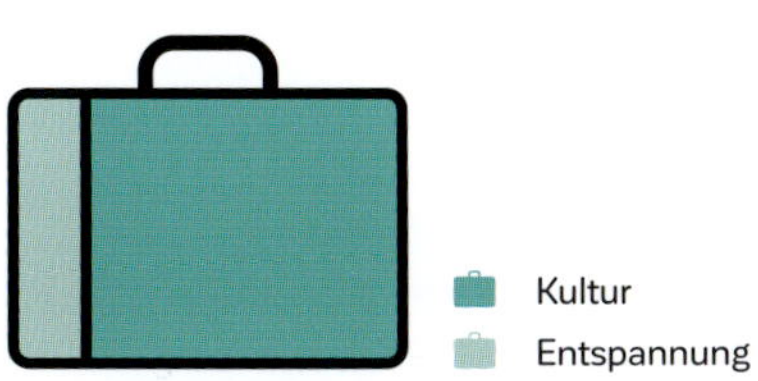

© Pete Seaward / Lonely Planet

Die Three Sisters über dem Jamison Valley, Blue Mountains

BLUE MOUNTAINS
AUSTRALIEN

Warum jetzt? Frische Luft mit Eukalyptus-Geschmack

Alle 150 m, die man die Blue Mountains hinaufklettert, fällt die Temperatur um 1°C mehr unter den Wert von Sydney. Am wichtigsten Ort oben auf dem Sandsteinplateau, dem auf 1000 m Höhe gelegenen Katoomba, ist es dann erfrischende 7°C kühler als in der Hauptstadt von New South Wales. Außerdem blühen im Februar in den Blue Mountains die Wildblumen und die Berge hüllen sich in den legendären blauen Dunst, der von den Eukalyptusbäumen erzeugt wird. Wer möchte, kann in den Tälern und auf den Höhen wandern, Mountainbike-, Kajak- und Klettertouren unternehmen, außerdem locken Besuche bei Felskunststätten mit indigenen Guides. Panoramaausblicke bieten sich auch bei Fahrten mit Eisen- und Seilbahnen. Und nicht zuletzt genießen die Blue Mountains auch einen guten Ruf bei Gourmets: Hier isst und trinkt man hervorragend.

Vor Ort: Von Sydney fahren Züge nach Katoomba (2 Std.) und Lithgow (2¾ Std.) – ein Tagesausflug hierher ist möglich, aber besser bleibt man mehrere Tage, zum Wandern und Schlemmen.

Gut zu wissen: Zwischen den größeren Orten fahren Busse, zwischen den wichtigsten Attraktionen der Blue Mountains Explorer.

Wann sonst? Dez.–Feb.: Sommer, am wärmsten; März–Mai & Sept.–Okt.: bunte Blumen, kühler; Juni–Aug.: kalt.

MENDOZA
ARGENTINIEN

Warum jetzt? Ein Gläschen auf den Gott des Weines trinken

Der Februar ist die berauschendste Zeit für eine Reise nach Mendoza im Herzen des argentinischen Weinlandes. Hier erstrecken sich überall Weinberge und in diesem heißen, sonnigen Monat sind die Trauben kurz vor der Ernte im März schon ordentlich schwer. Es herrscht eine festliche Atmosphäre und jede *bodega* – insgesamt gibt's rund 900 – hat Führungen, Weinproben und Feste im Programm. Die schattige Stadt Mendoza ist mit ihren vielen Plätzen eine gute Basis. Aber auch einige Weingüter warten vor der Kulisse der schneebedeckten Anden mit stimmungsvollen Unterkünften inmitten der Weinberge auf. In dieser trockenen, sonnenverwöhnten Zeit kann man außerdem gut Rad fahren, wandern, reiten und Golf spielen – und am Abend wartet zur Belohnung ein kräftiger Malbec.

Vor Ort: Flug von Buenos Aires nach Mendoza (2 Std.). Neben Kellereibesuchen bieten sich Wanderungen und Ausritte an. Auch interessant: die Weingüter von Cafayate weiter nördlich.

Gut zu wissen: Die Vendimia (Erntefest) findet am ersten Märzwochenende statt.

Wann sonst? Dez.–Jan.: am heißesten; Feb.–Mai: am besten für Weintouren; Juni–Aug.: kühl, Wintersport; Sept.–Nov.: Frühlingsblüten.

Weinanbau bei Mendoza mit dem Aconcagua im Hintergrund

© Ksenia Ragozina / Shutterstock

© Matt Munro / Lonely Planet

© Matt Munro / Lonely Planet

© Matt Munro / Lonely Planet

Essen & Trinken
Abenteuer
Entspannung

VENEDIG
ITALIEN

→ Warum jetzt? Karneval feiern – oder den Massen entkommen

Im Februar zeigt sich Italiens schwimmende Stadt von zwei Seiten. Zum einen steht Venedig im Zeichen des Winters: Es ist bitterkalt, aber zauberhaft und nicht so voll. Die Kanäle sind von geheimnisvollem Nebel eingehüllt. Eine Zuflucht bieten die Cafés, die cremige *cioccolata calda* servieren. Es legen auch fast keine Kreuzfahrtschiffe an und die Stadt gehört wieder mehr den Einheimischen. Die Museen und Kirchen sind geöffnet, aber ziemlich leer. An einem anderen Februarwochenende kann das aber ganz anders aussehen: Dann übernimmt der Karneval die Stadt, mit Maskenbällen, Umzügen und Feuerwerk – ein Paradies für Fotografen. Auch wer sich gern verkleidet, fühlt sich hier im siebten Himmel. Die Karnevals-Action spielt sich zumeist im Zentrum ab; wer es etwas ruhiger mag, kann in die Wohnbezirke wie etwa nach Cannaregio ausweichen.

Vor Ort: Mehrere Tage für Sehenswürdigkeiten wie den Markusplatz und die Inseln, z. B. Burano und Murano, einplanen. *Vaporettos* (Wassertaxis) verkehren ganzjährig.

Gut zu wissen: Für die Karnevalszeit Unterkünfte weit im Voraus buchen. Termine: 3.–13. Februar 2018, 23. Februar–5. März 2019, 15.–25. Februar 2020.

Der aufwendig geschmückte Markusdom in Venedig

© Mark Read / Lonely Planet

Wann sonst? Nov.–April: kalt/kühl, ruhig; Mai–Juni & Sept.–Okt.: warm, nicht so voll; Juli–Aug.: heiß, überlaufen.

RUND UM VENEDIG

TREVISO • 32 KM • Historische Stadt, stillere Kanäle

PADUA • 40 KM • Tolle Kunstgalerien

CORTINA D'AMPEZZO, DOLOMITEN • 160 KM • Wintersport

ROM • 550 KM • Nur drei Stunden mit dem Hochgeschwindigkeitszug

März

WANN AM BESTEN WOHIN?

ICH WILL

MIR ETWAS GÖNNEN

Köstliche spanische Tapas unter der Frühlingssonne Valencias probieren

FEINE WEINE & WANDERUNGEN?

LASS UNS AUSGEHEN

Valencias „Stadt der Künste und Wissenschaften" besuchen – eine von vielen Attraktionen

ESSEN

VALENCIA, SPANIEN S. 75

TRINKEN

BAROSSA & FLEURIEU, AUSTRALIEN S. 69

Während der Traubenernte zwischen Südaustraliens Weinbergen und Stränden wechseln

AUF IN DIE STADT

WARM

SAVANNAH, USA S. 73

SAN DIEGO, USA S. 63

WÄRMER

CANBERRA, AUSTRALIEN S. 72

AUSTIN, USA S. 77

STADT & STRAND?

Vorgezogene Frühlingsferien buchen am Ufer des Pazifiks in San Diego, Kalifornien

Austin, Texas, ist jetzt ein kultureller und kreativer Hotspot – dank dem SXSW-Festival

SKIFAHREN & SCHLEMMEN?

Bei den jährlichen Musik- und Kunstfestivals in Canberra, Australien, und Savannah, USA, ganz vorne mit dabei sein

Zusammen mit Elefanten und Tige[rn] unter der warme[n] Sonne des Mergu[i-] Archipels in Myanm[ar] umherstreifen

AB ZUM STRAND

Während der Trockenzeit nach den Großkatzen in Sri Lankas Wildparks Ausschau halten

AUFDREHEN

TRINIDAD & TOBAGO S. 62

MALLORCA, SPANIEN S. 65

ENTSPANNEN

ANTIGUA S. 72

SRI LANKA S. 76

STRÄNDE MIT DEM BOOT?

STRÄNDE & SCHMETTERLINGE?

Auf Tobago eine schillernde Vogelwelt, Strände und Meeresschildkröten erleben

LEGENDE

NATUR & TIERWELT · ABENTEUER · PREIS-LEISTUNG · KULTUR · RUNDREISE · ESSEN & TRINKEN · HERAUS-FORDERUNG · ENTSPANNUNG

KURZURLAUB · EINE WOCHE · ZWEI WOCHEN

Auf Neuseelands Südinsel einen der Great Walks in fast völliger Einsamkeit zurücklegen

MICH FORDERN

ETWAS LERNEN

An kühlen Tagen die Felsenküsten und die bezaubernde Blütenpracht Zyperns kennenlernen

KÖRPER

MALEDIVEN S. 62

SEELE

ZYPERN S. 63

ETWAS SEHEN

Die Bewohner des Nebelwalds und der Küste von Costa Rica beobachten

ETWAS ERLEBEN

ZU LANDE

SÜDINSEL, NEUSEELAND S. 79

VICTORIA, AUSTRALIEN S. 79

ZU WASSER

BAY OF ISLANDS, NEUSEELAND S. 65

IM SCHNEE

TIROL, ÖSTERREICH S. 63

BANFF & LAKE LOUISE, KANADA S. 68

BEIDES?

COSTA RICA S. 69

WALES S. 62

MIT DEM JEEP ÜBER SUPER SAND FAHREN?

ESSEN & ARCHITEKTUR?

In der Trockenzeit auf den Malediven tauchen lernen und Korallenriffe erkunden

STRÄNDE, KULTUR & SCHÖNHEIT?

WO ES LANGGEHT

Sich bei perfektem Wetter von einem Guide Chile zeigen lassen

MIT DEM BOOT

MERGUI-ARCHIPEL, MYANMAR S. 68

MIT DEM AUTO

WESTKAP, SÜDAFRIKA S. 79

MALAIISCHE HALBINSEL S. 66

SELBST FAHREN & SUPER SAND?

ABSOLUTE AUGENWEIDEN

VON MUTTER NATUR

IGUAZÚ-FÄLLE, ARGENTINIEN & BRASILIEN S. 67

VIETNAM S. 71

VON MENSCHENHAND

SIZILIEN, ITALIEN S. 61

KRETA, GRIECHENLAND S. 68

BEIDES?

CHILE S. 65

MAGISCHE TIERWELT

In Mexiko eine einzigartige Kultur erleben – und einzigartige Kreaturen

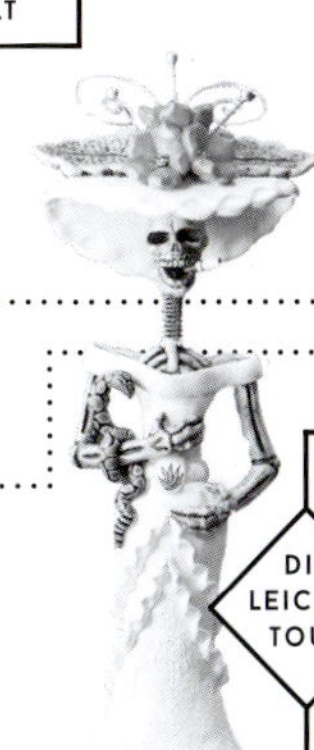

DIE LEICHTE TOUR

MEXIKO S. 75

MADHYA PRADESH, INDIEN S. 74

DIE HARTE TOUR

SICHUAN, CHINA S. 72

An den Wasserstellen in Madhya Pradesh, Indien, erspäht man vielleicht Shir Khan

ROAD TRIPS & TIERWELT?

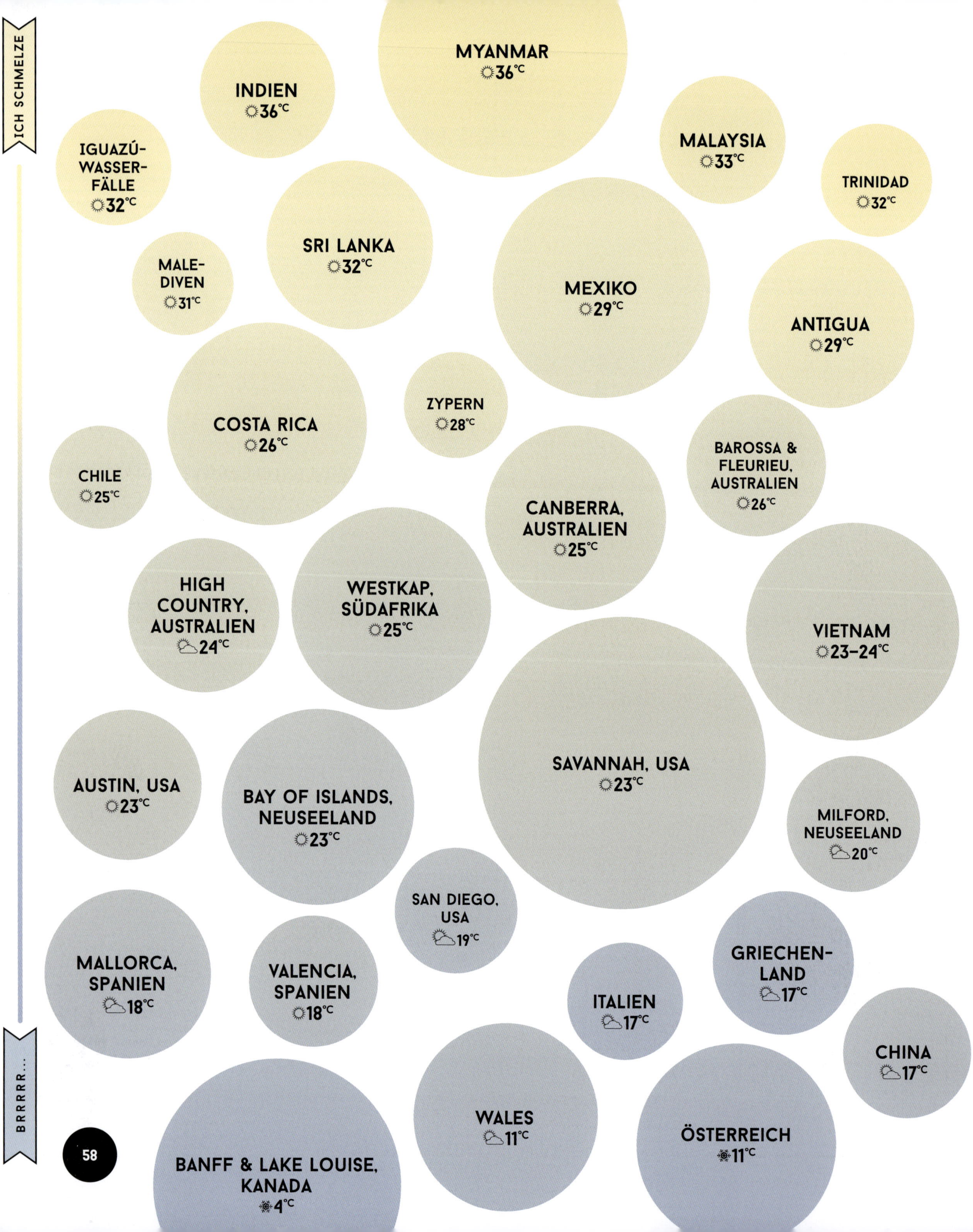
ICH SCHMELZE
MYANMAR 36°C
INDIEN 36°C
MALAYSIA 33°C
IGUAZÚ-WASSERFÄLLE 32°C
TRINIDAD 32°C
SRI LANKA 32°C
MALEDIVEN 31°C
MEXIKO 29°C
ANTIGUA 29°C
ZYPERN 28°C
COSTA RICA 26°C
BAROSSA & FLEURIEU, AUSTRALIEN 26°C
CHILE 25°C
CANBERRA, AUSTRALIEN 25°C
WESTKAP, SÜDAFRIKA 25°C
HIGH COUNTRY, AUSTRALIEN 24°C
VIETNAM 23–24°C
AUSTIN, USA 23°C
SAVANNAH, USA 23°C
BAY OF ISLANDS, NEUSEELAND 23°C
MILFORD, NEUSEELAND 20°C
SAN DIEGO, USA 19°C
MALLORCA, SPANIEN 18°C
VALENCIA, SPANIEN 18°C
GRIECHENLAND 17°C
ITALIEN 17°C
CHINA 17°C
WALES 11°C
ÖSTERREICH 11°C
BANFF & LAKE LOUISE, KANADA 4°C
BRRRRR...

GEFÄLLT DER GANZEN FAMILIE

TEUER, ABER ES LOHNT SICH

VIEL ERLEBEN FÜR WENIG GELD

DIE KINDER ZUHAUSE LASSEN

COSTA RICA

BAY OF ISLANDS, NEUSEELAND

SAN DIEGO, USA

Die Skisaison geht zu Ende – jetzt kann man in Tirol anspruchsvolle Wanderungen unternehmen

TIROL,ÖSTERREICH

Costa Rica mag ein kleines Land sein, doch die Natur dort bietet große Vielfalt

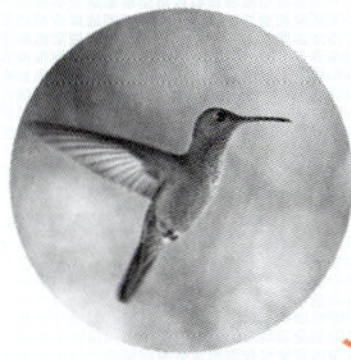

Eine Radtour um den Lake Burley Griffin ist die perfekte Beschäftigung für einen australischen Herbsttag

CANBERRA, AUSTRALIEN

VICTORIA, AUSTRALIEN

MALLORCA, SPANIEN

BANFF & LAKE LOUISE, KANADA

SRI LANKA

ANTIGUA

Die einzigartige mexikanische Kultur erleben

ZYPERN

TRINIDAD & TOBAGO

NÖRDLICHES WALES

KRETA, GRIECHENLAND

MEXIKO

An der Straße östlich von Kapstadt liegen üppige Wälder und herrliche Küsten

WESTKAP, SÜDAFRIKA

MALAYSIA

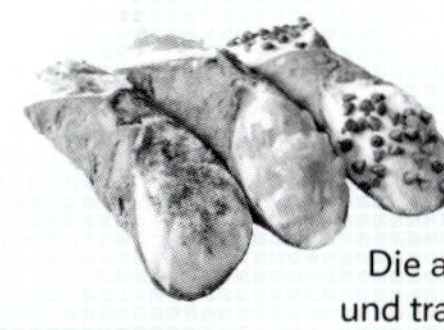

SICHUAN, CHINA

Pandas beobachten und die Frühjahrsblüte bewundern in dieser vielseitigen chinesischen Provinz

SIZILIEN, ITALIEN

Die antiken Stätten und traditionellen Orte in Sizilien sind ebenso reizvoll wie ihr Essen

SAVANNAH, USA

IGUAZÚ-WASSERFÄLLE, BRASILIEN & ARGENTINIEN

Die gewaltigen Wasserfälle bestaunen, die an der Grenze zwischen Brasilien und Argentinien liegen

FLEURIEU

Diese australische Halbinsel ist das Traumziel eines jeden Weinkenners

MALEDIVEN

Riesige *moai* wachen über die Osterinsel, fünf Flugstunden von Santiago entfernt

CHILE

AUSTIN, USA

Austins SXSW-Festival hat sich zu einem Lieblingsziel der weltweiten Musikindustrie entwickelt

VALENCIA, SPANIEN

Es gibt wohl keinen besseren Ort, um Paella zu speisen, als in der Stadt, die das Gericht als erstes servierte

VIETNAM

Sa Pa in Vietnam ist von verlockenden Reisterrassen und traditionellen Stammesvölkern umgeben

MERGUI-ARCHIPEL, MYANMAR

Zwischen Hunderten idyllischer tropischer Flecken auf der Halbinsel Mergui hin- und herfahren

MADHYA PRADESH, INDIEN

Die Trockenzeit in Madhya Pradesh bietet die beste Gelegenheit, einen Tiger zu erspähen

SÜDINSEL, NEUSEELAND

SIZILIEN

Warum jetzt? Antike Stätten und traditionelle Städte besuchen

Die größte Insel im Mittelmeer gehört zwar zu Italien, aber Besucher stoßen auch auf viele französische, spanische, arabische und griechische Einflüsse. Am besten erkundet man die historischen Stätten der Insel – das Theater von Syrakus und die Tempel bei Agrigent, die Kathedrale von Monreale, die römischen Mosaiken, Barockstädte und normannischen Reliquien – am Frühjahrsanfang. Dann werden die Tage wieder länger und wärmer, aber es kommen noch keine Touristengruppen, und die Preise sind niedriger. Der März eignet sich perfekt zum Wandern und Fahrradfahren (obwohl in den Bergen noch Schnee liegt). Die Küche ist köstlich. Und nicht nur dort zeigen sich die tropischen Einflüsse: Orangen, Zitronen, Palmen und Olivenbäume sind auf Sizilien allgegenwärtig.

Vor Ort: Man fliegt nach Palermo oder Catania oder fährt vom Festland mit der Fähre nach Messina. Die meisten Attraktionen liegen an der Küste, daher lässt sich die Insel problemlos erkunden.

Gut zu wissen: Am Ätna zieht sich die Skisaison bis in den März hinein – morgens kann man Ski fahren und nachmittags die Sonne in Taormina genießen.

Wann sonst? Nov.–Feb.: viele Küstenresorts und Inseln geschlossen; April–Juni: gutes Wetter, vernünftige Preise; Juli–Aug.: an Stränden und historischen Stätten ist viel los; Sept.–Okt.: gutes Preis-Leistungs-Verhältnis.

- Kultur
- Abenteuer
- Essen & Trinken
- Preis-Leistung

Sizilianische Eiscreme von der Pasticceria Mandolfior in Noto

Ein Radfahrer vor der Chiesa di San Michele in Scicli, Sizilien

NÖRDLICHES WALES

Warum jetzt? Urlaub zwischen Narzissen und Frühlingslämmern

Im Frühling tollen in Wales Lämmer über die von Narzissen gesprenkelten Hügel. Hier passt die Realität zum Klischee! Obwohl nicht immer die Sonne scheint, ist die walisische Natur im März wunderschön – die perfekte Zeit, um eine der am wenigsten besuchten Regionen Großbritanniens zu erkunden. Das Dee Valley ist ein beliebtes Ziel für Abenteueraktivitäten – der River Dee zählt zu den wenigen Flüssen, in denen man das ganze Jahr über raften kann – und bietet Adrenalinstöße beim Raften, Kajakfahren, Bodyboating und Stand-up-Paddleboarding. Diese Region, z. B. die Clwydian Range im Norden, wartet mit zahlreichen Attraktionen auf – Wanderungen zum Castell Dinas Brân und zu Thomas Telfords Pontcysyllte-Aquädukt, eine Fahrt mit der Llangollen Railway sowie Seilrutschen, Höhlentrampoline und ein Surf-Wellengarten in Snowdonia.

Vor Ort: Llangollen ist ein guter Ausgangspunkt für Reisen zum Dee Valley und zur Clwydian Range; Snowdonia liegt 32 km weiter westlich.

Gut zu wissen: In Llangollen gibt's keinen Bahnhof – der nächste liegt 10 km weiter in Chirk.

Wann sonst? März–Okt.: trockenste und wärmste Zeit; Nov.–Feb.: kurze, kalte Tage.

MALEDIVEN

Warum jetzt? In der Trockenzeit Tauchen lernen

1200 Inseln und 26 Atolle, die sich über 800 km des Indischen Ozeans verteilen – es scheint fast ein wenig verrückt, diesen Archipel einen Staat zu nennen. Das Land hat große Ähnlichkeit mit seinen Einwohnern, die auf Korallenriffen leben: fragil, zart und wunderschön. Und die Malediven wirken nie reizvoller als im März, wenn kaum Regen fällt und die Luftfeuchtigkeit gering, die Luft klar und die Sichtweite unter Wasser großartig ist. Neben den berühmten und zweifellos herrlichen Attraktionen – das türkisfarbene Wasser und die Luxusresorts – kann man auf den Malediven auch wunderbar Tauchen lernen, denn es gibt hier viele gute Tauchschulen.

Vor Ort: Entspannungs- und Aktivurlauber finden jede Menge Optionen. Die besten Chancen, beim Tauchen Walhaie oder sogar Mantarochen zu sehen, hat man im März am Ari-Atoll – einfach vor Ort nach den besten Tauchspots erkundigen.

Gut zu wissen: Einige Resorts sind besonders gut auf Familien eingestellt und beschäftigen freundliche Experten, die Kindern dabei helfen, die fragile Ökologie der Atolle zu verstehen.

Wann sonst? Mitte Dez.–April: trockenste Zeit, höhere Preise; Mai–Mitte Dez.: viel Regen, niedrigere Preise.

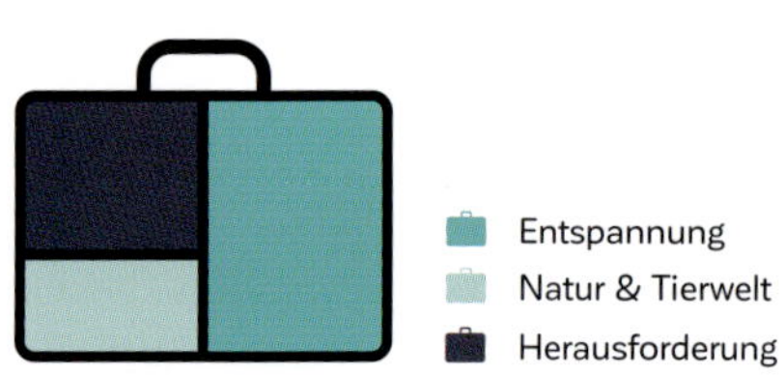

TRINIDAD & TOBAGO

Warum jetzt? Die artenreiche Vogelwelt erkunden und Meeresschildkröten beobachten

Die smaragdgrünen Inseln vor Südamerikas Küste bieten alles, was man sich von einem Karibikparadies erträumt – palmengesäumte Strände, einen entspannten Lebensrhythmus, Sonne –, halten aber auch viele Überraschungen bereit. Statt Kreuzfahrtschiffen und Pauschaltouristen zieht das kleine Tobago eher Naturfans, Schnorchler und Taucher an. Im März ist das Wetter perfekt für einen Strandurlaub, aber dann kehren auch Meeresschildkröten zu den Stränden zurück, auf denen sie geschlüpft sind, um nun ihre eigenen Eier zu legen. Man kann – behutsam – zusehen, wie die schwerfälligen Weibchen sich ans Ufer hieven, oder auch an Pflege- und Umweltschutzprojekten mitarbeiten, um diesen bedrohten Schönheiten zu helfen. Das Tobago Main Ridge Forest Reserve, das sich bis ans Ostende der Insel erstreckt, weist eine vielfältige Vogelwelt auf – über 200 Vogelarten leben hier, darunter auch Kolibris – und an der Küste kann man herrlich schnorcheln.

Vor Ort: Tobagos Flughafen befindet sich an der Westspitze der Insel, die meisten Strände und Resorts hingegen an der Südwestküste; Naturattraktionen liegen am Ostende Tobagos.

Gut zu wissen: Alle drei Arten von Meeresschildkröten auf Tobago sind gefährdet – vor allem die Karettschildkröten. Man sollte sie nicht beim Brüten stören.

Wann sonst? Jan.–Mai: warm und trocken; Juni–Dez.: schwere, kurze Regenschauer.

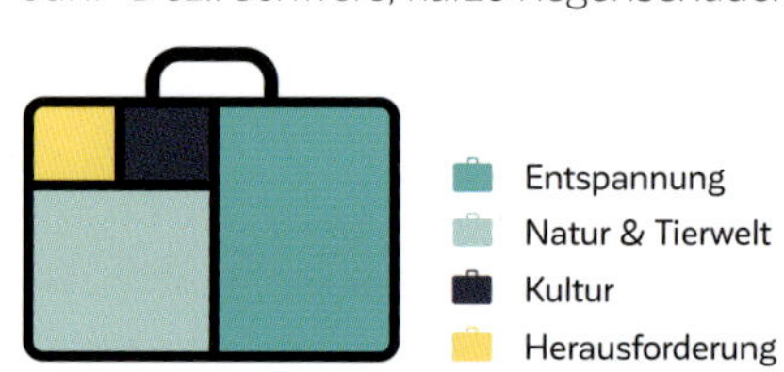

REPUBLIK ZYPERN

Warum jetzt? An kühlen Tagen grüne Felder und herrliche Blumen bewundern
Wenn die Berge und smaragdgrünen Hügel von Wildblumen übersät sind, die Strände von Lara und Fig Tree Bay im Sonnenlicht erstrahlen und der Himmel makellos blau ist, dann hat auf Zypern eindeutig der Frühling begonnen. Im März lassen die Regenfälle nach und die Temperaturen steigen wieder – aber noch nicht die Touristenzahlen. Auf den Wegen im Troodos-Gebirge schmilzt der Schnee, und jetzt kann man hier gut wandern, Fahrrad fahren und die traditionellen Dörfer und Freskenkirchen des Hochlands erkunden. Viele Besucher kommen jedoch eher zur Entspannung nach Zypern: An den Stränden wurden zahlreiche Yoga-Unterkünfte eröffnet. Eine Terrasse mit Blick auf das Mittelmeer ist der perfekte Ort, um den Tag zu begrüßen.
Vor Ort: Die internationalen Flughäfen der Republik befinden sich in Larnaka und Pafos.
Gut zu wissen: Für Einheimische genau wie für Besucher sind die Osterfeierlichkeiten freudige Ereignisse, allerdings basiert das griechisch-othodoxe Ostern auf dem gregorianischen Kalender und wird oft später als im Westen gefeiert.
Wann sonst? April–Juni: warm, aber nicht zu belebt; Juli–Aug.: hohe Preise, volle Strände; Sept.–Nov.: manchmal Regen, gute Wandermöglichkeiten; Dez.–März: schneebedeckte Berge, kühle sonnige Tage.

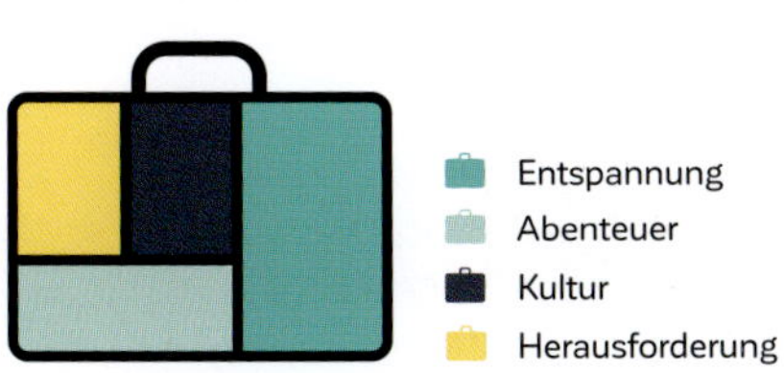

SAN DIEGO USA

Warum jetzt? Frühling an der Küste
Die beste Stadt in den USA – wenn man den Einheimischen glaubt – ist trotz ihrer Größe sehr relaxt. Im angenehm warmen März gibt's hier ein besseres Preis-Leistungs-Verhältnis und kürzere Schlangen an den großen Attraktionen als im Sommer, und es locken auch schon die Strände: Mission hat seine Holzachterbahn, Surfer fahren zum Pacific Beach; Moonlight ist beliebt bei Familien; La Jolla perfekt zum Kajakfahren und Schnorcheln; Del Mar bietet Ruhe und herrlichen Meerblick, und Coronado ist einfach wunderschön. In den Museen und dem Zoo des Balboa Parks trifft man im März kaum Touristen, in den Bars und Restaurants im Gaslamp Quarter geht's aber so quirlig zu wie immer. Weiter nördlich in Carlsbad kann man die Flower Fields besuchen und die Butterblumen bewundern, und das Torrey Pines State Natural Reserve lockt mit Wanderwegen auf den Klippen – zwischen Dezember und März kann man hier Delfine und Grauwale beobachten.

Vor Ort: San Diegos Flughafen liegt extrem nah am Stadtzentrum und ist nur einige Kilometer vom Gaslamp Quarter entfernt.
Gut zu wissen: Im März strömen zum Spring Break Schüler und Studenten in die Stadt.
Wann sonst? März–Mai & Sept.–Nov.: warmes Wetter, nicht zu überfüllt; Juni–Aug.: sehr heiß; Dez.–Feb.: kühl.

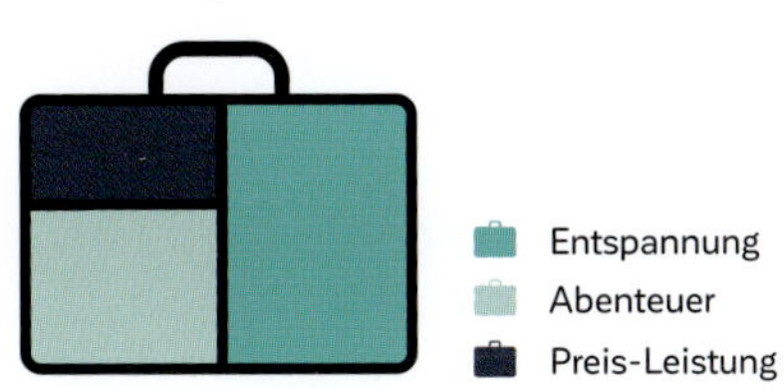

TIROL ÖSTERREICH

Warum jetzt? Ein Skitrip kurz vorm Ende der Saison
Nur weil Frühling ist, muss man nicht aufs Skifahren verzichten – zumindest nicht in den Bergresorts in Tirol. In den Tälern südlich und westlich von Innsbruck – dem Stubaital, dem Ötztal, dem Tuxertal und vor allem dem Paznauntal – gibt's Gletscher und Skihänge, auf denen sogar noch über den März hinaus Schnee liegt. Außerdem ist die Region sehr vielfältig: Das traditionelle Obergurgl bietet Pisten für Anfänger und Fortgeschrittene, während Sölden anspruchsvollere Abfahrten und zwei Gletscher aufweist, die bis März befahrbar sind; Ischgl ist für seinen Terrainpark und das lebhafte Après-Ski bekannt, und das Stubaital bietet sowohl traditionelle Abfahrtshänge als auch Strecken abseits der Skipisten. Ach ja, das Essen ist übrigens einfach köstlich!
Vor Ort: Der Flughafen von Innsbruck, der Tiroler Hauptstadt, fertigt Flüge aus ganz Europa ab und bietet gute Verkehrsanbindungen zu den Resorts.
Gut zu wissen: Wer das ganze Jahr über Ski fahren will, sollte Hintertux besuchen – der Gletscher kann 365 Tage im Jahr befahren werden.
Wann sonst? Dez.–April: Skisaison (einige Skigebiete sind bis Mai geöffnet); Juni–Sept.: großartige Wandermöglichkeiten; Mai & Okt.–Nov.: kühler.

Im März blühen auf Mallorca die Mandelbäume

(L) Waewaetorea Island, Neuseeland; (R) Einer von vielen *moai*-Köpfen auf der Osterinsel, Chile

BAY OF ISLANDS
NEUSEELAND

Warum jetzt? Im Spätsommer kajakfahren, schwimmen und segeln
Über die Bay of Islands zwischen Cape Brett und der Purerua-Halbinsel verteilen sich 144 jadegrüne Felsen. Der März ist ein großartiger Monat, um an langen, warmen Tagen die Buchten und Inseln der Region zu entdecken und die Touristenmassen im Hochsommer größtenteils zu umgehen. Egal, wie gut man die neuseeländische Geschichte kennt, ein Besuch der Waitangi Treaty Grounds gleich nördlich von Paihia lohnt sich auf jeden Fall – hier unterschrieb der Stellvertreter von Queen Victoria den bedeutenden (und umstrittenen) Vertrag mit 43 Māori-Häuptlingen. Aber das Highlight sind immer noch die vielen Aktivitäten im Wasser: Kajakfahren, mit dem Schiff *R Tucker Thompson* zwischen den Inseln umhersegeln oder mit Delfinen schwimmen – in der Bucht leben Große Tümmler und weitere Delfinarten; gelegentlich lassen sich auch ein paar Orcas und andere Wale sehen.
Vor Ort: Paihia ist der ideale Ausgangspunkt, um die Bucht zu erkunden. In der Stadt gibt's viele Unterkünfte, Restaurants und Outdooranbieter, alle in der Nähe der Waitangi Treaty Grounds. Bis nach Auckland im Norden sind es drei Autostunden.
Gut zu wissen: Schwimmen mit Delfinen ist verboten, wenn die Tiere gerade kalben – was das ganze Jahr über geschehen kann.
Wann sonst? Dez.–März: überfüllt; April–Mai: auch angenehm; Juni–Aug.: Winter; Sept.–Nov.: Wetter unbeständig.

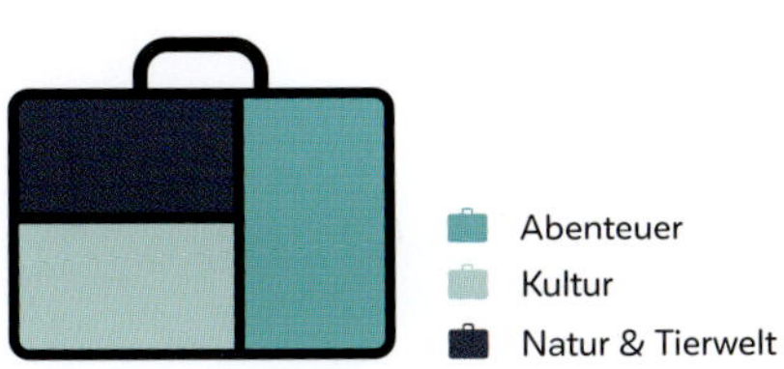

MALLORCA
SPANIEN

Warum jetzt? Küsten, Berge und traditionelle Dörfer erkunden
Zu Jahresbeginn sind die Hügel der Insel vom „mallorquinischen Schnee" überzogen – den rosafarbenen Blüten der Mandelbäume, die Mallorca zu Beginn des Jahres seine typische Zuckergussglasur verleihen. Wenn sich diese Blütendecke Anfang März lichtet, ist es schön warm auf der Insel, und bevor die Touristenmassen herbeiströmen, kann man sich herrlich an den Stränden sonnen, traditionelle Dörfer wie Deià, Fornalutx und Sóller besuchen und in der Serra de Tramuntana wandern. Man sollte auch Palma nicht unterschätzen – hier gibt's Partyzentren wie Magaluf, aber in der Altstadt stößt man auch auf einige wundervolle Paläste, Museen, Plätze und eine monumentale Kathedrale.
Vor Ort: Der Flughafen von Palma wickelt unzählige Flüge ab. Die Stadt hat preisgünstige Autovermietungen und ein gut organisiertes Verkehrsnetz, sodass sowohl ein Wochenende als auch eine längere Reise auf der Insel leicht zu organisieren sind.
Gut zu wissen: Mallorca ist ein Fahrradparadies. Im Winter trainieren auf den Bergstraßen Radsportler – also ein Fahrrad mitbringen und sich ihnen anschließen!
Wann sonst? Das ganze Jahr über – die Wintermonate sind mild (wenn auch mit starken Regenschauern) und im Sommer weht eine kühle Brise.

CHILE

Warum jetzt? Zu herrlichen Seen und den Steinköpfen von Rapa Nui wandern
Chile erstreckt sich von seiner Grenze zu Peru und Bolivien im Norden etwa 4345 km bis nach Kap Hoorn, der Spitze des amerikanischen Kontinents, die 56° südlich liegt – daher kann es schwierig sein, die richtige Zeit für eine Reise in dieses Land zu finden. Wir empfehlen den März – eine angenehme Zeit für einen Besuch des Lake District und der Weingüter (zur Traubenernte). Im März endet der patagonische Sommer, es sind weniger Touristen unterwegs und die Preise sinken. Dann ist auch die richtige Zeit für eine Reise auf die rätselhafte Felseninsel Rapa Nui (Osterinsel), die 3621 km vom Festland entfernt liegt. Die Insel ist bekannt für die riesigen *moai* (Steinköpfe), doch die sind nur eines der vielen Geheimnisse, die bis heute die Kultur ihrer ersten Einwohner umgeben. Vor Ort kann man die *ahu* (Plattformen, auf denen die *moai* stehen) umrunden und im Dorf Orongo den Kult um den Vogelmann studieren.
Vor Ort: Latam Airlines (www.latam.com) fliegt mehrmals täglich von Chiles Hauptstadt Santiago nach Rapa Nui (5½ Std.).
Gut zu wissen: Auf Rapa Nui kommt es gelegentlich zu Ausbrüchen von Dengue-Fieber – man sollte lange Kleidung tragen und Insektenschutzmittel verwenden.
Wann sonst? Jan.–April & Okt.–Dez.: wärmer und trockener; Mai–Sept.: regnerisch.

Teeernte auf der Boh-Plantage

MALAIISCHE HALBINSEL

Warum jetzt? Bei trockenem Wetter Städte, Strände, Inseln und das Hochland erkunden

Malaysias wechselhaftes Klima passt perfekt zu dem vielfältigen Land. Im März herrscht das beste Wetter – trocken, aber mit üppiger Vegetation und tosenden Wasserfällen – und an Stränden sowie auf Inseln im Osten (Tioman und die Perhentian-Inseln, mit wundervollen Tauch- und Schnorchelmöglichkeiten) und Westen (Langkawi und Penang) lässt sich die Sonne genießen. Aktivurlauber können bei trockenem Wetter zu den Teeplantagen der Cameron Highlands wandern und auf Dschungel- und Baumkronenpfaden dem Fluss in die dampfenden Tiefen des uralten Regenwaldes von Taman Negara folgen. Die chinesischen Tempel des alten Georgetown auf Penang und die Kolonialstadt Malakka sind jetzt am schönsten – dort sollte man unbedingt die Nonya- (chinesisch-malaiische) Küche probieren.

Vor Ort: Von Kuala Lumpur eine Rundreise nördlich zu den Cameron Highlands und nach Penang machen, mit Strandaufenthalt auf Langkawi oder den Perhentian-Inseln, bevor es nach Süden zum Taman Negara National Park und weiter nach Malakka (in der Nähe von Kuala Lumpur) geht.

Gut zu wissen: Man sollte die lokalen Sitten respektieren und keine knappe Kleidung tragen, vor allem in konservativen Regionen wie Kota Bharu.

Wann sonst? Feb.–April: in den meisten Regionen am trockensten; Sept.–Dez.: die meisten Regenfälle.

Aufsteigender Nebel an den Iguazú-Fällen

IGUAZÚ-WASSERFÄLLE

BRASILIEN & ARGENTINIEN

Warum jetzt? Die Wasserfälle in voller Pracht bewundern

Hunderte mächtiger Wasserfälle stürzen tosend fast 3 km weit und 82 m tief in die Schlucht, die Südbrasilien von einer schmalen Landzunge Argentiniens trennt. Obwohl die Temperaturen und die Luftfeuchtigkeit an den Iguazú-Fällen im Januar und Februar am höchsten sind, kommen dann auch die meisten Besucher hierher. Im März ist es ruhiger, das Wetter ist milder und weniger feucht, aber die Wasserfälle sind immer noch extrem eindrucksvoll. Die Fälle sind von üppigem Regenwald umgeben, der zu einem Nationalpark mit vielen exzellenten (und einfachen) Wanderwegen gehört, eine vielfältige Tierwelt aufweist und einen herrlichen Ausblick auf die Fälle bietet – allen voran der Garganta del Diablo (Teufelsrachen), in den die Hälfte der Stromschnellen herabstürzen.

Vor Ort: Neben den Wasserfällen gibt's sowohl auf der brasilianischen als auch auf der argentinischen Seite des Nationalparks noch viele weitere Attraktionen zu sehen, und ein Trip südlich am Paraná River entlang enthüllt die Ruinen von jesuitischen Missionen aus dem 18. Jh. Wenn man den Fluss überquert, gelangt man nach Paraguay und kann so in nur einer Woche gleich drei Länder bereisen.

Gut zu wissen: Auf der argentinischen und brasilianischen Seite der Wasserfälle befinden sich internationale Flughäfen.

Wann sonst? Jan.–Feb.: belebt, hohe Preise; März–Mai & Sept.–Okt.: am trockensten; Juni–Aug. & Nov.–Feb.: feucht.

KRETA
GRIECHENLAND

Warum jetzt? Das traditionelle Leben auf Kreta genießen
Im März ist auf Kreta das Wasser recht kühl – dafür wird man umso wärmer empfangen! Der Charakter Kretas ändert sich im Winter, wenn die Pauschaltouristen weg sind und ein authentischer, traditioneller Lebensstil Einkehr hält. Im März steigen die Temperaturen (obwohl man immer noch nicht im Meer baden kann), Wildblumen übersäen die Hügel, und das Nachtleben konzentriert sich auf trendige Bars, Restaurants und gemütliche Dorftavernen – manche davon sogar mit Holzofen oder Kamin. Jetzt kann man ohne Andrang die Fresken des Minoischen Palastes in Knossos bewundern, die venezianisch-osmanischen Stadtviertel Rethymno und Hania erkunden und durch die Imbros-Schlucht wandern.
Vor Ort: Der Flughafen von Iraklio (Heraklion) wickelt bis April keine internationalen Flüge ab, aber es gibt Fähren von Piräus, Santorin und anderen Inseln.
Gut zu wissen: Einige Attraktionen und Unterkünfte sind im März noch geschlossen, darunter auch der Wanderweg durch die Samaria-Schlucht, der erst Ende April oder Anfang Mai öffnet.
Wann sonst? April–Juni: schönes Wetter, nicht zu belebt; Juli–Aug.: heiß, Strände überfüllt; Sept.–Okt.: schönes Wetter, weniger Touristen.

BANFF & LAKE LOUISE
KANADA

Warum jetzt? Skifahren bei warmem Wetter
Im März versinken die Rocky Mountains von Alberta immer noch im Schnee. Auch die Bergkämme und die vielfältige Tierwelt im Banff National Park sind schwer zu toppen – egal, ob im Sommer oder Winter – und mit etwas Glück sieht man auf den Straßen Elche, Rentiere und Dickhornschafe. Mit drei Skigebieten in der Nähe – Lake Louise, den Sunshine Meadows und dem kleineren Norquay, alle erreichbar mit kostenlosen Bussen – ist Banff ein toller Ausgangspunkt. In der Stadt gibt's viele Restaurants, Brauereipubs und Bars, außerdem bieten die Lodges im März ein großartiges Preis-Leistungs-Verhältnis. Die Temperaturen liegen um oder über dem Gefrierpunkt und das Klima ist trocken, mit sehr angenehmer Luft. Und nach dem Skifahren kann man sich in einem der Thermalbäder von Banff aufwärmen.
Vor Ort: Banff liegt 137 km (90 Autominuten) westlich des Calgary Airport.
Gut zu wissen: Viele Besucher müssen vor der Einreise nach Kanada online ein Visum (Electronic Travel Authorisation; eTA) beantragen (www.canada. ca/eta). In der Nebensaison haben Geschäfte oft geschlossen.
Wann sonst? Dez.–April: Skipisten sind geöffnet, teils bis Mai; Mai–Juni & Okt.–Nov.: kühler, Wanderwege teilweise geschlossen; Juli–Sept.: gute Wandermöglichkeiten.

MERGUI-ARCHIPEL
MYANMAR

Warum jetzt? Unter der warmen Sonne Hunderte Tropeninseln entdecken
Weit abseits ausgetretener Pfade befindet sich ein Hafen, und von diesem Hafen segelt ein Boot weit weg von der modernen Welt zum lange Zeit isolierten Mergui-Archipel vor der Südostküste Myanmars. Die rund 800 Felseninseln in der Andamanensee empfangen erst seit Kurzem ausländische Besucher, und sie sind in den ersten Monaten des Jahres am schönsten; im März, wenn das Wetter trocken und warm und die See klar ist, können Schnorchler und Taucher wunderbar die vielfältige Unterwasserwelt entdecken. Einige Inseln wie das Naturreservat Lampi sind von dichtem Dschungel bedeckt, in dem Tiger und Elefanten leben sollen. Auf anderen befinden sich goldene Strände und die Stelzen-Fischerdörfer der Moken, der nomadisch lebenden „Meereszigeuner", die als Erste das Land bevölkerten.
Vor Ort: Mehrere internationale Touranbieter organisieren Segelrundfahrten, meist ab Kawthoung unweit der Grenze zu Thailand, oder Tauchkreuzfahrten, die in Phuket oder auf anderen thailändischen Inseln beginnen.
Gut zu wissen: Myanmars Küche ist eine Mischung aus indischen und thailändischen Aromen; das traditionelle Frühstück (und inoffizielle Nationalgericht) ist *mohinga*, eine scharfe Nudelsuppe mit Fisch.
Wann sonst? Nov.–April: trockenste Monate, beste Zeit, um zu den Inseln zu segeln; Mai–Okt.: Monsun.

Am Hang des Vulkans Arenal, Costa Rica

COSTA RICA

Warum jetzt? Küsten, Nebelwälder, Vulkane und Wildwasserflüsse bei schönstem Wetter entdecken
Wer Costa Rica im März besucht, kann in der trocken(er)en Zeit wunderbar die Pazifik- und Karibikküste sowie die Hochlandgebiete erkunden (obwohl es immer zu Regenschauern kommt). Im März ist die Urlaubszeit in den USA vorbei, daher sind auf Costa Rica weniger Touristen unterwegs. Jetzt muss man nur noch entscheiden, was man zuerst unternimmt: Die Hänge des Vulkans Arenal erklettern und mit einer Seilrutsche herunterfahren? Die Tierwelt im Monteverde Cloud Forest Reserve beobachten? Affen, Faultiere und Leguane im Manuel Antonio National Park bewundern oder vom Boot aus Kaimane und Seekühe im Tortuguero National Park erspähen? Auf dem Wildwasser des Pacuare River raften oder auf den Wellen reiten? Eine Kaffeeplantage besuchen oder sich an einem Karibikstrand entspannen?
Vor Ort: In dem kompakten Land kann man in einer Woche bequem von der Hauptstadt San José aus den Arenal, Monteverde und Manuel Antonio bereisen. Unbedingt Zeit für einen Besuch der Karibikküste mitbringen!
Gut zu wissen: Insektenschutzmittel und Sonnenmilch mit hohem Lichtschutzfaktor mitnehmen und sich der schwierigen Verkehrsbedingungen bewusst sein.
Wann sonst? Dez.–April: trockenste Zeit; Mai–Nov.: feucht, je nach Region variierend, billigste Preise (Juni–Juli: leichte Regenfälle).

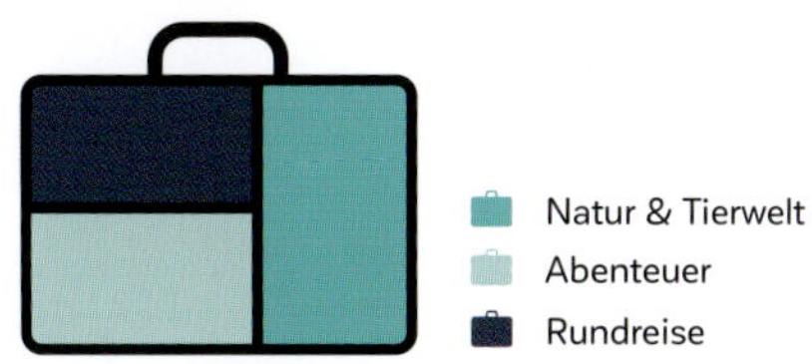

BAROSSA VALLEY & FLEURIEU-HALBINSEL AUSTRALIEN

Warum jetzt? Zur Traubenernte Weingüter und Strände erkunden
Die Traubenernte im März ist perfekt, um die malerischen Hügel südlich von Adelaide zu erkunden. Während die meisten Touristen das Barossa Valley nordöstlich der Hauptstadt bereisen, bietet die Fleurieu-Halbinsel die größte Weinvielfalt: über 70 Jahre alte Tropfen, vor allem deftige Shiraz-Vintageweine. Doch auf der Halbinsel gibt's auch Künstlerstädte wie Willunga, Victor Harbour, herrliche Sandstrände entlang des Gulf Saint Vincent sowie spektakuläre Surfbreaks am Middleton und Christies Beach.
Vor Ort: Man kann die Region auch von Adelaide aus erkunden, fährt aber besser nach Süden, übernachtet in McLaren Vale oder an einem der Strände und besucht tagsüber die Weingüter.
Gut zu wissen: Der 1200 km lange Heysen Trail schlängelt sich von Cape Jervis an der Spitze der Halbinsel bis zur Flinderskette – wer ihn ein Stück entlangwandert, kann sich ein weiteres Gourmet-Dinner gönnen.
Wann sonst? Sept.–Mai: Von Frühjahr bis Herbst ist das Wetter am schönsten; Juni–Aug.: Winter.

VIETNAM

➔ Warum jetzt? Karstfelsen erkunden, das Delta bereisen und Bergvölker treffen

Vietnam verfügt über drei Mikroklimata und irgendwo fällt immer Regen, auch wenn es woanders gerade schön ist. Im März herrscht jedoch fast überall gutes Wetter: Jetzt ist Gelegenheit, die Schluchten und Karstfelsen der Halong-Bucht und Bai Tu Long Bay vor nebelfreiem, blauem Himmel zu fotografieren, bei kühlem, trockenem Klima auf den Fansipan (3143 m), den höchsten Berg des Landes, zu wandern und die Bergvölker bei Sa Pa zu besuchen oder entspannt durch die Altstadt Hanois zu spazieren, während die Zentralküste und die südlichen Strände wie Mui Ne oder Phu Quoc herrlich warm und regenfrei sind.

Vor Ort: In zwei Wochen kann man den Norden bereisen, von Hanoi nach Sa Pa und zur Halong-Bucht fahren und sogar Hue/Hoi An besuchen. Wer sich mehr Zeit nimmt, dehnt seine Route bis in den Süden nach Nha Trang, Dalat, Saigon, zum Mekong-Delta und zu den Stränden aus. Und sieht sich auch abseits ausgetretener Pfade um.

Gut zu wissen: Die Visabestimmungen ändern sich häufig – vor der Abreise in der vietnamesischen Botschaft nachfragen.

Wann sonst? Süden Dez.–April: trocken, Mai–Nov.: Regen; Zentralküste rund um Hue März–Aug.: trocken, Sept.–Feb.: Regen; Norden Dez.–März: kalt, April–Sept.: feucht, Okt.–Nov.: trocken und kühl.

- Kultur
- Rundreise
- Abenteuer
- Essen & Trinken

(L) Zwei Mädchen vom Volk der Schwarzen Hmong; (R) Postkarten von Propagandapostern aus dem Vietnamkrieg

SICHUAN
CHINA

Warum jetzt? Pandas begegnen und Frühjahrsblüten bewundern
Die große Provinz Sichuan umfasst das Hochland von Tibet und die subtropischen Klimazonen des Ostens, weist vielfältige Kulturen auf und hält tolle Reiseerfahrungen bereit. Anfang März ist die perfekte Zeit, um die Blumen- und Birnenblüte zu erleben. Die Hauptstadt Chengdu ist voller Tempel und Parkanlagen, aber die Hauptattraktion der Provinz ist der Große Panda, von dem in Sichuan und im Qin-Ling-Gebirge gleich nördlich der Provinz Shaanxi noch 1600 Exemplare leben. Man kann die Tiere im Research Base of Giant Panda Breeding 10 km nördlich von Chengdu besuchen oder zur Panda-Zuchtstation Bifengxia fahren, in dem 80 Große Pandas leben. Weiter nördlich im Naturschutzgebiet Jiuzhaigou gibt's ebenfalls Pandas, die sich aber nur selten zeigen; in den Wäldern, Wasserfällen und 114 Seen des Parks kann man aber auch sehr gut Goldmeerkatzen beobachten.
Vor Ort: Nach Chengdu fliegen, Bifengxia im Südwesten besuchen, dann ins historische Langzhong und weiter nach Norden bis Jiuzhaigou fahren.
Gut zu wissen: Als Volontär in der Zuchtstation Bifengxia kann man Pandas treffen.
Wann sonst? Nov.–März: kalt in den Höhenlagen; April–Juni: schönstes Wetter; Juli–Aug.: heiß und feucht; Sept.–Okt.: Herbst.

ANTIGUA

Warum jetzt? Karibische Sonne und eine kühle Brise in der perfekten Reisezeit
Es heißt, Antigua biete für jeden Tag des Jahres einen anderen Strand. Nach der Hauptsaison im Winter kommen im März weniger Touristen, bevor es zu Ostern wieder hektischer wird. Das Wetter ist jetzt schön trocken und hurrikanfrei. Antigua ist ein familienfreundliches Paradies, bietet viele Aktivitäten und tolle Piratenatmosphäre – man kann z. B. Nelson's Dockyard oder das stimmungsvolle Fort James aus dem 18. Jh. besuchen. Wasserfans schnorcheln an den Riffen oder versuchen sich im Bodysurfen.
Vor Ort: Auf dem VC Bird Airport im Norden Antiguas, unweit der Hauptstadt Saint John's, landen Flüge aus aller Welt; ein wichtiges Zentrum der Insel sind auch die Buchten und historischen Stätten Falmouth Harbour und English Harbour im Süden. Da Antigua nur 21 km lang ist und jede Menge Strände hat, lassen sich alle Sehenswürdigkeiten problemlos erkunden.
Gut zu wissen: Im März endet die Paarungszeit der Fregattvögel – die Kehlsäcke der turtelnden Männchen lassen sich am besten in Codrington auf dem benachbarten Barbuda, einer der größten Brutkolonien der Welt, beobachten.
Wann sonst? Dez.–April: am trockensten; Mai–Juni: heiß; Juli–Nov.: Regen; Juli: Karneval.

CANBERRA
AUSTRALIEN

Warum jetzt? Die Hauptstadt zur schönsten Herbstzeit erkunden
Die Hauptstadt Australiens – im 19. Jh. fast aus dem Nichts entstanden – bildet das geordnete, gut geplante Zentrum des bürgerlichen Lebens von Australien, ist aber auch ein kultureller Knotenpunkt und eine lebhafte Universitätsstadt mit einer Kunstszene von Weltrang. Im Herbst ist das grüne Canberra am schönsten: Man kann um den Lake Burley Griffin radeln, das halb unter der Erde erbaute Parliament House besichtigen oder das Australian War Memorial, die National Gallery und die National Portrait Gallery besuchen. Sonntags lohnt sich ein Spaziergang über die quirligen Old Bus Depot Markets. Canberra soll die meisten Restaurants pro Kopf im Land haben; wer alle kulinarischen Köstlichkeiten der Stadt durchprobiert hat, kann einen Road Trip auf dem Poacher's Way unternehmen, einem Netz verschiedener Routen, die Dutzende von Weingütern, Galerien und Handwerksateliers rund um Bungendore, Hall, Gundaroo und Murrumbateman nördlich und östlich von Canberra miteinander verbinden.
Vor Ort: Für den Poacher's Way braucht man mindestens drei Tage – und ein paar Nächte in Canberra sind Pflicht.
Gut zu wissen: Anfang März steigt in der australischen Hauptstadt das Enlighten Festival mit Musik, Tanz und interaktiven Events (enlightencanberra.com.au).
Wann sonst? Okt.–April: von Frühjahr bis Herbst ist das Wetter am besten; Juni–Aug.: Winter.

SAVANNAH USA

Warum jetzt? In der eleganten Altstadt Frühjahrsblüten bewundern
Im März, wenn die Azaleen und Hornsträucher blühen, die Luft nicht zu warm ist und die ehrwürdige Architektur am schönsten zur Geltung kommt, steht die Südstaatenschönheit Savannah in ihrer ganzen Pracht. Jetzt finden außerdem in den Straßen, Parks und 21 Stadtvierteln zahlreiche Musikveranstaltungen statt. Am St. Patricks Day treten großartige Nachwuchskünstler auf, und beim Savannah Music Festival Ende März spielen erstklassige Interpreten Konzerte mit klassischer, internationaler sowie Country- und Jazzmusik. Bei der Annual Savannah Tour of Homes and Gardens hat man außerdem die Möglichkeit, einige historische Gebäude von innen zu sehen. Aber hier dreht sich nicht alles nur um moosbewachsene Eichenalleen, Flussschiffe und Plantagen: Die Studenten der Stadt sorgen für ein lebendiges Nachtleben und eine blühende Kunstszene.
Vor Ort: Man kann passend zu einem Festival anreisen oder ruhigere Tage zwischen den großen Events genießen. Auf www.visitsavannah.com gibt's Veranstaltungsprogramme und Ideen für Unternehmungen.
Gut zu wissen: Savannahs Schönheit zieht viele Touristen an – Unterkünfte für Übernachtungen nach dem St. Patrick's Day (17. März) sollte man weit im Voraus buchen.
Wann sonst? März–Okt.: warme Tage, üppig grüne Parks, viele Events; Nov.–Feb.: mild und trocken.

Schatten spendende Bäume in einem Park von Savannah

Kultur
Entspannung

RUND UM SAVANNAH

TYBEE ISLAND • 29 KM • Sandstrände und ein historischer Leuchtturm

JEKYLL ISLAND • 145 KM • Radfahren, Angeln und lange Sandstrände

CHARLESTON, SOUTH CAROLINA • 177 KM • Prachtvolle Architektur

OKEFENOKEE NATIONAL WILDLIFE REFUGE • 209 KM • Sumpfgebiete voller Alligatoren und Vögel

Graue Languren und Rehe – zwei Arten, die ebenfalls ein wachsames Auge auf Tiger haben

MADHYA PRADESH
INDIEN

Warum jetzt? Die beste Chance, einen echten Tiger zu sehen

Wer die größte Wildkatze der Welt einmal zu Gesicht bekommen möchte, sollte im März nach Indien reisen: Die Trockenzeit hat das Gras verbrannt, die Sichtweite ist besser und an den Wasserlöchern versammeln sich die Wildtiere. Heute trifft man nur noch in 13 Ländern der Welt auf freilebende Tiger, und von den 3000 Tieren befinden sich knapp zwei Drittel in Indien. Man kann eine Jeepsafari in die Tigerreservate von Madhya Pradesh machen, um mit etwas Glück vielleicht auf ein Exemplar zu treffen. In Bandhavgarh, Kanha, Tadoba-Andhari und Pench – angeblich die Region, die Kipling zu seinem „Dschungelbuch" inspiriert hat – gibt's noch gesunde Tigerpopulationen sowie Leoparden, Lippenbären, Affen und eine artenreiche Vogelwelt. Wandern und sogar Kajak fahren kann man in Satpuram, allerdings werden hier selten Tiger gesichtet.

Vor Ort: Der nächstgelegene Flughafen befindet sich in Nagpur. Man kann problemlos Safaris in zwei oder mehr Reservaten kombinieren und zusätzlich noch die Tempel von Khajuraho (berühmt für erotische Steinreliefs) oder sogar die Paläste von Rajasthan und das Taj Mahal besuchen.

Gut zu wissen: Die meisten Reservate (außer Tadoba-Andhari) schließen während der Monsunzeit von Mitte Juni bis September für Touristen.

Wann sonst? Okt.–Jan.: trocken, dichte Vegetation; Feb.–Mai: trocken, wärmer; Juni–Sept.: Monsun.

BAJA CALIFORNIA MEXIKO

Warum jetzt? Um Wale zu sehen
Die Grauwale, die sich vor der Küste dieser Halbinsel versammeln, sind ein freundliches Völkchen. Rund 10 000 von ihnen schwimmen von der Arktis die Westküste Nordamerikas herunter, um in den Pazifiklagunen von Baja California zu überwintern, sich zu paaren und zu kalben; von Februar bis April sind die meisten Tiere vor Ort. Vor allem in der San Ignacio Lagoon sind die Wale extrem neugierig – sie kommen nah an die Boote heran und fordern zum Streicheln auf. Einem dieser Meeresriesen gegenüberzustehen ist ein unglaublich emotionales Erlebnis – andere Wildtierbegegnungen werden da nur schwer mithalten können. Bajas Gewässer sind randvoll mit vielen weiteren Tierarten, denn die Pazifikküste zieht auch Buckelwale, Delfine und Seebären an. Die La Paz Bay an Bajas Ostküste ist ein beliebter Tummelplatz für Walhaie, während der Golf von Kalifornien vor allem Brydewale und Blauwale anlockt.

Vor Ort: Die Kreuzfahrten von San Diego nach Süden geben den umfassendsten Einblick in die Meereswelt. Alternativ kann man auch Tagestouren von den Küstencamps bei San Ignacio, Cabo San Lucas (zum Golf von Kalifornien) und La Paz unternehmen.

Gut zu wissen: Loreto ist der nächste Flughafen zu den Lagunen; in Cabo San Lucas (zehn Stunden Fahrt) landen mehr Flüge.

Wann sonst? Jan.–April: Hauptsaison zur Walbeobachtung; Juli–Sept.: stärkste Regenfälle; Sept.–Dez.: die meisten Walhaie vor Ort.

Die Ciudad de las Artes y Ciencias (Stadt der Künste und Wissenschaften), Valencia

VALENCIA SPANIEN

Warum jetzt? In der Frühjahrssonne Spaniens beste Paella genießen
Im März dreht Spaniens drittgrößte Stadt richtig auf. Während des Frühjahrsfests Las Fallas werden im Stadtzentrum riesige *ninots*-Figuren aufgestellt und anschließend verbrannt – Feuerwerk inklusive. Aber der März ist auch eine hervorragende Zeit, um die kulinarische Vielfalt der Stadt zu genießen, in der sich die Fruchtbarkeit der umliegenden *huerta*-Gärten widerspiegelt. Hier wurde die Paella erfunden – und nirgendwo sonst schmeckt das Gericht so köstlich. In den Sümpfen des Albufera-Nationalparks kann man durch Reisfelder wandern und einen Paella-Kochkurs belegen. Auch das verzweigte Barrio del Carmen und der Kulturkomplex La Ciudad de las Artes y Ciencias, der von Santiago Calatrava gestaltet wurde, sind einen Besuch wert.

Vor Ort: Auf Valencias Flughafen landen Maschinen aus den meisten großen europäischen Städten.

Gut zu wissen: Las Fallas (15.–19. März) versetzt ganz Valencia in Aufruhr – eine tolle Zeit, um die Stadt zu besuchen. Allerdings sollten Unterkünfte und Flüge im Voraus gebucht werden.

Wann sonst? Jan.–Mai: milde Temperaturen; Juni–Sept.: Sommer, heiß und belebt; Okt.–Dez.: Herbst, kühl und regnerisch.

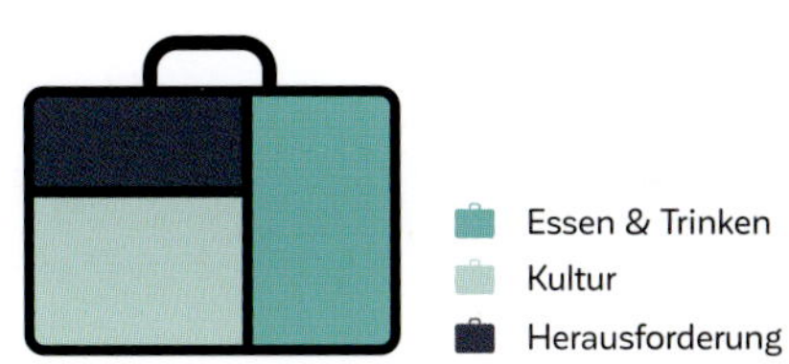

SRI LANKA

Warum jetzt? Chillen, Kultur, Wale und Raubtiere in der Trockenzeit

Sri Lanka ist kein einfaches Reiseziel, auch wegen des Wetters: Im Mai und Oktober wütet der Monsun, im November und Dezember ist es im Norden und Osten sehr feucht. Im März dagegen ist das Wetter im ganzen Land schön, und in den Nationalparks Yala und Uda Walawe, in denen Leoparden, Elefanten und Affen leben, versammeln sich die Tiere an den Wasserlöchern. Vor der Küste tummeln sich Pottwale und man kann wunderbar zum Adam's Peak wandern. Die Strände im Westen sind wunderschön, die im Süden am besten zum Surfen geeignet. Aber auch das Inland ist einen Besuch wert: die heilige Stadt Kandy mit ihren Buddhazahn-Relikten, der „Löwenfels“ Sigiriya mit antiken Palastruinen, Anuradhapura und Polonnaruwa im „kulturellen Dreieck“. Nicht zu vergessen die Küche, in der indische, arabische, malaiische und portugiesische Aromen zusammenkommen.

Vor Ort: Nach dem Flug in die Hauptstadt Colombo weiter nach Süden zu den Stränden bei Galle fahren. Dann geht's mit dem Mietauto oder Zügen und Bussen nach Osten zu den Reservaten und nördlich zu den Attraktionen im Landesinneren.

Gut zu wissen: Keine Einreise ohne Visum; eine Electronic Travel Authorisation (ETA) gibt's online unter www.eta.gov.lk/slvisa.

Wann sonst? Jan.–März & Juli–Aug.: meist trocken; Dez.–Mitte Jan.: viel los; April–Juni & Sept.–Nov.: feuchtes Klima im Zentrum und im Südwesten.

An den Wasserlöchern ist auch der seltene Leopard anzutreffen

AUSTIN USA

Warum jetzt? Das unglaublich kreative SXSW-Festival erleben

Bei Texas denkt man eher an Öl als an Kultur. Doch das kleine Austin, bis Mitte der 1980er-Jahre eine bescheidene, aber angesagte College-Stadt, schwimmt gegen den Strom. 1987 wurde hier das SXSW gegründet, um die Musikszene Austins und neue kreative Ideen zu fördern. Heute ist Austin jedes Jahr im März ein paar Tage lang ein Mekka für Musik- und Filmliebhaber. Lokale und internationale Künstler sowie Filmpremieren sorgen für Unterhaltung. Der März an sich ist eine tolle Zeit, um Austins Musikszene zu erkunden, denn jetzt finden jeden Tag Livekonzerte statt. Und nach einem Tagestrip zu den Wüstenblumen in der Umgebung kann man abends zum Colorado River gehen und beobachten, wie 1,5 Millionen Bulldoggfledermäuse von ihrem Schlafsitz unter der Congress Avenue Bridge aufbrechen – sie kommen jedes Jahr im März hierher.

Vor Ort: Wer zum SXSW nach Austin kommt, sollte Events und Unterkünfte so früh wie möglich buchen, am besten schon bis August des vorherigen Jahres.

Gut zu wissen: Wer auf den Geschmack gekommen ist und Anfang Oktober wiederkommt, erlebt bei dem tollen Musikfestival Austin City Limits jede Menge berühmter Künstler.

Wann sonst? März–Mai: Frühjahr; Sept.–Nov.: Herbst; Juni–Aug.: extrem heiß; Dez.–Feb.: kühler, aber mild.

Ein Straßenkünstler auf der South Congress Street in Austin

RUND UM AUSTIN

BASTROP • 48 KM • „Historischste Kleinstadt in Texas“

FREDERICKSBURG • 126 KM • Deutsche Traditionen, Pfirsichhaine und Weingärten

SAN ANTONIO • 129 KM • Das Alamo, historische Hotels und das Nachtleben am Riverwalk

DALLAS • 322 KM • Spektakuläre Gourmet- und riesige Künstlerszene

Wandern auf dem Routeburn Track hoch über dem Lake Mackenzie, Neuseeland

Mit einem Strandbuggy den Arniston Beach, Südafrika, erkunden

VICTORIA'S HIGH COUNTRY
AUSTRALIEN

Warum jetzt? Radfahren auf den besten Wanderwegen Australiens
Die Berge rund um Bright im Nordosten Victorias gelten als Australiens Radfahrerparadies, und der März – sonnig, nicht zu heiß – ist genau die richtige Übergangsphase zwischen Sommer und Herbst und perfekt, um sich hier auf den Sattel zu schwingen. Durch die Region ziehen sich gesicherte Geländerouten von insgesamt 241 km Länge, z. B. der 116 km lange „Murray to the Mountains Rail Trail" sowie adrenalingeladene Mountainbike- und Versuchsstrecken, aber auch viele familienfreundliche Routen. Unterwegs passiert man Goldminenstädte wie Yackandandah oder Beechworth und hat die Gelegenheit, unzählige Cafés und Weingüter wie Brown Brothers und John Gehrig zu besuchen. Die Region bietet auch lohnenswerte Ziele für Feinschmecker, z. B. Handwerksbetriebe (wir empfehlen die Produkte der Milawa Cheese Company) oder Gourmetrestaurants.
Vor Ort: Bright, das Tor zu High Country, liegt drei Autostunden nördlich von Melbourne. In der Stadt gibt's viele Hotels und schöne historische Pensionen.
Gut zu wissen: Wer kein eigenes Rad mitgebracht hat, kann in den meisten Städten der Region eines mieten; mehr zum Thema unter www.victoriashighcountry.com.au.
Wann sonst? Dez.–März: Sommer; April–Mai: Herbstlaub, Erntefeste; Juni–Sept.: Skisaison; Okt.–Nov.: Frühling.

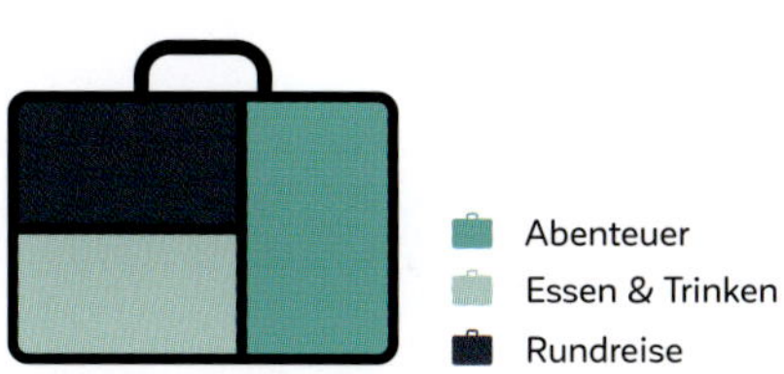

WESTKAP
SÜDAFRIKA

Warum jetzt? Strand- und Stadtleben ohne Touristenmassen
Es ist eine Eigenart des afrikanischen Klimas, dass im Sommer am Westkap warmer Sonnenschein herrscht, während es in den restlichen Regionen Südafrikas regnet. Im Hochsommer, der von Mitte Dezember bis Februar dauert, kommen viele Urlauber hierher; deshalb ist der März die perfekte Reisezeit – die Sonne scheint und es sind kaum Touristen unterwegs. Auch Kapstadt dreht richtig auf: Im März finden in der Stadt jede Menge Festivals und Events wie z. B. der jährliche Karneval statt. Wer von Kapstadt auf der N2 nach Osten fährt, dann vom Highway abbiegt und die Küste ansteuert, gelangt zur waldreichen Garden Route, die mit zauberhaften Stränden und Dörfern begeistert. In Plettenberg Bay kann man mit Delfinen surfen, im Wilderness National Park Kajak fahren, bei Knysna und im Tsitsikamma-Nationalpark uralte Wälder erkunden und unterwegs hübsche Küstenstädtchen besuchen.
Vor Ort: Wer die Strecke nicht zweimal fahren möchte, kann von Port Elizabeth nach Kapstadt (oder in umgekehrter Richtung) fliegen.
Gut zu wissen: Im März endet die Hochsaison für Paraglider.
Wann sonst? Nov.–März: Sommer, trocken, warm; April–Okt.: kühler, regnerisch.

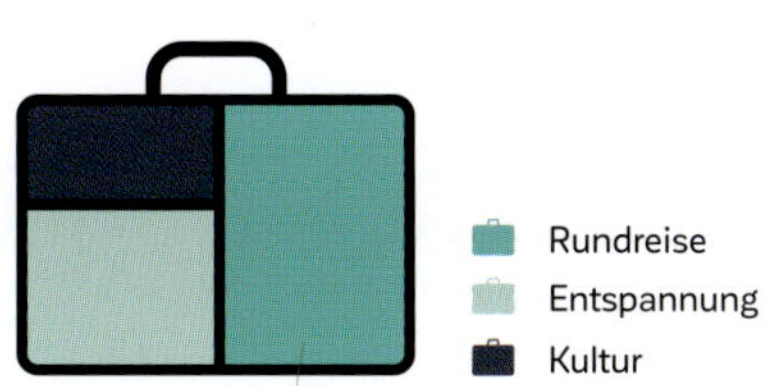

SÜDINSEL
NEUSEELAND

Warum jetzt? In (relativer) Einsamkeit einen Great Walk wandern
Die viertägige Wanderung auf dem Milford Track im Fiordland-Nationalpark, von Glade Wharf bis Sandfly Point, zählt zu den berühmtesten Trekkingrouten der Welt – und zu den beliebtesten: Die drei Hütten des Department of Conservation entlang des Weges sind Monate im Voraus ausgebucht. Alternativ verzichtet man auf den Berggipfel oder wählt eine der vielen weiteren Wanderrouten mit ähnlich spektakulären Landschaften, die nicht so überlaufen sind – das schöne Wetter im März ist dafür optimal. Die anderen Great Walks der Region, der Routeburn Track und der Kepler Track, sind ebenfalls beliebt, aber nicht ganz so überfüllt; und es gibt natürlich Wanderwege ohne den Titel „Great Walk", z. B. den viertägigen Queen Charlotte Track bei Picton oder den neuen und noch unbekannten Tuatapere Hump Ridge Track westlich von Invercargill.
Vor Ort: Queenstown ist ein perfekter Ausgangspunkt für Wanderungen auf dem Milford, Kepler und Routeburn Track; von hier aus verkehren Shuttlebusse (oder Boote) zu den Startpunkten aller drei Wanderwege.
Gut zu wissen: Für die Great-Walks-Hauptsaison (Ende Oktober bis Ende April) können Hütten ab Mai gebucht werden, für die der berühmtesten Tracks sogar noch eher. Wer den Milford Track wandern will, kann auch bei einem Guide-Unternehmen buchen – mit bequemeren Hütten und großartigem Essen.
Wann sonst? Nov.–April: Sommer, Frühherbst, trockenste Zeit; Mai–Okt.: kälter, feuchter.

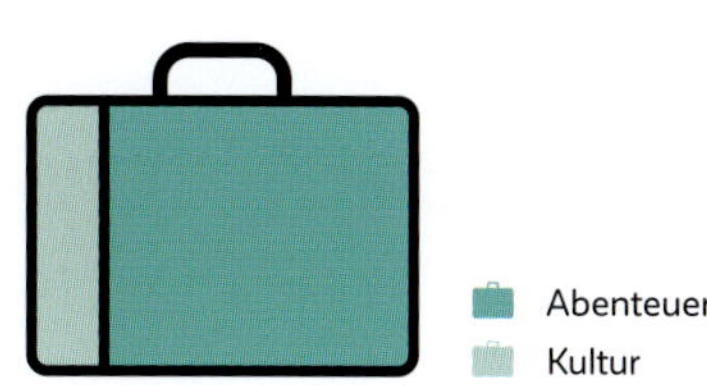

April

WANN AM BESTEN WOHIN?

ICH WILL

MIR ETWAS GÖNNEN

SAND & SURFEN?

LASS UNS AUSGEHEN

Vor atemberaubender Kulisse durch die Weinberge von Hawke's Bay in Neuseeland schlendern

ESSEN

- HAWKES BAY, NEUSEELAND S. 87
- SÜDWESTAUSTRALIEN S. 93

TRINKEN

- BRÜSSEL, BELGIEN S. 96
- ISTANBUL, TÜRKEI S. 91

Auf nach Melbourne für viel Spaß und Kultur sowie mildes Wetter und wenig Andrang

Eine traumhafte Wanderung auf dem Appalachian Trail in den USA unternehmen

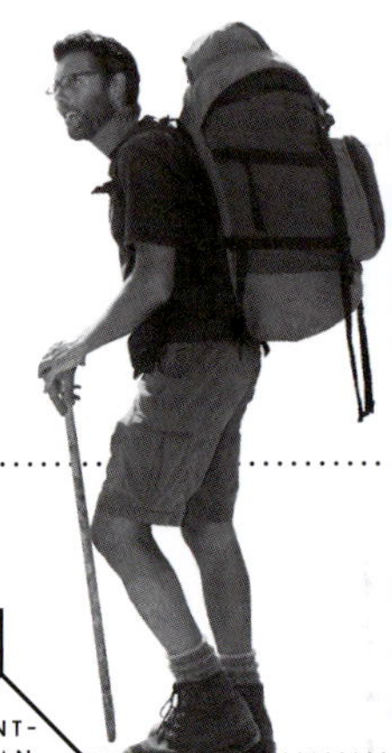

AUF IN DIE STADT

FRÜHLING

- WASHINGTON, D.C., USA S. 96
- BOSTON, USA S. 103

HERBST

- MELBOURNE, AUSTRALIEN S. 97

EINEN MARATHON LAUFEN?

AB ZUM STRAND

AUFDREHEN

- SAINT LUCIA S. 99
- VANUATU S. 92

ENTSPANNEN

- MAURITIUS S. 102

In Istanbul kulinarische Geheimnisse, antike Wunder und farbenfrohe Basare entdecken

Sich in einem der Resorts auf der makellosen pazifischen Halbinsel Vanuatu entspannen

Mauritius' Sehenswürdigkeiten besuchen, wenn es warm, trocken und ruhig ist

MIT DEM AUT[O] AN DIE KÜSTE

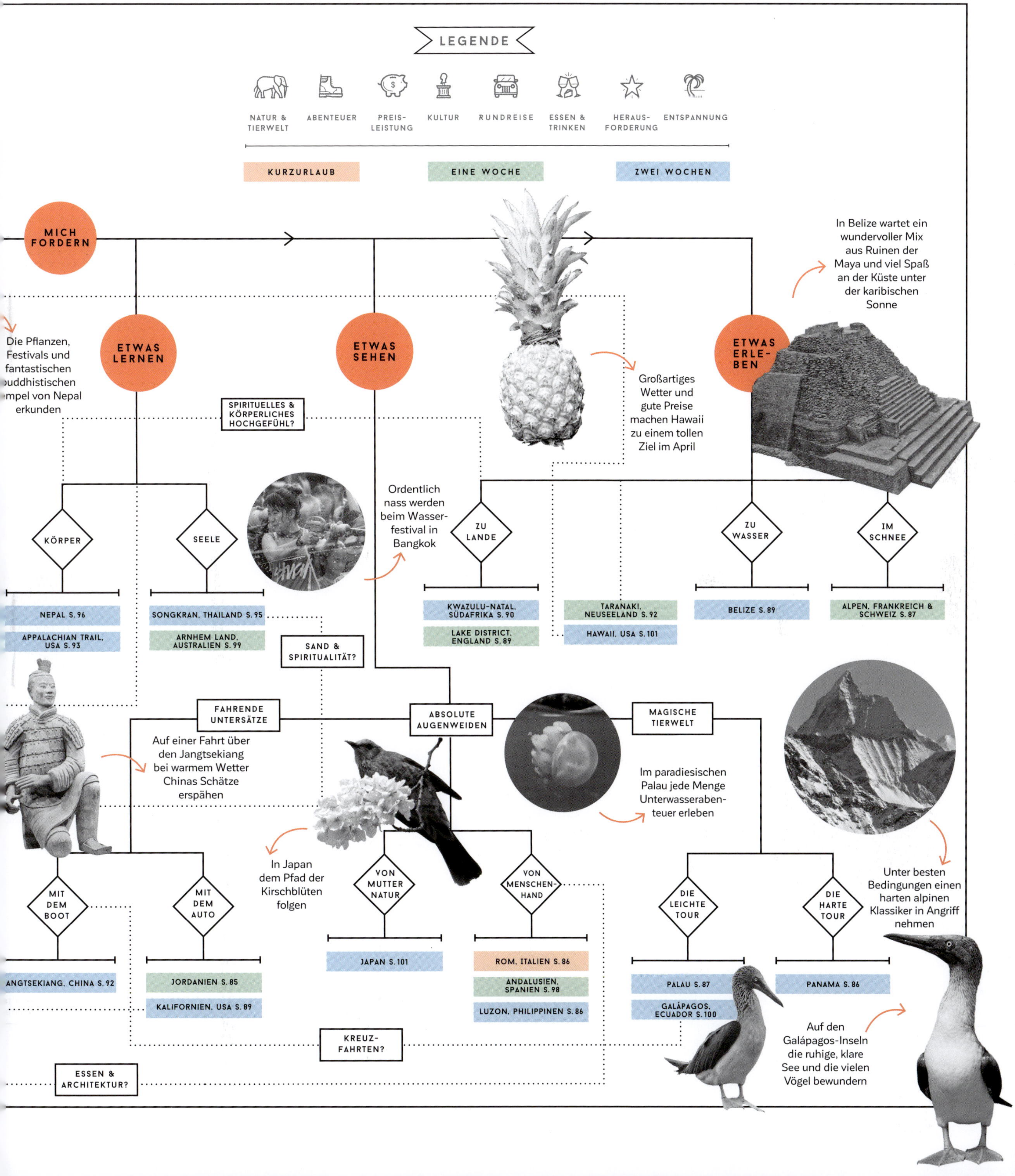
LEGENDE
NATUR & TIERWELT
ABENTEUER
PREIS-LEISTUNG
KULTUR
RUNDREISE
ESSEN & TRINKEN
HERAUS-FORDERUNG
ENTSPANNUNG
KURZURLAUB
EINE WOCHE
ZWEI WOCHEN
MICH FORDERN
ETWAS LERNEN
ETWAS SEHEN
ETWAS ERLE-BEN
In Belize wartet ein wundervoller Mix aus Ruinen der Maya und viel Spaß an der Küste unter der karibischen Sonne
Die Pflanzen, Festivals und fantastischen buddhistischen Tempel von Nepal erkunden
SPIRITUELLES & KÖRPERLICHES HOCHGEFÜHL?
Großartiges Wetter und gute Preise machen Hawaii zu einem tollen Ziel im April
KÖRPER
SEELE
Ordentlich nass werden beim Wasser-festival in Bangkok
ZU LANDE
ZU WASSER
IM SCHNEE
NEPAL S. 96
APPALACHIAN TRAIL, USA S. 93
SONGKRAN, THAILAND S. 95
ARNHEM LAND, AUSTRALIEN S. 99
KWAZULU-NATAL, SÜDAFRIKA S. 90
LAKE DISTRICT, ENGLAND S. 89
TARANAKI, NEUSEELAND S. 92
HAWAII, USA S. 101
BELIZE S. 89
ALPEN, FRANKREICH & SCHWEIZ S. 87
SAND & SPIRITUALITÄT?
FAHRENDE UNTERSÄTZE
ABSOLUTE AUGENWEIDEN
MAGISCHE TIERWELT
Auf einer Fahrt über den Jangtsekiang bei warmem Wetter Chinas Schätze erspähen
Im paradiesischen Palau jede Menge Unterwasserabenteuer erleben
In Japan dem Pfad der Kirschblüten folgen
Unter besten Bedingungen einen harten alpinen Klassiker in Angriff nehmen
MIT DEM BOOT
MIT DEM AUTO
VON MUTTER NATUR
VON MENSCHEN-HAND
DIE LEICHTE TOUR
DIE HARTE TOUR
ANGTSEKIANG, CHINA S. 92
JORDANIEN S. 85
KALIFORNIEN, USA S. 89
JAPAN S. 101
ROM, ITALIEN S. 86
ANDALUSIEN, SPANIEN S. 98
LUZON, PHILIPPINEN S. 86
PALAU S. 87
GALÁPAGOS, ECUADOR S. 100
PANAMA S. 86
KREUZ-FAHRTEN?
ESSEN & ARCHITEKTUR?
Auf den Galápagos-Inseln die ruhige, klare See und die vielen Vögel bewundern

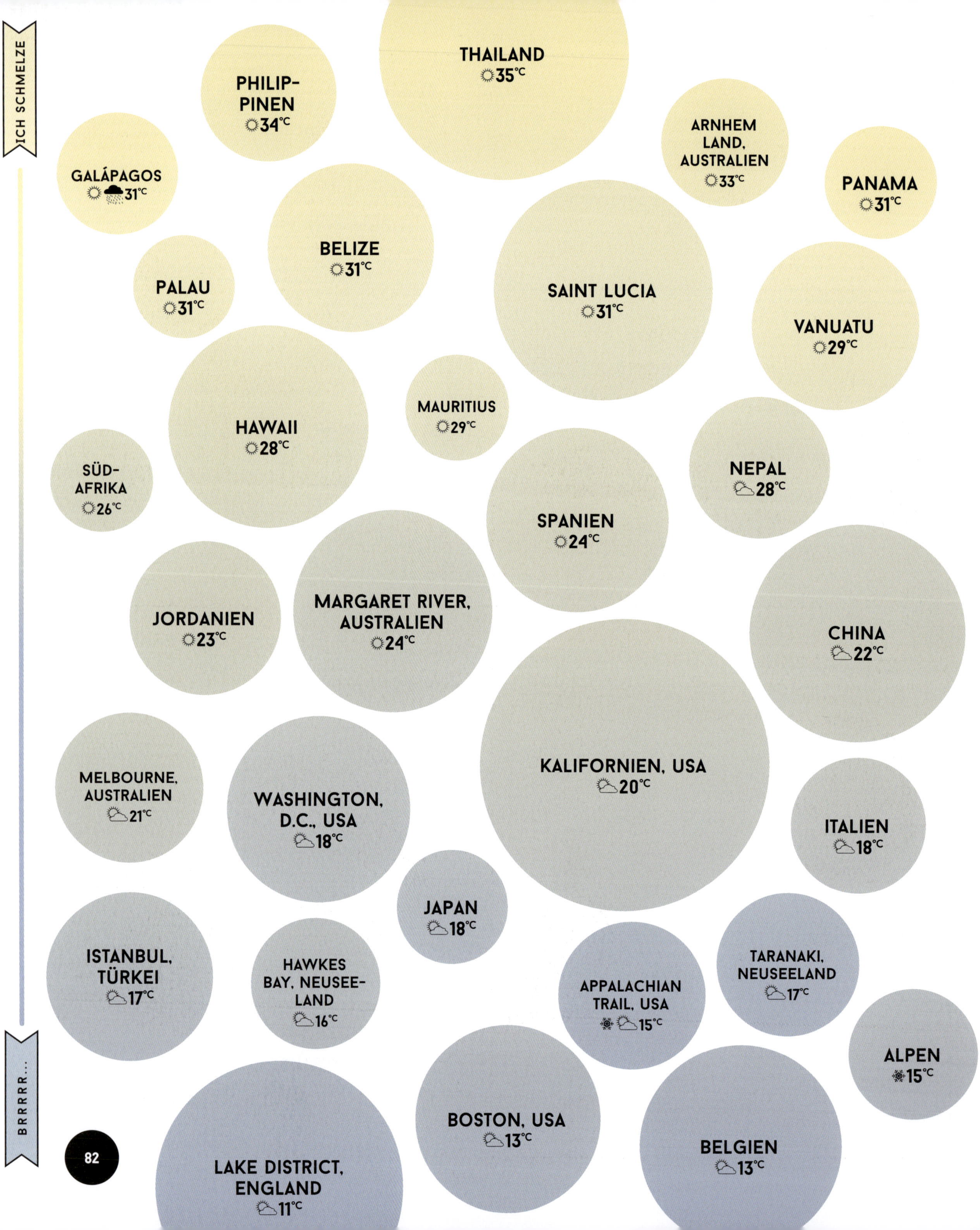
ICH SCHMELZE
THAILAND 35°C
PHILIP-PINEN 34°C
ARNHEM LAND, AUSTRALIEN 33°C
GALÁPAGOS 31°C
PANAMA 31°C
BELIZE 31°C
PALAU 31°C
SAINT LUCIA 31°C
VANUATU 29°C
MAURITIUS 29°C
HAWAII 28°C
NEPAL 28°C
SÜD-AFRIKA 26°C
SPANIEN 24°C
MARGARET RIVER, AUSTRALIEN 24°C
JORDANIEN 23°C
CHINA 22°C
MELBOURNE, AUSTRALIEN 21°C
KALIFORNIEN, USA 20°C
WASHINGTON, D.C., USA 18°C
ITALIEN 18°C
JAPAN 18°C
ISTANBUL, TÜRKEI 17°C
TARANAKI, NEUSEELAND 17°C
HAWKES BAY, NEUSEE-LAND 16°C
APPALACHIAN TRAIL, USA 15°C
ALPEN 15°C
BOSTON, USA 13°C
BELGIEN 13°C
LAKE DISTRICT, ENGLAND 11°C
BRRRRR...

GEFÄLLT DER GANZEN FAMILIE

TEUER, ABER ES LOHNT SICH

VIEL ERLEBEN FÜR WENIG GELD

DIE KINDER ZUHAUSE LASSEN

BELIZE

MELBOURNE, AUSTRALIEN

GALÁPAGOS

Den Balztanz des Blaufußtölpels auf den Galápagos-Inseln muss man gesehen haben

BOSTON, USA

KALIFORNIEN, USA

JAPAN

Bei frühlingshaften Temperaturen macht die Besichtigung des Kolosseums richtig Spaß

MAURITIUS

ROM, ITALIEN

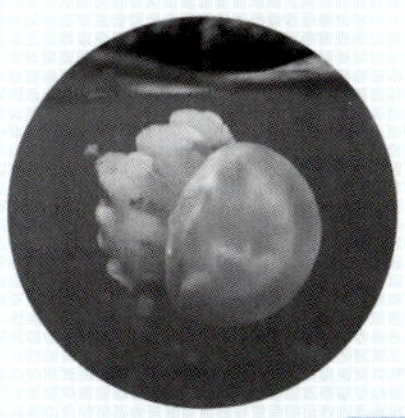

Palau dient als der perfekte Ausgangspunkt für jede Menge Unterwasserabenteuer

PALAU

HAWAII, USA

JORDANIEN

WASHINGTON, D.C., USA

Der tropische US-Bundesstaat Hawaii war einst der wichtigste Ananas-Produzent der Welt

Die Bewohner von Bangkok kühlen sich am thailändischen Neujahr bei einer riesigen Wasserschlacht ab

THAILAND

LAKE DISTRICT, ENGLAND

ANDALUSIEN, SPANIEN

Während Sevillas Feria de Abril reiten die Einheimischen auf andalusischen Pferden

NEPAL

ISTANBUL, TÜRKEI

BRÜSSEL, BELGIEN

Zu dieser Jahreszeit herrscht in der fesselnden belgischen Hauptstadt meistens trockenes und mildes Wetter

SAINT LUCIA

Die Terrakottakrieger bilden nur eine der vielen faszinierenden Stationen auf einer Fahrt über den Jangtsekiang

JANGTSEKIANG, CHINA

VANUATU

ARNHEM LAND, AUSTRALIEN

SÜDWESTLICHES AUSTRALIEN

HAUTE ROUTE, ALPEN

TARANAKI, NEUSEELAND

PANAMA

Mit einem Kajak ist das Inselhopping rund um San Blas an Panamas Karibikküste ein Klacks

Es gibt wohl keine bessere Zeit, um Ifuagos schwindelerregende Reisterrassen zu besuchen

LUZON, PHILIPPINEN

HAWKES BAY, NEUSEELAND

KWAZULU-NATAL, SÜDAFRIKA

APPALACHIAN TRAIL, USA

JORDANIEN

Warum jetzt? Sich bei herrlichem Wetter fühlen wie Indiana Jones
Das kompakte Jordanien hat einfach alles: Antike Wunder warten in der 2000 Jahre alten Felsenstadt Petra oder auf Keraks Kreuzritterburg; städtische Sehenswürdigkeiten bieten das römische Jerash oder die Suqs von Amman; grandiose Landschaften genießt man beim Campen in den sagenhaften Wüsten des Wadi Rum; Tiere und Pflanzen gibt's im Dana-Biosphärenreservat; und Strände befinden sich am salzigen Toten Meer und dem schnorchelfreundlichen Roten Meer. Jordanien kann auch sehr grün sein – besonders zu dieser Jahreszeit. Im April ist es trocken, die Temperaturen liegen bei angenehmen 20°C, die Zentraltäler sind nach dem winterlichen Regen üppig und überall blühen Wildblumen. Der Ajloun-Wald steht voller Erdbeerbäume und Zistrosen und in den Oasen des Dana strahlen Oleander und Vogelgefieder. Jetzt kann man das weite Petra erkunden, ohne ins Schwitzen zu kommen. Die perfekte Zeit für einen Besuch.

Vor Ort: Von Amman geht's nördlich nach Jerash und Ajloun und weiter südlich nach Aqaba. Unterwegs hält man am Toten Meer, in Dana, Petra und Wadi Rum.

Gut zu wissen: Im April erlebt man vielleicht den *khamseen* (heißen Sandwind); er dauert meist nur wenige Tage.

Wann sonst? März–Mai: frühlingshaft, ideal; Juni–Sept.: sehr heiß; Okt.: kurzer Herbst, angenehm; Nov.–Feb.: vielerorts kalt, warm in Aqaba.

Kultur
Natur & Tierwelt
Rundreise

Der Mond geht auf über der Wüstenlandschaft des Wadi Rum

PANAMA

Warum jetzt? Karibik und Pazifik in trockenem Klima kombinieren

Auf Panamas Landenge floriert der Tourismus, aber vor allem dank immer mehr Kreuzfahrtpassagieren, die durch den berühmten Kanal fahren, ohne an Land zu gehen. Weite Gebiete sind daher menschenleer – wie Costa Rica, nur ohne Massen. Panama liegt mitten in den Tropen und kann daher heiß und schwül sein. Am besten kommt man in der trockeneren, sonnigeren Zeit von Dezember bis Mitte April hierher. Gewitter sind jederzeit möglich, doch außerhalb der Regenzeit treten meist nur kurze, plötzliche Schauer auf. Trotzdem sollte man sich auf Regen einstellen. Highlights sind die Karibikseite der San-Blas-Inseln – wo man mit dem Kajak Inselhopping betreiben oder den indigenen Kuna begegnen kann –, das kühle Chiriquí-Hochland – für Abenteuer zwischen alpinen Wäldern und Kaffeeplantagen – sowie die abgelegenen Pazifikstrände von Boca Chica – von April bis November eine legendäre Surfgegend.

Vor Ort: Nach der Ankunft in Panama-Stadt, über den Panamakanal, im Hochland der Hitze entkommen und an der Karibikküste am Strand entspannen.

Gut zu wissen: Panama ist ein Vogelparadies mit mehr als 950 Arten.

Wann sonst? Dez.–April: trockenste Zeit; März–Mai: am sonnigsten; Mai–Nov.: regenreich (schlimmste Zeit Sept.–Okt.).

LUZON PHILIPPINEN

Warum jetzt? Perfektes Wetter, guter Reis

Die Reisterrassen der Provinz Ifugao auf der Insel Luzon sind einfach spektakulär. Diese fruchtbaren, vor über 2000 Jahren in den Fels gehauenen Parzellen gehören heute zum Unesco-Weltkulturerbe. Nach der Bepflanzung im Januar und Februar erstrahlen die Felder im April und Mai in herrlichem Grün. Ab Juni dominieren wunderschöne Gelbtöne, doch mit Beginn der Regenzeit wird das Erkunden schwieriger. Besonders beeindruckt das Amphitheater der Terrassen rund um Batad. Auf Führungen genießt man die Aussicht und besucht die Dörfer und Märkte der Ifugao. Der regenarme Monat lädt außerdem zu einem Besuch der nahen Bergstadt Sagada ein. Von hier führen auch Wanderwege durch die Hügel. Guides erläutern Tourteilnehmern außerdem die einzigartigen Bestattungsbräuche der Region: Die Särge werden oben an den Klippen aufgehängt.

Vor Ort: Flug nach Manila, dann fährt man Richtung Norden zum Pinatubo, Baguio-Markt sowie nach Banaue und Sagada. Anschließend im weniger touristischen Pagudpud am Strand erholen.

Gut zu wissen: Die Philippinen sind ein günstiges Land – für die mittlere Preiskategorie kommt man mit ca. 40 € pro Tag aus.

Wann sonst? Nov.–Mai: kälter, trocken (Jan.–April: beste Zeit); Juni–Okt.: viel Regen.

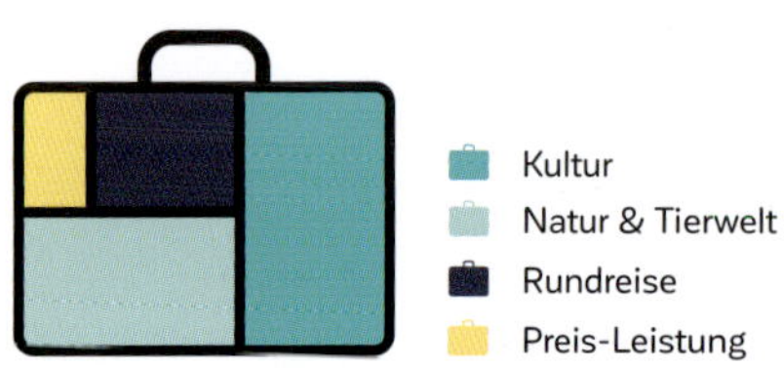

ROM ITALIEN

Warum jetzt? Sightseeing bei milden Frühlingstemperaturen

Geschichtsliebhaber zieht es zum Jahrestag der Gründung der ewigen Stadt 753 v. Chr. nach Rom – der 21. April wird mit Events, Lichtern und etlichen Feuerwerken gefeiert. Auch abgesehen von den Festlichkeiten sind April und Mai eine tolle Reisezeit. Rom bietet reichlich Stoff für Besichtigungstouren und die gestalten sich an milden Frühlingstagen (15–20°C) angenehmer als im tiefen Winter oder Hochsommer, wenn das Forum mit seinen wenigen Schattenplätzen besonders schweißtreibend sein kann. Es ist weniger los (und etwas günstiger), saisonale Attraktionen haben jedoch geöffnet, z. B. finden von April bis Oktober schöne nächtliche Touren im Kolosseum statt. Zur Krönung werden gute Frühlingsprodukte wie Artischocken und Spargel gereicht. Vignarola, eine römische Spezialität mit Erbsen, Dicken Bohnen, Salat und Artischocken, ist der saisonale Klassiker.

Vor Ort: Rom verdient mehrere Tage. Neben den berühmten Ruinen und Piazzas lohnt sich ein Spaziergang auf der im Frühjahr besonders reizenden Via Appia (der ersten Straße Roms).

Gut zu wissen: Gratis Trinkwasser ist in der ganzen Stadt an den *nasoni* (öffentlichen Brunnen) erhältlich.

Wann sonst? April–Mai & Sept.–Okt.: Wetter ok, ruhiger; Juni–Aug.: drückend heiß; Nov.–März: kalt und nass.

HAWKE'S BAY NEUSEELAND

Warum jetzt? Durch üppige Weinberge radeln

Hawke's Bay ist die neuseeländische Speisekammer: Hier wachsen Äpfel, Feigen, Pfirsiche, Kürbisgewächse und vor allem Trauben. An der Ostküste der Nordinsel liegt das älteste Weingebiet der Region. Im April werden die Weintrauben gepflückt: 45 000 t Obst sind das Ergebnis der Ernte auf den 4700 ha großen Weinbergen. In der Herbstsonne erstrahlen die dicht bepflanzten Weinreben in rostbraunen und goldenen Farben – die ideale Zeit fürs Radfahren in der Gegend, denn es ist noch recht warm und trocken. Hawke's Bay verfügt über Neuseelands größtes Radwegenetz, von denen viele zu Weingütern, Cafés und Weinkellern führen. Der flache 36 km lange Wineries Ride verläuft abseits der Straße durch das Herzstück des Weinanbaus und die Gebiete Bridge Pa, Gimblett Gravels und Ngatarawa Triangle. Als guter Ausgangspunkt dient Napier mit seiner Art-déco-Architektur und dem Samstagsmarkt.

Vor Ort: Historische Straßen und gutes Essen erwarten einen in Napier und Hastings. Dann folgt man ein paar einfachen Radwegen – vielleicht einem an der Küste und einem zwischen Weingütern.

Gut zu wissen: Es gibt täglich Flüge von Wellington, Auckland und Christchurch zur Hawke's Bay.

Wann sonst? Dez.–Feb.: am wärmsten; März–Mai: Weinernte; Juni–Sept.: Winter, kalt; Okt.–Nov.: Frühlingserzeugnisse, es wird wärmer.

ALPEN FRANKREICH & SCHWEIZ

Warum jetzt? Schwierige Alpenwege bei besten Bedingungen meistern

Die 120 km lange Haute Route verbindet Chamonix/Mont Blanc und Zermatt/das Matterhorn und führt durch einige der schönsten Gebiete der Alpen. Sie verläuft durch zwei Länder am Fuße der höchsten Gipfel entlang sowie über Pässe und vorbei an Seen und Gletschern – die Crème de la Crème der Skitouren und nur für Erfahrene geeignet. Wegen der langen Zeit in großer Höhe (der höchste Punkt ist die Pigne d'Arolla auf 3790 m) hat es die Strecke wirklich in sich. Die Hauptsaison fürs Skifahren geht von Mitte März bis Ende April. Dann sind die Gletscher auf jeden Fall mit Schnee bedeckt, das Wetter ist insgesamt milder und in den geöffneten und beheizten Berghütten wird herzhafte, warme Küche gebrutzelt. Wer nicht Ski fährt, kann im Sommer auf der Strecke wandern.

Vor Ort: Skifahren auf der Haute Route dauert sechs Tage. Auch für das lebhafte Chamonix und Zermatt ein bisschen Zeit einplanen.

Gut zu wissen: Nicht vergessen, vor der Fahrt auch Schweizer Franken zu besorgen.

Wann sonst? März–April : beste Schneeverhältnisse; Juni–Sept.: Wandern möglich; Nov.– Feb. & Mai : Bedingungen für beides nicht ideal.

PALAU

Warum jetzt? Für Unterwasserabenteuer im Paradies

Mit seinen 200 üppigen Kalksteininseln, abgelegenen Lagunen, weißen Sandstränden und türkisen Gewässern wirkt der mikronesische Staat schon an Land unglaublich idyllisch. Vor der Küste wird's dann richtig spektakulär: Diese „Unterwasser-Serengeti" bietet 1500 Fischarten, sanfte Korallen und Seefächer, steile Abhänge und Wracks aus dem Zweiten Weltkrieg. In Palau ist es das ganze Jahr mild und immer passendes Tauchwetter. Eine gute Wahl ist allerdings der trockene April, wenn das Meer ruhiger und sauberer ist. Außerdem sind Walhaie und Teufelsrochen von Januar bis April häufiger anzutreffen – Grüne Meeres- und Echte Karettschildkröten hingegen von April bis Juli. Das Sahnehäubchen ist der Jellyfish Lake, eine Lagune mit Millionen durchsichtiger, stachelloser Quallen – hier glaubt man, durch ein riesiges Unterwasserballett zu schnorcheln.

Vor Ort: Für eingefleischte Taucher empfiehlt sich eine Tauchsafari, um die besten Tauchstellen zu erreichen (darunter Blue Corner und German Channel).

Gut zu wissen: Der Flughafen Koror ist auf der Insel Babeldaob, einen 1½-stündigen Flug von Guam und 4 Std. von Tokio entfernt.

Wann sonst? Mai–Okt.: regenreich, Taifune wahrscheinlicher; Nov.–April: trockener, fürs Tauchen am besten.

Die Bixby Creek Bridge auf dem malerischen Pacific Coast Highway in Kalifornien

© Mark Read / Lonely Planet

(L) Maya-Dorf-bewohner aus San Antonio, Belize; (R) Duddon Valley, Lake District

KALIFORNIEN
USA

Warum jetzt? An einer spektakulären Küste ohne Verkehr fahren

In Big Sur prallen der Pazifik und die Küste eindrucksvoll aufeinander. Dieser 150 km lange Streifen von Carmel-by-the-Sea bis San Simeon ist dünn besiedelt und unberührt … bis auf den Highway 1, der in die Klippen geschlagen und über Felsspalten gebaut wurde (zu sehen an der viel fotografierten Bixby Bridge). Für diese wirklich dramatische Fahrt eignet sich der April besonders gut: klarer, sonniger Himmel, Temperaturen um 20°C und viel weniger Verkehr als im Sommer. Man könnte Big Sur an einem Tag schaffen, aber das wäre eine Sünde. Die Landzungen und Strände laden zum Entspannen ein – ebenso wie die bis zu 1700 m hohen Santa Lucia Mountains direkt am Meer. Sehenswertes gibt's an beiden Enden: im Süden das pompöse Hearst Castle sowie spanische Missionen in San Luis Obispo und Santa Barbara, im Norden das charmante Carmel-by-the-Sea und Monterey Bay mit einheimischen Seelöwen und -ottern.

Vor Ort: Wer unbegrenzt Zeit hat, fährt die gesamte Westküste entlang von San Diego bis zur kanadischen Grenze. Für die 1100 km von Los Angeles bis San Francisco inklusive Big Sur braucht man zwei Wochen.

Gut zu wissen: Eine Alternative zum Auto ist der Zug Amtrak Coast Starlight von L.A. nach Seattle, der teilweise an der Küste fährt.

Wann sonst? März–Mai & Sept.–Okt.: ruhiger, klar, warm; Juni–Aug.: verkehrsreich, heiß, nebelig; Nov.–Feb.: kühl, günstiger (Dez.–April: ideal für Grauwale).

- Natur & Tierwelt
- Kultur
- Entspannung
- Road Trip

BELIZE

Warum jetzt? Für einen märchenhaften Mix unter karibischer Sonne

Alle Highlights Zentralamerikas zusammen an einem Fleck? Das kompakte Belize ist auf jeden Fall dicht dran: Es verbindet Maya-Ruinen, Regenwälder mit großer Artenvielfalt, paradiesische Inseln, schöne Strände, große Fische, Dschungelhütten, Jaguare, Opferhöhlen, Seilrutschen, kreolische Kultur und das zweitgrößte Barriereriff der Welt. All das auf kleinem Raum, dazu noch eine sichere, travellerfreundliche Atmosphäre und Einheimische, die Englisch sprechen. Auch für Familien ist es toll hier – Kinder lieben es, die Brüllaffen nachzuahmen und über farbenprächtigen Korallen zu schnorcheln. Apropos – der warme, trockene April eignet sich gut zum Schwimmen. Das Wasser ist besonders klar und Walhaie tummeln sich von April bis Mai am Glover's Reef abseits von Palencia.

Vor Ort: Wer zwei Wochen hat, fliegt nach Belize City, begibt sich zu einer Dschungelhütte und den Maya-Stätten Lamanai und Xunantunich. Nach einer Höhlenkanutour schwimmt man unter den Wasserfällen des Mountain Pine Ridge. Über den malerischen Hummingbird Highway geht's zum Strand von Palencia mit Schnorchel-/Tauchstellen. Im Cockscomb Basin sieht man wilde Tiere wie Jaguare, bevor das Wassertaxi einen zur herrlich schlichten Caye Caulker bringt.

Gut zu wissen: Verantwortungsbewusst tauchen und keine Korallenprodukte kaufen!

Wann sonst? Dez.–Mai: trocken, warm; Juni–Nov.: regenreicher, immer noch warm.

- Abenteuer
- Natur & Tierwelt
- Herausforderung

LAKE DISTRICT
ENGLAND

Warum jetzt? Um ein Meer aus goldenen Narzissen zu sehen

Der Dichter William Wordsworth liebte den Lake District. Er wohnte im (für Besucher geöffneten) Dove Cottage in Grasmere und ließ sich von den umliegenden *fells* inspirieren – besonders im April: Ein Spaziergang über Narzissenwiesen gab im April 1802 den Anstoß zu seinem berühmtesten Werk „Ich wandert' einsam wie die Wolke". Doch beim Frühling in den Lakes wird jeder poetisch. Lämmchen springen umher, Wordsworths Narzissen erblühen und die Hügel erstrahlen außergewöhnlich grün. Angebote wie Fähren über die Seen werden häufiger, doch die Sommerurlauber bleiben noch aus, weshalb die Straßen, Campingplätze und Touristenorte nicht aus allen Nähten platzen. Auch Ferienhäuser sind günstiger. Es gibt viele tolle Wander- und Radwege. Das Wetter kann unvorhersehbar sein, aber so ist es immer. Für Kälte und Regen vorsorgen, auf Sonne hoffen und sich inspirieren lassen.

Vor Ort: Für Lake Windermere, Coniston Water und Grasmere dient Windermere oder Ambleside als Ausgangspunkt. Keswick ist das Tor zu den nördlichen Lakes und den Tälern Borrowdale und Buttermere. Scafell Pike, Englands höchster Gipfel, liegt im Westen.

Gut zu wissen: Die Gipfel im Lakeland sind nicht hoch, aber nicht zu unterschätzen. Man sollte gut vorbereitet sein und die Wege nach Erfahrungsgrad auswählen.

Wann sonst? April–Mai & Sept.–Okt.: ruhig; Juni–Aug.: am wärmsten und belebtesten; Nov.–März: am kältesten, Schnee möglich.

- Abenteuer
- Natur & Tierwelt

© Michael Heffernan / Lonely Planet

KWAZULU-NATAL
SÜDAFRIKA

(L) Das Amphitheater, Drakensberge, KwaZulu-Natal; (R) Hagia Sophia, İstanbul

Warum jetzt? Verlässlich gutes Wetter, hohe Berge, eine bewegende Geschichte und große Säugetiere
Hier wartet das Rundumpaket Südafrika: Die Provinz KwaZulu-Natal bietet eine goldene Küste am Indischen Ozean, die höchsten Gipfel des Landes und brillante Wildtiergehege (mit den mitunter besten Nashornstellen Afrikas). Über den blutigen Zulukrieg von 1879 informiert man sich bei Führungen auf den Schlachtfeldern von Isandlwana und Rorke's Drift. Auf der Südhalbkugel genießt man einen warmen (24°C), regenarmen Herbst. Beständige Bedingungen herrschen auch in den spitzen Drakensberg Mountains mit tollen Wanderwegen für alle Niveaus vorbei an natürlichen Amphitheatern, Becken, Wasserfällen, Felsnadeln und Felsmalereien der San.

Vor Ort: Von Durban an der Küste geht's ins Landesinnere zu den Drakensbergen (auf einem Abstecher nach Lesotho gibt's einen weiteren Stempel in den Pass), dann mit einer Führung über die Schlachtfelder und schließlich auf Safari im Wildreservat Hluhluwe-Imfolozi.
Gut zu wissen: In Durban sollte man die lokale Spezialität *bunny chow* probieren (ausgehöhltes, mit Curry gefülltes Weißbrot).
Wann sonst? Sept.–Nov. & März–Mai: beständig; Dez.–Feb.: heiß, Gewitter; Juni–Aug.: kalt, verschneit.

- Abenteuer
- Kultur
- Natur & Tierwelt
- Rundreise

ISTANBUL
TÜRKEI

Warum jetzt? In aller Ruhe Basare, antike Wunder und kulinarische Geheimnisse entdecken
Schwer zu sagen, was der größte Schatz des früheren Konstantinopel ist: das unglaubliche Basilika-Moschee-Museum Hagia Sophia, der gewaltige, prachtvolle Topkapi-Palast oder die Kuppeln, Minarette und himmelblauen Zierfliesen der Blauen Moschee? Im April, wenn es zum Ende der Nebensaison wärmer wird, locken Ermäßigungen und angenehmes Wetter, aber es sind immer noch wenige Touristen unterwegs. Viel Zeit sollte man sich aber für das wichtigste osmanische Erbe nehmen: Essen natürlich. Warum sonst ist der Gewürzbasar so riesig und voll? Von einfachen Kebabs bis zu *meze* und der köstlichen Auberginenspeise *imam bayıldı* – nur wenige Landesküchen können es mit der türkischen aufnehmen. In den letzten Jahrzehnten sind immer mehr hervorragende kulinarische Themenspaziergänge und Kochschulen in Istanbul entstanden. So lässt sich der Urlaub im Frühling mit wahrer Gaumenfreude verbinden.
Vor Ort: Im Bezirk Sultanahmet auf westlicher (europäischer) Seite des Bosporus' übernachten, um den Großen Basar, den Gewürzbasar und die meisten der historischen Attraktionen bequem zu erreichen.
Gut zu wissen: Zwei türkische Anstandsregeln: Man zeigt weder mit dem Finger noch mit dem Fuß auf jemanden.
Wann sonst? April–Mai & Sept.–Okt.: mild, ruhiger; Juni–Aug.: heiß, geschäftig; Nov.–Feb.: nasskalt.

JANGTSEKIANG
CHINA

Warum jetzt? Um durch wärmere Gefilde zu fahren

Auf 3600 km schlängelt sich der drittlängste Fluss der Welt aus dem tiefsten China zu den Wolkenkratzern Shanghais. Nur wenige Reisende folgen dem ganzen Jangtsekiang, stattdessen fahren sie von Chongqing nach Wuhan – und passieren dabei die 160 km lange Drei-Schluchten-Strecke mit Bambushainen, ruhigen Ufern und drei erhabenen Schluchten: der steilen und längsten Xiling, der kurvenreichen Wu und der aus Kalkstein geformten Qutang, der dramatischsten von allen. Die Boote halten auch an der Drei-Schluchten-Talsperre, dem weltgrößten Bauprojekt, und der „Geisterstadt" Fengdu, die dafür teilweise überflutet wurde. Im April ist es trocken und kühl, und damit auch eine gute Zeit für einen Besuch in Peking, Shanghai, Guili und Xi'an – tolle Stationen auf einer klassischen Chinareise.

Vor Ort: Los geht's in Peking (Verbotene Stadt), weiter nach Xi'an (Terrakottakrieger), dann mit dem Boot über den Jangtsekiang, nahe Shanghai von Bord und zum Abschluss nach Guilin (ländliches China, Reisterrassen).

Gut zu wissen: Chinabesucher benötigen bei ihrer Ankunft ein Touristenvisum.

Wann sonst? April–Okt.: Kreuzfahrtsaison; Nov.–Feb.: kalt, günstiger.

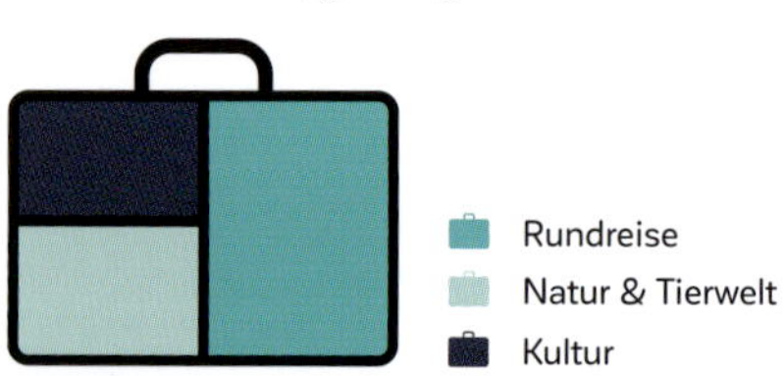

TARANAKI
NEUSEELAND

Warum jetzt? Wandern, surfen, trinken und schlemmen unterm blauen Herbsthimmel

Wir werden nie verstehen, warum die „Naki" (so nennen Einheimische diesen in die Tasmanische See ragenden Westzipfel der Nordinsel) nicht mehr Urlauber anzieht. Neben sattgrünen, hügeligen Landschaften bietet sie mit dem Mount Taranaki/Egmont ein unglaubliches Fotomotiv. Und am Surf Highway entlang der Nord-, West- und Südküste findet sich immer eine gute Stelle. Auch Kultur kommt nicht zu kurz: Die Govett-Brewster Gallery und das Len Lye Centre sind die provokantesten zeitgenössischen Kunsträume des Landes. Der sonnige April lädt zum Erkunden der Wanderwege ein – der Pouakai Crossing an den Ausläufern des Mount Taranaki ist neben dem Tongariro die landesweit beste Tageswanderstrecke. Zudem gibt's hervorragende Restaurants, Cafés, Musik- und Sporteinrichtungen.

Vor Ort: Direktflug von Auckland, Wellington oder Christchurch nach New Plymouth. Shuttles fahren vom Anfangs- und Endpunkt des Pouakai Crossing.

Gut zu wissen: Mitte März findet in New Plymouth das Weltmusikspektakel WOMAD statt. Dann herrscht dort reges Treiben.

Wann sonst? Nov.–Mai: warm, meist trocken; Sept.–Okt.: Wetter unvorhersehbar; Juni–Aug.: kalt, aber oft klar.

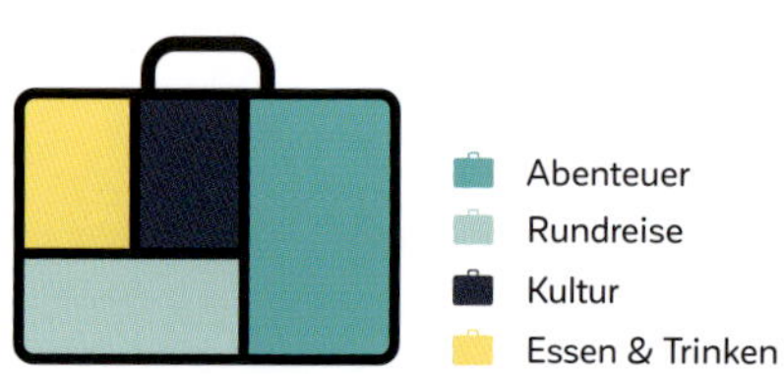

VANUATU

Warum jetzt? Am Ursprungsort des Bungeejumping entspannen

83 paradiesische Inseln bilden den pazifischen Inselstaat Vanuatu. Rund um die Hauptstadt Port Vila (auf der Insel Efate) bietet das Land Urlaubsorte, wo man zwei Wochen nichts anderes tun möchte, als den Sand zwischen den Zehen zu spüren und in atemberaubenden Gewässern zu schnorcheln. Traditionelle *kastom*-Dörfer auf den Nebeninseln zeigen hingegen ein ganz anderes Vanuatu. In dem pulsierenden Land voller Vulkane gibt's 100 indigene Sprachen, eine kannibalistische Vergangenheit, starke *kava*-Getränke und viele Stammesrituale. Auf der Insel Pentecost findet von April bis Juni jeden Samstag das *naghol* statt. Aus Stöcken werden klapperige, 20 bis 30 m hohe Türme gebaut, von denen junge Männer, nur eine Liane um den Knöchel gebunden, springen. Ein Fruchtbarkeitsritual der Okaernte, das etliche Bungeespringer inspiriert hat.

Vor Ort: Flug nach Port Vila, dann mit Inlandsflügen oder langsamen Booten zu den Nebeninseln. Bis Pentecost sind es von Port Vila 50 Flugminuten. Kreuzfahrten von Vanuatu zu den Salomonen gibt's auch.

Gut zu wissen: Mit dem Flieger ist Port Vila 3½ Stunden von Sydney und 3¼ Stunden von Auckland entfernt.

Wann sonst? April–Juli: warm, trocken, Lianenspringen; Aug.–Okt.: trocken, geschäftig; Nov.–März: feuchter, preiswerter.

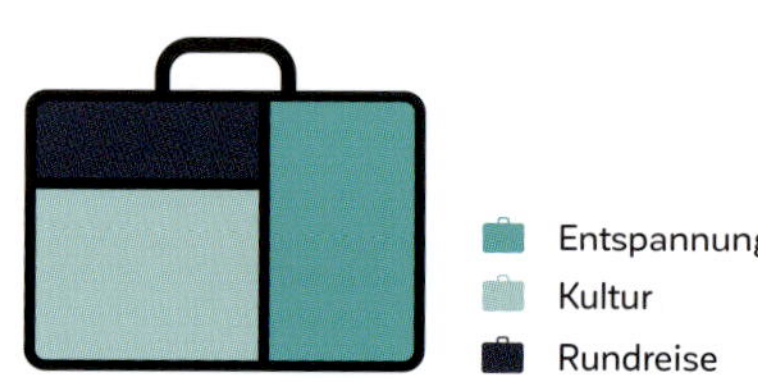

SÜDWESTLICHES AUSTRALIEN

Warum jetzt? Die Herbstsonne genießen

Westaustraliens äußerster Zipfel ist ein echtes Highlight. Südlich von Perth – der sonnigsten Stadt des Landes – liegt eine Region mit malerischen Weinbergen, erhabenen Eukalyptus- und Karribäumen, herrlich weißen Stränden (wo sich gerne Kängurus aufhalten) und Höhlengalerien mit jahrtausendealten Felsmalereien. Verglichen mit dem restlichen Land ist die Region kompakt und lässt sich in angenehmem Tempo erkunden. Der Herbst ist hier besonders eindrucksvoll: Milde Temperaturen und die reifen Weinreben am Margaret River (mit mehr als 220 Gütern) laden zu Weinproben ein. Es gibt auch eine Reihe regionaler Produzenten mit hervorragenden Bier- und Käsesorten, Olivenölen sowie Honig und Schokolade.

Vor Ort: Zur Käseprobe nach Harvey und zur Delfinbeobachtung zur Koombana Bay in Bunbury. Durch die Weinberge am Margaret River fahren und auf einem Weingut übernachten, das Wein- und Gourmetproben anbietet. In den Weinbergen spazieren, riesige Karribäume in Pemberton bestaunen und Trüffel in Manjimup probieren, bevor es zurück nach Perth geht.

Gut zu wissen: Das Perth Comedy Festival findet meist von Mitte April bis Mitte Mai statt.

Catherine Sutherland © Lonely Planet

Am Margaret River in Westaustralien finden sich mehr als 220 Weingüter

Wann sonst? Sept.–Nov.: Blumen; Dez.–Feb.: heiß, geschäftig; März–Mai: Herbst, Ernte; Juni–Aug.: trocken, kühler.

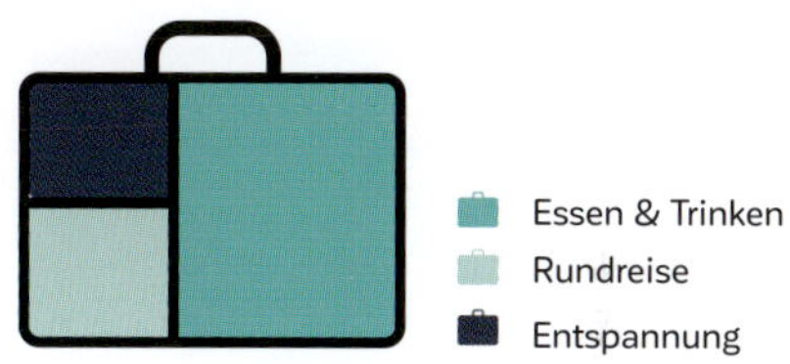

APPALACHIAN TRAIL USA

Warum jetzt? Den Massen der legendären Osterwanderung aus dem Weg gehen

Sechs Monate Zeit und viel Ausdauer – das sind die Voraussetzungen, um den 3525 km langen Appalachian Trail (AT) zu meistern. Aber wer es tatsächlich schafft, mit Ausrüstung einem der längsten ausgeschilderten Wanderwege der Welt durch die tolle Landschaft von 14 US-Bundesstaaten zu folgen, in der Wildnis zu campen und sich mit Blasen und Bären herumzuschlagen, ist danach ein neuer Mensch. Die meisten *thru-hikers* beginnen die Route gen Norden von März bis Mitte April am Springer Mountain, Georgia, um vor Wintereinbruch das andere Ende des Weges zu erreichen, den Mount Katahdin in Maine. Besser ist aber Ende April/Anfang Mai, um späten Schneefall im Süden und in Scharen aufbrechende *thru-hikers* zu meiden.

Vor Ort: Am Anfang sollte man es ruhig angehen (ca. 12 km pro Tag) und sich langsam steigern, um keine Verletzung zu riskieren. Übrigens schafft nur einer von vier *thru-hikers* den ganzen Weg. Wer wenig Zeit hat, läuft besser nur einen Abschnitt. Vielleicht 161 km durch den Shenandoah National Park (Virginia)? Oder 3 km zum Anthony's Nose (New York) mit Blick auf die New Yorker Skyline.

Gut zu wissen: Nicht am 1. April, dem beliebtesten Starttermin, loslaufen. An Werktagen ist weniger los als an Wochenenden.

Wann sonst? März–Mai: Startzeit für *thru-hikers*; Juni–Okt.: warm, schneefrei (für kurze Abschnitte); Nov.–Feb.: meist kalt.

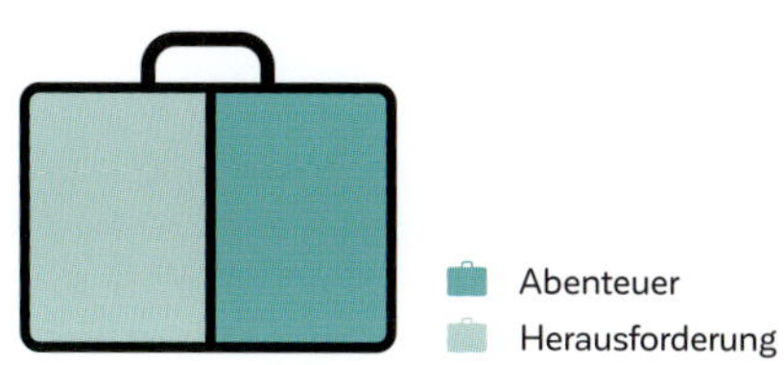

THAILAND

Warum jetzt? Um in feuchtheißes Klima einzutauchen

Im April glüht ganz Thailand – von Chiang Mai im Hochland bis zu den Südinseln steigen die Temperaturen auf über 30°C. Eine schweißtreibende, aber tolle Zeit für einen Strandurlaub. Ko Samets weiße Küste ist von Bangkok aus ein tolles Ausflugsziel. Man kann auf Ao Phang Nga um die James-Bond-Karstfelsen paddeln, vor Ko Tao tauchen, auf Phuket Wassersport treiben oder auf dem abgeschiedenen Ko Kood entspannen. Und in Bangkok bieten die vielen Dachbars eine kleine Abkühlung. Ab Mitte des Monats wird's wieder kühler. Songkran, das thailändische Neujahr, findet vom 13. bis 15. April statt und wird mit der weltweit größten Wasserschlacht begangen. Um einander Glück zu wünschen, bespritzten sich Familienmitglieder traditionell gegenseitig mit Wasser. Heute werden Wasserbomben und -pistolen benutzt – ein erfrischender Spaß. Chiang Mai und Chiang Rai gehören zu den besten Orten für dieses nasse Fest.

Vor Ort: Schnell raus aus dem flirrend heißen Bangkok und an die Strände im Süden. Zum Songkranfest nach Chiang Mai nördlich von Bangkok (Zug 12 Std., Flugzeug 70 Min.).

Gut zu wissen: Auf dem Songkran keine weiße Kleidung oder teure Uhren tragen; evtl. Schwimmbrille kaufen.

Wann sonst? Mai–Okt.: regenreich, Südwestmonsun (Sept.–Okt.: am regenreichsten); Nov.–Feb.: kühl (Okt.–Jan: Nordostmonsun); März–Mai: heiß.

Der April ist die ideale Zeit, um Thailands Küste zu besuchen

NEPAL

Warum jetzt? Blumen, Feste und Erkundungen zu Fuß

Schnell noch nach Nepal, bevor es zum Sommermonsun heiß, nass und unberechenbar wird. März und April eignen sich ideal zum Erkunden des Himalayas: Die Rhododendren blühen und tauchen das Land in unglaubliche Rot-, Rosa- und Lilatöne sowie weiter oben in Weiß. Und die langen, warmen Tage sind auch gut zum Wandern. Großer Andrang herrscht in der Everestregion, wo sich eingefleischte Bergsteiger versammeln (die meisten Besteigungsversuche erfolgen Mitte Mai). Auf dem Everest Base Camp Trek läuft man neben der Bergsteigerelite. Auch im Kathmandutal ist viel los: Mitte April wird das Bisket Jatra (nepalesisches Neujahr) gefeiert – am aufwendigsten in Bhaktapur, wo ein mit Göttern geschmückter Triumphwagen durch die Straßen zieht und Tauziehwettbewerbe stattfinden.

Vor Ort: Flug nach Kathmandu. Gute, kurze Wanderwege führen zu Tempeln und Städten im Kathmandutal. Lukla, das Tor zur Everestregion, liegt 35 Flugminuten von Kathmandu. Der Base Camp Trek dauert 14 Tage.

Gut zu wissen: Eine Reiseversicherung für das Trekking in großen Höhen abschließen.

Wann sonst? Okt.–Nov.: klar, angenehm; Dez.–Feb.: kalt; März–April: Blumen, warm; Mai–Sept.: heiß, nass.

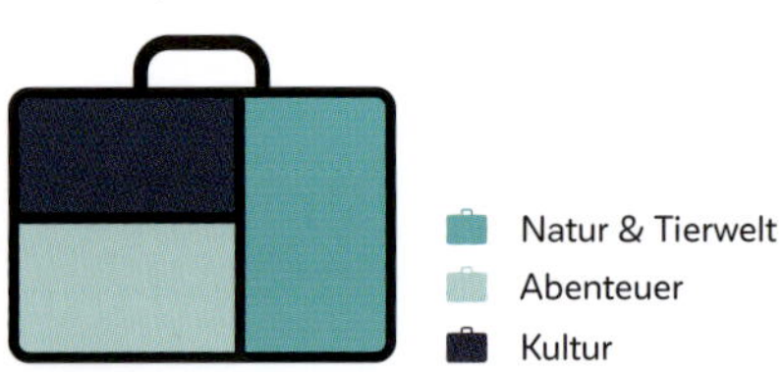

BRÜSSEL BELGIEN

Warum jetzt? Gutes Essen und Wetter ohne die Touristenmassen

Trotz Nebensaison ist der April tatsächlich der trockenste Monat in der belgischen Hauptstadt und seine milden Tage (mit höchstens 15°C) eignen sich ideal für angenehmes Sightseeing im Freien. Es locken die Grand-Place (im 17. Jh. das Stadtzentrum), die Antiquitätenmärkte im Freien am Grand Sablon und angesagte Gegenden wie die Rue Antoine Dansaert. Anschließend erkundet man die bekannte Gastro- und Barszene. Seit 1912, als Jean Neuhaus hier die Praline erfand, ist Brüssel wohl die Schokoladenhochburg der Welt. Jetzt gibt's überall Chocolatiers, bei denen man die süßen Leckereien kaufen, herstellen und probieren kann. Gibt's einen besseren Ort für Ostern? Brüssel bietet auch stimmungsvolle Café-Bars. An kalten Frühlingsabenden kann man daher gut in ein verrauchtes Jugendstillokal mit hervorragendem belgischem Bier einkehren.

Vor Ort: Ein paar kulinarische Tage in Brüssel verbringen, anschließend geht's nach Brügge, das ebenfalls für seine Schokolade berühmt ist (Zug 70 Min.).

Gut zu wissen: Handgemachte Schokolade enthält wenig Konservierungsstoffe und sollte innerhalb von 21 Tagen verzehrt werden.

Wann sonst? März–Mai & Sept.–Okt.: mild, Nebensaison; Juni–Aug.: wärmer, geschäftig; Nov.–Feb.: kalt (Weihnachtsmärkte).

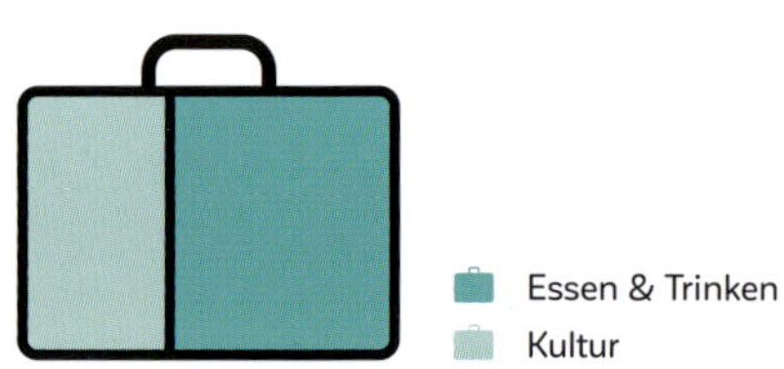

WASHINGTON, D.C. USA

Warum jetzt? Hauptstadtkultur mit Farbenpracht

Washington, D.C. hat viel zu bieten – und zu allen wichtigen Sehenswürdigkeiten an der National Mall wie den Smithsonian-Museen, den Presidential Memorials, dem Weißen Haus und dem Kapitol erhält man sogar freien Eintritt. Jetzt gibt's wirklich keine Ausrede mehr, sie nicht zu besuchen. Der Winter in der Bundeshauptstadt ist eisig, der Sommer stickig, doch der milde Frühling (Temperaturen um die 18°C im April) lädt zum Sightseeing ein. Jetzt blühen die 3700 Kirschbäume der Stadt (ein Geschenk Japans), was auf dem National Cherry Blossom Festival (Ende März bis Mitte April) mit Umzügen und Events gefeiert wird. Die Bäume, die durchschittlich am 4. April die volle Blüte erreichen, säumen das Tidal Basin im Park West Potomac, wo man sie beim Spazieren, Radfahren oder vom Paddelboot aus bewundern kann.

Vor Ort: Mehrere Tage für die Attraktionen von Washington, D.C. einplanen. Museen mit regionaler Kultur verbinden, z. B. das historische Georgetown, das trendige Shaw, den U Street Corridor und das multikulturelle Adams-Morgan.

Gut zu wissen: Touren im Weißen Haus sind kostenfrei, doch nur mit Voranmeldung möglich. Ausländische Besucher wenden sich dafür an ihre Botschaft in Washington oder (wie US-Bürger) an einen Senator.

Wann sonst? März–Mai & Sept.–Nov.: mildes, gutes Wetter; Juni–Aug.: feuchtheiß, geschäftig; Dez.–Feb.: Nebensaison, kalt.

Eingang zum Luna Park in St. Kilda

© Glenn Van Der Knijff / Getty Images

MELBOURNE
AUSTRALIEN

→ Warum jetzt? Gute Laune, angenehmes Wetter und weniger Trubel
Im März jagt in Melbourne ein großes Event das nächste: Fashion Festival, Food & Wine Festival, Grand Prix der Formel 1 … allerdings muss man sich dann auch zur Theke durchkämpfen und ein Vermögen für das Hotelzimmer ausgeben. Wer dagegen im April anreist, umgeht den Massenandrang in der australischen Kulturhauptstadt. Zwar beginnt Mitte des Monats das Comedy Festival (das drittgrößte der Welt) und es herrschen weiterhin angenehme Herbsttemperaturen (höchstens 20 °C), doch die Stadt ist nicht so überlaufen. Jetzt laden die Künstlergassen zum Bummeln ein, der Botanische Garten (in bunten Herbstfarben) zu Streifzügen, die lebhaften Viertel Fitzroy, Collingwood und Carlton zu Radtouren und Saint Kilda am Meer zum Flaniern – und das alles ohne Gedränge. Falls es doch einmal regnet, bieten die 100 Kunstgalerien von Melbourne oder die kostenfreie City Circle Tram Zuflucht.
Vor Ort: Man sollte mindestens drei Tage einplanen, um die innerstädtischen Vororte zu erkunden – dort sind die besten Bars und Cafés. Das Yarra Valley mit seinen Weingütern ist ein schönes, gemütliches Ausflugsziel – besonders zur herbstlichen Weinlese.

Gut zu wissen: Gratis-WLAN auf öffentlichen Plätzen, sogar dem Federation Square.
Wann sonst? Dez.–Feb.: sehr heiß; März–Mai: milder, Festivals; Juni–Aug.: kalt, nass; Sept.–Nov.: mild, ruhiger.

RUND UM MELBOURNE

WILLIAMSTOWN • 13 KM • Malerische Fährfahrt auf dem Yarra River zur Port Philip Bay

MORNINGTON PENINSULA • 48 KM • Wilde Tiere, leere Strände, Wandern, Bauernhöfe, Obst, Wein

PHILLIP ISLAND • 137 KM • Zerklüftete Küste, Zwergpinguin-Parade

PORT FAIRY • 370 KM • Legendäre Fahrt auf der Great Ocean Road

ANDALUSIEN
SPANIEN

Warum jetzt? Angenehme Zeit für Städte, Hügel und das Meer

Im Frühling bietet Südspanien etwas für jeden Geschmack. In den wunderbaren maurischen Städten Sevilla, Granada und Córdoba macht das Sightseeing in diesem milden Monat mit Durchschnittstemperaturen von 18°C besonders viel Spaß. Manchmal finden in den Städten auch Feste statt, darunter die Semana Santa und Sevillas Feria de Abril – eine Woche, in der jede Menge getanzt, getrunken und gegessen wird, in der Einheimische traditionelle Kostüme tragen und edle andalusische Pferde reiten. Manche Reisende, besonders Familien, verlassen auch gerne mal die Stadt, um selbst zu reiten und durch die Wüste von Tabernas (Europas einzige Wüste) oder die Sierra Nevada zu fahren. Letztere ist jetzt besonders schön: Es duftet nach Orangenblüten und die Temperaturen sind ideal für Spaziergänge durch weiße Dörfer und Olivenhaine. Außerdem bietet die andalusische Mittelmeerküste goldene, familienfreundliche Strände, wo sich noch keine Sommertouristen tummeln.

Vor Ort: Eine Rundreise durch Andalusien könnte vom mediterranen Málaga nach Ronda mit seiner Schlucht führen, danach nach Sevilla, Córdoba, Granada, zu den weißen Dörfern der Alpujarras und zurück zum Mittelmeer.

Gut zu wissen: Málaga hat einen Flughafen und ein hervorragendes Picasso-Museum.

Wann sonst? Juni–Sept.: kochend heiß; Nov.–Feb.: milder Winter; März–Mai & Okt.: warm, angenehm.

- Kultur
- Rundreise
- Essen & Trinken
- Entspannung

Palacio de Generalife, Granada, Andalusien

ARNHEM LAND
AUSTRALIEN

Warum jetzt? Für einen klaren Himmel und Begegnungen mit Einheimischen

Die Bininj/Mungguy von Arnhem Land nennen den April „Banggerreng" (Erntemonat): Jetzt geht das Hochwasser zurück, der Himmel ist klar, die Pflanzen tragen Früchte und die Trockenheit macht die 91 000 km^2 wilder, noch vom Regen üppiger Landschaft einfacher zu befahren – ideal für einen Besuch des abgelegenen oberen Zipfels des Northern Territory. Nicht das bequemste Reiseziel, aber toll, um die Aboriginekultur kennenzulernen. Obwohl die zerklüfteten Küsten, regenwaldbedeckten Hügel, leuchtenden Steilhänge und die unendliche Savanne unberührt scheinen, liegen hier über 40 000 Jahre Menschheitsgeschichte verborgen. Es warten Höhlen mit prächtigen Felsmalereien, Bush-Food-Spaziergänge mit indigenen Guides, traditionelle Kunsthandwerkstätten und der Klang von Didgeridoos. Auch die Tierwelt ist bunt – von Salzwasserkrokodilen bis zu schillernden Vögeln.

Vor Ort: Wir empfehlen eine geführte Tour – Unterkünfte sind begrenzt und die Entfernungen groß. Flüge ab Darwin und Cairns landen in Nhulunbuy (Nordostküste), dem Tor zur Gove Peninsula. Der Mount Borradaile mit eindrucksvollen Felsmalereien liegt im Westen von Arnhem Land.

Gut zu wissen: Für einen Besuch in Arnhem Land ist eine Genehmigung des Northern Land Council erforderlich.

Wann sonst? Okt.–März: nass; April–Sept.: kühler, trocken (April–Mai: ruhiger).

SAINT LUCIA

Warum jetzt? Sonne, eine gute Zeit und wahrscheinlich niedrige Preise

An dem kleinen Saint Lucia ist wirklich alles liebenswert. Als eine der bergreichsten Karibikinseln bietet es Strände mit schöner, zerklüfteter Kulisse. Ein idealer Ort zum Entspannen, aber auch für Abenteuer – vom Seilrutschen durch den Regenwald bis zur Besteigung des Gros Piton, eines der berühmten Zwillingsgipfel der Insel. Saint Lucia ermöglicht auch einzigartige Erfahrungen, darunter freitagabends die besten Fischgerichte der Region, einen „befahrbaren" Vulkan und Schokoladenmassagen. Die Hochsaison mit dem wenigsten Niederschlag geht von Mitte Dezember bis Mitte April – eine gute Wahl, wenn auch die teuerste. Da es Ende April, Anfang Mai ein bisschen feuchter wird, fallen die Preise entsprechend. Eine tolle Zeit für Schnäppchen und das renommierte, inselweite Jazzfestival mit internationalen Größen und regionalen Stars.

Vor Ort: Für einen Ausgangspunkt entscheiden: Im geschäftigeren, erschlosseneren Norden (mit der Hauptstadt Castries) gibt's schönere Strände und mehr Restaurants; der malerischere, schlichtere Süden bietet erstklassige Hotels, jedoch größtenteils Strände mit schwarzem Sand.

Gut zu wissen: Der internationale Flughafen Hewanorra liegt im Süden; Castries, 60 km nördlich, hat einen Regionalflughafen.

Wann sonst? Dez.–Mai: Trockenzeit, warm; Juni–Nov.: feuchter (Sept.–Okt.: Hurrikane wahrscheinlicher).

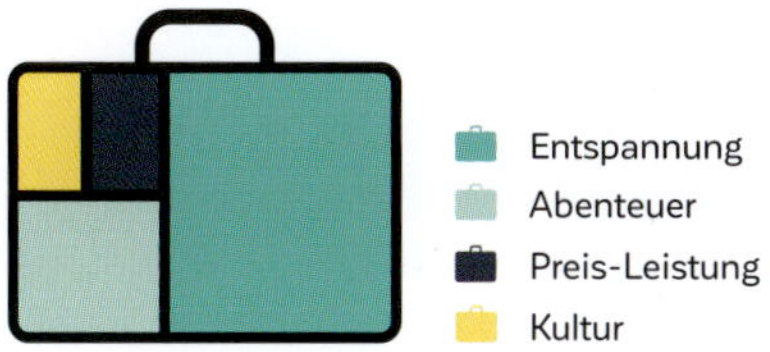

Eine Rote Klippenkrabbe auf einer Meeresechse, Galápagos-Inseln

© Philip Lee Harvey / Lonely Planet

GALÁPAGOS-INSELN
ECUADOR

Warum jetzt? Ruhige, klare See und farbenprächtige Vögel

Für einen Besuch der Galápagos-Inseln gibt's einfach keine schlechte Jahreszeit. Dank ihrer Lage am Äquator wird's auf der Inselgruppe niemals kalt und die Flora und Fauna, der Hauptgrund für einen Besuch, sind immer spektakulär. Dennoch eignen sich der März und April besonders gut. Regen ist wahrscheinlich, doch das Meer ist ruhiger und klarer als sonst und das Wasser warm – ideal zum Schnorcheln mit Schildkröten, Meeresechsen, neugierigen Seelöwen und den am weitesten nördlich lebenden Pinguinen der Welt. Auch die bezauberndsten Vögel der Insel laufen zur Bestform auf: Galápagosalbatrosse kommen zurück für die Balz, Fregattvögel paaren sich – dabei lassen die Männchen ihren roten Kehlsack anschwellen – und Paare von Blaufußtölpeln führen ihren eigenartigen Tanz auf. Zudem brüten Riesenschildkröten ihre Eier aus – ein Fest für Naturbeobachter.

Vor Ort: Flug vom Festland Ecuadors nach Baltra. Auf einer Expeditionskreuzfahrt den Archipel erkunden (meist vier oder acht Tage). Die Schiffe folgen festen Routen – am besten wählt man eine nach Española (Albatrosse) und North Seymour (Blaufußtölpel).

Gut zu wissen: Wer schnell seekrank wird, sollte eine Kajüte unter Deck auf einem mittleren/großen Schiff buchen oder einen Trip über Land wählen.

Wann sonst? Juli–Nov.: kühl, trocken, See aufgewühlter; Dez.–Juni: feuchter, ruhiger, besser zum Schnorcheln.

Natur & Tierwelt
Rundreise
Abenteuer

Im April blühen in Kyoto, Tokio und Hiroshima die Kirschbäume

HAWAII USA

Warum jetzt? Gutes Wetter, gute Preise

Auf Hawaii bleibt es das ganze Jahr über warm (26–29°C). Die Besucherzahlen dagegen variieren schon: Touristen suchen diesen tropisch-dramatischen Vulkanarchipel meist dann auf, wenn es bei ihnen kalt ist (Dezember bis März) oder die traditionelle Urlaubszeit anbricht (Juni bis August). Übrig bleiben der April und der Mai: Diese Nebensaison ist trockener, wettertechnisch ideal und bietet günstigere Preise und weniger Andrang. Jetzt ist die Zeit für Hotelschnäppchen und menschenleere Strände. Oahu ist eine gute Wahl für Familien, besonders die sanft geschwungenen Hügel von Kailua Beach, Dole Pineapple Plantation und Aulani Disney Resort. Zum Pflichtprogramm auf Big Island gehört der Hawaii-Volcanoes-Nationalpark. Auf Maui kann man dem malerischen Hana Highway folgen und Wale beobachten – Buckelwale sind von Dezember bis Mai zu sehen.

Vor Ort: Nicht mehr als eine Insel pro Woche besuchen. Entweder verweilt man auf einer oder nimmt sich mehr Zeit fürs Inselhopping – es gibt viel zu sehen.

Gut zu wissen: Nur zwei Fähren verbinden die Inseln Hawaiis miteinander: Molokai–Maui und Maui–Lanai. Die meisten Inselflüge erfolgen über den Flughafen Honolulu (Oahu).

Wann sonst? April–Okt.: trocken; Nov.–März: Regenzeit; Dez.–März & Juni–Aug.: hohe Besucherzahlen.

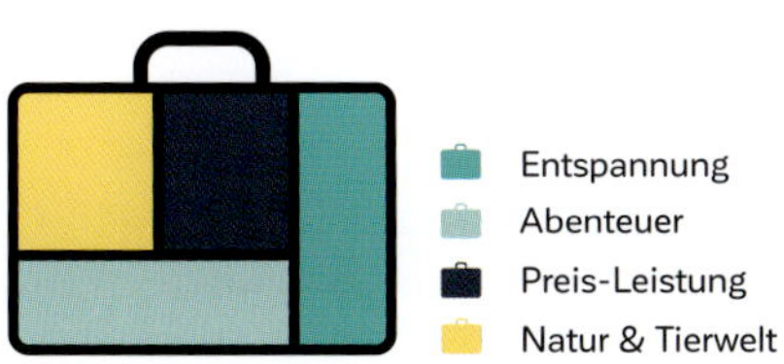

JAPAN

Warum jetzt? Alles steht in schöner Blütenpracht

Keine Jahreszeit begeistert die Japaner so sehr wie der Frühling, die *sakura* (Kirschblüten)-Saison. Im ganzen Land wartet man auf die ersten Blüten, die sich ab Februar zuerst auf den südlichen Okinawa-Inseln zeigen, dann weiter nördlich, und Ende März sowie im April auch in Städten wie Kyoto, Tokio und Hiroshima. Hokkaido erreicht die Blütezeit schließlich im Mai. Für einen Japanbesuch ist es nicht nur die schönste, sondern auch die festlichste Zeit. In den Stadtparks finden überall *hanami* (Feiern unter Blüten) statt. Familien und Gruppen von Freunden rollen Planen aus und essen unter Bäumen. In den Geschäften werden sogar *hanami*-Bentoschachteln mit saisonalen Produkten, rosa Teigtaschen und Gemüse in Blütenform verkauft. Zu den besonders malerischen *sakura*-Orten gehören der Philosophenweg am Kanal in Kyoto, der Berg Yoshino in Nara und die Burg Kumamoto.

Vor Ort: Eine klassische Reiseroute umfasst Tokio, Matsumoto, Takayama, Kanazawa, Kyoto und Hakone (Blüten am Berg Fuji).

Gut zu wissen: Die japanische Wetterbehörde gibt jedes Jahr landesweite Schätzungen zum Beginn der Blütezeit aus.

Wann sonst? Feb.–Mai: Blütenpracht; Sept.–Nov.: Herbstfarben; Dez.–Jan.: kalt; Juni–Aug.: am heißesten.

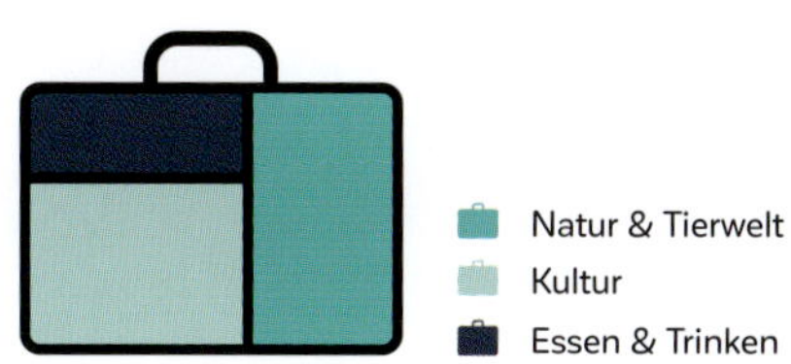

Das ruhige Wasser im Riff von Mauritius ist ein Paradies für Wassersportler

© Mark Read / Lonely Planet

MAURITIUS

Warum jetzt? Es ist heiß, trocken und nicht zu voll

Als die Götter das Wetter verteilten, waren sie Mauritius besonders wohlgesonnen. Diese subtropische Insel im Indischen Ozean genießt ganzjährig ein beneidenswertes Klima mit wenigen Schwankungen. Von April bis Mai ist Nebensaison, die zwischen dem heißeren, regenreicheren Jahresbeginn und dem kühleren südlichen Winter liegt. Es bleibt dennoch warm (27–28 °C) und größtenteils trocken. Außerdem ist weniger los, weil jetzt keine Schulferien sind (Niedrigpreise in den noblen Resorts). Im atemberaubend blauen Meer herrschen gute Sichtverhältnisse – ideal, um die faszinierende Unterwasserwelt der Korallenriffe und dramatischen Abhänge zu erkunden. An Land gibt's tolle Möglichkeiten zur Vogelbeobachtung (in Mauritius leben einige der seltensten Arten der Welt), hervorragendes Essen (Tintenfisch-*vindaye*) und viele Gelegenheiten zum Nichtstun.

Vor Ort: Einen Boutique-Strandaufenthalt buchen, sich Zeit zum Schnorcheln und Tauchen nehmen. Mauritius ist toll zum Entspannen nach einer Südafrika-Safari (Flugzeit von Johannesburg: 5 Std.).

Gut zu wissen: : Amtssprache ist das weit verbreitete Englisch, doch Französisch und Kreol werden am meisten gesprochen.

Wann sonst? Jan–Feb.: größter Niederschlag; Okt.–Dez.: am heißesten; Juni–Aug.: am vollsten, kühler; April–Mai & Nov.: Nebensaison, ruhiger.

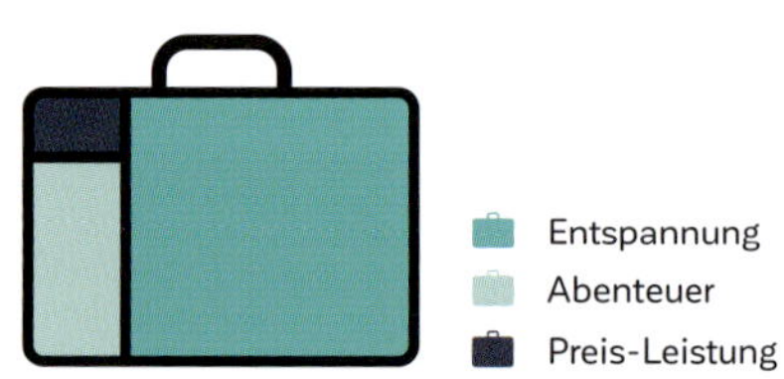

Im Fenway Park sind die heißgeliebten Boston Red Sox zu Hause

© Michael Ivins/Boston Red Sox / Getty Images

BOSTON USA

Warum jetzt? Sportbegeisterung im Frühjahr erleben

Auf die Plätze, fertig, los! Boston ist eine Stadt voller Sportfans – Baseball, Eishockey, American Football und Basketball werden in „Beantown" großgeschrieben. Die Red Sox sind für die Stadt genauso wichtig wie Paul Revere. Wer die USA erleben möchte, der besuche ein Spiel im Fenway Park. Zum Glück beginnt die Baseballsaison Anfang April, wenn das Wetter weniger winterlich wird und es in den Parks und Grünflächen des Bostoner „Emerald Necklace" zu blühen beginnt. Im April (am dritten Montag) findet auch der Boston Marathon statt, der weltweit älteste Stadtmarathon. Egal, ob man teilnimmt oder vom Straßenrand aus jubelt – es ist ein ergreifender, emotionaler Anblick. Die Stadt lädt zum Probieren aller möglichen Speisen ein – von Meeresfrüchten aus New England bis zu Sahnecannoli aus dem italienisch-inspirierten North End. Kreative Straßenküche ist ab April an den vielen verschiedenen Imbisswagen erhältlich.

Vor Ort: Mindestens drei Tage einplanen und sichergehen, dass während des Besuchs ein Heimspiel der Red Sox stattfindet.

Gut zu wissen: Mit den U-Bahnen der Massachusetts Bay Transportation Authority (MBTA) geht's in 10 bis 15 Minunten vom Flughafen Logan nach Downtown Boston.

Wann sonst? März–Mai: wärmer, Blumen; Juni–Sept.: heiß, voll; Okt.–Nov.: milder, ruhiger; Dez.–Feb.: kalt, kein Baseball.

RUND UM BOSTON

HARVARD • 6.5 KM • Cambridges altehrwürdiges Universitätszentrum

BEDFORD • 16 KM • Minuteman Bikeway, ein revolutionärer Radweg über Lexington

SALEM • 26 KM • Historischer Hafen und Infos zu den Hexenprozessen

NEW YORK CITY • 338 KM • In weniger als vier Stunden von Beantown zum Big Apple

Mai

WANN AM BESTEN WOHIN?

ICH WILL

MIR ETWAS GÖNNEN

La *dolce vita* richtig genießen dank der vielen Köstlichkeiten entlang der italienischen Amalfiküste

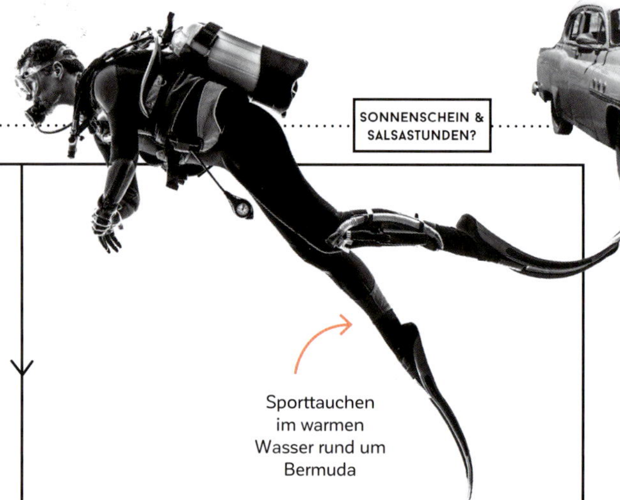

SONNENSCHEIN & SALSASTUNDEN?

LASS UNS AUSGEHEN

ESSEN

AMALFIKÜSTE, ITALIEN S. 113

TRINKEN

SKYE, SCHOTTLAND S. 125

BEIDES?

LOIRETAL, FRANKREICH S. 116

Trinken und Spaß haben auf Prags riesigem Bierfestival

AUF IN DIE STADT

WARM

PRAG, TSCHECHIEN S. 121

WÄRMER

LAS VEGAS, USA S. 127

MEHRERE STÄDTE?

Sporttauchen im warmen Wasser rund um Bermuda

SEGELN LERNEN?

Riffe und Wracks in den Tiefen des Atlantiks erkunden

AB ZUM STRAND

AUFDREHEN

RÉUNION S. 111

BERMUDA S. 110

ENTSPANNEN

SAMOA S. 110

CORNWALL, ENGLAND S. 115

Bei einem Besuch des Loiretals in Frankreich die Schlösser ohne viel Andrang besuchen

Sich in Sin City verlieben und über die staubigen Wüstenstraßen im südlichen Nevada streifen

Vor den Massen nach Cornwall zum wohl besten Küstenstreifen Großbritanniens kommen

Auf leerer Straße durch die Weite der USA fahren – entlang der Route

LEGENDE

NATUR & TIERWELT · ABENTEUER · PREIS-LEISTUNG · KULTUR · RUNDREISE · ESSEN & TRINKEN · HERAUS-FORDERUNG · ENTSPANNUNG

KURZURLAUB · EINE WOCHE · ZWEI WOCHEN

MICH FORDERN

Sich auf das grüne und spektakuläre Terrain Costa Ricas begeben

STRANDURLAUB & AKTIVITÄTEN?

ETWAS LERNEN

Auf Kuba das karibische Klima, die einzigartige Kultur und viele hippe Unternehmungen genießen

Auf dem Jakobsweg in Galicien, Spanien, die perfekte Pilgerreise erleben

ETWAS SEHEN

ETWAS ERLEBEN

KÖRPER

- KUBA S. 119

SEELE

- GALICIEN, SPANIEN S. 124
- ISRAEL S. 117

EINE PILGERREISE?

ZU LANDE

- PERU S. 113
- SÜDLICHES NAMIBIA S. 122

ZU WASSER

- COSTA RICA S. 126
- MONTENEGRO S. 108

Perus berühmter Inka Trail nach Machu Picchu ist zu dieser Zeit weniger überlaufen

Eine (günstigere) Frühlingsfahrt im Orient-Express

WANDERN, RAFTING, SONNE & MEER?

FAHRENDE UNTERSÄTZE

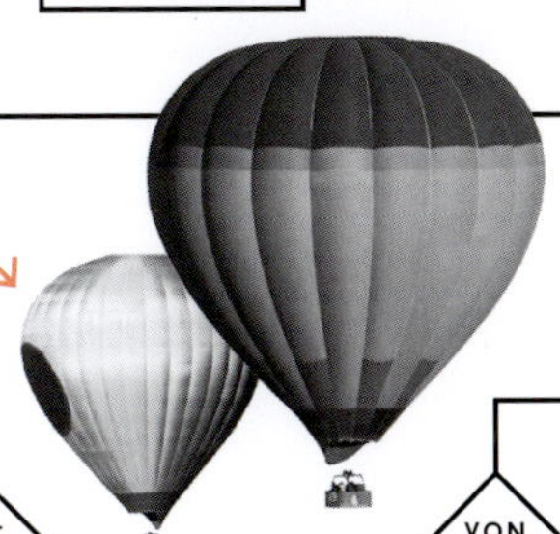

Das atemberaubende Kappadokien aus der Luft bestaunen

ABSOLUTE AUGENWEIDEN

MAGISCHE TIERWELT

HISTORISCHE WANDERUNG?

WANDERN & FÄHRTEN LESEN?

Montenegros einladende Meere, Täler und Sehenswürdigkeiten besuchen

MEDINAS & BERGE?

MIT DEM ZUG

- ORIENT-EXPRESS S. 120

MIT DEM BOOT

- INSIDE PASSAGE, KANADA & USA S. 123
- WESTKÜSTE, NORWEGEN S. 116

SEGELTÖRNS & FJORDE?

MIT DEM AUTO

- DEEP SOUTH, USA S. 125
- QUEENSLAND, AUSTRALIEN S. 116
- NORDINSEL, NEUSEELAND S. 114
- ROUTE 66, USA S. 123

VON MUTTER NATUR

- NEUFUNDLAND, KANADA S. 120
- RED CENTRE, AUSTRALIEN S. 120

VON MENSCHENHAND

- MAROKKO S. 113
- USBEKISTAN S. 111
- KAPPADOKIEN, TÜRKEI S. 117

DIE LEICHTE TOUR

- ABRUZZEN, ITALIEN S. 110

DIE HARTE TOUR

- KOMODO, INDONESIEN S. 111

MIT DEM ZUG ZUM ULURU?

INSELHOPPING & TIERE?

Auf den indonesischen Inseln Komodo und Flores warten Warane (und trockenes Wetter)

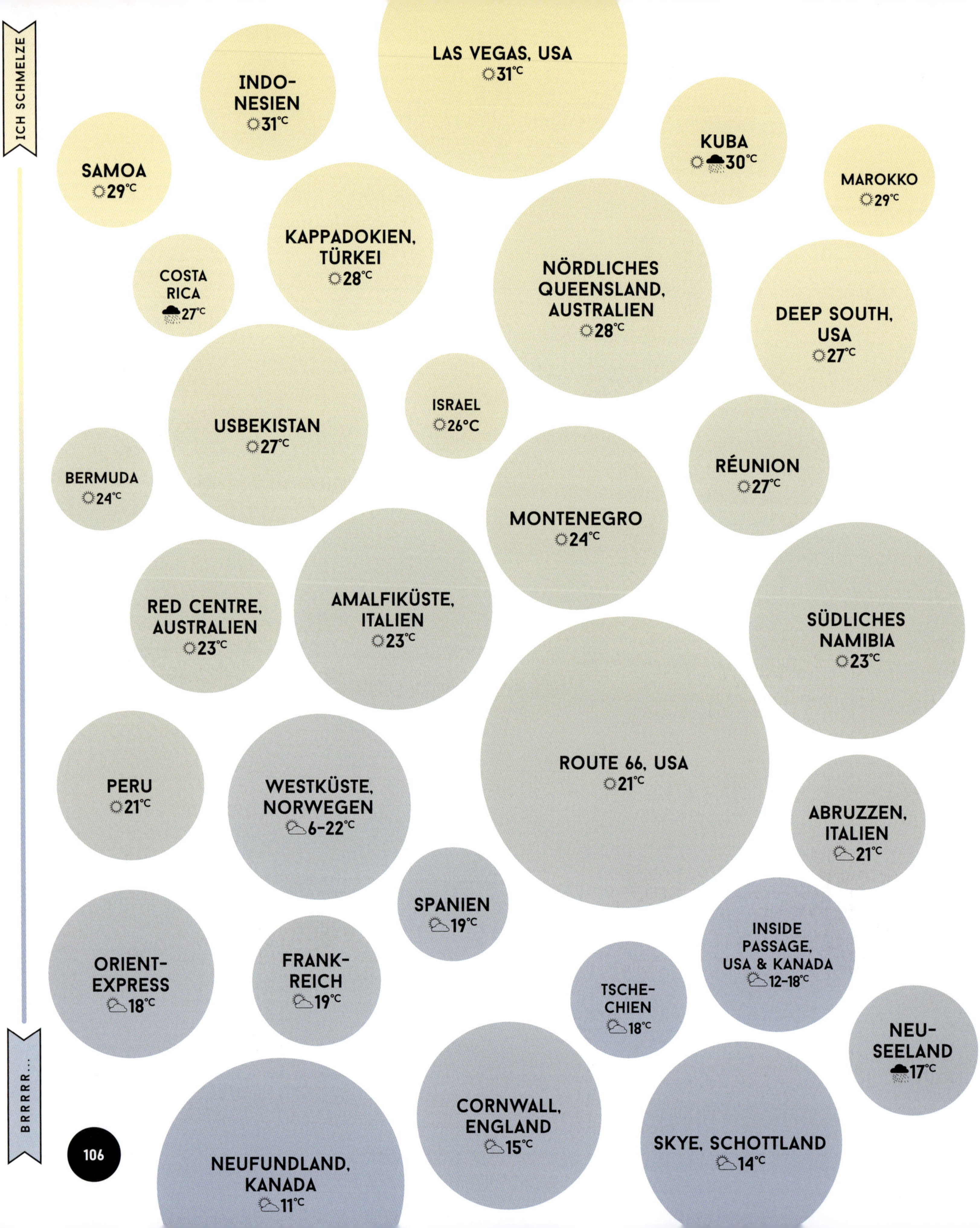
ICH SCHMELZE
LAS VEGAS, USA 31°C
INDO-NESIEN 31°C
KUBA 30°C
SAMOA 29°C
MAROKKO 29°C
KAPPADOKIEN, TÜRKEI 28°C
NÖRDLICHES QUEENSLAND, AUSTRALIEN 28°C
COSTA RICA 27°C
DEEP SOUTH, USA 27°C
USBEKISTAN 27°C
ISRAEL 26°C
RÉUNION 27°C
BERMUDA 24°C
MONTENEGRO 24°C
RED CENTRE, AUSTRALIEN 23°C
AMALFIKÜSTE, ITALIEN 23°C
SÜDLICHES NAMIBIA 23°C
ROUTE 66, USA 21°C
PERU 21°C
WESTKÜSTE, NORWEGEN 6–22°C
ABRUZZEN, ITALIEN 21°C
SPANIEN 19°C
ORIENT-EXPRESS 18°C
FRANK-REICH 19°C
INSIDE PASSAGE, USA & KANADA 12–18°C
TSCHE-CHIEN 18°C
NEU-SEELAND 17°C
CORNWALL, ENGLAND 15°C
SKYE, SCHOTTLAND 14°C
NEUFUNDLAND, KANADA 11°C
BRRRRR…

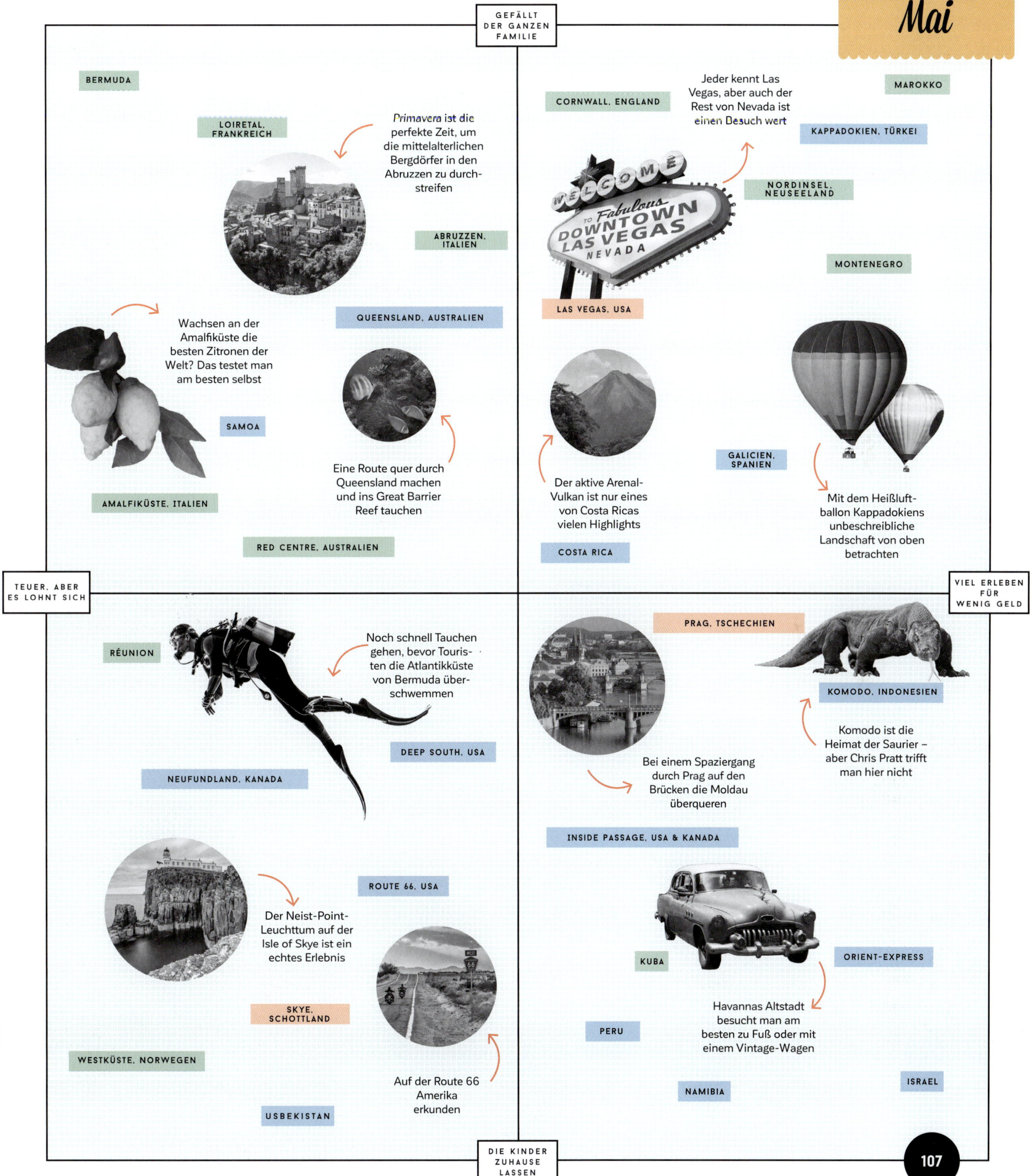
GEFÄLLT DER GANZEN FAMILIE
TEUER, ABER ES LOHNT SICH
VIEL ERLEBEN FÜR WENIG GELD
DIE KINDER ZUHAUSE LASSEN
BERMUDA
LOIRETAL, FRANKREICH
Primavera ist die perfekte Zeit, um die mittelalterlichen Bergdörfer in den Abruzzen zu durchstreifen
ABRUZZEN, ITALIEN
Wachsen an der Amalfiküste die besten Zitronen der Welt? Das testet man am besten selbst
QUEENSLAND, AUSTRALIEN
SAMOA
Eine Route quer durch Queensland machen und ins Great Barrier Reef tauchen
AMALFIKÜSTE, ITALIEN
RED CENTRE, AUSTRALIEN
CORNWALL, ENGLAND
Jeder kennt Las Vegas, aber auch der Rest von Nevada ist einen Besuch wert
MAROKKO
KAPPADOKIEN, TÜRKEI
WELCOME TO Fabulous DOWNTOWN LAS VEGAS NEVADA
NORDINSEL, NEUSEELAND
MONTENEGRO
LAS VEGAS, USA
GALICIEN, SPANIEN
Der aktive Arenal-Vulkan ist nur eines von Costa Ricas vielen Highlights
Mit dem Heißluftballon Kappadokiens unbeschreibliche Landschaft von oben betrachten
COSTA RICA
RÉUNION
Noch schnell Tauchen gehen, bevor Touristen die Atlantikküste von Bermuda überschwemmen
DEEP SOUTH, USA
NEUFUNDLAND, KANADA
ROUTE 66, USA
Der Neist-Point-Leuchtturm auf der Isle of Skye ist ein echtes Erlebnis
SKYE, SCHOTTLAND
WESTKÜSTE, NORWEGEN
Auf der Route 66 Amerika erkunden
USBEKISTAN
PRAG, TSCHECHIEN
KOMODO, INDONESIEN
Komodo ist die Heimat der Saurier – aber Chris Pratt trifft man hier nicht
Bei einem Spaziergang durch Prag auf den Brücken die Moldau überqueren
INSIDE PASSAGE, USA & KANADA
KUBA
ORIENT-EXPRESS
Havannas Altstadt besucht man am besten zu Fuß oder mit einem Vintage-Wagen
PERU
NAMIBIA
ISRAEL

MONTENEGRO

Warum jetzt? Flüsse, Meer und Hügel sind jetzt besonders einladend
Hier wartet eine geballte Ladung Spaß. Weil Montenegro so klein ist, sollte man vor der Hauptsaison anreisen. Im Mai klettern die Temperaturen an der Adria auf 25°C und das Meer heizt sich auf, sodass Badeorte – wie das von Bergen umsäumte Kotor und das mittelalterliche Budva – schon vor Ankunft der Sommertouristen einen Besuch wert sind. Der Mai bietet sich auch für die Erkundung des bergigen Durmitor-Nationalparks an und markiert den Auftakt der Rafting-Saison in Europas tiefster und längster Schlucht. Schmelzwasser lässt die Tara anschwellen und kräftig fließen, sie ist aber trotzdem sehr sicher. In der Umgebung verlaufen wunderbare Wanderwege. Außer Treks auf schneebedeckten Pässen gibt's entspannte Routen durch ebenes Terrain zu Walnusshainen und Wasserstellen. Mit etwas Glück sieht man wilde Landschildkröten.

Vor Ort: Montenegro ist ein abwechslungsreiches Reiseziel für jedes Alter. Kajak-, Mountainbike-, Wander- und Raftingtouren können mit Wein- und Honigverkostungen und historischen Städten kombiniert werden.
Gut zu wissen: Flughäfen gibt's in Tivat und der Hauptstadt Podgorica. Von Dubrovnik (Kroatien) fahren Busse nach Montenegro.
Wann sonst? Juli & Aug.: sehr heiß; April–Juni & Sept.–Okt.: warm, weniger Touristen; Nov.–März: kalt, man kann Ski fahren.

- Abenteuer
- Natur & Tierwelt
- Entspannung
- Preis-Leistung
- Kultur

Blick auf die Stadt Kotor an der atemberaubenden gleichnamigen Bucht

© Julian Love / Lonely Planet

ABRUZZEN
ITALIEN

Warum jetzt? Jetzt ist *primavera* – Frühling

Die Abruzzen sind eine der ursprünglichsten Regionen Italiens. Sie erstrecken sich von der Adria mit Badeorten wie Pescara und Vasto bis zum zerklüfteten Apennin im Inland. Auf den von *borghi* (mittelalterliche Städte) gekrönten und von Tälern durchzogenen Bergen liegt noch Schnee, Wölfe und Bären streifen umher. Der Frühling ist die perfekte Reisezeit. Die Natur erwacht, die Flüsse führen viel Wasser, auf den Almen tanzen Schmetterlinge und die Wildblumen blühen. Bei geführten Wanderungen im Majella-Nationalpark sieht man außer der Blumenpracht vielleicht auch Gämsen. In den Hügeln um L'Aquila verstecken sich Burgen und abgeschiedene Dörfer.

Vor Ort: Nach der Ankunft in Pescara geht's an den Strand und dann landeinwärts zu einem *agriturismo* (landwirtschaftlicher Betrieb mit Touristenunterkunft). Sulmona eignet sich prima als Basis.

Gut zu wissen: Anlässlich des Schlangenfests in Cocullo wird am ersten Donnerstag im Mai eine Statue mit lebendigen Schlangen „geschmückt".

Wann sonst? Juli & Aug.: sehr heiß; Nov.–März: kalt, die meisten Regenfälle; April–Mai & Sept.–Okt.: milder, die Natur präsentiert ihre Schokoladenseite.

BERMUDA

Warum jetzt? Vor der Hauptsaison ist die Atlantikinsel himmlisch

Bermuda ist ein wunderbarer Sonderling. Die Insel im Atlantik liegt zwei Flugstunden von der nordamerikanischen Ostküste entfernt und 1600 km nördlich der Karibik, gehört aber zu Großbritannien. Davon zeugen rote Briefkästen, *tea time* und Cricket. Das Wetter hingegen ist wenig britisch. Im Winter (Dez.–Feb.) herrschen frühlingshafte Temperaturen (16–20°C), im Sommer wird es bis zu 30°C warm und der Mai ist ein echter Wonnemonat: Es ist warm und sonnig genug, um an den familienfreundlichen rosa Sandstränden zu liegen, aber noch nicht überfüllt. Im warmen Wasser lässt es sich an Riffen schnorcheln und zu Schiffswracks tauchen. Per Fahrrad geht's auf dem Old Railway Trail an schönen Dörfern und versteckten Buchten vorbei. Oder man lässt sich in einem Spa verwöhnen.

Vor Ort: Bermuda ist ein Archipel; man kann mit einem Mietboot von Insel zu Insel schippern und Strandurlaub und Sightseeing in der Hauptstadt und im historischen Saint George kombinieren.

Gut zu wissen: Ausländer dürfen keine Autos mieten, nur Roller. Die besten Fortbewegungsmittel sind Busse und Räder.

Wann sonst? Juni–Sept.: heiß, Hauptsaison (Aug.–Okt. Sturmsaison); Mai & Okt.: warm, Zwischensaison; Nov.–April: kühl.

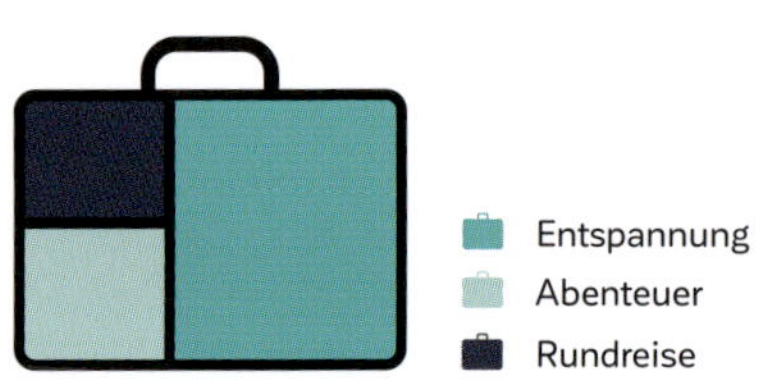

SAMOA

Warum jetzt? Günstig Urlaub machen im Paradies – ohne Regen

Samoa ist ein Stück vom Paradies. Der Archipel brutzelt unter der Tropensonne im Südpazifik und hält an alten Traditionen fest. Die Inselkultur ist geprägt vom *Fa'a Samoa* (dem samoanischen Lebensstil), das Meer tiefblau und das vulkanische Landesinnere exotisch üppig. Es herrschen das ganze Jahr über sehr warme Temperaturen (25–30°C), wobei die Passatwinde nachmittags für kühle Brisen sorgen. Die Niederschlagsmengen variieren. Von Mai bis Oktober ist es erheblich trockener. Der Mai gehört zur Zwischensaison, das Wetter ist schön und die Preise sind günstiger als in der Hauptsaison von Juni bis September. So bleibt mehr vom Budget übrig für die Erkundung des Regenwalds, der Strände und Lagunen von Upolu, der winzigen, autofreien Insel Manono und der Lavafelder von Savai'i. Unbedingt in einer *fale* (strohgedeckte Hütte ohne Wände) übernachten und schnorcheln gehen – die Wassertemperatur liegt ganzjährig bei 28°C.

Vor Ort: Nach Upolu fliegen (Faleolo Airport). Den Markt in der Hauptstadt Apia und die Strände an der Südküste besuchen. Auf der größeren Vulkaninsel Savai'i (90 Min. Fährfahrt) befindet sich der uralte Steinhügel Pulemelei.

Gut zu wissen: Samoa ist fünf Flugstunden von Sydney und 3½ von Auckland entfernt, bis Hawaii fliegt man fünf Stunden.

Wann sonst? Nov.–April: nasser; Mai–Okt.: trockener.

USBEKISTAN

Warum jetzt? Um eines der Highlights an der Seidenstraße bei gutem Wetter zu erleben

Karawansereien. Seidenstraße. Gewürze … für die meisten Urlauber ist Usbekistan ein Reiseziel voller Romantik. Jahrtausendelang war das Land das kulturelle Herz Zentralasiens. In Samarkand, Buxuro und Xiva erinnern mit Mosaiken verzierte Mausoleen, Moscheen und *medressas* (Koranschulen) an längst vergangene Zeiten. Ende Mai feiert das Seiden- und Gewürzefest von Buxuro das historische Erbe des Landes mit Teppichwebern, Holzschnitzern, Musikern und Künstlern alter Schule. Der Mai ist die schönste Zeit für einen Besuch, denn die Temperaturen liegen bei angenehmen 25 °C und die blühenden Tulpen und Aprikosenbäume hauchen der Landschaft Leben ein.

Vor Ort: Nach Taschkent (die Hauptstadt) fliegen. Über Land geht's durch die Wüste Kysylkum zur ummauerten Stadt Xiva, nach Buxuro und zuletzt nach Samarkand, wo sich der umwerfende Registan-Platz befindet.

Gut zu wissen: Usbekistan hat keinen Zugang zum Meer und auch die Anrainerstaaten sind vollständig von Land umschlossen. Damit ist Usbekistan einer von nur zwei doppelten Binnenstaaten weltweit (der andere ist Liechtenstein).

Wann sonst? April–Juni & Sept.–Okt.: warm, sehr angenehm; Nov.–März: kalt, klar, ruhig; Juli & Aug.: sehr heiß.

Rundreise
Kultur

KOMODO & FLORES
INDONESIEN

Warum jetzt? Es ist trocken und man sieht „Drachen" umherstreifen

Auf einer Handvoll Inseln in Indonesien lebt der Komodowaran – Godzillas kleiner Bruder. Der Mai ist ideal, um sich auf die Suche nach der größten Echse der Welt zu begeben. Zu Beginn der Trockenzeit ist es auf Rinca und Komodo (dort wird man am ehesten fündig) noch grün, aber weniger schwül, und die Hauptsaison hat noch nicht angefangen. Die Tiere streifen teils noch durch offenes Gelände, ziehen sich zur Paarungszeit aber zunehmend in die Wälder zurück. Die Paarungskämpfe zwischen den Männchen sind ein beeindruckendes Schauspiel! Und sonst? Komodo hat rosafarbene Strände, lädt zum Tauchen mit Mantarochen und zur Besteigung des höchsten Punkts der Insel, Gunung Ara, ein. Auf der benachbarten Insel Flores locken die verschiedenfarbigen Kelimutu-Kraterseen und das traditionelle Dorf Bajawa.

Vor Ort: Von Bali nach Flores fliegen, die Insel ansehen und dann mit dem Schiff nach Rinca und Komodo reisen. Am besten über Nacht bleiben; Warane sind morgens am aktivsten.

Gut zu wissen: Boote fahren von Labuan Bajo (Flores) zum Komodo-Nationalpark.

Wann sonst? April–Okt.: trocken, geringere Luftfeuchtigkeit (April & Mai weniger voll); Nov.–März: nass (besonders Jan. & Feb.).

Natur & Tierwelt
Preis-Leistung
Abenteuer
Kultur

RÉUNION

Warum jetzt? In der Vorsaison eine „vergessene Welt" mit französischem Flair entdecken

Kein anderes Département Frankreichs kann es mit Réunions Topografie aufnehmen. Die Vulkaninsel im Indischen Ozean liegt näher an Madagaskar als an Marseille, erinnert an Hawaii und bietet ein Potpourri aus französischen, kreolischen, afrikanischen und asiatischen Einflüssen. Heraus kommt dabei ein einmaliges Reiseziel mit leckerer Fusionsküche. Im Mai, zwischen dem nassen, heißen Südhalbkugelsommer und dem kühleren Winter, regnet es kaum, die Luftfeuchtigkeit ist gering und das Quecksilber klettert auf fast 30 °C. Der Touristenansturm steht noch bevor, es winken Schnäppchen und entspannende Strände. Landeinwärts locken Wanderungen in den spektakulären *cirques* mit Dörfern in den Kratern erloschener Vulkane. Man kann paragliden, Schluchten durchwandern oder Mountainbike fahren und den aktiven Vulkan Piton de la Fournaise besteigen.

Vor Ort: Wanderungen in den *cirques* mit Entspannung, etwa in St. Gilles-les-Bain, und Essen kombinieren.

Gut zu wissen: Es gibt Direktflüge nach La Réunion ab Paris und Johannesburg.

Wann sonst? April–Mai & Okt.–Nov.: gutes Wetter, ruhiger; Dez.–März: schwül, sehr nass, Zyklonrisiko; Juni–Aug.: voll, kühl.

Natur & Tierwelt
Abenteuer
Kultur
Essen & Trinken

Blick auf das fotogene Amalfi, Italien

Der *Panacea prola* ist in den peruanischen Anden heimisch

Ein marokkanischer Berber in traditioneller Kleidung vor seinem Wohnhaus

AMALFIKÜSTE ITALIEN

Warum jetzt? Eine Extraprise *dolce vita* genießen

Glitzerndes, azurblaues Wasser! Städte, die auf Felsen über dem Meer balancieren! Atemberaubende Serpentinenstraßen! Grausame Staus! Ja, ganz recht. Die Küsten von Amalfi und Sorrent, südlich von Neapel mit Blick auf den Vesuv gelegen, strotzen förmlich vor italienischem Seebadcharme, der Visionen von Filmsternchen aus den 1950er-Jahren heraufbeschwört. Doch im Hochsommer sind die hübschen kleinen Straßen chronisch verstopft. Da kommt man doch besser im Frühling, wenn der Verkehr nach Sorrent, Positano und Ravello fließt und das Wetter bereits schön ist (24°C). Auf der Halbinsel von Sorrent wachsen die angeblich besten Zitronen der Welt. Im Mai sind die Bäume an den Hängen schwer von duftenden, gelben Früchten. In traditionellen *agriturismi* (Bauernhofunterkünfte) stellt man eigenhändig Pizzateig und Limoncello her und hat beim Einschlafen den Duft der Obsthaine in der Nase.

Vor Ort: Die kulinarischen Genüsse von Neapel, dem Geburtsort der Pizza, genießen, bevor es über Pompeji nach Amalfi geht. Für eine Extraportion Glamour nach Capri übersetzen.

Gut zu wissen: Von Neapel nach Sorrent benötigt man mit dem Auto oder Zug eine Stunde.

Wann sonst? Juli & Aug.: heiß, überlaufen; April–Juni & Sept.–Okt.: angenehm, ruhiger; Nov.–März: Nebensaison, am kältesten, viele Geschäfte schließen.

PERU

Warum jetzt? Vor den Massen auf den Machu Picchu klettern

Auf der Liste der Traumziele nimmt Machu Picchu einen der Spitzenplätze ein. Seine magische Anziehungskraft verdankt es der Kombination aus entrückter Lage, rätselhafter Bedeutung und der Tatsache, dass es jahrhundertelang unentdeckt geblieben war. In der trockeneren Jahreszeit ist hier der Teufel los, und Genehmigungen für den Inka Trail müssen Monate im Voraus besorgt werden. Nicht so im Mai, denn der erste trockene Monat liegt außerhalb der Hochsaison. Das Wetter ist gut, aber auf den Wanderwegen und in den Zügen ist noch nicht so viel los. Auch der Rest des Landes ist sehenswert. Im Amazonasgebiet lassen sich an trockenen Tagen leichter Tiere aufspüren.

Vor Ort: Von Lima nach Cusco fliegen und das Heilige Tal und Machu Picchu mit dem Zug oder zu Fuß erkunden. Mit dem Zug geht's von Cusco nach Puno am Titicacasee. Einen Abstecher ins koloniale Arequipa und zur Colca-Schlucht machen, bevor die Rückkehr nach Lima ansteht. Wer kann, plant außerdem noch eine Übernachtung in einer Amazonas-Lodge ein.

Gut zu wissen: Die Wandererzahl auf dem Inka Trail ist auf 500 Personen am Tag beschränkt. Weniger überlaufen sind der Salkantay- und der Choquequirao-Trek.

Wann sonst? Jan.–April: die höchsten Niederschläge (im Feb. ist der Inka Trail geschlossen); Mai–Sept.: trocken, voll (Juni–Aug.: besonders überlaufen); Okt.–Dez.: zunehmend regnerisch.

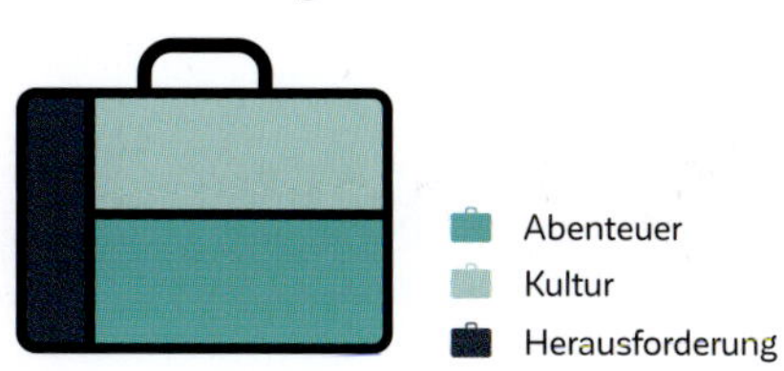

MAROKKO

Warum jetzt? Blumen blühen und Berge locken

Marokko im Mai ist ein Traum! In Marrakesch sind an die 30°C, es ist also nicht zu heiß, um die Suks zu durchstreifen. In Essaouira am Meer herrschen angenehme 20°C, in der Sahara ist es sehr warm (über 30°C), aber lange nicht so heiß wie im Juli und August (über 40°C). Das Tal der Rosen am Fuß des Hohen Atlas ist anlässlich des Blumenfests Mitte Mai besonders hübsch anzusehen. Dies ist auch die beste Zeit für Ausflüge ins Gebirge. Der Himmel ist klar, die Täler sind üppig grün und die Temperaturen (tagsüber um 20°C, nachts kühl) genau richtig zum Wandern. Der höchste Berg, Jebel Toubkal, misst 4167 m, ist aber „machbar", sofern man durchschnittlich fit ist. Die direkte Besteigung dauert zwei Tage, der Toubkal-Rundweg länger. Für kürzere, familienfreundliche Exkursionen ins Land der Berber bietet sich das Bergdorf Imlil als Basis an.

Vor Ort: Erst Marrakesch besuchen und dann ins Atlas-Gebirge reisen. Über den Pass Tizi n'Test gelangt man in die ummauerte Stadt Taroudant oder man fährt mit dem Auto nach Imlil. Es gibt zahlreiche Wandermöglichkeiten. Für Kinder und Ausrüstung können Mulis gemietet werden.

Gut zu wissen: Herausfinden, wann Ramadan ist, da der Fastenmonat Einfluss auf Öffnungszeiten etc. hat.

Wann sonst? April–Okt.: toll zum Wandern; Nov.–März: kühl, Winterwanderungen sind möglich.

Die traumhafte Küste von Lizard Point, Cornwall

Am Set von *Herr der Ringe*: Beutelsend, Bilbo Beutlins Zuhause, von innen

NORDINSEL
NEUSEELAND

Warum jetzt? Wohnwagenabenteuer sind jetzt günstiger

Gute Straßen, malerische Landschaften, wenig Verkehr, abgeschiedene Orte und die Möglichkeit, sich treiben zu lassen ... Es gibt kaum etwas Besseres, als Neuseeland in einem Wohnmobil zu erkunden. Die schönste Zeit für einen Road Trip ist der Hochsommer, in der Nebensaison kostet die Wohmobilmiete aber nur die Hälfte. Der Mai (Herbst) ist ein guter Kompromiss – preiswerter, aber noch nicht zu kalt, und das Fahren ist angenehmer als im Winter. Auf der Nordinsel bleiben, dort ist es wärmer (14°C in Auckland gegenüber 7°C in Queenstown)! Außerdem kann man in Rotorua und am Lake Taupo in heißen Quellen entspannen oder Thermalbecken in freier Wildbahn aufsuchen, z. B. Kerosene Creek (bei Rotorua) mit seinem heißen Wasserfall. Ansonsten locken Raftingtouren durch Waitomos Glühwürmchenhöhlen, Besuche der Drehorte von *Herr der Ringe* und Spaziergänge unter den Kauri-Bäumen des Waipoua Forest.

Vor Ort: Ausgangspunkt für ein oder zwei Wochen bis Wellington und zurück ist Auckland. Wer mehr Zeit hat, kann auch nach Northland fahren.

Gut zu wissen: Auch bei kurzen Strecken genug Zeit einplanen, das Terrain ist oft hügelig.

Wann sonst? Dez.–Feb.: am wärmsten und teuersten; März–Mai & Sept.–Nov.: mild/kühler, günstiger; Juni–Aug.: Winter, erschwerte Fahrbedingungen.

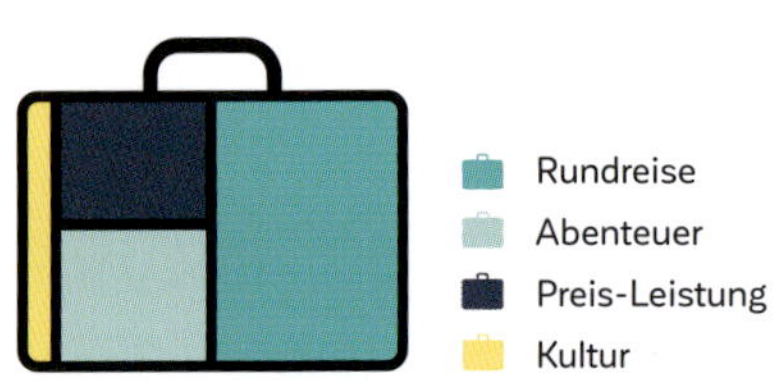

CORNWALL
ENGLAND

Warum jetzt? Vor den Sommertouristen an Englands schönsten Stränden sein

Viele Leute vergleichen Cornwall mit dem hübschen Rahmen eines hässlichen Bildes. Das ist zwar etwas überzogen, aber es zeigt, wie attraktiv die englische Küste ist. Neben den rauen, hohen Klippen gibt's Walhaie, herrliche Wanderwege, Schmugglergeschichten, eine von der Unesco gewürdigte Bergbautradition, Fischerdörfer, *cream tea* (süßer Imbiss mit Tee), Burgen, Legenden und Strände für jedermann – ob Surfer, Hedonist, Einzelgänger, Künstler oder Kind. Das einzige Manko sind die vielen Sommerurlauber. Im Mai blühen die Hecken und die Tage sind lang, der Touristenansturm steht aber erst noch bevor. Es sollte warm genug zum Zelten sein; in Cornwall ist „Glamping" (Luxus-Camping) beliebt: Man kann in Jurten oder Rundzelten schlafen, die mit Federbetten und Öfen ausgestattet sind.

Vor Ort: Ein Muss sind St. Ives, Tintagel Castle und das Freilichttheater Minnack Theatre in Porthcurno. Viel Spaß macht auch die Suche nach der persönlichen Lieblingsbucht. Wanderfreunde sollten den South West Coast Path in Angriff nehmen.

Gut zu wissen: Cornwall liegt 480 km westlich von London (6 Std. Fahrzeit mit dem Zug oder Auto).

Wann sonst? April–Juni: ruhiger, mild, Blütezeit; Juli & Aug.: am wärmsten, überlaufen; Sept.–Okt.: warme Meerestemperaturen, kulinarische Festivals; Nov.–März: frisch, Nebensaison.

© Matt Munro / Lonely Planet

Entspannung
Essen & Trinken
Abenteuer
Preis-Leistung

LOIRETAL
FRANKREICH

Warum jetzt? In den Schlössern ist jetzt wenig los

Die Loire ist eine echte Pracht – ein von Trauerweiden, Weinbergen, Schlössern, Palästen und hübschen Ortschaften gesäumter Fluss, der seinesgleichen sucht. Auch historisch hat sie einiges zu bieten, wie Johanna von Orléans oder die Königsgräber in der Abtei Fontevraud. Hinzu kommen leckerer Wein und gutes Essen in Restaurants mit Michelin-Stern oder familienbetriebenen *auberges* (Herbergen). Im Mai werden auf Märkten frische Erdbeeren und Spargel verkauft. Wer zu viel geschlemmt hat, kann Buße tun beim Kanufahren oder bei Spaziergängen und Radtouren am Flussufer. Die Loire ist ein beliebtes Reiseziel, doch im Mai ist weit weniger los als im Hochsommer, sodass man fast ungestört eine Schlössertour machen kann – zum riesigen Chambord, dem Wasserschloss Chenonceau und dem märchenhaften Ussé.

Vor Ort: Am besten konzentriert man sich auf den Abschnitt von Orléans bis Angers. Die Architektur und das Essen sind toll! Unbedingt in einem Schlosshotel übernachten.

Gut zu wissen: Von Paris fahren Züge ins Loiretal. Bis Orléans dauert es eine Stunde.

Wann sonst? Juli & Aug.: heiß, voll, niedriger Wasserstand; Nov.–März: kalt, feucht; April–Juni & Sept.–Okt.: mild, ruhiger.

WESTKÜSTE
NORWEGEN

Warum jetzt? Im Sonnenschein auf den Fjorden unterwegs

Hurtigruten fährt die 2400 km lange, von Fjorden durchzogene Westküste Norwegens an 365 Tagen im Jahr ab, von Bergen im Süden bis Kirkenes in der Arktis. Wer hier lebt, ist auf den Fährbetrieb angewiesen und die Schiffe fahren bei jedweder Witterung. Mai und Juni sind gute Monate für einen Besuch, da die Temperaturen mild und die Tage schön lang sind: Ab Mitte Mai geht die Sonne in Tromsø gar nicht mehr unter und man kann die atemberaubende Landschaft auch nachts vorübergleiten sehen. Gutes Wetter und viel Licht ermöglichen überdies Landgänge für Aktivitäten. Unterwegs werden 34 Häfen angesteuert. Wie wäre es mit Angeln auf den Lofoten, Begegnungen mit Samen am Nordkap oder Wanderungen am Geirangerfjord? Im Mai finden zudem zahlreiche lohnenswerte Festivals im hübschen Bergen statt.

Vor Ort: Die Fahrt von Bergen nach Kirkenes und zurück dauert zwölf Tage, man kann aber auch kürzere Bootstouren und Ausflüge unternehmen.

Gut zu wissen: Hurtigruten-Fähren sind schlicht und die Einrichtungen nicht mit denen großer Kreuzer zu vergleichen.

Wann sonst? Mai–Sept.: das schönste Wetter, lange Tage (Juli & Aug.: am teuersten); Okt.–April: kühl bis kalt, Polarlichter.

NÖRDLICHES QUEENSLAND
AUSTRALIEN

Warum jetzt? Einen abwechslungsreichen Road Trip erleben

Der 2000 km lange Great Tropical Drive ist eine spektakuläre Autoroute, auf der man die Highlights im Norden Queenslands abklappert, von Riffen bis zu Regenwäldern. Für Tropenflair pur sollte man im Mai herkommen, dem ersten Monat der Trockenzeit. Dann fällt wenig Niederschlag, die Temperaturen sind gemäßigter (28 °C) und die Straßen passierbar, die Landschaft aber noch grün. Von Cairns geht's zum hübschen Port Douglas und ins historische Cooktown, der ersten (wenn auch nur vorübergehenden) europäischen Siedlung in Australien. Dann fährt man nach Süden und landeinwärts zu den Obstgärten von Mareeba, den Lavaröhren von Undara und in die frühere Goldgräberstadt Charters Towers. Zurück am Pazifik locken z. B. Magnetic Island, Rafting auf dem Tully River, Wanderungen auf Hinchinbrook Island, faule Stunden am Mission Beach oder Besichtigungen von Teeplantagen. Zuletzt nimmt man wieder Kurs auf Cairns.

Vor Ort: Eine Rundreise ab Cairns dauert etwa zwei Wochen. Mögliche Abstecher sind z. B. Tauchen/Schnorcheln am Great Barrier Reef oder Cooktown und Echo Creek (Tully Gorge), um von Aborigines geführte Touren mitzumachen.

Gut zu wissen: Von November bis Mai treiben vermehrt Quallen vor der Küste Nordqueenslands – vor dem Schwimmen Tipps einholen.

Wann sonst? Nov.–April: heiß, nass; Mai–Okt.: trockener, kühler.

KAPPADOKIEN
TÜRKEI

Warum jetzt? Die „Feenkamine" heizen sich auf
Als sie Kappadokien in Zentralanatolien schuf, muss Mutter Natur in einer sonderbaren Stimmung gewesen sein. Der weiche Tuffstein türmt sich hier zu fantastischen Pyramiden auf und bildet Schluchten sowie Plateaus: ein ganz und gar magischer Ort, der insbesondere Kinder begeistern wird! Das warme, aber nicht zu heiße Wetter ist herrlich für Aktivitäten wie Wanderungen durch tief eingeschnittene Täler und Exkursionen durch unterirdische Städte mit in den Fels gehauenen Kirchen, in denen man Fresken aus dem 9. Jh. bestaunen kann. Übernachten kann man in günstigen oder edlen „Höhlenhotels". Auch schön: ein Flug mit einem Heißluftballon. Die Winter können kalt sein, manchmal fällt auch Schnee. Im Mai ist es aber bereits warm (25°C) und trocken, und die Einheimischen motten ihre Kohleöfen ein.

Die Tuffkegel Kappadokiens zu Fuß, aus einem Ballon oder auf dem Rücken eines Pferdes erkunden

Vor Ort: Im Ihlara-Tal wandern, die unterirdische Stadt Kaymakli entdecken, das Freilichtmuseum Göreme besuchen und einen Kochkurs belegen. Anschließend Istanbul (2 Std. Flugzeit) oder ein paar Tage Strand an der Türkisküste (2 Std. Flugzeit) einplanen.
Gut zu wissen: In Kappadokien gibt's zwei Flughäfen: Kayseri (75 km von Göreme entfernt) und Nevşehir (40 km).

Wann sonst? April–Juni & Sept.–Okt.: Topwetter; Juli & Aug.: sehr heiß; Nov.–März: kalt, eventuell Schnee.

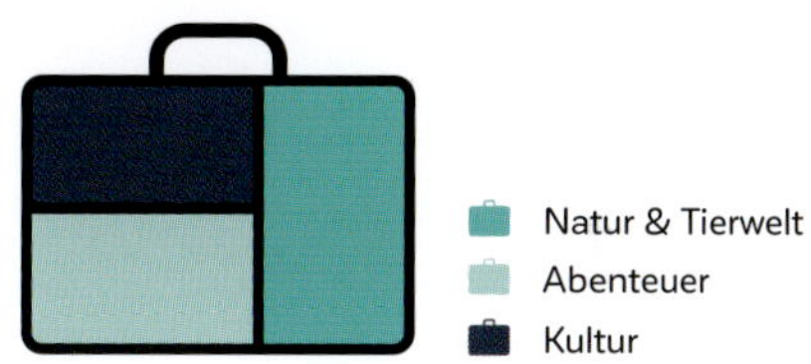

ISRAEL

Warum jetzt? Bei geringerem Andrang das Land erkunden und mit anpacken
Der Mai ist die perfekte Zeit, um Israel zu bereisen. Die Besucherzahlen sind gering, das Quecksilber klettert auf durchschnittlich 26°C und landesweit fällt kaum Regen. Dann locken Attraktionen wie das Tote Meer, der See Genezareth, der Ramon-Krater und der Ölberg in Jerusalem. Auch für Wanderungen auf dem Israel National Trail ist dies die beste Zeit, denn die Hügel und Täler sind grün und die Hitze ist erträglich. Wer mag, könnte eine Weile in einem *kibbuz* arbeiten. Diese ländlichen Kollektivsiedlungen heißen Freiwillige willkommen, die z. B. als Erntehelfer oder Pflanzer eingesetzt werden. Dafür gibt's Kost und Logis sowie ein wunderbares Gemeinschaftsgefühl. Außerdem findet das biblische Erntefest Schawuot gewöhnlich im Mai statt, dann wird in den *kibbuzim* mit Tänzen und Umzügen gefeiert.
Vor Ort: Vom kosmopolitischen Tel Aviv geht's nach Jerusalem und weiter nach Bethlehem (Palästina). Anschließend stehen Nazareth und der See Genezareth auf dem Programm. Entlang der Mittelmeerküste gelangt man zurück nach Tel Aviv.
Gut zu wissen: Die *kibbuzim* akzeptieren Freiwillige im Alter von 18 bis 35 Jahren.
Wann sonst? April & Mai: warm, grün; Juni–Aug.: sehr voll, heiß; Sept.–Nov.: ruhiger, kühler; Dez.–März: nass, kühl.

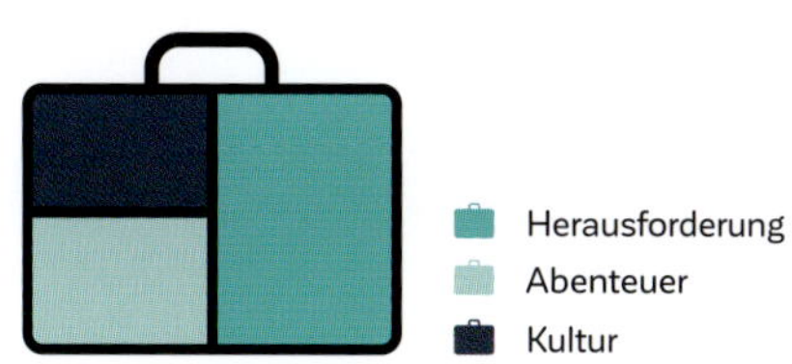

KUBA

Warum jetzt? Bei karibischer Hitze den richtigen Hüftschwung lernen
Wer es heiß mag – in jeder Hinsicht –, sollte sich für Kuba im Mai entscheiden. Unangenehm werden die Temperaturen nämlich erst im Juni und die starken Regenfälle setzen nicht vor Ende Juli ein. Ein weiteres Plus sind die Nebensaison-Schnäppchen. Sonnenanbeter dürfen sich auf stabile 30°C freuen, z. B. auf der von Palmen bestandenen Halbinsel Varadero mit ihren All-Inclusive-Resorts (oft familienfreundlich) oder auf einer der rund 900 weißen Sandinselchen, die zu Kuba gehören. Den Strandurlaub kann man mit Salsa-Unterricht aufpeppen. Nirgendwo lernt man diesen sinnlichen Tanz besser als in den Clubs von Havanna oder Trinidad. Wenn man die Schritte und Drehungen übt, bleibt keine Zeit, um an Regen zu denken.
Vor Ort: Havannas Altstadt zu Fuß oder in einem altmodischen Schlitten erkunden und Salsa-Unterricht nehmen. Varadero liegt zwei Stunden östlich von Havanna.
Gut zu wissen: In Kuba gibt's zwei Währungen, den kubanischen Peso (CUP, die Einheimischenwährung) und den *peso convertible* (CUC, die Touristenwährung).
Wann sonst? Dez.–April: kühl, trocken, Hauptsaison; Mai & Juni: Zwischensaison, die Temperatur steigt, nasser; Juli–Nov.: heißer, viel Regen (Aug.–Okt.: Stürme).

Kultur
Herausforderung
Entspannung
Preis-Leistung

Legendär: die Oldtimer aus den 1950er-Jahren auf Havannas Straßen

ORIENT-EXPRESS
EUROPA

Warum jetzt? Mitten im Frühling günstig mit dem Zug reisen

Sie ist der Klassiker unter den Zugreisen: die Fahrt von Paris nach Istanbul, vorbei an ein paar der schönsten europäischen Städte zum Rand des asiatischen Kontinents. Allein der Name beschwört romantische Bilder von holzvertäfelten Luxuswaggons herauf. Der Venice-Simplon Orient-Express von London nach Venedig versucht, an diese Zeit anzuknüpfen, ist aber ein teurer Spaß. Alternativ kann man sich eine günstigere Version der berühmten Reiseroute mit „normalen" Zügen selbst zusammenstellen. Im Mai sollte schon überall entlang der Strecke schönes Wetter sein. Von den Boulevards in Paris geht's ins mittelalterliche Straßburg, dann auf ein Bier nach München, in die Kaffeehäuser Wiens und in die Jugendstilpracht Budapests, weiter ins rustikale Belgrad und nach Sofia, wo sich Ost und West begegnen, bevor man schließlich den Bosporus erreicht – auch ohne Butler hat der Kontinent viel zu bieten!

Vor Ort: Die Route Paris–Istanbul ist in vier Tagen zu schaffen, aber man sollte unbedingt einige Zwischenstopps einplanen.

Gut zu wissen: Es gibt spezielle Zugpässe und Tickets zu Sparpreisen. Junge und ältere Reisende fahren günstiger.

Wann sonst? April–Juni & Sept.–Okt.: gutes Wetter; Juli & Aug.: sehr heiß; Nov.–März: kalt.

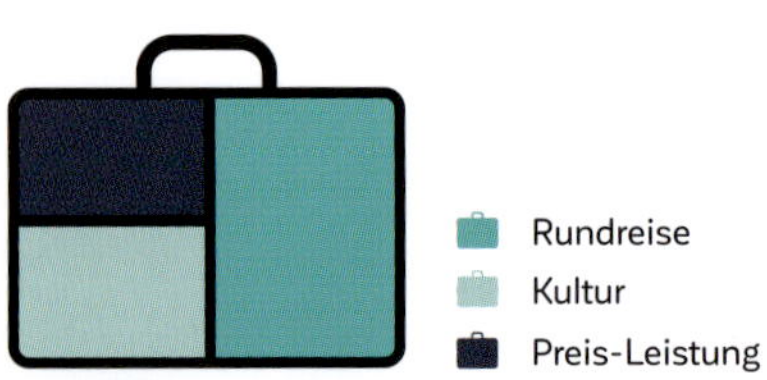

NEUFUNDLAND
KANADA

Warum jetzt? Haufenweise Eisberge sichten

Die Gewässer vor Neufundland und Labrador werden auch „Eisberg-Allee" genannt, denn im Frühling treiben riesige Eisblöcke die Atlantikküste hinunter und an der östlichsten Provinz Kanadas vorbei. Die meisten stammen von den Gletschern in Westgrönland. Gewöhnlich sieht man die ersten Eisberge im April und Mai, besonders hoch ist das Aufkommen von Mitte Mai bis Juni. Man kann sie vom Land aus beobachten (gute Aussichtspunkte sind St. Anthony, Twillingate, Bonavista und St. John's/Cape Spear) oder mit einem Schiff näher heranfahren. Im Mai zeigen sich auch die ersten Meeresvögel, am Monatsende startet die Walsaison.

Vor Ort: Von der Hauptstadt St. John's geht's an der Küste entlang nach Norden zur Bonavista Peninsula (wo das hübsche Trinity liegt) und nach Twillingate (der „Eisberghauptstadt der Welt"). Weiter westlich liegen die von Fjorden eingeschnittenen Berge des Gros-Morne-Nationalparks und im Norden warten St. Anthony und die 1000 Jahre alte Wikingerstätte L'Anse aux Meadows.

Gut zu wissen: Neufundland hat eine eigene Zeitzone (UTC -3,5 Std.).

Wann sonst? April & Mai: mild, Eisberge, Ankunft der Wale; Juni–Aug.: am wärmsten, Walsaison; Sept. & Okt.: buntes Herbstlaub, kühler; Nov.–März: kalt, Wintersport.

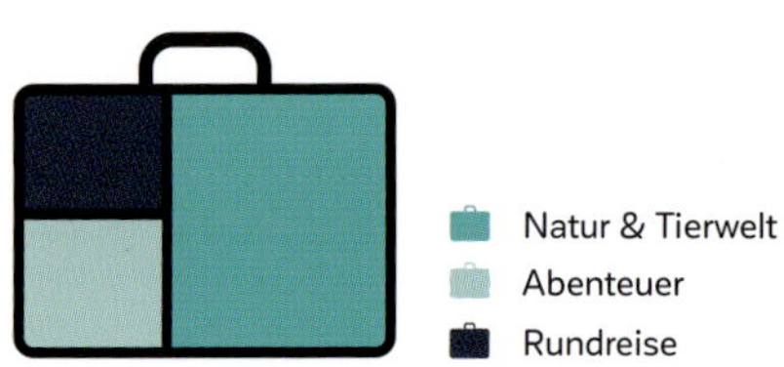

RED CENTRE
AUSTRALIEN

Warum jetzt? Der ideale Zeitpunkt, um Uluru (Ayers Rock) zu sehen

Die meisten Touristen besuchen das „rote Zentrum" im australischen Winter, um der Sommerhitze zu entgehen, im Juni und Juli fallen die Temperaturen nachts aber schon mal unter den Gefrierpunkt. Der Mai ist ein guter Kompromiss: Die Tage sind trocken, klar und warm (um 25°C), nachts ist es frisch, aber nicht eisig, sodass man wie ein echter Aussie im *swag* (einfaches Zelt zum Zusammenrollen) übernachten und so frühmorgens den Sonnenaufgang und nachts den Sternenhimmel beobachten kann. Tagsüber locken Wanderungen am Fuß des Uluru, im Tal der Winde (Kata-Tjuta) oder am Kings Canyon. Alternativ läuft man einen Abschnitt des Larapinta Trail – im Mai beginnt die Wandersaison auf dem legendären Fernwanderweg zwischen Alice Springs und dem Mount Sonder.

Vor Ort: Nach Alice Springs fliegen und mit dem Mietwagen dem Red Centre Way folgen, einer fünftägigen Autoroute durch die West MacDonnell Ranges zum Uluru-Kata-Tjuta-Nationalpark, durch das Rainbow Valley und zurück nach Alice.

Gut zu wissen: Der Flughafen von Alice Springs ist 450 km vom Uluru entfernt, vom kleineren Ayers Rock Airport in Yulara sind es nur 20 Fahrminuten.

Wann sonst? Mai–Sept.: kühle Tage (kalte Nächte im Juni & Juli); Dez.–Feb.: sehr heiß; März–April & Okt.–Nov.: Zwischensaison, immer noch heiß.

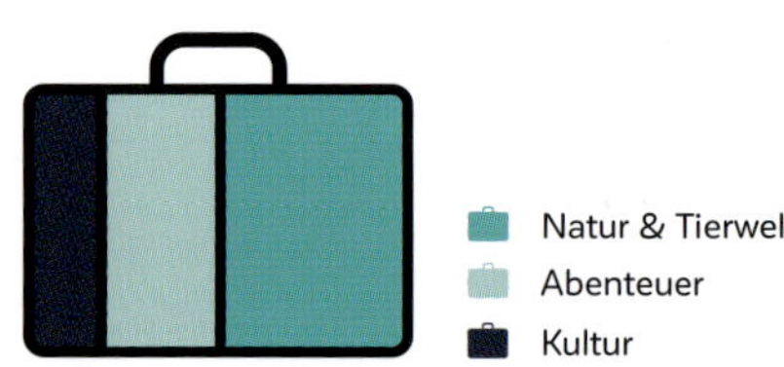

PRAG
TSCHECHIEN

Warum jetzt? Anstoßen und (bier-) selig sein
Im Mai ist nicht nur das Wetter schöner und die Tage werden wieder länger (ideal für Bootstouren auf der Moldau und Spaziergänge über die Karlsbrücke), sondern auch das Bierfestival lohnt einen Besuch! In einem 10 000-Mann-Zelt im Letná-Park werden mehr als 150 Biersorten gezapft und verkauft. Dazu gibt's tschechische Küche, von Wurst bis zu „mährischen Spatzen“ (Schweinefleisch mit Knödeln). Abseits des Festivals warten schöne Cafés und Bars.
Vor Ort: Jeweils einen Tag für die Altstadt und das jüdische Viertel, für die Burg und die Kleinseite sowie für Museen und Einkaufstouren einplanen. Mit der Tram fahren.
Gut zu wissen: Das Musikfestival „Prager Frühling“ mit klassischer, Jazz- und Weltmusik findet im Mai statt.
Wann sonst? Nov.–März: kalt (Dez.: Weihnachtsmärkte); Juli & Aug.: heiß, voll; April–Juni & Sept.–Okt.: warm, ruhiger.

© Matt Munro / Lonely Planet

Die längeren Tage im Mai sind ideal für Bootsfahrten und das Bierfestival

© Jan Fidler / 500px

RUND UM PRAG

KUTNÁ HORA • 88 KM • Die mittelalterliche Stadt gehört zum Welterbe der Unesco

KARLSBAD • 138 KM • Böhmischer Kurort mit Thermalquellen

BRÜNN • 177 KM • Die zweitgrößte Stadt Tschechiens ist ein wichtiges Kulturzentrum

BUDAPEST • 531 KM • Ungarns Hauptstadt erreicht man in weniger als sieben Stunden

SÜDLICHES NAMIBIA

Warum jetzt? Weil sich Namibia nun frisch und grün präsentiert

Im Mai klingt die Regenzeit langsam aus – mit einem durchschnittlichen Niederschlag von 5 mm. In einem Land, das von einer der trockensten Wüsten der Erde dominiert wird, ist das schon eine Menge! Tatsächlich regnet es selten, aber die Luft ist frisch und klar, alles ist grün und die Sonne scheint warm. Selbst in den Dünen des Sossusvlei sprießen ein paar Pflänzchen und die üppige Vegetation im Etosha-Nationalpark hebt sich farblich von der Salzpfanne ab. Der Mai ist die beste Zeit, um den Fish River Canyon Trek zu absolvieren, einen anspruchsvollen, mehrtägigen Wanderweg, der dem Wasserlauf durch die zweittiefste Schlucht der Welt folgt. Er ist nur von Mai bis Mitte September geöffnet (von Oktober bis April sind Hitze und Springflutrisiko zu hoch). Im Mai führt der Fluss tendenziell viel Wasser, die Nächte sind nicht so kalt und der Sternenhimmel ist unglaublich schön.

Vor Ort: Namibias Schotterstraßen sind gut in Schuss. Der Fish River Canyon liegt 400 km südlich der Hauptstadt Windhoek; einen Schlenker nach Lüderitz und in die Geisterstadt Kolmanskop an der Atlantikküste machen und die Dünen und Berge des Namib-Naukluft-Nationalparks erkunden.

Gut zu wissen: Englisch ist Amtssprache. Es werden auch Deutsch, Afrikaans, Oshiwambo und andere Stammesdialekte gesprochen.

Wann sonst? Juni–Okt.: trocken, prima zum Tiere beobachten; April & Mai: größtenteils trocken, grün; Nov.–März: nasser, heißer.

Der Etosha-Nationalpark ist im Mai immer noch tierreich und grün

ROUTE 66 USA

Warum jetzt? Auf der weiten, leeren Straße auf den Horizont zufahren

Der Mai ist ein schöner Monat in Chicago. Es wird langsam wärmer und verschiedene Festivals stehen an. Dies ist aber auch die richtige Zeit, um sich auf den nordamerikanischen Road Trip schlechthin zu begeben. Die 3900 km lange Route 66, die „Mutter aller Straßen", wurde 1926 eingeweiht und führt von Chicago, Illinois, durch acht Bundesstaaten nach Santa Monica, Kalifornien. Die Route hat sich verändert, aber obwohl es keine offizielle Beschilderung mehr gibt, sind etwa 80 % der Originalstrecke noch immer erhalten (Reiseführer konsultieren!). Es geht durch Wüsten, über Ebenen, Berge und viele Hauptstraßen kleiner Städte und vorbei an alten Diners und Motels, die an die 1920er-Jahre erinnern. Die „Saison" beginnt im Mai; davor ist es in den Höhenlagen noch kalt, im Juli ist es dann brütend heiß in der Wüste und der Verkehr nimmt auch zu.

Vor Ort: Wer die Originalroute abfahren möchte, sollte zwei bis vier Wochen einplanen. Zwischendurch ein Stück Interstate-Autobahn fahren, um Zeit zu sparen. Alternativ konzentriert man sich auf einen Abschnitt, z. B. den zwischen Oklahoma und Kalifornien, der berühmt ist aus John Steinbecks *Früchte des Zorns*.

Gut zu wissen: Springfield, Missouri, gilt als „Geburtsort" der Route 66.

Wann sonst? Mai–Okt.: die beste Zeit für eine Autotour (Juni–Aug.: am vollsten); Nov.–April: kalt, manche Attraktionen sind geschlossen.

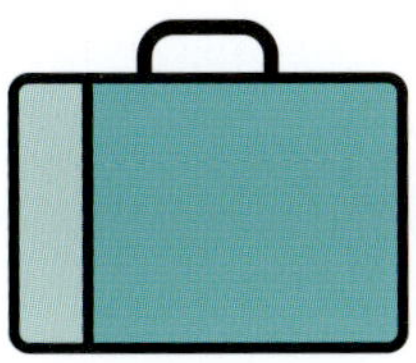

Rundreise
Kultur

INSIDE PASSAGE USA & KANADA

Warum jetzt? Vor der Touristensaison eine tolle Fährfahrt erleben

Alaska Marine Highway (AMH) ist ein Netz von Fährverbindungen zwischen Bellingham, Washington, und Skagway, Alaska. Das ganze Jahr bestreiten AMH-Fähren die Inside Passage, die Schiffsroute zwischen den Inseln, die vor der Nordwestküste der USA liegen. Unterwegs halten sie in abgeschiedenen Gemeinden, und ein umwerfender Anblick jagt den nächsten. Die Fähren passieren die kanadischen Gulf Islands, die Ostküste von Vancouver Island und den gewaltigen Great Bear Rainforest, bevor sie Alaska erreichen. Dort warten Fjorde und kalbende Gletscher, und die Geschichte der Ureinwohner und Goldgräber ist allgegenwärtig. Die Tierwelt ist ebenfalls vielfältig: Man kann Orcas, Buckelwale, Weißkopfseeadler und Bären beobachten. Am nettesten (und vollsten) sind die Sommermonate. Der Vorteil im Mai: lange Tage, weniger Touristen und Mücken, eine besonders aktive Tierwelt.

Vor Ort: An den Häfen entlang der Route nach Belieben aus- und zusteigen, um Tiere im Hinterland zu beobachten (Achtung: Manche Häfen werden täglich, andere nur einmal wöchentlich angesteuert!). Kabinen vorab reservieren. Günstiger ist es, in der Lounge oder an Deck zu campieren.

Gut zu wissen: Bellingham liegt 110 km nördlich von Seattle.

Wann sonst? Mai–Sept.: Hauptfährsaison (Juni–Aug.: am vollsten); Okt.–April: AMH-Fähren fahren, aber das Wetter ist schlechter.

Rundreise
Natur & Tierwelt

Pilger erreichen die Kathedrale von Santiago de Compostela

GALICIEN
SPANIEN

Warum jetzt? Menschenleere Strände genießen oder pilgern gehen

In der nordwestlichsten Provinz Spaniens regnet es viel, dadurch ist sie aber auch herrlich grün! Im Mai und Juni überziehen Blüten und gelber Ginster die Hügel. Wer jetzt herkommt, erlebt wahrscheinlich Regen, aber auch viel Sonne (Temperaturen um 20°C), und das ohne viel Andrang. Galicien wartet mit ein paar besonders urtümlichen Stränden (etwa der von Dünen begrenzten Playa de la Lanzada und der Praia das Catedrais) und dem legendären Jakobsweg auf. Er verläuft über St. Jean-Pied-de-Port in Frankreich und endet in Santiago de Compostela. Mai und Juni sind die ideale Zeit für diese Pilgerfahrt: nicht zu heiß, nicht zu voll, alle Einrichtungen sind geöffnet und die Tage sind lang.

Vor Ort: Der gesamte Camino de Santiago (780 km) nimmt ca. 30 Tage in Anspruch. Alternativ fliegt man nach Santiago und besucht dort die Strände an der Nord- und Westküste und andere Städte (Pontevedra, La Coruña).

Gut zu wissen: Ein besonderes Verwöhnprogramm ist eine Übernachtung im Edel-Hotel Parador de Santiago mit Blick auf die Kathedrale von Santiago.

Wann sonst? Juli & Aug.: am heißesten und vollsten; Nov.–März: kalt, viele touristische Einrichtungen schließen, nasser; April–Juni & Sept.–Okt.: warm, ruhiger.

Abenteuer
Herausforderung
Preis-Leistung
Kultur

Musiker spielen traditionelle Bluegrass-Songs in Rosine, Kentucky

SKYE
SCHOTTLAND

Warum jetzt? Lange mückenlose Tage auf der Insel verbringen

Wer auf Schottlands zweitgrößter Insel gutes Wetter erwischt, ist ein echter Glückspilz. Dann glitzern die *lochs* (Seen), die Berge leuchten rötlich und die Moore grün. Doch auch schlechtes Wetter hat seinen Reiz. Die Cuillin Hills geben nebel- und wolkenverhangen ein stimmungsvolles Bild ab. Der Mai, statistisch einer der trockensten Monate, ist eine gute Reisezeit. Glockenblumen blühen in den Wäldern, Schafe grasen auf den Weiden und Seevögel kehren an die Felsküste zurück. Die Tage sind sehr lang (Sonnenlicht von 4 bis 23 Uhr), sodass viel Zeit für die Besichtigung von Burgen, Freilichtmuseen und der Felsformationen auf der Halbinsel Trotternish bleibt. Am besten Anfang Mai anreisen, denn von Mitte Mai bis September wird die Gegend von *midges*, winzigen Stechfliegen, heimgesucht. Diese hassen Wind, daher sollte man auf luftigen Graten oder an der Küste seine Ruhe vor ihnen haben.

Vor Ort: Skye ist fünf Fahrstunden von Glasgow entfernt (eine Pause in Fort William einlegen). So lange bleiben wie möglich! Portree und Trotternish erkunden, in den Cuillins wandern, Seeadler beobachten und Talisker-Whisky kosten.

Gut zu wissen: Skye ist über eine Brücke und Fähren mit dem Festland verbunden.

Wann sonst? Nov.–März: dunkel, kalt, eventuell Polarlichter; April–Juni & Sept.–Okt.: ruhiger; Juli & Aug.: Hauptsaison, *midges*.

Natur & Tierwelt
Entspannung
Essen & Trinken

DEEP SOUTH, USA

Warum jetzt? Ein musikalischer, historischer und kulinarischer Road Trip durch fünf Bundesstaaten

Kentucky, Tennessee, Mississippi, Alabama und Louisiana bilden zusammen den Deep South, die vielleicht „amerikanischste" Region der USA. Sie zeichnet sich durch immense Gastfreundschaft, Country, Blues und Jazz, kulturelle Vielfalt, Barbecues und Buttermilch-Kekse aus, ist exzentrisch, hat Charme und ordentlich Pfeffer. Der Mai ist ideal für Road Trips, denn jetzt scheint die Sonne, auf den Straßen ist weniger los und alles blüht. Los geht's in Kentucky, wo Rispengras und Hartriegel um Aufmerksamkeit buhlen und das berüchtigte Kentucky Derby (Louisville, erster Samstag im Mai) lautstark den Monat einläutet. Südlich, in Nashville, Memphis, Tupelo (der Geburtsort von Elvis) und Muscle Shoals (die „Welthauptstadt der Musikaufnahmen"), dreht sich alles um Musik. Weitere Highlights sind Plantagenhäuser, Gedenkstätten für die Bürgerrechtsbewegung, Bourbon-Brennereien, Fischerdörfer und *gumbo* (Eintopf) am Golf und natürlich der beständige Klang von New Orleans.

Vor Ort: Von Louisville nach New Orleans sind es stattliche 1150 km. Wer wenig Zeit hat, sollte einen Abschnitt herauspicken, z. B. eine musikalische Pilgerfahrt von Nashville nach New Orleans (eine Woche).

Gut zu wissen: In den USA wird an der Tankstelle erst bezahlt und dann getankt.

Wann sonst? März–Mai & Sept.–Okt.: mild, angenehm; Juni–Aug.: Höchsttemperaturen; Nov.–Feb.: kühler, am nassesten.

Rundreise
Kultur
Essen & Trinken

(L) Totenkopfäffchen und Wellen sorgen in Costa Rica für zufriedene Gesichter (R) Ein Stück Venedig in Las Vegas

COSTA RICA

Warum jetzt? Den Beginn der „grünen Saison" miterleben

Costa Rica ist fast schon zu perfekt: abwechslungsreich, aber dabei überschaubar; wild und gleichzeitig gut erschlossen; vollgepackt mit Abenteuern, aber sicher; visionär in Sachen Nachhaltigkeits-Ethos und von einer schier unglaublichen Biodiversität. Hier wurde das Dschungel-Ziplining erfunden und selbst die Regenzeit ist toll, denn es ist nicht nass, sondern grün und das Land sieht noch lebendiger aus. Wasserfälle rauschen und mehr Flüsse können für Rafting-Ausflüge genutzt werden. Im Mai, dem Auftakt der „grünen Saison", scheint oft die Sonne, Unterkünfte sind aber um bis zu 30 % günstiger, in den Nationalparks ist weniger los und die Surfbedingungen sind top.

Vor Ort: Nach San José oder Liberia fliegen. Liberia liegt in der Provinz Guanacaste (Pazifikseite), der trockensten Region des Landes. Oft ist es dort auch im Mai trocken – prima für einen Strandurlaub. Unbedingt besuchen: den Nebelwald Monteverde und den Nationalpark Manuel Antonio.

Gut zu wissen: Achtung: In der Regenzeit kommt man z. T. langsamer von A nach B!

Wann sonst? Dez.–April: trockener, Hauptsaison; Mai–Juni & Nov.: nass, günstiger; Juli & Aug.: nasser, voll; Sept.–Okt.: am feuchtesten.

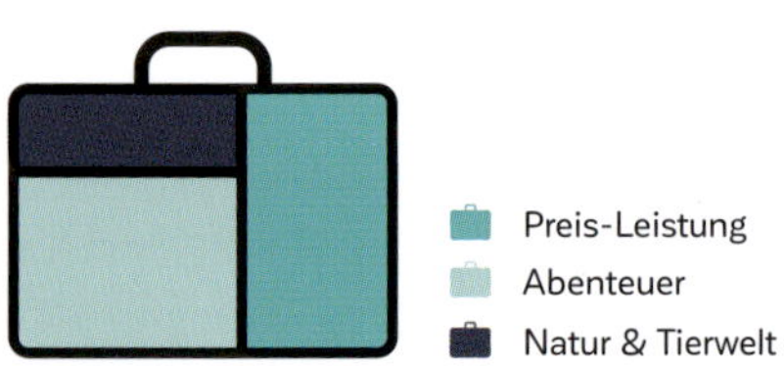

© Jonathan Gregson / Lonely Planet

© Jonathan Gregson / Lonely Planet

© Mark Read / Lonely Planet

LAS VEGAS USA

Warum jetzt? Sich in das Mekka der Sünde verlieben

Das grelle Las Vegas ist eine Art Fantasiewelt, in der einfach alles möglich ist: Fahrten in venezianischen Gondeln, einer lebensgroßen Planierraupe oder der einzigen Indoor-Achterbahn mit zwei Loopings und doppeltem Korkenzieher; Glücksspiele im Ceasars; die Verbrüderung mit dem „Gesindel" im Mob Museum oder Hochzeiten mit Elvis als Priester. Doch auch außerhalb von Sin City kann man einiges erleben. Vegas ist ein künstlich geschaffener Mikrokosmos, der von abenteuergeladener Natur umschlossen wird. Die karmesinroten Hügel des nationalen Schutzgebiets Red Rock, das sich 27 km südwestlich befindet, sind ein Traum für Kletterer, Wanderer und Radsportler. Auf dem tiefblauen Lake Mead, 60 km in Richtung Südosten, kann man Kajak fahren und zur Hoover-Talsperre paddeln. Im 90 km nördlich gelegenen Valley of Fire State Park findet man Petroglyphen der Ureinwohner. Der Frühling ist erträglich heiß, sowohl in der Wüste als auch auf dem „Strip" von Las Vegas.

Vor Ort: Nach ein paar Tagen Vegas geht's mit dem Mietwagen in den Süden Nevadas.

Gut zu wissen: Der Mai liegt in der Nebensaison, große Tagungen können allerdings die Übernachtungspreise vor Ort in die Höhe treiben.

Wann sonst? März–Mai & Sept.–Okt.: erträglich warm, ruhiger; Juni–Aug.: sehr heiß; Nov.–Feb.: kühl, vor Weihnachten voll.

RUND UM LAS VEGAS

DEATH VALLEY • 209 KM • Nordamerikas niedrigster, trockenster, heißester und vielleicht schrägster Ort

ZION-NATIONALPARK • 266 KM • Ein einzigartiger Felsgarten in Utah

GRAND CANYON • 320 KM • Flugzeuge kreisen über Arizonas schier endloser Schlucht

LAKE TAHOE • 787 KM • Ein schöner blauer See in der Sierra Nevada

Juni

WANN AM BESTEN WOHIN?

ICH WILL

MIR ETWAS GÖNNEN

Mit der Tram durch Lissabon fahren und im iberischen Frühling feine Weine, Gerichte und *fado* genießen

LASS UNS AUS-GEHEN

ESSEN

LISSABON, PORTUGAL S. 145

TRINKEN

OREGON, USA S. 140

Aufregende Bars und Wein-erkundungen im Pazifischen Nordwesten der USA erleben

STADTLEBEN & SONNENSCHEIN?

AUF IN DIE STADT

KÜHL

HOBART, AUSTRALIEN S. 140

WARM

SANKT PETERSBURG, RUSSLAND S. 144

DARWIN & LITCHFIELD NP, AUSTRALIEN S. 137

WÄRMER

VERONA, ITALIEN S. 151

DUBROVNIK, KROATIEN S. 140

In der Zwischensaison den Rhythmus von Jamaika spüren

Während der Weißen Nächte durch ein endlos helles Sankt Petersburg streifen

Erleben, warum Dubrovnik als „Perle der Adria" gilt

Sonne, Meer und viel Unterhaltung bietet Bali während der Trockenzeit

Eine Kostprobe des Strandlebens – und des *gelati* – an der italienischen Mittelmeerküste, bevor die Touristenmassen einfallen

Auf Shakespeares Spuren durch das wunderschöne Verona im Norden Italiens wandeln

Lust, die Dolomiten zu erklimmen? Von Verona zu den Bergen ist es nur ein Katzensprung

AB ZUM STRAND

STRÄNDE & SURFEN?

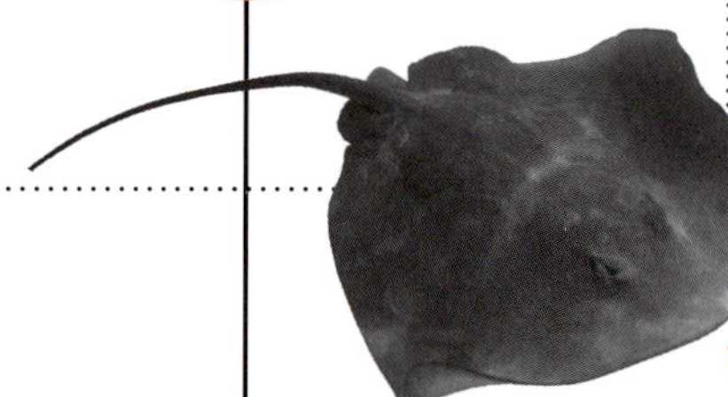

Im Tropenparadies Französisch-Polynesien jede Form von Meerest erspähen

AUF-DREHEN

BALI, INDONESIEN S. 137

JAMAIKA S. 149

ENT-SPAN-NEN

BORA BORA, FRANZÖSISCH-POLYNESIEN S. 147

SARDINIEN, ITALIEN S. 144

Die vielfältigen Meereskreaturen an der Küste von Mosambik erforschen

LEGENDE

NATUR & TIERWELT · ABENTEUER · PREIS-LEISTUNG · KULTUR · RUNDREISE · ESSEN & TRINKEN · HERAUS-FORDERUNG · ENTSPANNUNG

KURZURLAUB · EINE WOCHE · ZWEI WOCHEN

MICH FORDERN

ETWAS LERNEN

Cowboy- oder Cowgirl-Fantasien auf einer Ranch in Montana, USA, ausleben

KÖRPER

SEELE

MONTANA, USA S. 141

MOUNT COOK, NEUSEELAND S. 149

STERNEGUCKEN & WANDERN?

REITEN LERNEN?

ETWAS SEHEN

Im Iran historische Stätten vor dem Hitzeeinbruch besichtigen

ETWAS ERLEBEN

Grönlands wilde Weiten während der ewig hellen Mittsommernacht durchqueren

ZU LANDE

BEIDES?

ZU WASSER

ALBANIEN S. 134

NIEDERLÄNDISCHE ANTILLEN S. 134

SLOWENIEN S. 134

GRÖNLAND S. 148

Im Frühling die Rocky Mountains besuchen und Einheimische kennenlernen

KREUZFAHRT & AKTIVITÄTEN?

FAHRENDE UNTERSÄTZE

ABSOLUTE AUGENWEIDEN

MAGISCHE TIERWELT

Gorillas begegnen in Ruanda

Burgen und Kathedralen im Norden von Frankreich

MIT DEM ZUG

MIT DEM BOOT

MIT DEM AUTO

VON MUTTER NATUR

VON MENSCHEN-HAND

DIE LEICHTE TOUR

SOWOHL ALS AUCH?

DIE HARTE TOUR

KANADISCHE ROCKY MOUNTAINS, S. 141

MOSAMBIK S. 135

NORMANDIE, FRANKREICH S. 137

CAPE COD, USA S. 144

YOSEMITE-NATIONAL-PARK, USA S. 146

NORWEGISCHE ARKTIS S. 139

IRAN S. 132

ARMENIEN S. 135

SÜDLICHER LUANGWA, SAMBIA S. 147

NINGALOO REEF, AUSTRALIEN S. 135

RUANDA S. 143

MALAYSISCH-BORNEO S. 138

MAJESTÄTISCHE BERGE?

BEIDES?

STÄDTE & INSELN?

ORKNEY ISLANDS, SCHOTTLAND S. 150

TIERWELT & FAHRTEN?

NIEDLICHE FISCHERDÖRFER?

In Norwegen zur Mittsommernacht endlose Tage verbringen

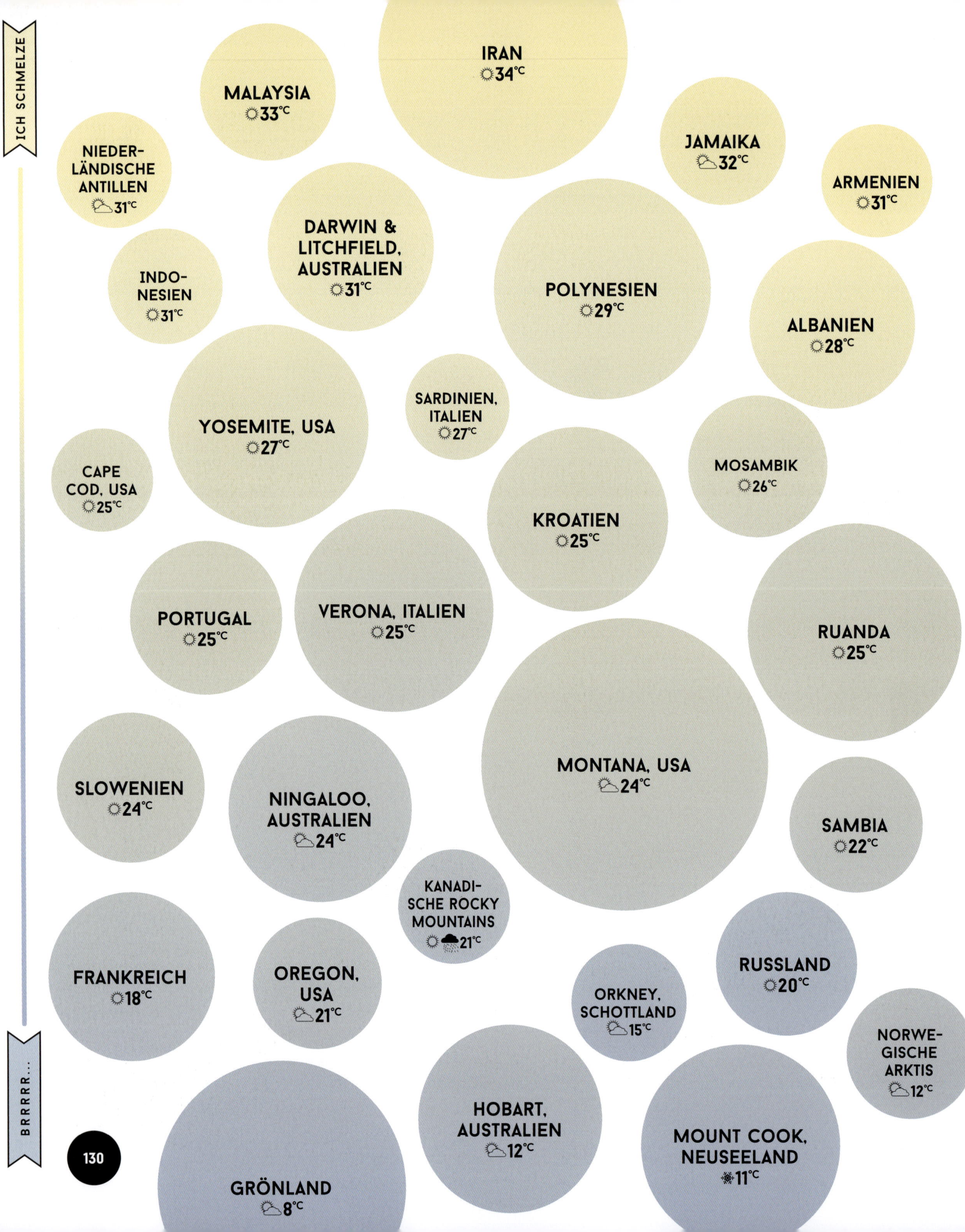
ICH SCHMELZE
IRAN 34°C
MALAYSIA 33°C
JAMAIKA 32°C
NIEDER-LÄNDISCHE ANTILLEN 31°C
ARMENIEN 31°C
DARWIN & LITCHFIELD, AUSTRALIEN 31°C
INDO-NESIEN 31°C
POLYNESIEN 29°C
ALBANIEN 28°C
YOSEMITE, USA 27°C
SARDINIEN, ITALIEN 27°C
MOSAMBIK 26°C
CAPE COD, USA 25°C
KROATIEN 25°C
PORTUGAL 25°C
VERONA, ITALIEN 25°C
RUANDA 25°C
MONTANA, USA 24°C
SLOWENIEN 24°C
NINGALOO, AUSTRALIEN 24°C
SAMBIA 22°C
KANADI-SCHE ROCKY MOUNTAINS 21°C
OREGON, USA 21°C
RUSSLAND 20°C
FRANKREICH 18°C
ORKNEY, SCHOTTLAND 15°C
NORWE-GISCHE ARKTIS 12°C
HOBART, AUSTRALIEN 12°C
MOUNT COOK, NEUSEELAND 11°C
GRÖNLAND 8°C
BRRRRR...

GEFÄLLT DER GANZEN FAMILIE

Sich auf einer der vielen Ranches im Big Sky Country von Montana aufs Pferd schwingen

SARDINIEN, ITALIEN

MONTANA, USA

NINGALOO REEF, AUSTRALIEN

NIEDERLÄNDISCHE ANTILLEN

Die Niederländischen Antillen halten ein buntes Spektakel für Taucher bereit

ORKNEY, SCHOTTLAND

DARWIN & LITCHFIELD-NATIONALPARK, AUSTRALIEN

SAMBIA

Lange Sommertage und antike Bauten auf den Orkney Islands genießen

NORMANDIE, FRANKREICH

CAPE COD, USA

Malaysisch-Borneos seltene Rafflesie ist die größte bekannte Blume der Welt

Während der Trockenzeit in Borneo den Dschungel erforschen und Schildkröten schlüpfen sehen

BALI, INDONESIEN

MALAYSISCH-BORNEO

YOSEMITE-NATIONALPARK, USA

SLOWENIEN

LISSABON, PORTUGAL

Sloweniens bildschöne Berge und Seen im Frühjahr mit eigenen Augen betrachten

JAMAIKA

TEUER, ABER ES LOHNT SICH

VIEL ERLEBEN FÜR WENIG GELD

NORWEGISCHE ARKTIS

VERONA, ITALIEN

GRÖNLAND

Veronas sündhaft leckere *gelati* sind fast so berühmt wie seine römischen Ruinen

BORA BORA

SANKT PETERSBURG, RUSSLAND

Spektakuläre Rifffische bevölkern die tropischen Gewässer vor Mosambik

OREGON, USA

MOSAMBIK

KANADISCHE ROCKY MOUNTAINS

RUANDA

MOUNT COOK, NEUSEELAND

Beim Mount Cook, Neuseelands höchstem Berg, liegt eines der weltgrößten Dark Sky Reserves

HOBART, AUSTRALIEN

DUBROVNIK, KROATIEN

Im warmen Frühsommer Armenien erkunden, das älteste christliche Land der Welt

Antike Skulpturen in Persepolis, Iran, der einstigen Hauptstadt des Persischen Reichs, bestaunen

ALBANIEN

ARMENIEN

IRAN

DIE KINDER ZUHAUSE LASSEN

IRAN

➔ Warum jetzt? Antike Städte ohne Sommerhitze besuchen
Das einstige Persien entkräftet Vorurteile mit links. Hier liest man meist über Politik und vergisst dabei die vielen Schätze des Iran: die islamische Architektur von Isfahan mit ihren blau gemusterten Fliesen, die riesigen Basare von Teheran, Isfahan, Shiraz und Täbriz, die zweieinhalbtausend Jahre alten Ruinen von Persepolis, die Wüsten, die Poesie, das Essen, und vor allem die warmherzigen, gastfreundlichen Einwohner. Im Juni steigen die Temperaturen in den Tieflagen rapide, aber die Preise sinken und es kommen weniger Touristen. Der Sommer eignet sich auch gut zum Wandern im Elburs-Gebirge, vor allem zur Besteigung des Gipfels Damavand, einem echten Wahrzeichen des Iran.
Vor Ort: Nach Teheran fliegen, gen Süden in der Wüstenstadt Yazd die Ruinen von Persepolis, das elegante Shiraz und das majestätische Isfahan besuchen und anschließend im Elburs-Gebirge den Damavand besteigen und die Burgen der Assassinen besichtigen.
Gut zu wissen: Die meisten Besucher benötigen ein Visum, das weit im Voraus beantragt werden sollte. Frauen und Mädchen (ab neun Jahren) müssen auf den Fotos für die Visaanträge Kopftücher tragen.
Wann sonst? März–Mai: Frühjahr, kühl, am vollsten und teuersten; Juni–Aug.: heiß in Tieflagen, beste Reisezeit für die Bergregionen; Sep.–Okt.: kühler, günstig; Nov.–Feb.: kalt.

- Kultur
- Abenteuer
- Rundreise

Ornamentdecke im Kakh-e Ali Qapu, Isfahan

ALBANIEN

Warum jetzt? Herrliches Wetter in den Albanischen Alpen genießen

Im albanischen Nationalpark zwischen Theth und Valbona, der unter dem Namen Albanische Alpen bekannt ist, hat der traditionelle Lebensstil der Bewohner bis heute überlebt. Im Juni sorgt die Sonne für Wärme, Wanderungen zu den Gipfeln und bewaldeten Tälern der ländlichen Region bieten tiefe Einblicke in die lokale Kultur, und bei Gastfamilien in Theth erlebt man den Alltag in den Bergen. Die alten Häuser aus der Osmanenzeit werden von Steintürmen bewacht, die in der Zeit der Blutfehden als Kerker dienten. Überall im Land stehen noch die pilzähnlichen Bunker aus der Diktatur unter Enver Hoxha, und an der Mittelmeerküste findet man faszinierende antike Stätten wie das griechisch-römische Butrint.

Vor Ort: Von Tirana geht's über Shkodra nach Norden in die Albanischen Alpen (dort kann man auch in den Kosovo reisen), dann zurück nach Süden in den Llogora-Nationalpark, zur Karaburun-Halbinsel und weiter nach Butrint.

Gut zu wissen: Wer etwas fragt, sollte wissen, dass ein Händeschütteln traditionell „Ja" und ein Nicken „Nein" bedeutet.

Wann sonst? April–Okt.: warm, trocken; Nov.–März: Winter, gut für Wanderungen mit Schneeschuhen.

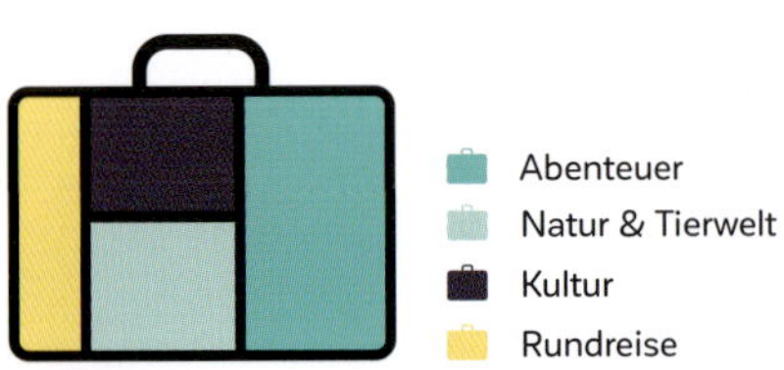

© Shutterstock

NIEDERLÄNDISCHE ANTILLEN

Warum jetzt? Ohne Hurrikangefahr in der karibischen Sonne liegen

Karibik mal ganz anders. Die berühmten Inseln Aruba, Bonaire und Curaçao liegen gleich vor der Nordküste Venezuelas. Geografisch gehören sie zu Südamerika, wurden seit dem frühen 17. Jh. aber teilweise von den Niederlanden regiert. Nach der Hochsaison (die in die Regenzeit fällt) und den heißeren Sommermonaten ist der Juni die ideale Reisezeit. Da die Inseln – anders als ein Großteil der Karibik – außerhalb des Hurrikangürtels liegen, sind sie zu dieser Jahreszeit eine sichere Wahl; zudem locken niedrige Hotelpreise und weniger überfüllte Strände. Vom Eagle Beach auf Aruba (für Flitterwochen beliebt) bis hin zu den Resorts im Südwesten Curaçaos strotzen die Inseln nur so vor herrlichen Stränden. Auf Aruba tobt das Nachtleben, Bonaire bietet tolle Tauch- und Schnorchelmöglichkeiten und Curaçao hat neben seiner holländisch beeinflussten Kultur und Küche auch die farbenprächtige Hauptstadt Willemstad.

Vor Ort: Von New York und Amsterdam gibt's Direktflüge nach Curaçao, Bonaire und Aruba.

Gut zu wissen: Im September und Oktober laichen vor Bonaire die Korallen – ein nächtliches Spektakel für Taucher!

Wann sonst? Feb.–Sept.: warm, trocken; Okt.–Jan.: Regenzeit.

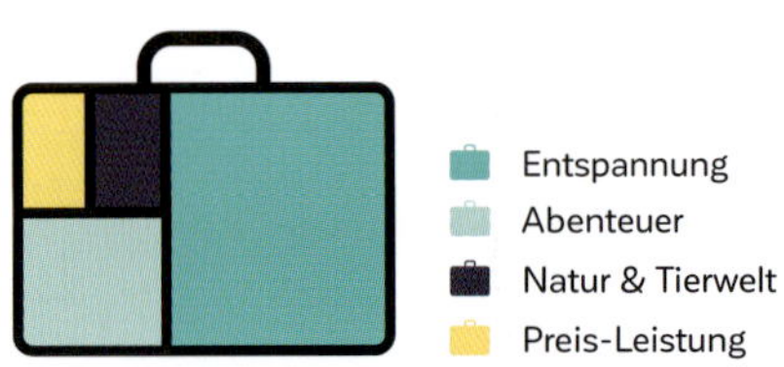

SLOWENIEN

Warum jetzt? Bei Sonnenschein durch die Julischen Alpen wandern

Slowenien, ein Land voller Wälder, Berge, Seen und Flüsse, ist wie geschaffen für Unternehmungen im Freien. Egal, ob Wanderungen durch die Julischen Alpen, Schwimmen im Bleder See (im Juni schön warm), Rafting im Isonzo bei Bovec oder Höhlenexpeditionen in der Notranjska-Karstregion. Auch die Slowenen genießen an sonnigen Junitagen nicht einfach die hervorragende Küche und guten Weine (obwohl man die unbedingt probieren sollte). In diesem magischen Monat, wenn sich die Winterkälte verabschiedet hat und die Sommertouristen noch nicht angekommen sind, muss die schöne Landschaft ausgekostet werden. Man kann klettern, die (kleine) Küste erkunden und von den Venezianern erbaute Städte wie Piran besuchen. Im Juni ist Zwischensaison und das Preis-Leistungs-Verhältnis überall großartig.

Vor Ort: Wer nur wenig Zeit hat, sollte sich auf den Westen konzentrieren – von der Hauptstadt Ljubljana in Richtung Adriaküste zum venezianischen Hafen Piran fahren, unterwegs die Höhlenburg Predjama besichtigen und dann weiter nach Norden in die Julischen Alpen reisen.

Gut zu wissen: Slowenien hat nur 46 km Küste, die im Juli und August von italienischen Touristen bevölkert wird.

Wann sonst? Dez.–März: gut für Wintersport; April & Nov.: unbeständig; Mai–Juni: Frühjahr; Juli–Aug.: Hochsommer, überfüllt; Sept.–Okt.: warm, schöne Blumen und grüne Landschaft.

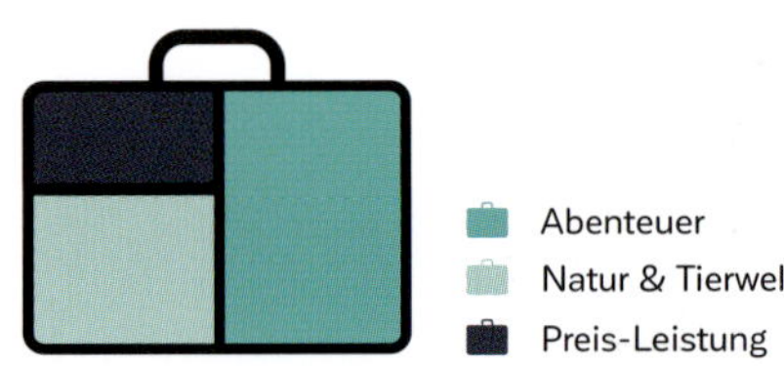

ARMENIEN

Warum jetzt? Das älteste christliche Land der Welt im Sommer bereisen
Armenien bietet so viele antike Stätten wie kaum ein anderes Land. Der Binnenstaat strotzt vor Kirchen, Klöstern und Karawansereien aus dem ersten Jahrtausend n. Chr. Und es gibt noch ältere Ruinen, z. B. das vor 7000 Jahren erbaute Zorakarer (wörtlich: „Steinsammlung"). Die eindrucksvolle Kulisse des Kaukasus mit dem Berg Ararat, der bis zur türkischen Grenze blickt, passt zu Armeniens turbulenter Geschichte voller Invasionen, Unterdrückung und Aggression. Im Juni herrscht das schönste Wetter, wenn sich die Kälte des Winters verabschiedet hat und der Hochsommer mit Temperaturen von 30°C beginnt. Von der entspannten Café-Kultur der Hauptstadt Eriwan bis zum Höhlendorf Chndsoresk und Bergklöstern wie Tatew und Norawank – Armenien ist ein faszinierendes und einzigartiges Land. Und auch der Wein kann sich sehen lassen.
Vor Ort: Man fliegt nach Eriwan und reist südlich nach Chor Virap, Norawank, Tatew und Zorakarer. Dann geht's zum Sewansee (nicht das Chatschkar-Feld aus behauenen Reliefkreuzen auslassen) und weiter zu den Hügeln von Dilidschan. Gleich im Norden liegt Georgien – perfekt für einen Abstecher.
Gut zu wissen: Als krönenden Abschluss empfehlen wir Bergkarabach, eine autonome, von Aserbaidschan umschlossene Enklave; vorher über die Sicherheitslage informieren!
Wann sonst? März–Juni: warm, Wildblumen; Juli–Aug.: Temperaturen bis 40°C; Sept.–Nov.: kühler; Dez.–Feb.: sehr kalt.

BAZARUTO-ARCHIPEL MOSAMBIK

Warum jetzt? Im warmen, klaren Meer tauchen und schnorcheln
Die vielleicht schönsten Tropeninseln der Welt. Natürlich gibt's da noch andere Regionen im Indischen Ozean (auch das mosambikanische Quirimbas-Archipel), aber wer seine Füße an einem herrlichen Morgen im Juni (dem Beginn der Trockenzeit) in den seidenweichen Sand steckt oder durch die Taucherbrille farbenprächtige Fische beobachtet und vielleicht sogar einen Buckelwal vorüberziehen sieht, wird die Konkurrenz schnell vergessen. Ein Großteil der fünf Inseln vor der Südostküste Mosambiks steht als Nationalpark unter Naturschutz; hier leben Delfine, Seeschweine, Meeresschildkröten, etwa 2000 Fischarten, und auch Nilkrokodile – doch die will man wohl eher nicht sehen ... Das Archipel ist ein Paradies für Taucher, aber auch für Leute, die einen klassischen Strandurlaub suchen.
Vor Ort: Einige Inseln haben Landepisten, vom Festlandhafen Vilankulo kann man mit Flugzeug, Helikopter, Speedboot oder Dau anreisen. Tagesausflüge ab Vilankulo sind möglich. Aber am beliebtesten sind Pauschalaufenthalte in den Luxusresorts, die oft auch einen Besuch des südafrikanischen Krüger-Nationalparks beinhalten.
Gut zu wissen: Buckelwale passieren das Archipel von Juni/Juli bis September/Oktober.
Wann sonst? Juni–Okt.: trocken; April–Juni & Sept.–Nov.: beste Tauchmöglichkeiten; Nov.–März: Regen.

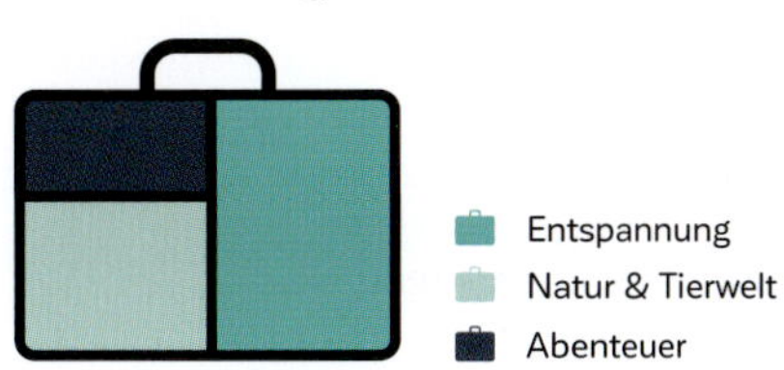

NINGALOO REEF AUSTRALIEN

Warum jetzt? An Australiens zweitgrößtem Wallriff mit Meeresriesen tauchen
Wer im Juni Australiens größten Bundesstaat (Fläche von Western Australia: 2,5 Mio. km²) besucht, kann am zweitgrößten Riff des Landes mit den gewaltigsten Fischen der Welt schwimmen: Walhaien (bis zu 18 m lang), Teufelsrochen (bis zu 5,5 m Flügelbreite) und Buckelwalen (Gewicht bis zu 30 t). Das Laichen der Korallen ab März führt zu riesigen Zooplankton-Explosionen, die bis August viele Haie anziehen. Teufelsrochen bleiben das ganze Jahr in Coral Bay und tummeln sich von Mai bis November in Exmouth, während Buckelwale von Juni bis November vorbeiziehen. Das Meer eignet sich auch perfekt zum Schnorcheln und Tauchen zwischen den unzähligen Rifffischen.
Vor Ort: Coral Bay und Exmouth sind gute Ausgangspunkte. Der Learmonth Airport bei Exmouth wird von Fliegern aus dem 1300 km entfernten Perth angesteuert. Wer mit dem Auto anreist, sollte unterwegs auch die Pinnacles Desert bei Cervantes, den Kalbarri National Park und die Stromatolithen von Shark Bay besichtigen.
Gut zu wissen: Es dürfen nicht mehr als zehn Personen zusammen mit einem Walhai im Wasser sein; man sollte sich dem Tier nicht mehr als drei Meter nähern.
Wann sonst? April–Juli: warm, Walhaie; Okt.–April: Sommer, 30°C; Aug.–Sept.: warm.

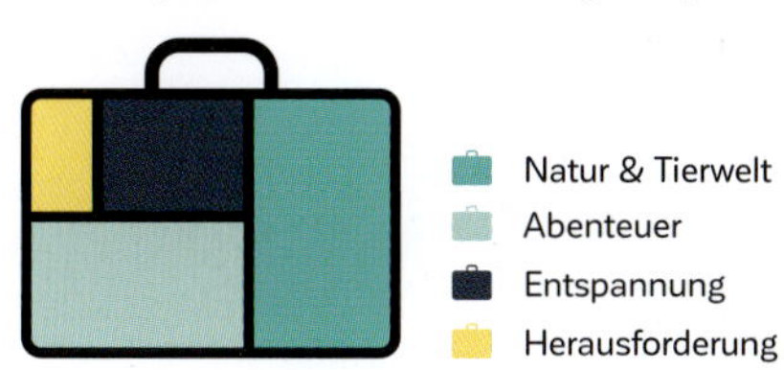

Balinesische Mädchen bereiten sich im Pura-Samuan-Tiga-Tempel auf den Pendat-Tanz vor

(L) Wasserfälle im Litchfield National Park; (R) In der Normandie wurde der Camembert erfunden

DARWIN & LITCHFIELD-NATIONALPARK
AUSTRALIEN

Warum jetzt? Den Norden in der Trockenzeit besuchen

Der Unterschied zwischen Trocken- und Regenzeit ist in Nordaustralien gravierend – nicht umsonst werden sie in „The Wet" und „The Dry" unterteilt. Besucher des nördlichen Territoriums sollten während der Trockenzeit herkommen, denn dann lässt sich die Region am besten erkunden. Im Juni ist es trocken, daher eignet sich der Monat perfekt, um die Attraktionen Darwins zu genießen – den Bicentennial Park, die Mindil Beach Sunset Markets, die Wochenendmärkte oder das Deckchair-Kino. Und man sollte mindestens einen Tagesausflug machen, z. B. zu den Wangi-Fällen im Litchfield-Nationalpark oder zu den indigenen Völkern der Tiwi Islands.

Vor Ort: Aus vielen australischen Großstädten sowie aus Bali, Singapur und Kuala Lumpur landen Flieger in Darwin. Oder man fährt mit dem Ghan-Zug von Alice Springs und Adelaide in die Stadt. Touranbieter in Darwin organisieren Tagesausflüge zu den Tiwi Islands und zum Litchfield-Nationalpark.

Gut zu wissen: Beim Schwimmen auf Würfelquallen achten – ein größeres Problem in der Regenzeit; auch wer in der Trockenzeit taucht, sollte sich vorher gut informieren.

Wann sonst? Mai–Okt.: „The Dry" (weniger Regen, kühler); Nov.–April: „The Wet" (heiß, feucht).

NORMANDIE
FRANKREICH

Warum jetzt? Burgen, Kathedralen, Cidre, Gärten, Kriegsdenkmäler

Vor über einem Jahrtausend besiedelten die Wikinger („Nordmänner" oder Normannen) diesen Teil Nordwestfrankreichs. In den Jahrhunderten danach marschierten ihre Nachkommen in England ein, erfanden den Camembert, Cidre und Calvados-Brandy, bauten Burgen, Klöster, Schlösser und Kathedralen und verfeinerten den Impressionismus. Wer diese Region im Juni bereist, kann ihr Erbe am besten genießen, den Garten von Claude Monet in Giverny in voller Mohn- und Rosenblüte erleben und bei den jährlichen D-Day-Feierlichkeiten der alliierten Soldaten aus dem Zweiten Weltkrieg gedenken. Bevor Europas Urlaubssaison beginnt, sind beliebte Reiseziele wie die Felsenabtei des Mont-Saint-Michel (gleich an der Grenze zur Bretagne) und Dörfer wie Beuvron-en-Auge weniger belebt und Felsenpfade entlang der Klippen von Étretat oder auf der Halbinsel Cotentin laden zum Wandern ein.

Vor Ort: Man erreicht die Normandie von von Paris aus mit dem Zug. Ein Auto oder Motorrad ist hilfreich, denn in vielen Gebieten verkehren nur selten Züge und Busse.

Gut zu wissen: Die Normandie ist gut auf Fahrradfahrer eingestellt: Sie bietet Radwege von insgesamt 483 km Länge und sogar ausgeschilderte Fernstreckenrouten.

Wann sonst? Mai–Okt.: schönes Wetter (Juli–Aug.: Hochsommer, Städte und Hotels überfüllt); Nov.–April: kühler, schlechtes Wetter möglich.

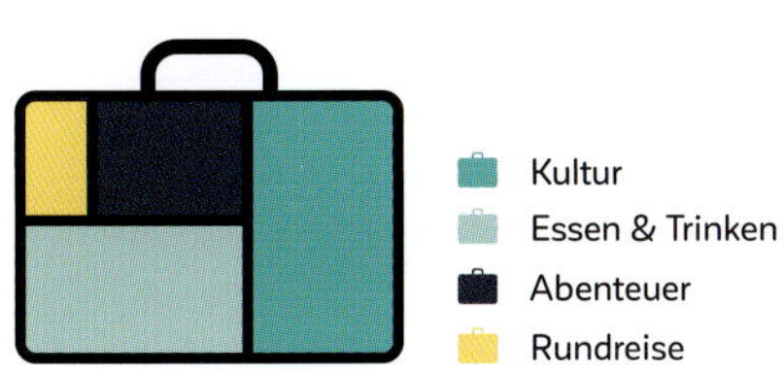

BALI & LOMBOK
INDONESIEN

Warum jetzt? In der Trockenzeit Sonne tanken, Strandurlaub machen, surfen und schlemmen

Indonesien ist das ganze Jahr über ein preiswertes Reiseziel, aber im Juni stehen die Sterne für Besucher der Tropenparadiese Bali und Lombok besonders gut – mit trockenem und warmem, aber nicht zu heißem Wetter. Die Surfbreaks an Balis Westküste erreichen ihren Höhepunkt, und die Preise bleiben niedrig, bis im Juli die Schulferien beginnen. Ob man einen Vulkan (vielleicht den Agung auf Bali oder den Rinjani auf Lombok) besteigen, die Küstentempel und Attraktionen von Ubud besuchen, auf den Gili-Inseln tauchen oder einfach am Strand liegen möchte – der Juni ist die ideale Reisezeit für Indonesien.

Vor Ort: In Denpasar landen Flüge aus vielen südostasiatischen Städten sowie aus Australien und Auckland. Flüge aus anderen Regionen beinhalten meist einen Umstieg in Südostasien oder Vorderasien.

Gut zu wissen: Obwohl Bali größtenteils hinduistisch ist, kann der Ramadan das Reisen erschweren; es kommt dann häufiger zu Verspätungen und am Monatsende steigen die Besucherzahlen an.

Wann sonst? Mai–Sept.: Trockenzeit (belebteste Zeit: Juli–Aug.); Okt.–April: sporadischer Regen (belebteste Zeit: Weihnachten und Neujahr).

Orang-Utans im
Semenggoh
Nature Reserve,
Malaysisch-Borneo,

© Matt Munro / Lonely Planet

MALAYSISCH-BORNEO

Warum jetzt? In der Trockenzeit den Dschungel erkunden und Meeresschildkröten brüten sehen

Borneos Strände mögen weit weg sein, doch die lange Reise lohnt sich, um die dort brütenden Meeresschildkröten und die tierreichen Regenwälder dahinter zu erleben, in denen einstige Kopfjäger noch immer einen traditionellen Lebensstil führen. Borneo – genauer gesagt die malaysischen Staaten Sarawak und Sabah – sind am schönsten im (relativ) trockenen Juni, wenn Schildkröten brüten und Orang-Utans die vielfältigen Früchte der Insel genießen. Sarawak fasziniert mit den Langhaus-Gemeinden am Fluss Batang Rejang, den von Fledermäusen bewohnten Höhlen im Gunung Mulu National Park, Nasenaffen und riesigen Rafflesienblüten. Sabah bietet den mächtigen Mount Kinabalu, das Sepilok-Orang-Utan-Rehabilitationszentrum sowie tolle Tauchmöglichkeiten. Beide halten eine unglaublich reiche Tierwelt, spannende kulturelle Erlebnisse und herrliche Sandstrände bereit, wo man sich erholen kann.

Vor Ort: Man fliegt von Kuala Lumpur nach Kuching oder Kota Kinabalu. Zwischen den Hauptstädten bestehen regelmäßige Flugverbindungen, und Busse und Boote fahren zu anderen Zielen in der Region.

Gut zu wissen: Einige Staaten raten vom Besuch der Inseln vor der Ostküste Sabahs ab. Über die aktuelle Sicherheitslage informieren!

Wann sonst? April–Sept.: trocken, Regen möglich; Okt.–März: feucht, weiter heiß.

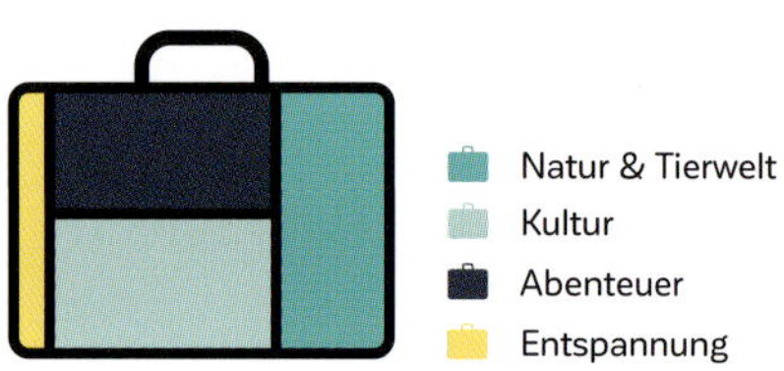

Fischerhütten auf Stelzen am Meeresarm in Krystad, Norwegen

NORWEGISCHE ARKTIS

Warum jetzt? Das Land der Mitternachtssonne an endlosen Tagen erkunden

Im Mittsommer wird die gezackte Küste des hohen Nordens pausenlos in Licht gebadet, denn von Mitte Mai bis Ende Juli taucht die Sonne überhaupt nicht am Horizont unter. Aber Traveller sind froh über jede Sekunde Tageslicht, in der sie die Landschaft, die bunten Fischerdörfer und Felskämme der Lofoten-Inseln und Senjas bewundern, die Pinien- und Birkenwälder durchfahren und zur nördlichsten Spitze des europäischen Festlands, der wellenumtosten Landzunge Knivskjellodden, wandern können. Es sollte noch genug Zeit bleiben, um Tromsø, das quirlige Zentrum der Region mit seinen vielen Pubs und Museen, der tobleroneförmigen Eismeerkathedrale und dem jährlichen Mitternachtsmarathon zu besuchen.

Vor Ort: Tromsø, die größte Stadt im Norden Norwegens, wird von Oslo, Stockholm, London und anderen Großstädten aus angeflogen. Busse und die Hurtigruten-Fähre verbinden die Städte der Region, aber am besten fährt man selbst: Von Tromsø aus lassen sich mit dem Auto isolierte Fischerdörfer auf Senja, die Samen-Zentren von Kautokeino und Karasjok und Europas nördlichste Spitze bei Nordkapp bereisen.

Gut zu wissen: Im Juni ist Hauptsaison in Tromsø – Unterkünfte im Voraus buchen.

Wann sonst? Mitte Mai–Ende Juli: Mitternachtssonne; Mai–Okt.: Temperaturen über dem Gefrierpunkt; Nov.–April: dunkel und kalt.

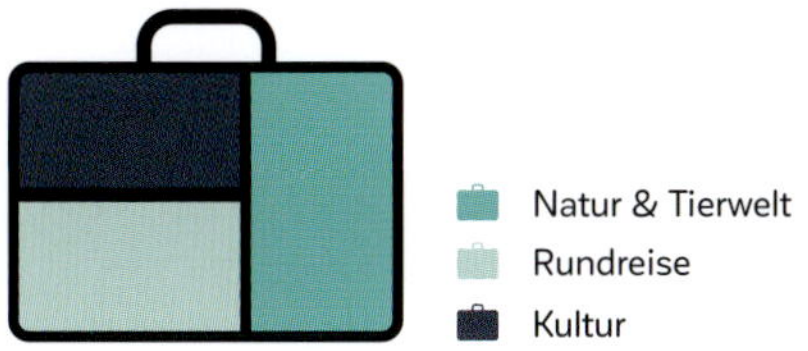

HOBART AUSTRALIEN

Warum jetzt? Auf der Dark MoFo viele Kunstattraktionen erleben

Im Winter findet in Hobart das wohl bunteste Event Australiens statt: Die Dark MoFo (darkmofo.net.au) ist eine Mischung aus Kunstinstallationen und Performances, Dark Music (Klassik und Black Metal) sowie Gourmetfesten, Filmen, einer Nacktschwimmshow und weiteren kuriosen Veranstaltungen im Mona-Museum und in ganz Hobart – ein guter Grund, im Juni die Hauptstadt Tasmaniens zu besuchen. Für ein Picknick am Flussufer ist es vielleicht etwas zu kühl, aber die Museen, Geschäfte, Restaurants und Bars sind so aufregend wie immer. Am besten wärmt man sich mit einem Sullivans Cove auf, der 2014 zum besten Single Malt Whisky der Welt ernannt wurde. Und im 90 Autominuten entfernten Mount Mawson im Mount Field National Park kann man Ski fahren oder Snowboarden.

Vor Ort: In Hobart landen Flüge aus Sydney, Melbourne und Brisbane.

Gut zu wissen: In Hobart wird es selten richtig kalt, aber man sollte trotzdem einen Regenschirm oder eine Regenjacke mitbringen. Auf jeden Fall regnet es im Juni seltener als im Oktober.

Wann sonst? Dez.–Feb.: Sommer, lange, warme Tage; März–Mai: Herbst, trockenes Wetter; Juni–Aug.: Winter, kühl, aber nicht zu kalt; Sept.–Nov.: Frühling, viel Regen.

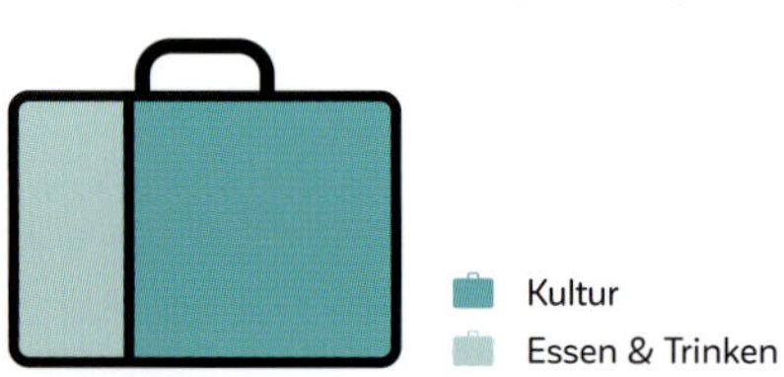

DUBROVNIK & DALMATISCHE INSELN KROATIEN

Warum jetzt? Die „Perle der Adria" erkunden

Dubrovnik hat viel mitgemacht – belagert von den Sarazenen, erobert von den Venezianern, zerstört beim Erdbeben von 1667, besetzt von Napoleon und noch einmal verwüstet im Krieg von 1991/1992. Aber jedes Mal ist die Stadt ein bisschen schöner wieder auferstanden. Im Juni ist der Wendepunkt zwischen Frühjahrswärme und der schläfrigen Hitze des Sommers, bevor Passagiere der Kreuzfahrtschiffe jede Gasse bevölkern. Nach einem Spaziergang durch die Marmorstraßen der Altstadt (am besten frühmorgens) kann man auf eine der nahe gelegenen Inseln entfliehen – vielleicht Lokrum, Mljet oder Šipan – und es sich am Strand oder in einer der Tavernen bei Wein und köstlichen Meeresfrüchten gemütlich machen. Oder man besucht Cavtat, gegründet von griechischen Siedlern, die vor den Slawen flohen und 614 n. Chr. auch das berühmtere Dubrovnik erbauten.

Vor Ort: Preiswerte Unterkünfte sind in der Altstadt rar; eine bessere Option ist Lapad 1,6 km weiter westlich, wo es auch ein paar Strände gibt.

Gut zu wissen: Die Bergstation der Seilbahn am Srd bietet die beste Sicht auf Dubrovnik bei Sonnenuntergang.

Wann sonst? Mai–Okt.: warme, klare Tage (Juni–Aug.: am belebtesten und teuersten); Nov.–April: kühl, wenige Touristen, viele Geschäfte geschlossen.

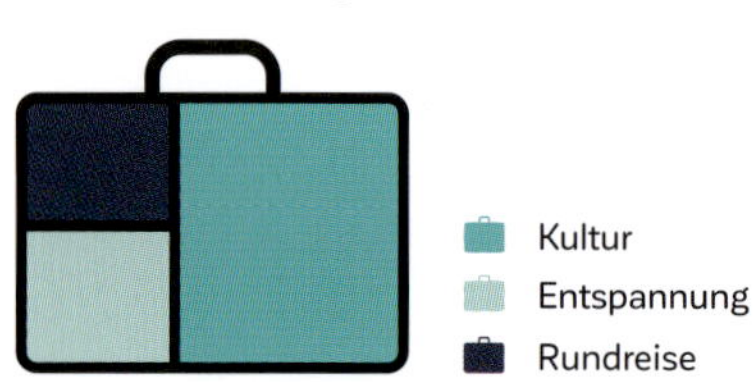

PACIFIC NORTHWEST USA

Warum jetzt? Outdoorabenteuer mit viel Kaffee und Wein genießen

Im Pacific Northwest dreht sich alles um eindrucksvolle Küsten, Wälder, Vulkane ... und natürlich um Kaffee, Hopfen und Wein. Es locken viele Naturwunder: Man kann den Mount Hood oder Mount Rainier besteigen, im Crater Lake National Park wandern oder im McKenzie River angeln, aber jedes Abenteuer beginnt mit einem ordentlichen Kaffee. Da es in der Region zahlreiche Kleinröstereien gibt, bekommt man mit Sicherheit überall edle Bohnen serviert. Außerdem begann hier der Hype um das Fassbier, und heute wird 85 % des US-amerikanischen Hopfens im Nordwesten angebaut. Wer eine Tour durch die Brauereipubs und Bars von Seattle macht, wird Biersorten aus fast 500 Mikrobrauereien entdecken. Die hellen und trockenen Tage im Juni eignen sich perfekt für einen Besuch der hiesigen Weingüter: Rund um Walla Walla werden Cabernet Sauvignon und Merlot produziert, in Yakima Chardonnay und Riesling und im südlichen Willamette Valley herrlicher Pinot Noir.

Vor Ort: Wer einen Trip auf den Seitenstraßen im Dreieck zwischen Seattle, Portland und Walla Walla unternimmt, kann unterwegs auch den Mount Rainier National Park, den Mount Hood National Park und die wichtigsten Weinregionen besuchen.

Gut zu wissen: Es ist nicht leicht, den Mount Rainier zu besteigen – für den mehrtägigen Aufstieg einen erfahrenen Guide buchen.

Wann sonst? Mai–Sept.: wärmer, trockener; Okt.–April: kühler, viel Regen.

KANADISCHE ROCKY MOUNTAINS

Warum jetzt? Einen entspannenden Frühling in den Rockys verbringen
Einfach in einen Waggon mit Glasdach steigen, sich auf dem gemütlichen Sitzplatz zurücklehnen und im Vorbeirollen die schneebedeckten Berggipfel betrachten. Das ist das Konzept des *Rocky Mountaineer*, eines Luxuszuges, der zwischen den Bergen Albertas und Vanvoucer, von Banff über den Lake Louise und Kamloops oder von Jasper über Kamloops sowie Whistler und Quesnel verkehrt. Und im Juni bekommt man auf der Fahrt von allem das Beste zu sehen: Die Frühjahrsblumen blühen, aber die Berge sind noch schneebedeckt, und der auftauende Lake Louise zeigt seine berühmte blaugrüne Farbe. Zwar ist es der regnerischste Monat in den Rocky Mountains, aber man sitzt ja sowieso drinnen. *The Canadian* – ein Zug von VIA Rail Canada, der zwischen Toronto und Vancouver verkehrt – hält unterwegs in Jasper; wer nachts mit ihm fährt, hat auf der Strecke zwischen Kamloops und Vancouver den schönsten Blick auf die Berglandschaften. Ein Trip mit dem Rocky Mountaineer beinhaltet auch eine Hotelübernachtung in Kamloops oder Quesnel und Whistler.

Der Rocky Mountaineer bei der Fahrt durch den Banff National Park

© Pete Seaward / Lonely Planet

Vor Ort: Der *Rocky Mountaineer* (www.rocky mountaineer.com) bietet drei Routen durch die Rocky Mountains zwischen Jasper oder Banff und Vancouver. Billiger ist der VIA Rail-Zug *The Canadian* (www.viarail.ca) von Toronto über Jasper nach Vancouver.

Gut zu wissen: Richtung Osten hat man auf der linken Seite des Zuges den besten Ausblick (auf der Fahrt nach Westen rechts).

Wann sonst? Mitte April–Mitte Okt.: Züge verkehren; Mitte Okt.–Mitte April: kein Betrieb.

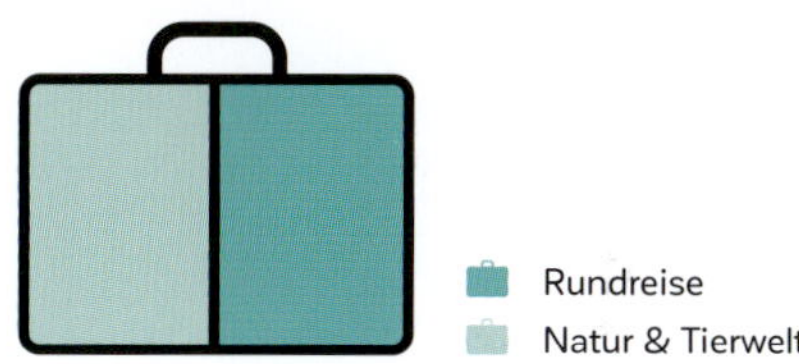

MONTANA USA

Warum jetzt? Auf einer Dude Ranch Cowboy spielen
Die meisten Jungs träumen davon, einmal Cowboyhosen anzuziehen, einen Texashut aufzusetzen, auf ein Pferd zu steigen, das Lasso zu schwingen und in den Sonnenuntergang zu reiten. Seit Ende des 19. Jhs. bieten Gäste- oder „Dude"-Ranches Städtern die Möglichkeit, diese Fantasie auszuleben, in Blockhütten zu übernachten und an Round-ups teilzunehmen. Montana in den majestätischen Rocky Mountains mit dem Yellowstone National Park im zentralen Süden ist typisches Cowboyland, und im Juni perfekt, um sich der Sommerhitze zu stellen und nach Elchen und Rentieren Ausschau zu halten. Die Ranches bieten unterschiedliche Pakete, von einfachen Reitausflügen für Neulinge bis hin zum großen Viehtrieb.

Vor Ort: Montanas Ranches liegen in den östlichen Rocky Mountains – meist südlich und östlich von Bozeman, wo Flüge aus verschiedenen Städten der USA landen.

Gut zu wissen: Die Schwierigkeitsstufen und der Kontakt zum Vieh variieren je nach Ranch und Jahreszeit. Die Website der Dude Ranchers' Association (www. duderanch. org) gibt genaue Angaben zu den Mitgliedsranches in den USA und Kanada.

Wann sonst? Juni–Sept.: beliebteste Zeit (Juli–Aug.: Hochsaison); einige Ranches haben ganzjährig offen und bieten maßgeschneiderte Unternehmungen an.

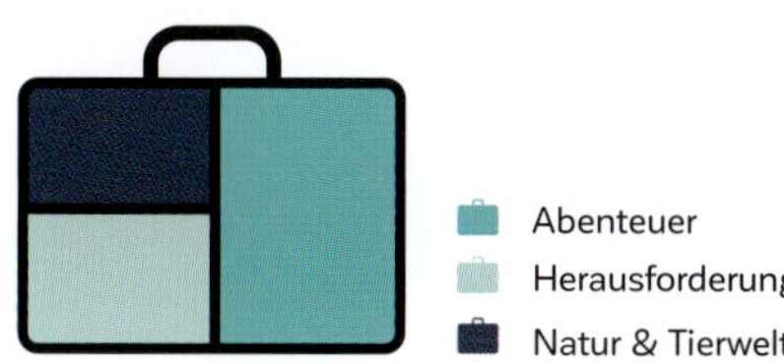

© Eric Lafforgue / Lonely Planet

RUANDA

Warum jetzt? Einem „Silberrücken" tief in die Augen sehen

Kaum zu glauben, dass ein so riesiges Tier (männliche Gorillas wiegen bis zu 180 kg) so verletzlich sein kann, doch es gibt nur noch 700 Berggorillas in zwei isolierten Teilpopulationen. Der Beginn der Trockenzeit ist ideal, um im Volcanoes National Park nach einer der zehn dort lebenden Gruppen Ausschau zu halten – es warten schlammige, steile Pfade, schwindelerregende Höhen (rund 3000 m) und schließlich der herzerwärmende Anblick einer Primatenfamilie. Doch das ist nicht der einzige Grund für einen Besuch Ruandas. Die hübsche, vom Duft des regionalen Kaffees erfüllte Hauptstadt Kigali ist ein guter Startpunkt; im Nyungwe-Wald leben große Schimpansen-Populationen, in Rwenzori tummeln sich Stummelaffen, und durch die Savannen, Hügel und Täler des Akagera National Park im Osten streifen Giraffen, Zebras, Elefanten und scheue Löwen.

Vor Ort: Man fliegt in die Hauptstadt Kigali. Ruanda lässt sich gut auf eigene Faust bereisen und bietet gute Minibusverbindungen. Einfacher ist eine Tour (inkl. Gorillasuche) mit einem internationalen Reiseveranstalter.
Gut zu wissen: Die Genehmigung zur Gorillasuche (zurzeit 750 US$) für diese beliebte Reisezeit sollte man weit im Voraus einholen.
Wann sonst? Juni–Aug.: trockenste Zeit, Gorillasuche am einfachsten; März–Mai & Nov.: schwere Regenfälle; Sept.–Okt. & Dez.–Feb.: feucht, günstiger, Genehmigungen zur Gorillasuche leichter erhältlich.

- Natur & Tierwelt
- Rundreise
- Kultur

An den Steilhängen im Volcanoes National Park leben Hunderte von Berggorillas

© Eric Lafforgue / Lonely Planet

CAPE COD
USA

Warum jetzt? Sonne, Meer, Strand (und Meeresfrüchte) genießen

Cape Cod, das trendigste Urlaubsziel New Englands, ist gesäumt von Stränden, hübschen Städten und Restaurants, die Austern, Muscheln und Hummer servieren – kein Wunder, dass jedes Jahr Millionen hier Urlaub machen. Die meisten Touristen kommen im Juli und August. Nach dem Memorial Day ist weniger los, was den Juni zum perfekten Reisemonat macht: Man findet leichter Unterkünfte und die Strände sind weniger voll. Nicht, dass es zu ruhig wäre: Im Juni finden auf Cape Cod jede Menge Kunstevents statt (z. B. das Provincetown International Film Festival). Man kann das Cape mit dem Auto bereisen, an hübschen Buchten anhalten und eine Walkreuzfahrt machen oder den 40 km langen Cape Cod Rail Trail zwischen South Dennis und Wellfleet mit dem Fahrrad zurücklegen.

Vor Ort: Cape Cod erreicht man am besten von Boston aus. In Provincetown und Hyannis gibt's Flughäfen, im Sommer verkehren täglich Schnellfähren zwischen Boston und Provincetown, und von Boston fahren Busse und ein Wochenendzug nach Hyannis.

Gut zu wissen: Selbst im Juni sollte man Unterkünfte im Voraus buchen.

Wann sonst? Juni–Sept.: Sommer; Okt.–Nov. & April–Mai: Nebensaison; Dez.–März: Winter, billiger, einige Geschäfte geschlossen.

SARDINIEN
ITALIEN

Warum jetzt? Vorm großen Ansturm Sonne und Mittelmeer auskosten

Italiens zweitgrößte Insel lässt die meisten vor allem an eins denken: Strände. Nirgendwo sonst ist das Mittelmeer so türkisblau und von so puderweißen Sandküsten gesäumt. Am berühmtesten ist die Costa Smeralda, ein Tummelplatz für Millionäre, aber es gibt auf Sardinien noch viel mehr zu sehen. Im Juni ist schönes Wetter, aber die Hauptsaison hat noch nicht begonnen. Südlich der Hauptstadt Cagliari liegt Chia mit seinen fünf herrlichen Stränden. Auf der Halbinsel Sinis kann man griechische Ruinen besichtigen und wunderbar schnorcheln. Alghero hat beliebte Resorts, von Cala Gonone an der Ostküste fahren Boote zu einsamen Stränden und die Costa Rei weiter südlich ist einfach unbeschreiblich schön. Wer Abwechslung sucht, kann im Gennargentu-Gebirge wandern, historische Altstädte wie die von Cagliari entdecken und sich 3000 Jahre alte *nuraghi*-Turmbauten ansehen.

Vor Ort: Flüge von Billig-Airlines landen an den Flughäfen von Cagliari, Alghero und Olbia.

Gut zu wissen: Am frühen Nachmittag schließen viele Geschäfte außerhalb der großen Resorts für eine Siesta.

Wann sonst? Mai–Juni: klare Tage; Juli–Aug.: Hochsaison; April & Sept.–Okt.: Nebensaison, günstigere Preise; Nov.–Feb.: kälter.

SANKT PETERSBURG
RUSSLAND

Warum jetzt? Durch das Licht der Weißen Nächte schweben

Peter der Große gründete 1703 die prachtvolle Stadt an der Newa, um damit die Welt zu beeindrucken. Ihre Paläste, Museen und Theater könnten grandioser gar nicht sein, und im Hochsommer, wenn die Sonne nie untergeht und Sankt Petersburg rund um die Uhr in strahlendes Licht getaucht ist, wirkt es noch romantischer als sonst. Während der Weißen Nächte, die von der zweiten Juniwoche bis Anfang Juli dauern, befindet sich Sankt Petersburg im Taumel von Opern, Balletshows, Konzerten und allgemeiner *zhizni radost* (Lebensfreude). Besucher können Spaziergänge an der Newa oder durch den Sommergarten machen, den Brücken beim Hochfahren zusehen und die kunstvollen Brunnen von Peterhof bewundern.

Vor Ort: Am Ufer entlangzuspazieren und durch die Parks und Straßen zu schlendern ist einfach wundervoll, aber man sollte sich unbedingt auch die prachtvollen Paläste und Kirchen der Stadt, die Eremitage im Winterpalast sowie die Peter-und-Paul-Festung ansehen.

Gut zu wissen: Touristen brauchen ein russisches Visum, das im Voraus durch eine Reiseagentur oder per Einladung vom gebuchten Hotel arrangiert werden muss. Während der Weißen Nächte sind die Preise in der Stadt sehr hoch.

Wann sonst? April–Sept.: warm, hell; Okt.–Nov.: kalt, grau; Dez.–März: dunkel, eiskalt, aber faszinierend.

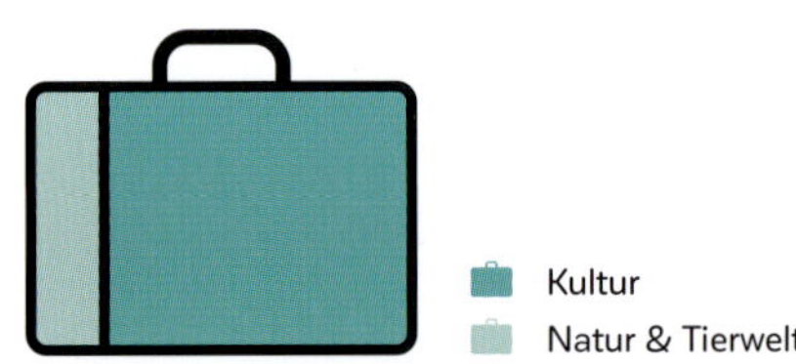

LISSABON
PORTUGAL

Warum jetzt? Edlen Wein, köstliches Essen und *fado* genießen

In nur wenigen europäischen Städten kann man sich vor einem angesagten Altstadt-Café auf eine sonnige Terrasse setzen, ohne Gefahr zu laufen, überteuerten Kaffee serviert zu bekommen. Außerhalb des früheren Ostblocks hat wohl keine Stadt ein besseres Preis-Leistungs-Verhältnis als Lissabon – aber ihre Atmosphäre ist alles andere als billig. *Presunto* (Trockenschinken), Portwein, *ginjinha* (Kirschlikör), Meeresfrüchte – die portugiesische Küche ist köstlich und immer preiswert. Am schönsten ist Lissabon im Juni, wenn die Blumen blühen und zahlreiche Feste ein freundliches Flair schaffen. Beim Fest des Heiligen Antonius dreht die ganze Stadt durch und an jeder Straßenecke in Alfama duftet es nach frischem Grillfisch. Besucher sollten mit der touristischen, aber großartigen Tram 28 eine Rundfahrt durch die Stadt machen und mit Tram 15 zum Torre de Belém und zum Jerónimoskloster fahren. Nicht vergessen: *Pasteis de nata* (Vanilletörtchen) probieren!

Vor Ort: Lissabons Metro fährt vom Flughafen ins Stadtzentrum. In den Vierteln Alfama, Baixa und Bairro Alto befinden sich die besten Unterkünfte.

Jeder hat das kulinarische Recht auf ein *pastel de nata* (Vanilletörtchen)

Gut zu wissen: In der Tram 28 sind viele Taschendiebe unterwegs. Kein Grund zur Paranoia, aber man sollte aufpassen.

Wann sonst? April–Sept.: warm, trocken; Okt.–März: kühler, mehr Regen.

Kultur
Essen & Trinken
Preis-Leistung

RUND UM LISSABON

CASCAIS • 26 KM • Strände, Surfen, aufregendes Nachtleben

SINTRA • 27 KM • Märchenpaläste, Gärten, Wälder

MAFRA • 40 KM • Ein extravaganter Klosterpalast, herrliche Parks

ÓBIDOS • 1014 KM • Maurische Stadtmauern, verzweigte Gassen

YOSEMITE-NATIONALPARK
USA

Warum jetzt? Durch die aufblühende Natur streifen
1869 schrieb der Naturforscher John Muir, Yosemite sei „bei weitem der prächtigste aller Naturtempel, die ich je betreten durfte". Der Nationalpark ist wirklich etwas Besonderes – ein Gletschertal mit Berggipfeln und Felsnadeln, einer artenreichen Tierwelt, Wasserfällen und Wiesen, an denen Eichen, Zedern und Tannen wachsen. Am Ende des Frühjahrs erwacht der Park zum Leben. Die Wildblumen blühen, die Tiere werden rührig und die Wasserfälle sind dank der Schneeschmelze voller Kraft. Ab Ende Mai kann man auch den Half Dome, den eindrucksvollsten Berg im Nationalpark, erklimmen. Die Besteigung dauert einen Tag; um die Spitze zu erreichen, benötigt man Seile, die jedes Jahr im Oktober entfernt, aber (je nach Wetterbedingungen) im Mai wieder angebracht werden.
Vor Ort: Der Park ist 3½ Autostunden von San Francisco entfernt. Mit Shuttlebussen sind die Attraktionen und Wanderwege zu erreichen. Für die Lower Yosemite Falls, die Happy Isles, Vernal, die Nevada Falls und das Panorama am Glacier Point braucht man wenige Tage. Wer mehr Zeit mitbringt, kann wundervolle Wanderungen unternehmen.
Gut zu wissen: Vorsicht vor Bären – auf den Campingplätzen sollte man Lebensmittel in bärensicheren Schränken aufbewahren.
Wann sonst? Dez.–Feb.: kalt, Wintersport; März–Mai: Frühjahrsblüte, ruhig; Juni–Aug.: heiß, belebt; Sept.–Nov.: ruhiger, kühler.

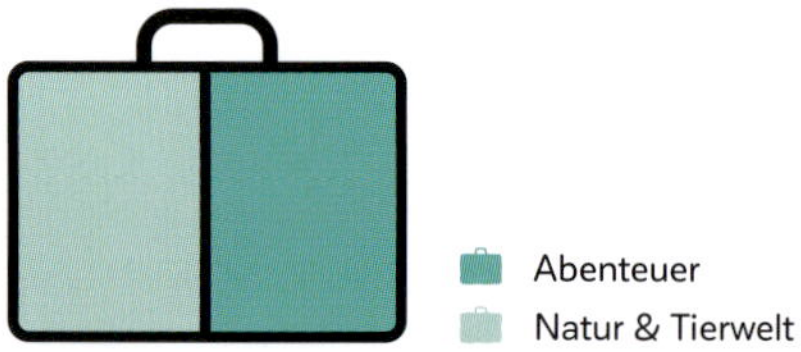

Die Yosemite Falls vom Tal aus gesehen

BORA BORA
FRANZÖSISCH-POLYNESIEN

Warum jetzt? Das Tropenparadies in der besten Reisezeit erleben
Blau, Türkis, Azur, Petrol, Indigo ... es gibt gar nicht genug Worte, um die Farben des Pazifischen Ozeans in Französisch-Polynesien an einem Sonnentag zu beschreiben. Und die sind zahlreich im Juni, dem Beginn der Trockenzeit, wenn auf der Hauptinsel Bora Bora und ihren *motu* (Atollen) Temperaturen von 20 bis 30°C herrschen. Mit ihren palmenbeschatteten Luxusresorts vor glasklarem Wasser sind die Inseln eine perfekte Filmkulisse – und man muss auch ein Filmstar sein, um die besten Hotels bezahlen zu können. Es gibt aber auch günstigere Unterkünfte. Und als ob die Inseln nicht schon paradiesisch genug wären: Auch das Schnorcheln und Tauchen über den Korallengärten, in denen sich Haie und Rochen tummeln, ist ein spektakuläres Erlebnis.
Vor Ort: Auf Bora Bora landen täglich Flüge aus Tahiti und auch ein paar Maschinen aus Huahine, Mo'orea, Maupiti und Ra'iatea. Von der linken Seite des Flugzeugs aus genießt man vor der Ankunft den besten Ausblick.
Gut zu wissen: Wer im Juli (während des traditionellen Festes Heiva i Bora Bora) und August, den beliebtesten Monaten, herkommen möchte, sollte weit im Voraus buchen.
Wann sonst? Juni–Aug.: trockenste, belebteste Zeit; Mai & Sept.–Okt.: höhere Luftfeuchtigkeit, mehr Hotelzimmer verfügbar, niedrigere Preise; Nov.–April: Regenzeit, hohe Luftfeuchtigkeit.

SÜDLUANGWA-NATIONALPARK
SAMBIA

Warum jetzt? Bei einer aufregenden Safari mit den Tieren wandern
Die Augen eines Löwen offenbaren nichts: keinen Zorn, keine Angst, keine Neugier. Das merkt man, wenn man dem majestätischen Raubtier ohne den Schutz eines Fahrzeugs begegnet – am Geburtsort der Wandersafari, dem Südluangwa-Nationalpark in Sambia. Im Juni, zu Beginn der Trockenzeit, wenn die Pflanzen noch nicht verdorrt sind, kann man „das Tal“ am besten zu Fuß erkunden. Zusammen mit Afrikas erfahrensten Wanderführern entdeckt man Elefanten, Giraffen, Vögel und mit etwas Glück auch Wildhunde. Wildtieren so zu begegnen ist aufregend und aufschlussreich, denn man erlebt auch die Geräusche und Gerüche des Buschlands. Auf Nachtfahrten sind häufig auch Leoparden und andere Nachttiere zu sehen.
Vor Ort: Flug über die Hauptstadt Lusaka zur Landepiste bei Mfuwe unweit des Parkeingangs. Ein paar Tage im Park lassen sich mit den Viktoriafällen und anderen sambischen Parks wie dem Unteren-Zambesi-Nationalpark, dem Mana-Pools-Nationalpark in Simbabwe oder dem Malawisee kombinieren.
Gut zu wissen: Die meisten Touristen nutzen die Luxusunterkünfte des Parks, es gibt aber auch Budgetsafaris mit Unterbringung in billigeren Lodges oder Camps bei Mfuwe.
Wann sonst? Juni–Okt.: Trockenzeit; Nov.–Mai: „Smaragd“-Saison; die Wege sind überschwemmt, aber man kann gut Vögel beobachten und fotografieren.

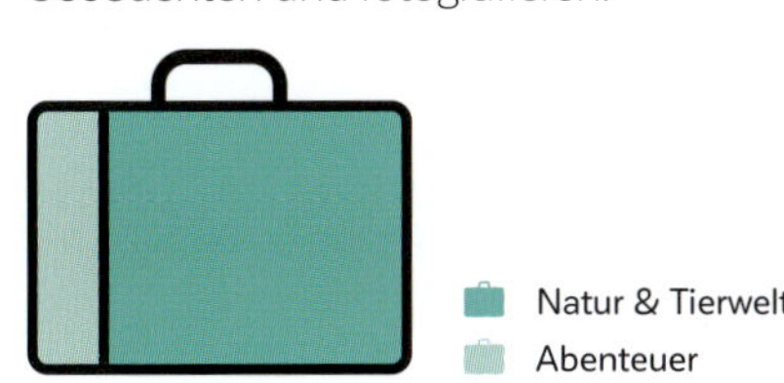

Hundeschlittenfahren ist in Grönland das ganze Jahr über möglich

GRÖNLAND

Warum jetzt? An endlosen Tagen das wilde Grenzland entdecken

„Wenn man die Welt gesehen hat, wartet immer noch Grönland." So lautet ein altes Sprichwort – und wer das überirdische Licht Grönlands im Juni erlebt, wenn die Tage nie enden, versteht es auch. Das karge, aber wunderschöne Land ist die größte Insel der Welt, und ihr spärliches Verkehrsnetz lässt sie sogar noch größer wirken: Es gibt kaum Straßen, und wer zwischen den vielen kleinen, zerstreuten Gemeinden hin- und herfahren will, braucht oft ein Boot oder einen Helikopter – billig ist Grönland also nicht. Aber hier ist sowieso alles anders. Man kann den traditionellen Lebensstil der Inuit kennenlernen, in der Disko Bay Wale beobachten und bei Kangerlussuaq Moschusochsen sehen oder beim Wandern und Kajakfahren durch einsame Fjorde wie Ilulissat oder die Berge Ostgrönlands den Duft eisiger Arktisluft einatmen.

Vor Ort: Am besten nutzt man einen erfahrenen Reiseveranstalter, der Flüge (wahrscheinlich zur Hauptsiedlung Nuuk), Unterkünfte und Transportmittel bucht. Die meisten Reiserouten konzentrieren sich auf die (relativ) gut erschlossene Westküste.

Gut zu wissen: Insektenstiche können im Sommer (Juli und August) zur Plage werden. Und schlechtes Wetter setzt alle Reisepläne matt, also flexibel bleiben.

Wann sonst? Juni–Sept.: bestes Wetter, Reisen am einfachsten; Mai & Okt.: kühler, unbeständiges Wetter; Nov.–April: Winter, Huskyschlittenfahrten möglich.

JAMAIKA

Warum jetzt? In der Nebensaison die Karibikkultur erleben
Jamaica, ein verlockender Cocktail aus Bassrhythmen, Felsenküsten, bewaldeten Bergen und herrlichen Stränden, ist ein faszinierendes Reiseziel. Zwischen Dezember und April sind die Hotels voller Touristen, was mit Warteschlangen, hohen Preisen und überfüllten Stränden einhergeht. Im Juni beginnt dann die Hurrikansaison, aber die tropischen Stürme legen meist erst später los, deshalb ist dieser Monat die perfekte Zeit, um all das zu genießen, was Jamaica so aufregend macht: Sonne und Strand, aber auch Wanderungen in den Blue Mountains und im Cockpit Country, Flussrafting, Rumverkostungen und natürlich das berühmte Nachtleben von Kingston – und das alles ohne die Touristenmassen und mit hohen Rabatten in Hotels und Resorts sowie auf Ausflugstouren und Flügen.
Vor Ort: Die Strände und das Nachtleben von Negril und Montego Bay genießen, sich in den Dunn's River Falls bei Ochos Rios (im Juni steigt hier das Jazz Festival) abkühlen, am Bosten Beach leckeres Jerk Chicken schlemmen und dann nach Kingston fahren.
Gut zu wissen: Insektenschutzmittel nicht vergessen – Moskitos verbreiten das Chikungunya-Virus.
Wann sonst? Mitte Dez.–Mitte April: Hochsaison, warm, trocken, teuer; Mitte April–Juli: Nebensaison, mehr Regen, aber meist trocken; Aug.–Nov.: Hurrikansaison.

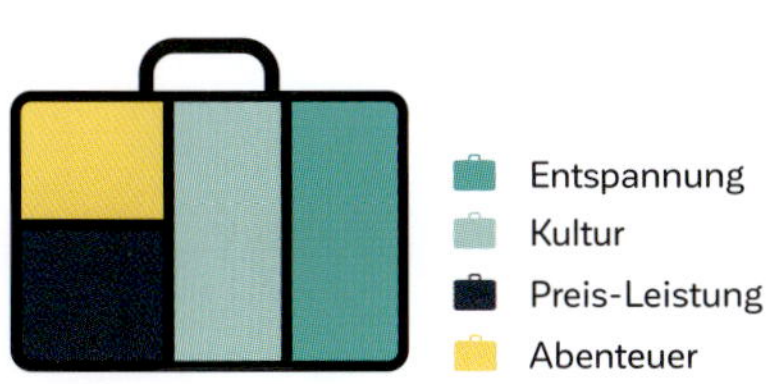

Blick über die Canterbury Plains auf Mount Cook und die Südlichen Alpen

MOUNT COOK NEUSEELAND

Warum jetzt? Im größten Lichtschutzgebiet der Welt die Sterne bewundern
Der beste Ort der Welt, um den wunderschönen Nachthimmel in all seinen Details zu bewundern, ist das Aoraki Mackenzie Dark Sky Reserve – mit 4300 km² das größte Lichtschutzgebiet der Welt. Laut der maorischen Überlieferung ist der 3724 m hohe Aoraki, dessen Namen einige als „Himmelsspitze" übersetzen, der Sohn des Himmelsvaters Raki. Während des Winters bilden die Sterne einen leuchtenden Schleier am Himmel. Wer mehr über die Sonnenkörper erfahren will, sollte eine der Sternwarten besuchen. Die klare Luft schafft traumhafte Bedingungen für Fotografen, die herrliche Aufnahmen davon machen können, wie sich der Aoraki im Pukakisee spiegelt. Und sogar Skifahrer kommen hier auf ihre Kosten: Der Tasman-Gletscher, Neuseelands längster Eissee, bildet mit 12 km die größte Skipiste des Landes.
Vor Ort: Das Aoraki Mount Cook Village ist 266 km von Queenstown und 330 km von Christchurch entfernt; aus beiden Städten fahren täglich Busse dorthin. Die Unterkünfte im Dorf reichen von einfachen Campingplätzen bis zu komfortablen Lodges.
Gut zu wissen: Schnee und Lawinen können im Winter die Straßen blockieren; am besten vor der Reise über die Wetterbedingungen informieren.
Wann sonst? Juni–Sept.: Winter, kalt; Nov.–Feb.: Sommer, Temperaturen bis 30 °C; März–Mai: Herbst, Wildblumen.

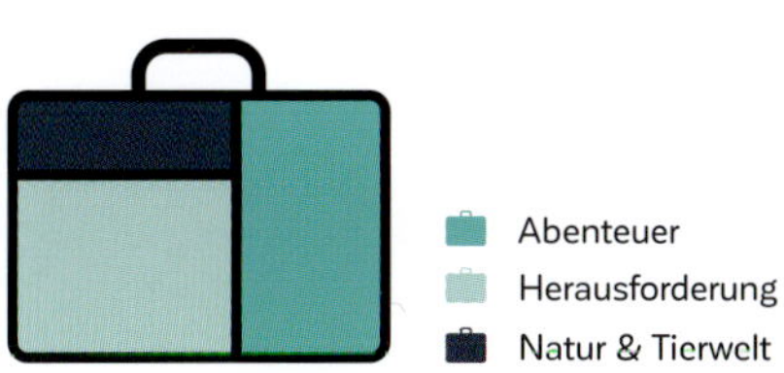

Der Ring von
Brodgar und die
Italienische Kapelle
auf Lamb Holm

ORKNEY
SCHOTTLAND

Warum jetzt? Endlose Sommertage genießen und antike Stätten entdecken

Besser als Stonehenge! Wer eine noch mystischere Sonnenwende erleben will, reist am 20. Juni zum Ring von Brodgar, einem 104 m großen Steinkreis auf der Orkney-Insel Mainland. Der längste Tag des Jahres wird in diesem Epizentrum neolithischer Stätten mit Musik, Poesie und Lesungen gefeiert. In Skara Brae, einem der am besten erhaltenen Dörfer aus der Steinzeit, oder auf der von Runen übersäten Megalithanlage von Maes Howe taucht man noch tiefer in die uralte Geschichte Orkneys ein. Doch nicht alles hier dreht sich um die Vergangenheit: Im Juni nisten auf den Klippen Meeresvögel, vor allem Papageientaucher, vor der Küste sieht man Delfine, Tümmler und sogar Orcas, und an den Ufern tummeln sich Robben. Der Legende nach legen Selkies (mythologische Wesen) an Mittsommer ihre Robbenfelle ab, um die Menschen zu verhexen.

Vor Ort: In Kirkwall landen Flüge aus Schottland und an den Häfen der Orkneys legen Fähren an. Auf den Inseln verkehren Busse, aber mit Auto oder Fahrrad ist man flexibler.

Gut zu wissen: Die Sommertemperaturen liegen bei 15 °C, aber gegen den starken Wind sollte man warme Kleidung mitbringen.

Wann sonst? Juni–Aug.: lange, helle Tage, belebter; Mai & Sept.: sonnig; Okt.–April: kurze Tage, viel Regen.

Kultur
Natur & Tierwelt
Rundreise

Die Ponte Pietra, eine römische Bogenbrücke über die Etsch, Verona

© Pete Seaward/ Lonely Planet

VERONA ITALIEN

Warum jetzt? Opern und Geschichte frönen im kühlen Frühsommer

Vergleich ich dich mit einem Sommertag? Verona im Juni, wenn die rauen Winde nicht mehr durch die Maienblüten streichen, ist wie Shakespeares Muse: lieblich und lind (Sonett 18). Obwohl die Stadt im Schatten des Nachbarn Venedig steht, ist sie ein großartiges Reiseziel, das sich im Juni wunderbar erkunden und genießen lässt. Dann kann man zu mittelalterlichen *palazzi* und *loggias* spazieren und vielleicht eine Pause einlegen, um sehnsüchtig vom Balkon der berühmten Casa di Giulietta zu schauen (Romeo und Julia spielt vorwiegend in Verona). Und dann sind da natürlich die römischen Ruinen – ab Ende Juni ertönen in der Arena die Klänge des jährlichen Opernfestes. Essen und Trinken ist eine Leidenschaft der Bewohner Veronas; angefangen vom besten *gelati* (Eis) Italiens bis hin zu edlen Weinen, Kürbisravioli und *bigoli*-Nudeln – diese reizvolle Stadt bietet Nahrung für Körper und Geist.

Vor Ort: Verona wird von zahlreichen Billigairlines aus ganz Europa angeflogen und auch der Bahnhof bietet eine Menge gute Verbindungen.

Gut zu wissen: Während des Opernfestes (Ende Juni bis August) ist besonders viel los; man sollte seine Unterkunft weit im Voraus oder spätestens am Monatsanfang buchen.

Wann sonst? Mai–Sept.: Temperaturen über 20°C; April & Okt.: Nebensaison, schönes Wetter; Nov.–März: kühl, unbeständig.

Kultur
Essen & Trinken

RUND UM VERONA

MANTUA • 45 KM • Paläste, Domkuppeln, Seen, die „romantischste Stadt der Welt"

GARDASEE • 48 KM • Wassersport, römische Ruinen und herrliche Gärten

VENEDIG • 121 KM • Gondeln, Kanäle, Paläste

TREVISO • 132 KM • Gotische Kirchen und Fresken

Juli

WANN AM BESTEN WOHIN?

ICH WILL

Die Ionischen Inseln erforschen und das ruhige Hafenleben auf sich wirken lassen

MIR ETWAS GÖNNEN

Österreichs Alpenregion bietet köstliche, herzhafte Küche und angenehm kühles Klima

LASS UNS AUS-GEHEN

Die österreichischen Alpen verzaubern wirklich jeden Besucher

ESSEN → ALPEN, ÖSTERREICH S. 173

TRINKEN → HUNTER VALLEY, AUSTRALIEN S. 164

Sich im winterlichen Hunter Valley mit lokalen Weinen wärmen

URBANE KÜCHE?

Sonne und Geschichtswissen tanken in Sarajevo und Mostar in Bosnien und Herzegowina

AUF IN DIE STADT

WILDE TAGE → BOSNIEN & HERZEGOWINA S. 161; PHILADELPHIA, USA S. 175

WILDE NÄCHTE → KOPENHAGEN, DÄNEMARK S. 169

Sich im Juli in der dänischen Hauptstadt Kopenhagen am Wasser vergnügen

An den goldenen Küsten der Great Lakes entlang durch Michigan, USA, reisen

ESSEN & ABENTEUER?

Jetzt ist die Gelegenheit, Japans wichtigstes Gebirgsmassiv, den Fuji, zu besteigen

AB ZUM STRAND

AUF-DREHEN → ANTIGUA S. 168; MICHIGAN, USA S. 159

ENT-SPAN-NEN → MARQUESAS, FRANZÖSISCH-POLYNESIEN S. 168; SANSIBAR, TANSANIA S. 168; IONISCHE INSELN, GRIECHENLAND S. 159

SANDSTRÄNDE & SCHNORCHELN?

Unter dem blauen Himmel Sansibars die Zehen in den Indischen Ozean tauchen

LEGENDE

NATUR & TIERWELT · ABENTEUER · PREIS-LEISTUNG · KULTUR · RUNDREISE · ESSEN & TRINKEN · HERAUS-FORDERUNG · ENTSPANNUNG

KURZURLAUB · EINE WOCHE · ZWEI WOCHEN

Sonnenschein und ruhiges Meer auf den Azoren im Atlantischen Ozean genießen

MICH FORDERN

ETWAS LERNEN

Künstlerische Inspiration finden bei einer Kajakfahrt durch die Flüsse von Constable Country in Suffolk, England

ETWAS SEHEN

ETWAS ERLEBEN

Den wärmsten Monat in der Mongolei für den Besuch eines einzigartigen Sportfests nutzen

KÖRPER
- JAPAN S. 167

SEELE
- SUFFOLK, ENGLAND S. 159
- MONGOLEI S. 156

ZU LANDE
- TRAMPEN
  - NORDENGLAND S. 172
- BEIDES?
  - DOLOMITEN, ITALIEN S. 165
- RAD-FAHREN
  - NIEDERLANDE S. 161

ZU WASSER
- AZOREN S. 165

IM SCHNEE
- SÜDINSEL, NEUSEELAND S. 171

SKIFAHREN VOR TRAUMKULISSE?

Bei warmem Wetter zwischen niederländischen Kanälen und Windmühlen entlang radeln

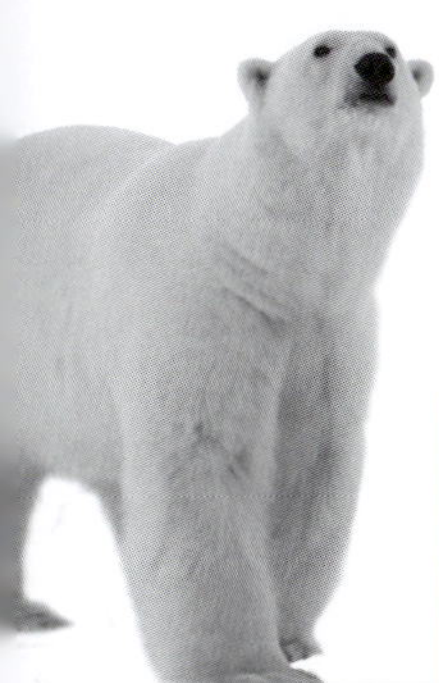

Spitzbergen im Norden von Norwegen bietet große Bären, Mitternachtssonne und klares Meer

FAHRENDE UNTERSÄTZE

ABSOLUTE AUGENWEIDEN

MAGISCHE TIERWELT

FAHREN ODER RADELN?

MIT DEM ZUG
- THE GHAN, AUSTRALIEN S. 171

MIT DEM BOOT
- SPITZBERGEN, NORWEGEN S. 158
- BALTIKUM S. 158

MIT DEM AUTO
- WILD ATLANTIC WAY, IRLAND S. 162
- HIMALAJA, INDIEN S. 164
- ALBERTA, KANADA S. 173

TOUREN DURCH DIE BERGE?

VON MUTTER NATUR
- KANGAROO ISLAND, AUSTRALIEN S. 158
- SCHWARZWALD, DEUTSCHLAND S. 170

VON MENSCHEN-HAND
- DORDOGNE, FRANKREICH S. 174

DIE LEICHTE TOUR
- PANTANAL, BRASILIEN S. 164
- OKAVANGODELTA, BOTSWANA S. 163

DIE HARTE TOUR
- ALASKA, USA S. 161

STÄDTE & BURGEN?

TOLLE STÄDTE AM MEER?

EXPEDITIONS-KREUZFAHRTEN?

Die wundervolle Natur im brasilianischen Regenwald erleben – und trocken bleiben

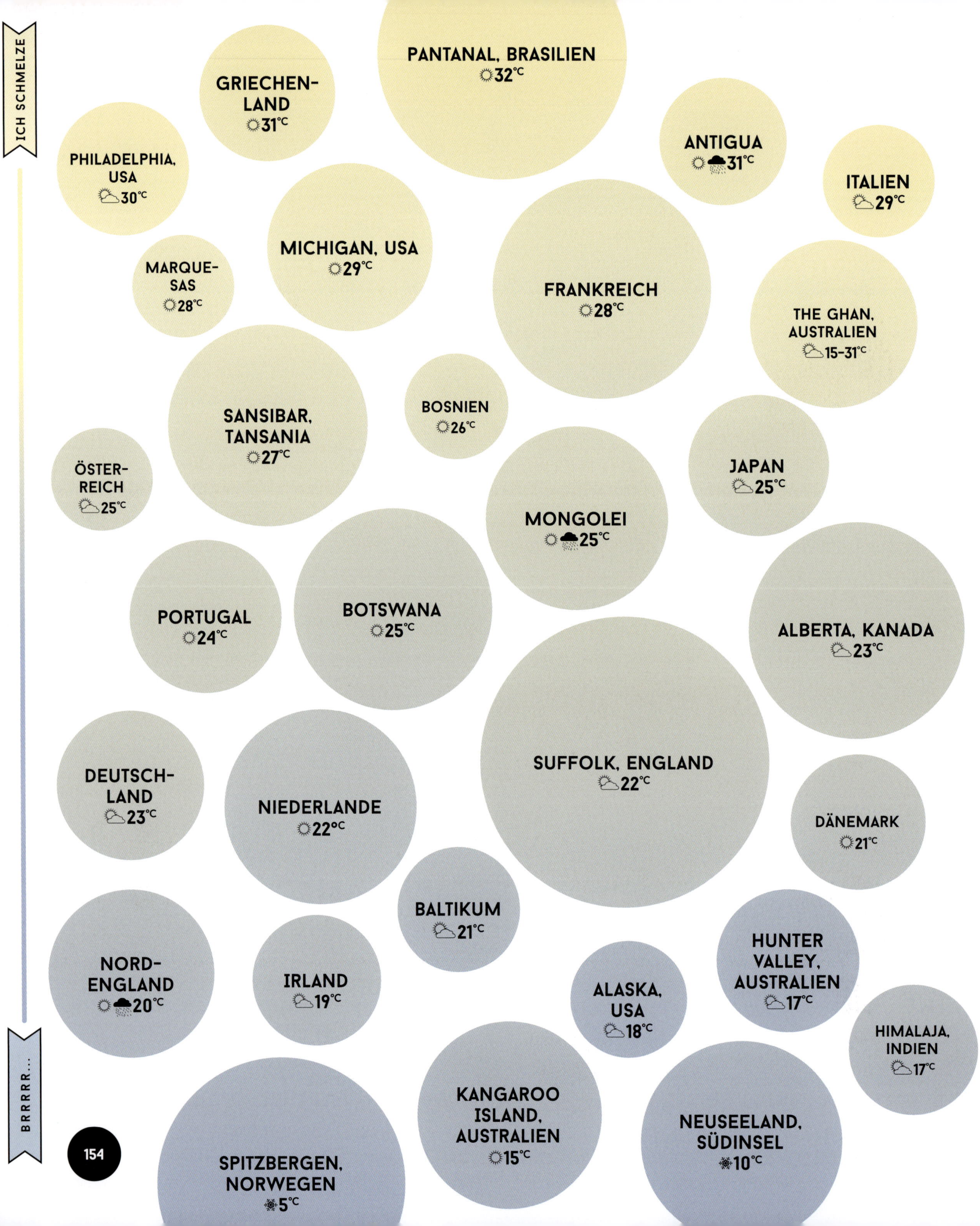
ICH SCHMELZE
BRRRRR...
PANTANAL, BRASILIEN 32°C
GRIECHENLAND 31°C
ANTIGUA 31°C
PHILADELPHIA, USA 30°C
ITALIEN 29°C
MICHIGAN, USA 29°C
MARQUESAS 28°C
FRANKREICH 28°C
THE GHAN, AUSTRALIEN 15-31°C
SANSIBAR, TANSANIA 27°C
BOSNIEN 26°C
ÖSTERREICH 25°C
JAPAN 25°C
MONGOLEI 25°C
PORTUGAL 24°C
BOTSWANA 25°C
ALBERTA, KANADA 23°C
SUFFOLK, ENGLAND 22°C
DEUTSCHLAND 23°C
NIEDERLANDE 22°C
DÄNEMARK 21°C
BALTIKUM 21°C
HUNTER VALLEY, AUSTRALIEN 17°C
NORDENGLAND 20°C
IRLAND 19°C
ALASKA, USA 18°C
HIMALAJA, INDIEN 17°C
KANGAROO ISLAND, AUSTRALIEN 15°C
NEUSEELAND, SÜDINSEL 10°C
SPITZBERGEN, NORWEGEN 5°C

GEFÄLLT DER GANZEN FAMILIE

TEUER, ABER ES LOHNT SICH

VIEL ERLEBEN FÜR WENIG GELD

DIE KINDER ZUHAUSE LASSEN

ALBERTA, KANADA

Vom Ostufer des riesigen Lake Michigan hat man eine herrliche Aussicht

MICHIGAN, USA

DORDOGNE, FRANKREICH

PHILADELPHIA, USA

Sich bei tollem Wetter an die imposanten Bären Alaskas herantrauen

SANSIBAR, TANSANIA

KOPENHAGEN, DÄNEMARK

ALASKA, USA

Im labyrinthartigen Basar von Stone Town Sansibars Marktverkäufer kennenlernen

IRLAND

ANTIGUA

ALPEN, ÖSTERREICH

SCHWARZWALD, DEUTSCHLAND

NIEDERLANDE

Mit dem Fahrrad durch die schönen Niederlande radeln, die für Radfahrer wie geschaffen sind

SÜDINSEL, NEUSEELAND

DOLOMITEN, ITALEN

KANGAROO ISLAND, AUSTRALIEN

IONISCHE INSELN, GRIECHENLAND

Die wundervolle Tierwelt der Känguru-Insel macht garantiert Spaß

AZOREN

Die Azoren liegen im Atlantischen Ozean, gut 1500 km westlich von Portugal

OKAVANGO, BOTSWANA

THE GHAN, AUSTRALIEN

PANTANAL, BRASILIEN

Guides führen Touristen im Okavangodelta an riesigen Nilpferden vorbei

SPITZBERGEN, NORWEGEN

Tukane, Tapire, Affen und Aras teilen sich das Sumpfgebiet im Pantanal

HUNTER VALLEY, AUSTRALIEN

Vom Hafen in Helsinki geht's auf eine kulturreiche Kreuzfahrt durch die Ostsee

BALTIKUM

FUJI, JAPAN

SUFFOLK, ENGLAND

MONGOLEI

Pferderennen und Ringen bestimmen einen Großteil der Naadam-Spiele in der Mongolei

Die im Balkankrieg zerstörte Stari-Most-Brücke in Mostar wurde 2004 wiederaufgebaut

BOSNIEN & HERZEGOWINA

NORDENGLAND

MARQUESAS, FRANZÖSISCH-POLYNESIEN

HIMALAJA, INDIEN

MONGOLEI

Warum jetzt? Männern in Glitzerunterhosen beim Ringen zusehen
Ulaanbaatar ist die kälteste Hauptstadt der Welt – ein Besuch im Winter macht deshalb wenig Spaß. Selbst Frühling und Herbst sind in der zentralasiatischen Steppe kühl. Der Juli hingegen ist in vielerlei Hinsicht der heißeste Monat der Mongolei. Das Thermometer klettert auf 30°C – höher als in der Wüste Gobi. Es lohnt sich, den Temperaturen zu trotzen, um Nadaam zu erleben, das wohl heißeste Spektakel des Landes. Dieses Fest der „männlichen Künste" vom 11. bis 13. Juli umfasst Pferderennen, Bogenschießen und Ringen. Nomaden strömen zu Umzügen und einheimischen traditionellen Spielen wie *shagai* (Schafknöchel) in die Hauptstadt – ein faszinierender Einblick in die mongolische Kultur. In der Südgobi sind jetzt *Ger*-Camps geöffnet. Wer keine Lust auf extreme Hitze hat, fährt zu den mongolischen Ruinen Karakorum und zum kühleren nördlichen See Chöwsgöl, wo man Boot fahren, wandern und Rentiere beobachten kann.

Vor Ort: Los geht's in Ulaanbaatar. Wer zwei Wochen hat, fliegt ins südliche Dalanzadgad (Gobi) und fährt mit dem Allradwagen über Land an Dünen, Dinosaurierfossilien und antiken Ruinen vorbei zum See Chöwsgöl. Rückflug von Mörön nach Ulaanbaatar.

Gut zu wissen: Die Transmongolische Eisenbahn zwischen Moskau und Peking hält in Ulaanbaatar.

Wann sonst? Mai–Okt.: warm/heiß (Juli–Aug.: am meisten los); Nov.–April: bitterkalt.

Kultur
Rundreise

Ringer-Action auf dem Naadam-Fest in der Mongolei

SPITZBERGEN
NORWEGEN

Warum jetzt? Nordlichter, große Bären und befahrbares Gewässer

An Svalbards nördlichstem Ufer in der Hocharktis sind die Möglichkeiten zum Erkunden beschränkt, denn es ist nur ein oder zwei Monate frei von Eis – ein enges Zeitfenster für Segeltrips zu den abgelegenen Fjorden, aber es lohnt sich! Im Juli ist das Wasser befahrbar, es wird bis zu 5°C warm und dank der Mitternachtssonne ist rund um die Uhr Sightseeing möglich. Expeditionskreuzfahrten steuern an den Bergen und knarrenden Gletschern der Inseln vorbei und Guides halten Ausschau nach wilden Tieren: Walrosskolonien, Rentierherden, Polarfüchsen, Robben, Walen und natürlich Eisbären. Etwa 2000 der prächtigen Säuger leben hier. Wenn im Sommer das Eis bricht, halten sie sich in Küstennähe auf. Für eine bessere Sicht fährt man mit aufblasbaren Zodiac-Booten ans Ufer.

Vor Ort: Nach Longyearbyen auf Spitzbergen (der Hauptinsel) fliegen, und von dort auf ein- bis zweiwöchige Kreuzfahrten; Routen und Aktivitäten sind wetterabhängig.

Gut zu wissen: Longyearbyen liegt drei Flugstunden von Oslo; Kreuzfahrten nach Svalbard starten z. T. am norwegischen Festland.

Wann sonst? April–Aug.: Mitternachtssonne (Mai–Sept.: Schiffsfahrten); Sept.–März: Nordlichter (Nov.–März: sehr kalt).

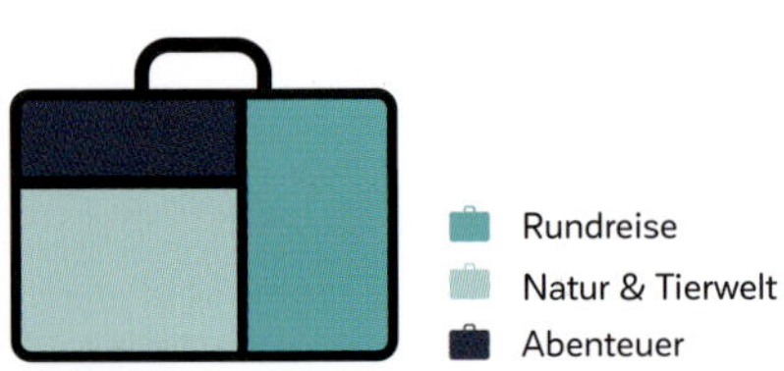

KANGAROO ISLAND
AUSTRALIEN

Warum jetzt? Herrliche Wildtiere und tolle Preise

Kangaroo Island blieb nicht lange unbemerkt. Die drittgrößte Insel des Landes, nur 13 km vor dem australischen Festland gelegen, ist von rauer Schönheit und für seine Wildtiere berühmt – Koalas, Ameisenigel, Neuseeländische Seebären, Seelöwen, Zwergpinguine und natürlich Kängurus. Besonders in der Hochsaison sorgen sie für hohe Besucherzahlen und Preise, die jedoch im winterlichen Juli beide fallen. So hat man mehr Zeit – und mehr Platz – an den schönen Stränden und im Busch. Zudem sieht man jetzt Känguru- und Wallaby-Junge, die aus dem Beutel der Mutter schlüpfen. Es ist nicht sonderlich kalt (8–15°C) – meistens reicht eine Jacke.

Vor Ort: Tagesausflüge sind möglich, aber bei den günstigen Preisen sollte man länger bleiben. Zur Tierbeobachtung eignen sich Seal Bay, Hanson Bay Sanctuary (Koalas) und der Flinders-Chase-Nationalpark (Kängurus). Nicht versäumen: den Leuchtturm Cape Willoughby, Remarkable Rocks und einmal Austern schlürfen.

Gut zu wissen: Eine Fährfahrt von Cape Jervis (Festland) nach Penneshaw dauert 45 Minuten.

Wann sonst? Juni–Sept.: kühler, günstiger, Wale; Okt.–Nov.: Frühling, Blumen; Dez.–Feb.: am heißesten, Tiere ziehen sich in den Busch zurück; März–Mai: warm, ruhig.

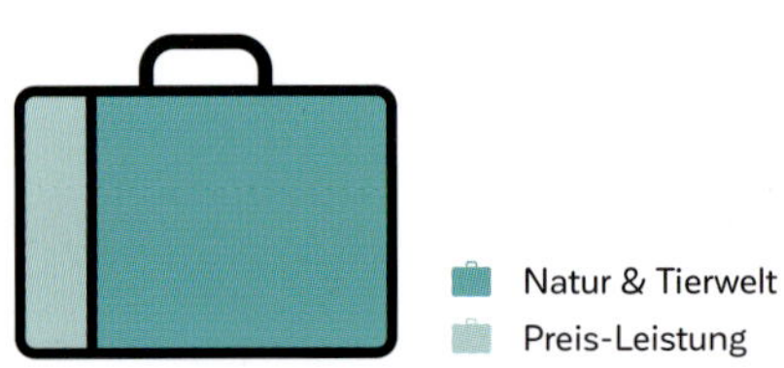

BALTIKUM

Warum jetzt? Eine Kreuzfahrt voller Kultur bei warmen Temperaturen

Mit dem Schiff bei Sonnenschein einige der schönsten Städte Nordeuropas entdecken. Klingt zu schön, um wahr zu sein? Im Baltikum ist das kein Problem. An der Ostsee gibt's etliche berühmte Häfen, die in den wärmeren Sommermonaten von Kreuzfahrtschiffen angesteuert werden. Die beliebten Ziele und prachtvollen Städte Stockholm (Schweden) und Kopenhagen (Dänemark) eignen sich fürs Inselhopping bzw. für leckeres Essen. Von Bord gehen kann man auch in Helsinkis (Finnland) lebhaftem Hafengebiet, in Estlands märchenhafter mittelalterlicher Hauptstadt Tallin, in Warnemünde (für einen Abstecher nach Berlin) und der Unesco-geschützten Altstadt von Riga (Lettland). Für viele ist Sankt Petersburg (Russland) das Highlight – Schiffe liegen hier mehrere Tage, damit genug Zeit bleibt für Kanalfahrten, die riesige Eremitage und die Landpaläste von Peter dem Großen.

Vor Ort: Die verschiedenen Routen umfassen meist zumindest die skandinavischen Häfen und Sankt Petersburg. Etwa sieben bis 14 (oder mehr) Tage einplanen. Für eine schnelle, günstige Alternative fährt man mit der Fähre zwischen Helsinki und Tallin.

Gut zu wissen: Man braucht verschiedene Währungen: Norwegische, Schwedische und Dänische Kronen, russischen Rubel sowie Euro für Finnland, Estland und Deutschland.

Wann sonst? Mai–Sept.: Kreuzfahrtsaison (Juni–Aug.: am wärmsten); Okt.–April: kalt, keine Kreuzfahrten.

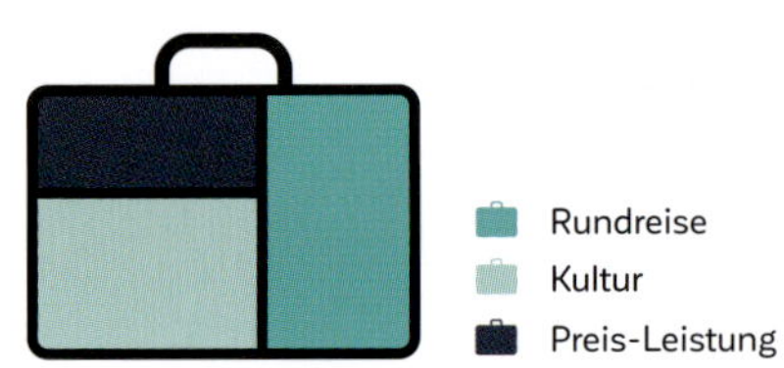

SUFFOLK
ENGLAND

Warum jetzt? Sich künstlerisch inspirieren lassen

Die Malpinsel einpacken und dann nichts wie los ins „Constable Country". John Constable, 1776 in Dedham Vale nahe Suffolk geboren, wurde zu Englands beliebtestem Landschaftskünstler. Der weite Himmel und die vom River Stour durchzogenen Wälder und Wiesen seiner Heimat inspirierten ihn zutiefst – genau wie Besucher heute. Für einen Künstleraufenthalt eignen sich vor allem Juli und August, denn dann lädt das warme Wetter zum Malen im Freien ein.
In dieser Jahreszeit schuf Constable sein berühmtes Bild „The Hay Wain"; der Blick auf den Stour am Willy Lott's Cottage hat sich bis heute nicht verändert. Ein Spaziergang auf Constables Spuren führt durch hübsche Dörfer wie Flatford, Stratford St. Mary und Stoke-by-Nayland. Auch über den Fluss lässt sich die Region erkunden – z. B. bei einem zweitägigen Kanutrip von der Marktstadt Sudbury in Richtung Meer. Leckere Weinproben genießt man im Dedham Vale Vineyard.
Vor Ort: Kunstkurse finden im Willy Lott's Cottage, in Flatford Mill und nahen Dörfern statt. Ein Wochenaufenthalt lässt Zeit für Bootsfahrten, Besuche in mittelalterlichen Wollestädten und Strandtage im künstlerischen Aldeburgh.
Gut zu wissen: Manningtree nahe Dedham Vale ist eine Zugstunde vom Londoner Bahnhof Liverpool Street entfernt.
Wann sonst? Juni–Aug.: am wärmsten; April– Mai: Blumen blühen, ruhiger; Sept.–Okt.: mild; Nov.–März: winterlich.

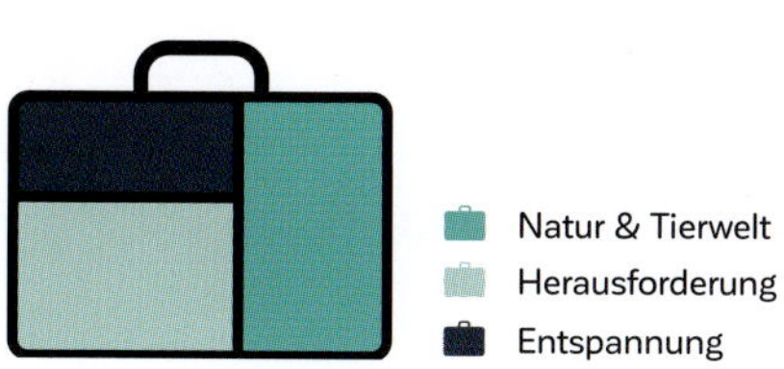

IONISCHE INSELN
GRIECHENLAND

Warum jetzt? Herrliche Strände und viel Sonne

Am schönsten sieht das kristallklare, türkisfarbene Wasser der Ionischen Inseln unter einem heiß-blauem Sommerhimmel aus. Die sechs Inseln westlich des griechischen Festlands bieten einige der besten Strände des Landes. Im Juli ist viel los, doch man kann den Massen entfliehen. Auf Korfu gibt's viele Resorts, aber auch große, unerschlossene Gebiete, insbesondere im Norden (wo der Schriftsteller/Naturforscher Gerald Durrell lebte) und im bergigen Inselinneren. Das wunderschöne Kefalonia hält die Waage zwischen Massentourismus und authentischem Griechenland; als größte Ionische Insel zieht es die meisten Besucher an. Auch der Wein schmeckt gut.
Auf dem größtenteils unberührten Lefkada erwarten einen wilde Strände an der Westküste und thermische Winde an der Bucht von Vassiliki – ideal für Windsurfer.
Vor Ort: Flug nach Korfu, dann Korfu-Stadt, das Inselinnere und die ruhigen Strände im Nordwesten erkunden. Zum Inselhopping eignen sich Lefkada, Kefalonia und die Kieselstrände von Ithaka, die Heimat von Odysseus.
Gut zu wissen: Tragflügelboote von Korfu-Stadt nach Saranda brauchen 30 Minuten. Perfekt für einen Abstecher nach Albanien.
Wann sonst? März–Mai: wärmer, zum Schwimmen aber noch etwas kalt; Juni–Aug.: heiß, voll; Sept.–Okt.: Meer noch warm; Nov.–Feb.: Einrichtungen geschlossen.

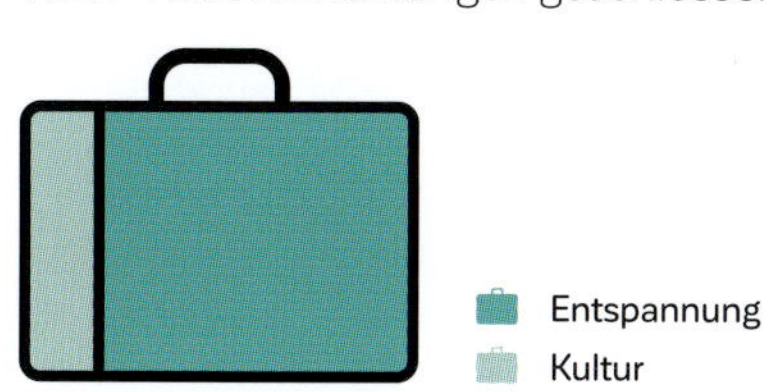

MICHIGAN USA

Warum jetzt? Obstgenuss an der goldenen Küste der Great Lakes

Die 515 km zwischen Chicago und Traverse City schafft man in 5½ Stunden, aber dann verpasst man die „goldene Küste" am Lake Michigan. Im Sommer erstrahlt sie besonders schön und lockt mit hübschen Städten, Sandstränden, Seehütten, Leuchttürmen und Urlaubsambiente. Den größten Trubel kann man an den weiten Ufergebieten recht gut umgehen. Am 4. Juli ist auch das meiste Ungeziefer am Lake Michigan verschwunden. Orte wie das künstlerische Saugatuck und das niederländisch geprägte Holland sind jetzt gut besucht. In Traverse City, der selbsternannten „Kirschhauptstadt der Welt", findet im Juli das Cherry Festival statt. Viele ländliche Märkte verkaufen frisches Obst. Traverse ist das Tor zu den Sanddünen, schattigen Wäldern und Bauernhöfen des Sleeping Bear Dunes National Lakeshore, das zur schönsten Region der USA gewählt wurde.
Vor Ort: Sich ab Chicago östlich halten, um das Ostufer des Lake Michigan hochzufahren. Sieben bis zehn Tage einplanen.
Gut zu wissen: Von Mackinaw City (nördlich von Traverse) gibt's eine Fähre zur hübschen, autofreien Mackinac Island.
Wann sonst? Juni–Aug.: am heißesten und belebtesten; April–Mai: kühl, regnerisch; Sept.–Okt.: warm, Herbstfarben; Nov.–März: sehr kalt, verschneit.

Die historische Stari Most führt über den Fluss Neretva in Mostar, Bosnien & Herzegowina

(L) Für die Bärenbeobachtung ist Alaska im Juli ideal; (R) Radfahrerparadies Niederlande

© Michael Heffernan / Lonely Planet

ALASKA USA

Warum jetzt? Bestes Wetter und stattliche Bären

Alaskas Sommersaison beschreibt wohl das Sprichwort „klein, aber fein" am treffendsten, denn der nördlichste US-Bundesstaat lässt sich nur wenige Monate erkunden. Der beste Zeitpunkt für einen Besuch seiner einzigartigen Attraktionen ist der Juli, wenn die Tage lang und warm und die Ziele in der Region erreichbar sind. Besonders gilt das für die 24 585 km² wilder Natur im Denali-Nationalpark. Die einzige Straße hierher ist erst ab Anfang Juni befahrbar und die Shuttlebusse zum majestätischen Hinterland verkehren bis September. In den Juli oder September fallen auch die besten Möglichkeiten zur Bärenbeobachtung. Der Juli ist z. B. ein toller Monat für das Brooks Camp im Katmai-Nationalpark, wo bis zu 100 Graubären im Fluss stehen, um Rotlachse zu fangen.

Vor Ort: Ein zweiwöchiger Trip kann die Gletscher, Eisberge und Wale des Kenai-Fjords-Nationalparks, Wildtierbeobachtung und kurze Wanderungen im Denali-Nationalpark, Begegnungen mit Graubären im Katmai-Nationalpark und eine Fahrt auf der malerischen Alaska Railroad umfassen.

Gut zu wissen: Die Entfernungen sind groß. Wasserflugzeuge/Rundflüge verkürzen die Reisezeiten (und bieten dabei eine tolle Aussicht).

Wann sonst? Mai & Sept.–Okt.: Nebensaison, kälter, ruhiger; Juni–Aug.: am wärmsten und geschäftigsten; Nov.–April: Schneesport, Polarlicht.

NIEDERLANDE

Warum jetzt? Bei warmem Wetter zwischen Windmühlen radeln

Im Hochsommer Berge hinaufzuradeln macht keinen Spaß – deswegen empfehlen wir die flachen, milden Niederlande, wo die höchste Erhebung nur 322 m beträgt. Hier gibt's nicht nur 32 000 km Radwege, sondern eine wahre Zweiradkultur: ausgewiesene Wege, Schilder und Kreuzungen für Radfahrer. Ein sicherer, toller Ort für Familien oder Anfänger mit viel Abwechslung – von Deichen und Polderlandschaften über Heiden und Wälder bis zu tiefliegenden Inseln und historischen Städten voller Fahrräder. Amsterdams Kanäle laden zu einer „Käsetour" ein – von Edam bis Gouda. Das Ijsselmeer, ein riesiger See, bietet sich für eine Tour durch friesische Städte und über den 34 km langen Damm über den See an. Alternativ radelt man an einem Samstagnachmittag im Juli rund um Kinderdijk, wenn die 19 alten Windmühlen der Gegend in Betrieb sind.

Vor Ort: Fahrradverleihe findet man überall, oft in der Nähe von Bahnhöfen. Die Strecken reichen von Tagestrips bis zu mehrtägigen Touren – mindestens eine Woche einplanen. Zu den Alternativen gehören E-Bikes oder eine Schiffs- und Fahrradreise.

Gut zu wissen: In den Niederlanden gibt's im Juli und August keine Beschränkungen für die Fahrradmitnahme in Zügen (in den anderen Monaten sind Fahrräder zu Stoßzeiten nicht erlaubt).

Wann sonst? Juni–Sept.: mild, sonnig; April–Mai: Tulpen; Okt.: kühler; Nov.–März: kalt, verregnet.

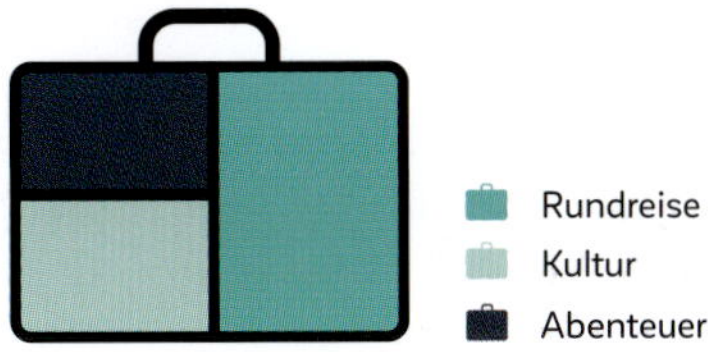

BOSNIEN & HERZEGOWINA

Warum jetzt? Zwei sonnige geschichtsträchtige Städte erkunden

Stari Most, die eindrucksvolle Steinbrücke über der Neretva in Mostar, ist das Wahrzeichen von Bosnien und Herzegowina. Ursprünglich von den Osmanen im 16. Jh. erbaut, steht die Brücke für das orientalisch-westliche Erbe des Landes. Im Jahr 1993 wurde sie im Balkankrieg zerstört, 2004 als Symbol für Frieden und Einheit aber wiederaufgebaut. Von hier springen wagemutige Taucher 21 m in die Tiefe. Brückensprünge finden den ganzen Sommer statt, und Ende Juli versammeln sich Tausende zum Ikari, dem ältesten Klippenspring-Wettbewerb. Schon das Zuschauen ist packend. Wer es nicht aushält, spaziert stattdessen durch das Altstadtlabyrinth. Von Mostar geht's nach Sarajevo, wo osmanische Architektur und arabische Basare in kommunistische Häuserblöcke übergehen, die noch von den Kriegen des 20. Jhs. zeugen – die Stadt wurde knapp vier Jahre belagert. Man kann über die Tragödie sinnieren, sich aber auch an den lebensfrohen Menschen und den hippen, günstigen Underground-Bars von Sarajevo erfreuen.

Vor Ort: Ein paar Tage in jeder Stadt verbringen. Von Mostar nach Sarajevo sind's 2½ Stunden Fahrt über die beeindruckende Neretva-Schlucht.

Gut zu wissen: Mostar ist in drei Stunden mit dem Bus von Dubrovnik erreichbar.

Wann sonst? Juni–Sept.: heiß; März–Mai & Okt.–Nov.: ruhiger, kühl, Blumen/Herbstfarben; Dez.–Feb.: Schnee, Skifahren.

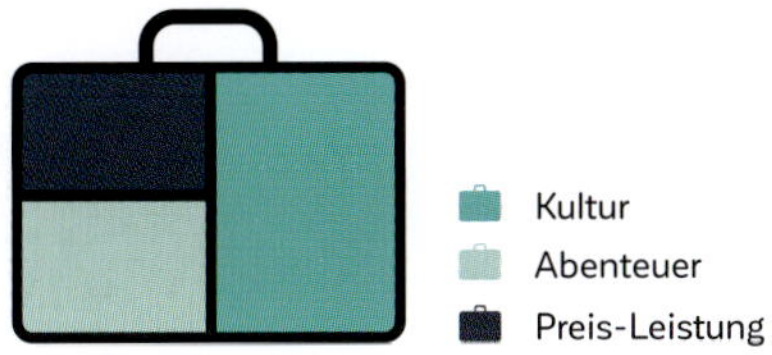

Derrynane Beach in der südwestlichen Ecke des Ring of Kerry

WILD ATLANTIC WAY IRLAND

Warum jetzt? Für schöne, lange Tage unterwegs

Irisches Wetter ist unvorhersehbar – vor allem am Atlantik, wo Stürme plötzlich auftreten und genauso schnell wieder verschwinden. Im Juli, dem gewöhnlich wärmsten Monat, gibt's zumindest 18 Stunden Tageslicht – und somit Gelegenheit für Besichtigungen (und Kneipentouren) bis 23 Uhr. Eine tolle Zeit, um dem Wild Atlantic Way zu folgen, einer 2400 km langen Straße an der Westküste zwischen Kinsale (County Cork) und der Halbinsel Inishowen. Die ausgeschilderte Route bietet einige der schönsten Landschaften Irlands, darunter Mizen Head (südwestlichster Punkt der Insel), die Cliffs of Mother, den Fjord Killary Harbour und Malin Head (nördlichster Punkt). Unterwegs kommt man auch an 157 „Discovery Points" mit Infos zur Strecke vorbei. Zwischenstopps lohnen sich in Cork (gute Küche) und am Blarney Castle. Dann heißt es, den malerischen Ring of Kerry und die Halbinsel Dingle erkunden, Livemusik in Galways Bars genießen, in Sligo surfen und sich in Grange über die Spanische Armada informieren.

Vor Ort: Mit mindestens zwei Wochen für die gesamte Strecke rechnen. Zeit für das berüchtigte *craic* (Unterhaltung) einplanen.

Gut zu wissen: Von Süd nach Nord fährt man auf der Meeresseite der Straße.

Wann sonst? März–Mai & Sept.–Okt.: mild; Juni–Aug.: am wärmsten, lange Tage; Nov.–Feb.: am regenreichsten, frisch.

Rundreise
Natur & Tierwelt
Essen & Trinken
Kultur

Nicht nur Landschaften beeindrucken im Okavangodelta, sondern auch die Tierwelt

OKAVANGODELTA
BOTSWANA

Warum jetzt? Tolle Tierwelt, steigendes Wasser

Botswanas Okavangodelta ist komischerweise feuchter, wenn es trocken ist. Gespeist wird es vom Fluss Okavango, der im weit entfernten Hochland Angolas entspringt. Der dort am Jahresanfang gefallene Regen braucht sechs Monate, um die 15 000 km^2 an Überschwemmungsebenen, Röhrichten, Papyrusgebieten und Kanälen in Botswana zu erreichen, und kommt normalerweise im Juni dort an. Bis dahin ist der Himmel wolkenlos blau. Im Laufe des Julis sind immer mehr Nebenflüsse mit dem *mokoro* (Einbaumkanu) befahrbar, sodass man vom Wasser aus Wildtiere sehen kann. Guides steuern mit einem Stab an Krokodilen, Nilpferden, Wasserlilien und Vögeln vorbei, und Tiere, die zum Trinken ans Ufer kommen, lassen sich gut beobachten. Zwar ist Hochsaison, doch Botswanas umweltschonender Exklusivtourismus sorgt für niedrige Besucherzahlen.

Vor Ort: Im Okavangodelta kann man in einem privat geführten Gebiet übernachten statt im Moremi Game Reserve. Erstere erlauben nächtliche Fahrten und Safaris zu Fuß. Außerdem lässt sich das Delta gut mit dem Chobe-Nationalpark (Elefanten) verbinden. Die Lodges sind exquisit, aber entsprechend teuer.

Gut zu wissen: Von Mai bis August kann es morgens kühl sein – warme Kleidung für Safaris bei Sonnenaufgang mitnehmen.

Wann sonst? Nov.–April: nass, heiß, grüne Saison, niedrige Preise (Jan.: am regenreichsten); Mai–Okt.: trocken, heiß.

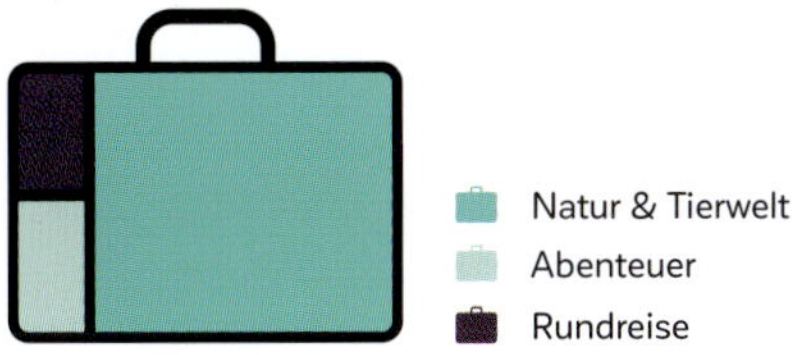

HIMALAJA INDIEN

Warum jetzt? Herrliche, schneefreie Straßen

Der 5600 m lange Khardung La nahe Leh im indischen Himalaja war ein wichtiger Abschnitt der Seidenstraße und ist heute die höchste befahrbare Straße der Welt. Fahrten mit dem Bus sind ein Abenteuer und erst recht mit einem klassischen Enfield-Bullet-Motorrad. So oder so versetzen einen das Bergpanorama und die schwindelerregenden Höhen in Staunen.

Die Straßen sind nur wenige Monate im Jahr geöffnet, weshalb man das warme, schneefreie Wetter ausnutzen sollte. Motorradfahrer erwartet von Manali (Himachal Pradesh) nach Leh (Ladakh) eine der besten Bergstrecken der Welt. Alternativ fliegt man von Delhi nach Leh mit Stadtpalast und Stupas im tibetischen Stil, bevor man dem Khardung La ins abgelegene Nubra-Tal folgt. Die Hochstraße westlich nach Kaschmir führt am Lamayuru-Kloster und an Zanskar vorbei. Am Ende kann man auf einem Hausboot auf dem See in Srinagar übernachten.

Vor Ort: Flug von Delhi nach Leh, das Indus- und Nubra-Tal erkunden, westlich nach Kaschmir fahren und von Srinagar zurück nach Delhi fliegen.

Gut zu wissen: Viele Teile Indiens sind zu dieser Jahreszeit ein heißes Monsungebiet.

Wann sonst? Juli–Sept.: Straßen befahrbar; Okt.–April: kalt/sehr kalt, Straßen unbefahrbar; Mai–Juni: langsam wärmer.

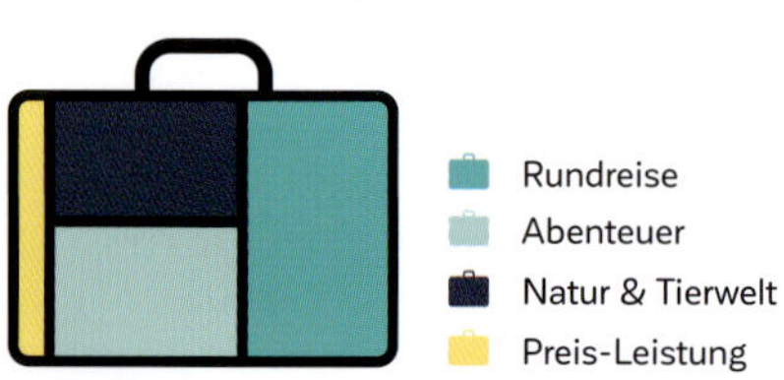

PANTANAL BRASILIEN

Warum jetzt? Ein feuchtes Naturwunder im Trockenen erkunden

In puncto Biodiversität ist der brasilianische Amazonas der große Star, dabei sieht man im Pantanal-Feuchtgebiet (ohne den dichten Amazonas-Dschungel) meist mehr wilde Tiere. Dies gilt besonders in der Trockenzeit, wenn das Laub noch spärlicher ist und die Tiere sich an kleiner werdenden Wasserstellen versammeln. Hier gibt's jede Menge Arten, darunter Riesenotter, Große Ameisenbären, Brüllaffen, Capybaras, Kaimane, Tapire, Tukane und Hyazinth-Aras. Am begehrtesten ist wohl der Jaguar. Mit der höchsten Dichte dieser scheuen Katzen bietet das Pantanal ideale Beobachtungsbedingungen, besonders von Juni bis August, wenn die tiefe Wildnis leichter erreichbar ist. Wer zu dieser Zeit reist und eine einwöchige Exkursion von Porto Jofre am Ende der Transpantaneira-Straße unternimmt, hat gute Chancen, einen Jaguar zu erblicken.

Vor Ort: In zwei Wochen Rio de Janeiro und die Iguazú-Wasserfälle besuchen, in einer Lodge tief im Pantanal (Ausflüge mit dem Boot, Kajak oder zu Fuß) übernachten und auf dem Amazonas fahren – mit ein paar Inlandsflügen ist das locker möglich.

Gut zu wissen: Die Stadt Cuiaba – das Tor zum nördlichen Pantanal – hat einen Flughafen.

Wann sonst? Mai–Sept.: trocken; Okt.–April: nass.

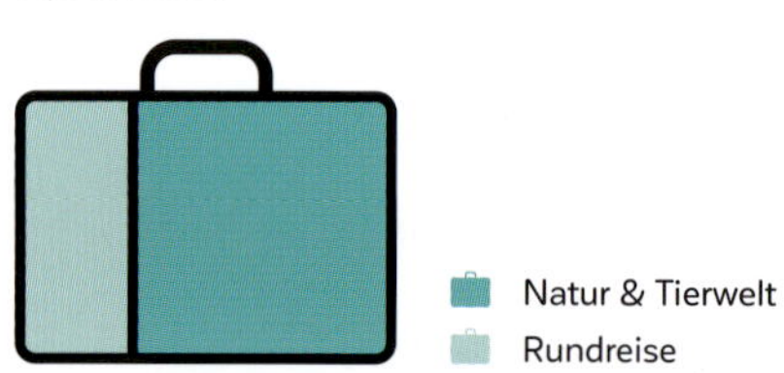

HUNTER VALLEY AUSTRALIEN

Warum jetzt? Es sich mit wärmenden Weinen gemütlich machen

Ein windiger, dunkler Himmel, flammende Holzfeuer, ein großes Glas Syrah mit Pflaumennote von den Reben draußen ... Das hügelige, von Weinbergen überzogene Hunter Valley in New South Wales blüht im Frühjahr auf, ist im Sommer richtig warm und im Herbst färbt es sich goldgelb. Wenig Regen, ein meist wolkenlos-blauer Himmel und milde Temperaturen zwischen 5°C und 17°C laden im Juli zu Spaziergängen zwischen den schlichten Reben und üppigen Gräsern der ältesten Weinregion Australiens ein. Die Türen von Weingütern bleiben für Weinproben geöffnet und es gibt viel exquisites Essen, darunter Wintergerichte wie Rhabarberstreusel und Kürbisgnocchi. Wer eine der Kochschulen des Tals besucht, kann auch ein paar Stücke der regionalen Kochkunst mit nach Hause nehmen.

Vor Ort: Die meisten Highlights der Region liegen im unteren Hunter Valley, unterhalb der Brokenback Mountains. Cessnock ist die größte Siedlung; Pokolbin weiter nördlich gilt als Top-Adresse für Weinproben mit mehr als 150 Weingütern und ein paar prachtvollen Hotels – ideal für einen romantischen Winteraufenthalt.

Gut zu wissen: Das Hunter Valley liegt 150 km (eine 2-stündige Fahrt) nördlich von Sydney.

Wann sonst? Juni–Aug.: mild, gemütlich; Sept.–Nov.: grün; Dez.–Feb.: heiß, vibrierend; März–Mai: golden, Ernte.

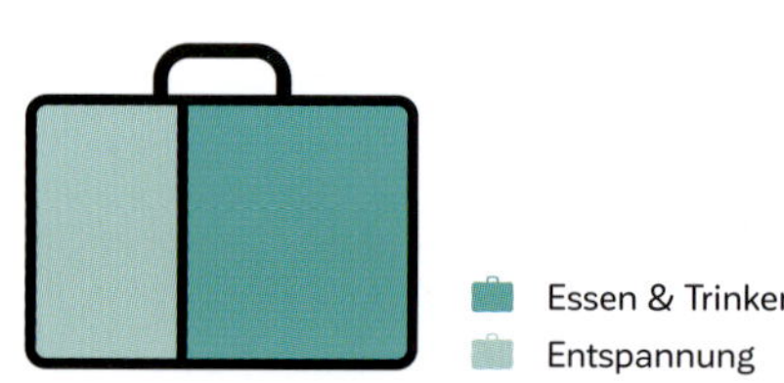

DOLOMITEN
ITALIEN

Warum jetzt? Zwischen wunderschönen Bergen aufwachen

Ein gezackter Riese mit tiefen Tälern, hohen Plateaus und aufragenden Spitzen: 18 Gipfel umfassen die Dolomiten, der wohl erhabenste Teil der Alpen. Das norditalienische Gebirge steckt außerdem voller Geschichte: Von 1915 bis 1918 kämpften italienische und österreichisch-ungarische Truppen zwischen den unerbittlichen Anhöhen. Seilbahnen und Berghütten sind im Sommer ab Ende Juni geöffnet. Es gibt viele Wanderwege sowie Möglichkeiten für Freizeitspaß, etwa Rad- und E-Bike-fahren, Paragliding und Traillauf. Auf einer *via ferrata* (Eisenstraße), die erstmals von Soldaten im Zweiten Weltkrieg genutzt wurde, klettert man mit Sprossen und Seilen. Auch die Küche vor Ort ist fantastisch – sie reicht von Bergkäse bis zu süßem Strudel. In den Hütten genießt man von Sterne-Köchen kreierte Gerichte und wird für seine sportliche Betätigung belohnt.

Der Langkofel ist eines der spektakulärsten Bergmassive der Dolomiten

Vor Ort: Die Dolomiten liegen in der Provinz Trentino-Südtirol. Beliebte Städte sind Bozen und Cortina d'Ampezzo; von dort läuft man in die Täler. In Corvara kann man übernachten, um das Gadertal zu erkunden: Kinder lieben die Spielplätze und Badeseen; Geschichtsinteressierte können mit der Seilbahn zu den gut erhaltenen Gräben des Lagazuoi aus dem Zweiten Weltkrieg fahren. **Gut zu wissen:** Südtirol gehörte einst zu Österreich. Die Einheimischen sprechen Deutsch und Italienisch; die Orte haben sowohl italienische als auch deutsche Namen. **Wann sonst?** Juni–Sept.: Wandern, am wärmsten; April–Mai & Okt.: ruhiger, weniger gut erreichbar; Dez.–März: Skifahren.

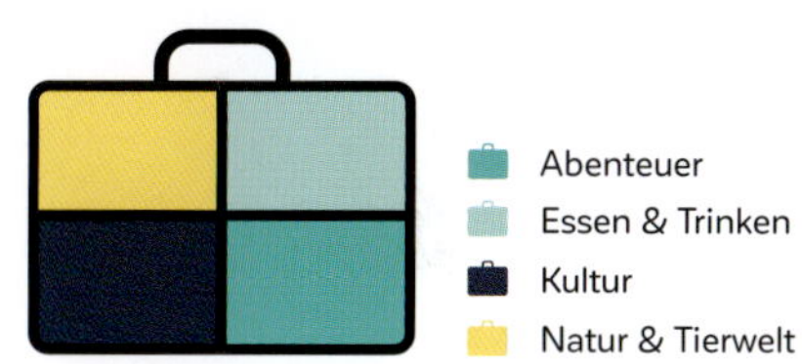

AZOREN

Warum jetzt? Sonne und ruhiges Wasser im Mittelatlantik

1500 km westlich vom portugiesischen Festland liegen die neun Azoreninseln mit rauen Felsen, schwarzem Sand, Lavatunneln, Kraterseen und Kegelbergen. Juli ist der trockenste und wärmste Monat. Die 20 Walarten, darunter Pottwale, erspäht man dank ruhiger See auf Bootsfahrten, oder an Land von einem *vigia* aus – alte Beobachtungstürme von Walfängern auf Felskuppen, die heute von Ökotouristen genutzt werden. Auf der Insel Pico wartet der höchste Gipfel Portugals (2351 m) und (von Juli bis September) Tauchen mit Mantarochen. Flores lockt mit Binnenseen, Wanderwegen, Vogelbeobachtung und Blumen. Alternativ erkundet man Terceira, die „lilafarbene Insel", mit dem Rad. **Vor Ort:** Entweder übernachtet man auf einer Insel – São Miguel ist die größte mit den meisten Touren – oder man macht ein bis zwei Wochen Inselhopping: Pico, Faial und São Jorge (Dreieck) sind nahe beieinander und bequem mit der Fähre erreichbar.

Gut zu wissen: Auf São Miguel liegt der internationale Flughafen Ponta Delgada. **Wann sonst?** April–Juni: sonnig, Blumen, Wale; Juli–Aug.: am wärmsten, Wale, Tauchen; Sept.–Okt.: warm, Wale; Nov.–März: regnerisch.

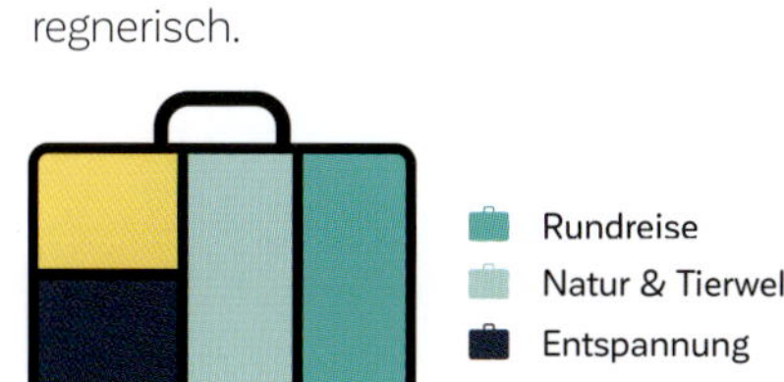

JAPAN

Warum jetzt? Zum beliebtesten Gipfel des Landes pilgern

Für Japaner hat der Berg Fuji eine enorme Bedeutung: Der 3776 m hohe, kegelförmige Schichtvulkan gilt als heilig und ist sogar auf dem 1000-Yen-Schein abgebildet. Während der offiziellen Klettersaison vom 1. Juli bis 14. September, wenn die Wege schneefrei und die Einrichtungen geöffnet sind, kommen Einheimische in Scharen hierher. Auf den Trekkingwegen des Fuji ist jetzt viel los, doch Kultur spielt eine ebenso wichtige Rolle wie sportliche Betätigung. Der Reiz liegt auch darin, mit anderen Bergsteigern in Kontakt zu kommen und Softdrinks an den Verkaufsautomaten am Wegesrand zu kaufen. Wenn man erst in der Dämmerung auf dem Gipfel steht und den *goraiko* (Tagesanbruch) erlebt, spielen die Massen keine Rolle mehr. Im Juli ist es überall im Land warm – eine gute Zeit, um andere gutbesuchte Orte zu erkunden. Das einmonatige Gion Matsuri (bei dem 10 Tonnen schwere Festwagen durch die historischen Straßen gezogen werden) sorgt in Kyoto für Feststimmung.

Vor Ort: Tokio erkunden, südlich nach Hakone zum Fuji fahren. Kyoto besichtigen, dann mit dem Schnellzug zurück nach Tokio.

Gut zu wissen: Öffentliche Verkehrsmittel fahren bis zur Hälfte auf den Fuji; vier Wege führen von dort zum Gipfel.

Wann sonst? Juli–Mitte Sept.: Klettersaison; Sept.–Okt.: Herbstfarben; Nov.–März: kalt, Schnee; März–April: Kirschblüte; Mai–Juni: warm.

Abenteuer
Herausforderung
Kultur

(L) Fushimi Inari-Taisha, Kyoto;
(R) Chureito-Pagode, Fujiyoshida

SANSIBAR
TANSANIA

Warum jetzt? Stone Town und den Indischen Ozean unter blauem Himmel genießen
Die Gewürzinsel Unguja, meist Sansibar genannt, ist ein wahres Dufterlebnis. An lauen Abenden riecht es auf dem Darajani-Basar im Gassenlabyrinth des historischen Stone Town nach Muskatnuss, Mandeln und Zimt, in Forodhani Gardens nach gebratenen Meeresfrüchten und in Jaws Corner nach schwarzem Kaffee. Sansibars historisches Herz mit seinen zerfallenen Palästen und erschütternden Relikten des Sklavenhandels ist nur ein Highlight unter vielen. Während der Trockenzeit im Juli ist es hier am schönsten. An Bord einer Dau kann man vor der Westküste Schnorcheltrips mit Delfinbeobachtung machen, auf der Gewürzplantage duften die Blätter und Knospen und die wunderschönen Strände mit Korallensand laden zum Entspannen ein.
Vor Ort: Vor dem Strandurlaub mindestens ein paar Tage in Stone Town verbringen und eine Gewürzplantage besuchen. Nungwi ist ein guter Ausganspunkt für Tauchgänge vor den Inseln Tumbatu und Mnemba.
Gut zu wissen: Malariavorfälle sind in den letzten Jahren zurückgegangen, doch am besten erkundigt man sich bei seinem Arzt.
Wann sonst? Juni–Okt.: kühl, trocken; Nov.– Dez. & März–Mai: verregnet; Jan–Feb.: heiß, trocken.

MARQUESAS
FRANZÖSISCH-POLYNESIEN

Warum jetzt? In die sonnige Südsee reisen
Obwohl die Marquesas wirklich sehr abgelegen sind (oder vielleicht gerade deswegen), haben sie Künstler wie Paul Gauguin angezogen, dessen exotische, freizügige Gemälde wiederum viele Reisende inspiriert haben. Am besten besucht man das üppige Archipel mit der Aranui, einem Fracht- und Kreuzfahrtschiff. Es legt in Pape'ete (Tahiti) ab und hält an verschiedenen Marquesas, darunter Nuku Hiva (wo „Moby Dick"-Autor Herman Melville 1842 von einem Walfangschiff sprang), Hiva Oa (wo Gauguin lebte) und das opulente Fatu Hiva, bekannt für handbemalte Sarongs. Klippenbesteigungen, Dorftouren, Brotfruchtgerichte und Spaziergänge zwischen Frangipani-Bäumen gehören zu jedem Küstenaufenthalt. Ein Highlight ist auch die Begrüßung durch Gemeindemitglieder bei der Ankunft. Die Aranui fährt ganzjährig, doch wir empfehlen den trockenen, milden und angenehmen Juli.

Vor Ort: Die Aranui braucht 14 Tage von Pape'ete über die Tuamotu-Inseln und Bora Bora zu den Marquesas und zurück.
Gut zu wissen: Die Dauer der Aufenthalte an der Küste richtet sich nach den Hafen- und Frachtschiffbetreibern – von einigen Stunden bis zu einem Tag oder länger.
Wann sonst? Mai–Okt.: trocken, kühler; Nov.–April: nass, heiß, feucht.

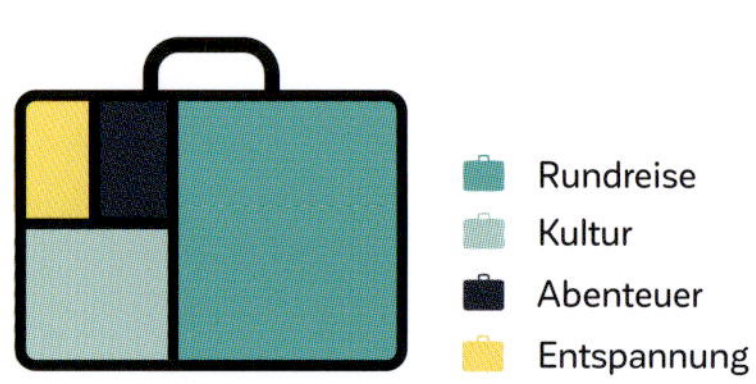

ANTIGUA

Warum jetzt? Karnevalsrausch und ein bisschen Sonne
Die Zeit von Juli bis November gilt allgemein als Hurrikansaison in der Karibik. Tatsächlich ist diese Angabe etwas zu vage: Die schlimmsten Stürme ziehen meist erst in den späteren Monaten auf. Im Juli hingegen kann man auf Antigua mit etwas Glück heißes, sonniges und größtenteils trockenes Wetter genießen. Nach eigener Aussage hat die Insel 365 Strände – das entspricht nicht ganz der Wahrheit, doch es gibt trotzdem mehr als genug palmengesäumte Sandküsten mit Rum-Bars. Als kulturelle Aktivitäten bieten sich Cricket (der Nationalsport) und der einzigartige Nelson's Dockyard aus der georgianischen Epoche an, wo der britische Admiral Nelson drei Jahre diente. Im Juli findet überall auf Antigua der riesige Sommerkarneval mit *soca*-Musik, Steelbands, ausgelassenen Partys und Kostümumzügen statt. Gemütliche Schuhe anziehen, ein Wadadli-Bier bestellen und sich unters Volk mischen.
Vor Ort: Für einen ruhigeren Aufenthalt nicht am Monatsende kommen; die Karnevalszeit dauert meistens von Ende Juli bis Anfang August. In einer Woche hat man Zeit zum Schnorcheln und für eine Fahrt auf der malerischen Old Road zu den vulkanischen Bergen Antiguas.
Gut zu wissen: Die Nistzeit der Schildkröten ist von Juni bis November.
Wann sonst? Dez.–April: trocken, kühl; Mai–Juni: heißer; Juli–Nov.: Hurrikansaison (am schlimmsten Aug.–Okt.).

© awc007 / Budget Travel

KOPENHAGEN
DÄNEMARK

Warum jetzt? Spaß haben inmitten der Massen
Kopenhagen im Juli ist einfach großartig! Zwar wird es jetzt voll in der dänischen Hauptstadt, aber ein Besuch lohnt sich trotzdem. Die Menschen strömen in die Parks, auf die Caféterrassen und zu den Karussells des Tivoli. Zusammen mit den Besucherzahlen steigen auch die Temperaturen (20°C) und die Stimmung. Kopenhagens Küche genießt einen hervorragenden Ruf und jetzt ist die ideale Jahreszeit, um im Freien zu essen: Mit Street Food locken Papirøen und die angesagten Veranden von Kødbyen. Für Erfrischung sorgen traditionelle *gammeldags*-Eiswaffeln mit Schlagsahne, Marmelade und *flødebolle* (Schokoküssen). Wenn es zu heiß wird, kann man die Kopenhagener Bäder und Strände aufsuchen, z. B. den familienfreundlichen Amager Strandpark oder den Hafenpool in Brygge, wo man beim Schwimmen einen tollen Stadtblick genießt.
Vor Ort: Mindestens drei Tage einplanen: Slotsholmen und den Hafen Nyhavn besichtigen, auf dem Markt Torvehallerne und in der Fußgängerzone Strøget einkaufen, die hippen Bezirke Nørrebro und Vesterbro erkunden und den städtischen Vergnügungspark Tivoli aus dem 19. Jh. besuchen.

Kettenkarussell fahren im Tivoli, Kopenhagen

Gut zu wissen: Der Zug braucht 10 Minuten vom Flughafen Kopenhagen ins Stadtzentrum.
Wann sonst? Juni–Sept.: sonnig, belebt, geschäftig; März–Mai & Okt.: ruhiger, kühler; Nov.–März: kalt (Dez.: Weihnachtsmarkt).

RUND UM KOPENHAGEN

MALMÖ • 40 KM • Die Öresundbrücke bietet eine schnelle Verbindung nach Schweden

HELSINGØR • 45 KM • Schauplatz von *Hamlet*, Standort von Schloss Kronborg

OSLO • 510 KM • Mit der Fähre geht's in 17 Stunden zur norwegischen Hauptstadt

KANGERLUSSUAQ • 3541 KM • Ins arktische Grönland kommt man mit dem Flieger in fünf Stunden

SCHWARZWALD
DEUTSCHLAND

Warum jetzt? Seen, Torten und Märchen

Im Schwarzwald liegt etwas Magisches in der Luft. Die idyllische Region im Südwesten Deutschlands wirkt an vielen Stellen wie aus einem Märchen der Gebrüder Grimm –es braucht nicht viel Fantasie, um sich in hohen Schlössern eingesperrte Prinzessinnen, in Fachwerkstädten wandernde Flötenspieler und durch den dunklen, dichten Wald schleichende Trolle vorzustellen. Deswegen ist es ein tolles Ziel für einen Sommerurlaub mit Kindern. Im Juli ist viel los, aber bei den angenehm warmen Temperaturen (23–26°C) lassen sich die vielen schönen Rad- und Wanderwege inmitten grüner Berge bestens erkunden. Die Region ist auch für ihr Wasser berühmt – von der eleganten Kurstadt Baden-Baden bis zu den vielen hübschen Seen, die im Juli für Abkühlung sorgen. Bei einem Aufenthalt auf einem Bauernhof kann man Tiere streicheln, außerdem fällt die Kirschernte in die Sommerzeit – die perfekte Gelegenheit für ein Stück Schwarzwälder Kirschtorte.

Vor Ort: Am besten im Auto anreisen – es warten tolle Panoramastraßen. Baden-Baden und das lebhafte Freiburg erkunden; viele der besten Orte liegen auf dem Dreieck zwischen Freiburg, Triberg (berühmt für seine Kuckucksuhren) und St. Blasien.

Gut zu wissen: Mit einer SchwarzwaldCard (3 Tage gültig) hat man kostenfreien Eintritt zu über 140 regionalen Attraktionen.

Wann sonst? Juni–Aug.: warm, am meisten los; März–Mai & Sept.–Okt.: ruhiger, mild; Nov.–Feb.: kalt, verschneit.

- Abenteuer
- Natur & Tierwelt
- Rundreise
- Essen & Trinken

Die Kirche St. Roman nahe Wolfach im Schwarzwald

THE GHAN
AUSTRALIEN

Warum jetzt? Eine eindrucksvolle Zugfahrt durchs Outback
The Ghan ist nach den afghanischen Kameltreibern des 19. Jhs. benannt, die das unwirtliche Red Centre von Australien zugänglich machten, und nimmt seine Passagiere mit auf eine der schönsten Zugreisen der Welt. Eine 3000 km lange Strecke mitten durchs Landesinnere verbindet Darwin (Northern Territory) im tropischen Top End mit Adelaide (South Australia) am gemäßigten Southern Ocean. Unterwegs führt sie durch meilenweite Wildnis voller Wallabys, doch der Blick aus dem Fenster wird niemals langweilig, und der wunderschöne Sternenhimmel in der Nacht bleibt immer unendlich faszinierend. Bei Zwischenhalten kann man kurze Exkursionen unternehmen – z. B. eine Schiffsfahrt entlang der üppigen Nitmiluk Gorge oder einen Naturlehrpfad neben Traumwegen in Simpsons Gap. Juli ist eine gute Zeit: Der Norden ist trocken, die Wüste kühl und der Süden winterlich, aber mild.
Vor Ort: Für die Strecke von Darwin nach Adelaide (oder umgekehrt) braucht The Ghan 54 Stunden, inklusive zwei Nächten im Zug und kurzen Zwischenstopps in Alice (für Uluru–Kata Tjuta) und Katherine.
Gut zu wissen: The Ghan hat drei Klassen im Angebot: Rot – Tag-/Nachtsitze, Gold – Abteil, Platin – Deluxe-Abteil.
Wann sonst? Mai–Okt.: kühler; Nov.–April: Wüste heiß, Top End nass.

SÜDINSEL
NEUSEELAND

Warum jetzt? Schnee in Perfektion
Mitte Juni ziehen die Südlichen Alpen der Südinsel bereits die ersten Wintersportfans an, und im Juli gibt's dann kein Halten mehr. Dank frischen Schneefalls sind die Hänge mit feinem Schnee bedeckt und alle Einrichtungen geöffnet. Die Skigebiete bieten etwas für jeden Geschmack. Über drei Bergkessel verteilt, eignet sich Cardrona bestens für Anfänger und Familien. Treble Cone, das mit dem meisten Schneefall von allen neuseeländischen Skigebieten auftrumpft, ist mit 45 % schwarzen Pisten und einigen steilen Abhängen eher für fortgeschrittene Pistenfahrer ideal. Im zutreffend benannten Remarkables über dem Lake Wakatipu findet man überaus malerische Skipisten sowie gute Lernhänge und Terrainparks für Tricks vor. Alle drei liegen nahe Queenstown, der unangefochtenen Partystadt des Südens mit quirligem Après-Ski.
Vor Ort: Wer in verschiedenen Gebieten Ski fahren will, sollte in Queenstown übernachten: Remarkables liegt 24 km südöstlich, Cardrona 58 km nordöstlich, Treble Cone 90 km nordöstlich; in der Nähe gibt's noch mehr Optionen. Zu manchen Gebieten fährt ein Shuttleservice von Queenstown.
Gut zu wissen: Im Juli sind auch Schulferien in Neuseeland, weshalb familienfreundliche Resorts voller sein können.
Wann sonst? Juni–Okt.: kalt, Skisaison; Nov.–März: warm, Wandern; April–Mai: Herbst, kühl.

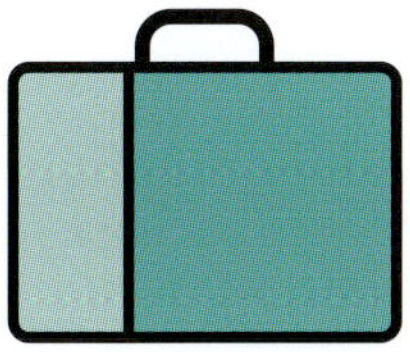

Einer der Bewohner von Swaledale, Yorkshire Dales National Park

NORDENGLAND

➔ Warum jetzt? Ausgedehnte Wanderungen an langen Tagen

In *A Coast to Coast Walk* beschrieb der legendäre britische Wanderer Arthur Wainwright 1973 eine 305 km lange Ost-West-Strecke von St. Bees (Cumbria) nach Robin Hood's Bay (North Yorkshire) – heute einer der beliebtesten Fernwanderwege des Landes. Viele sehen die Route als persönliche Herausforderung, manche wandern für einen guten Zweck. Aber was einen auch motiviert – enttäuscht wird man nicht. Schnell die Zehen in die Irische See gehalten und los geht's durch drei Nationalparks, den glitzernden Lake District, die hügeligen Yorkshire Dales und die Heide des North York Moors, bevor man an der Nordsee ankommt. Es gibt viele Auf- und Abstiege und zahlreiche Highlights: Grasmere (wo der Dichter Wordsworth lebte), Swaledales Trockenmauer, Richmonds Schloss und das bewaldete Eskdale. Unterwegs geht's an vielen guten Pubs vorbei. Juli ist der sonnigste Monat, und an den langen Tagen schafft man mehr Kilometer.

Vor Ort: Die meisten Wanderer brauchen 12 bis 14 Tage. Wer kein Gepäck schleppen will, arrangiert einen Transport. Übernachtet wird unterwegs im Zelt oder B&B.

Gut zu wissen: Züge fahren von Carlisle nach St. Bees. Ab Robin Hood's Bay geht's mit dem Bus nach Scarborough und von dort mit dem Zug weiter nach York.

Wann sonst? Mai–Juni & Sept.: ruhig, mild; Juli–Aug.: am heißesten; April & Okt.: kurze Tage, Schnee möglich; Nov.–März: kalt, manchmal verschneit.

- Abenteuer
- Herausforderung
- Natur & Tierwelt
- Preis-Leistung

Im Juli hält die Calgary Stampede ganz Alberta in Atem

© Justin Foulkes / Lonely Planet

ALPEN ÖSTERREICH

Warum jetzt? Abkühlung zwischen erhabenen Bergen

Ein Sommerurlaub in Europa muss nicht immer Strandurlaub am Mittelmeer sein. Schließlich kann man auch im Inneren des Kontinents viel entdecken. Jetzt sind die österreichischen Alpen ein tolles Ziel! Unter strahlender Sonne gibt's warme Seen und Becken, herrliche Berge (mit Seilbahnen) und traumhafte Blumen- und Kuhwiesen zu erkunden. Abenteurer kommen beim Rafting, Klettern, Canyoning und Seilrutschen auf ihre Kosten. Und stärken kann man sich danach mit Speck, Käse und Kuchen und das alles zu überraschend guten Preisen: Österreichs Skigebiete sind auch auf Sommergäste angewiesen und bieten oft Schnäppchen an, wenn die Pisten zu Wanderwege werden. In der warmen Jahreszeit ist auch weniger los. Alternativ übernachtet man mitten in den Bergen auf Hütten des Österreichischen Alpenvereins (von Mitte Juni bis einschließlich September geöffnet).
Vor Ort: Nord- und Osttirol ist eine gute Wahl: Täler mit hübschen, verschlafenen Dörfern und mit Geranien geschmückte Chalets sind die Norm. Anschließend lässt sich ein Aufenthalt in Salzburg und Innsbruck anhängen. Ein oder zwei Wochen einplanen.
Gut zu wissen: Von Mitte Juli bis Ende August finden die hochkarätigen Salzburger Festspiele mit Theater, Oper und klassischer Musik statt.
Wann sonst? Mai–Juni, Okt.: ruhig, mild; Juli–Sept.: am heißesten, Wandern; Nov.–April: verschneit, Skifahren.

- Abenteuer
- Natur & Tierwelt
- Entspannung
- Preis-Leistung

ALBERTA KANADA

Warum jetzt? Sich unter Cowboys mischen oder auf die Gipfel fliehen

Bluejeans anziehen, Cowboyhut aufsetzen und los zu einem der besten Rodeos der Welt: Bei der 10-tägigen Calgary Stampede steht ganz Calgary im Zeichen des Wilden Westens. Cowboys und Cowgirls treten beim *steer wrestling*, *bronc riding* und *chuckwagon racing* gegeneinander an, außerdem gibt's Konzerte, Umzüge, First-Nations-Feste und jede Menge Grillfleisch. Wer darauf keine Lust hat, flieht in die Berge, die wunderschön und leicht zu erreichen sind. Im Sommer bieten die türkisfarbenen Seen, schneebedeckten Gipfel und Kiefern- und Fichtenwälder der Canadian Rockies eine wunderschöne Kulisse für Wanderungen, Bootsfahrten und Kanutouren. Die majestätische Straße Icefields Parkway zwischen Banff (Süden) und Jasper (Norden) ist mitunter sehr befahren. Am besten geht man es ruhig an, um Nebenstraßen zu erkunden, auf Gletschern zu laufen (in Athabasca), für Fotos anzuhalten und Bären zu suchen.
Vor Ort: In einem Auto mit Allradantrieb nach Banff und Lake Louise (Thermen, Wanderungen, Pioniergeschichte) westlich von Calgary und in den Norden nach Jasper (Moraine Lake, Expeditionen ins Hinterland) fahren. Anschließend geht's ins belebte Edmonton, dann zurück in den Süden nach Calgary.
Gut zu wissen: Es laufen oft Tiere auf die Straße – Vorsicht beim Fahren!
Wann sonst? Juni–Aug.: sonnig, Wandern; April–Mai & Sept.–Okt.: Wetter unbeständig, ruhiger; Nov.–März: Skifahren.

- Kultur
- Abenteuer
- Natur & Tierwelt
- Essen & Trinken

DORDOGNE
FRANKREICH

➜ Warum jetzt? Trotz der Massen ist es hier wunderschön

Ein baumbestandener Fluss plätschert zwischen Bergstädten, Schlössern, prähistorischer Höhlenkunst und einigen der besten Märkten des Landes hindurch ... Willkommen in der Dordogne. Obwohl in der Region in Südwestfrankreich jetzt viel los ist, lohnt sich ein Besuch. Der Sommer ist wunderbar trocken und warm (25–30°C) – ideal zum Zelten und Kanufahren. Auf den Märkten gibt's jede Menge Lebensmittel; im mittelalterlichen Sarlat findet donnerstags von Juni bis September ein Nachtmarkt statt. Wer es ruhiger mag, kommt Anfang Juli (dann sind in Frankreich noch keine Schulferien), übernachtet in einem ländlichen Bauernhaus fernab vom Trubel und erkundet kleine Dörfer abseits der touristischen Pfade (in vielen finden kleine Sommerfeste statt). Bei beliebten Attraktionen wie den Weltklasse-Felsbildern in Lascaux und Font-de-Gaume umgeht man die Warteschlangen durch vorab gebuchte Online-Tickets.

Vor Ort: Die Dordogne besteht aus: Périgord Noir (Südosten) mit den berühmtesten Dörfern, Schlössern und Höhlen; Périgord Pourpre (Südwesten) mit Bergerac und mittelalterlichen Bastide-Städten; Périgord Vert und Blanc (Norden) mit kleineren Stätten und weniger Besuchern.

Gut zu wissen: Périgueux, die Hauptstadt der Dordogne, liegt im Périgord Blanc.

Wann sonst? Nov.–März: kalt, Trüffel; April–Juni: warm, ruhiger; Juli–Aug.: heiß, geschäftig; Sept.–Okt.: mild, Ernte.

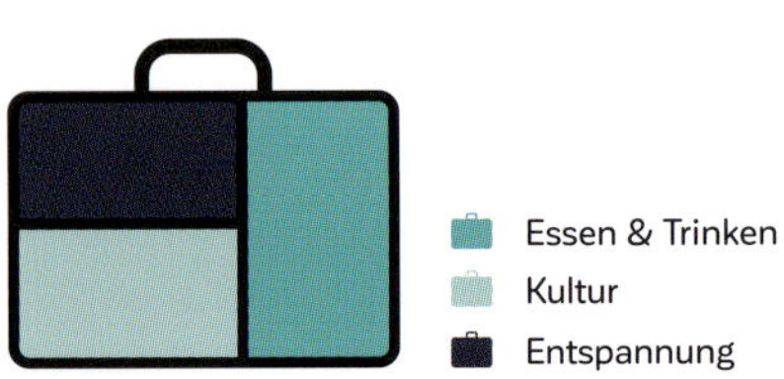

© Andrew Montgomery / Lonely Planet

Die Dordogne im Lauf der Zeit: prähistorische Höhlenkunst in Lascaux II und der Dom und Markt in Périgueux

© Andrew Montgomery / Lonely Planet

PHILADELPHIA
USA

→ Warum jetzt? Independence Day feiern in der Geburtsstätte der USA
Wer Ruhe sucht, sollte am 4. Juli nicht nach Philly kommen. Ende Juni beginnen hier die Feiern zum Unabhängigkeitstag und umfassen koloniale Schauspiele und längere Öffnungszeiten des Independence National Historical Park mit der Liberty Bell und der Independence Hall (wo die Unabhängigkeitserklärung verabschiedet wurde) – unbedingt besuchen! Am Unabhängigkeitstag selbst gibt's Umzüge und Feuerwerke rund um den Benjamin Franklin Parkway; gut zu sehen von den Baseballplätzen an der 22nd und Parkway oder von einem Liegestuhl auf dem Lemon Hill. Abgesehen von den Feierlichkeiten kann man im Sommer in Philadelphia vieles unternehmen: die Treppen des Museum of Art wie Rocky Balboa hoch- und runterrennen oder am Delaware River entspannen. Am belebten Penn's Landing gibt's Musik im Freien und am hippen Spruce Street Harbor Park einen Stadtstrand.
Vor Ort: Mindestens drei Tage einplanen und vorab buchen, wenn man zum 4. Juli anreist, und die geführte, 2 km lange „Constitutional"-Tour zu 20 historischen Stätten mitmachen. Philadelphia lässt sich gut mit anderen östlichen US-Städten verbinden.

Am 4. Juli treten Musiker in Uniformen der Kontinentalarmee auf

Gut zu wissen: 700 km Radweg und 60 Leihstationen – Philly ist sehr fahrradfreundlich.
Wann sonst? März–Mai: ruhiger, wärmer; Juni–Aug.: am heißesten, geschäftig; Sept.–Okt.: kühler; Nov.–Feb.: ruhig, sehr kalt.

RUND UM PHILADELPHIA

VALLEY FORGE HISTORIC PARK • 42 KM • Der Schuylkill River Cycle Trail führt zum Revolutionary War Camp

ATLANTIC CITY • 100 KM • Lebhafte Uferpromenaden, Küstenkitsch und „Vegas im Kleinformat"

DIE POCONOS • 189 KM • Aktiv-/Entspannungsurlaub von der Stadt

WASHINGTON DC • 220 KM • US-Hauptstadt mit tollen Museen

August

WANN AM BESTEN WOHIN?

ICH WILL

MIR ETWAS GÖNNEN

EDLES ESSEN, EDLE TÄNZE?

Tango tanzen lernen in Buenos Aires, Argentinien, der Heimat des erotischsten Tanzes der Welt

LASS UNS AUSGEHEN

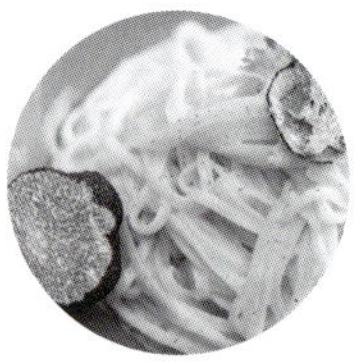

Trüffel und andere Leckereien vor der herrlichen Kulisse Umbriens in Italien genießen

Auf die kühlen Weinkeller und prächtigen Weinberge der Champagne anstoßen

ESSEN

- UMBRIEN, ITALIEN S. 185
- CHESAPEAKE BAY, USA S. 192

TRINKEN

- CHAMPAGNE, FRANKREICH S. 183

Hummer frisch aus den herrlichen Gewässern vor Nova Scotia in Kanada verspeisen

SPASS AM MEER, MEERESFRÜCHTE?

AUF IN DIE STADT

GESCHÄFTIG

- BERLIN, DEUTSCHLAND S. 199
- STOCKHOLM, SCHWEDEN S. 193

GÜNSTIG

- SOFIA, BULGARIEN S. 182

Außergewöhnliche Geschichte und jede Menge Parks im sattgrünen Berlin kennenlernen

STADT PLUS SKIFAHREN?

In Sofia, Bulgarien, durch römische Ruinen wandeln und Berge erklimmen

URBANES INSELHOPPING?

Schnorcheln in den kristallklaren Gewässern von Ko Samui, dem wohl schönsten thailändischen Strand im August

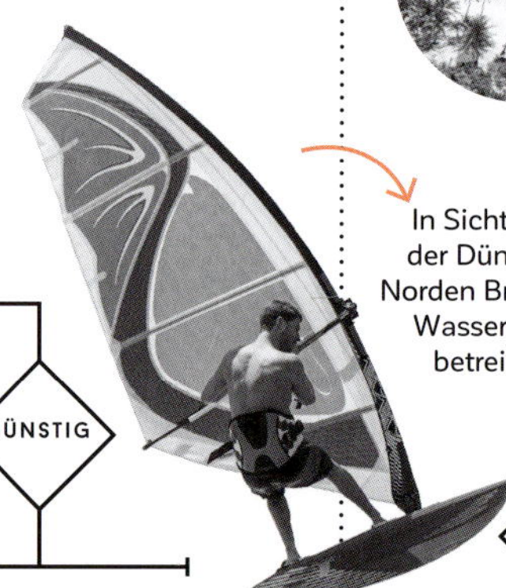

In Sichtweite der Dünen im Norden Brasiliens Wassersport betreiben

AB ZUM STRAND

AUFDREHEN

- KO SAMUI, THAILAND S. 182

ENTSPANNEN

- NORDÖSTLICHES BRASILIEN S. 194
- COOKINSELN S. 189

STRÄNDE IM BOOT ERKUNDEN?

Die Wildnis des US-amerikanische Westens vom California Zephyr au erschließen

SANDSTRÄNDE & SPIRITUALITÄT?

PARADIES MIT WALEN?

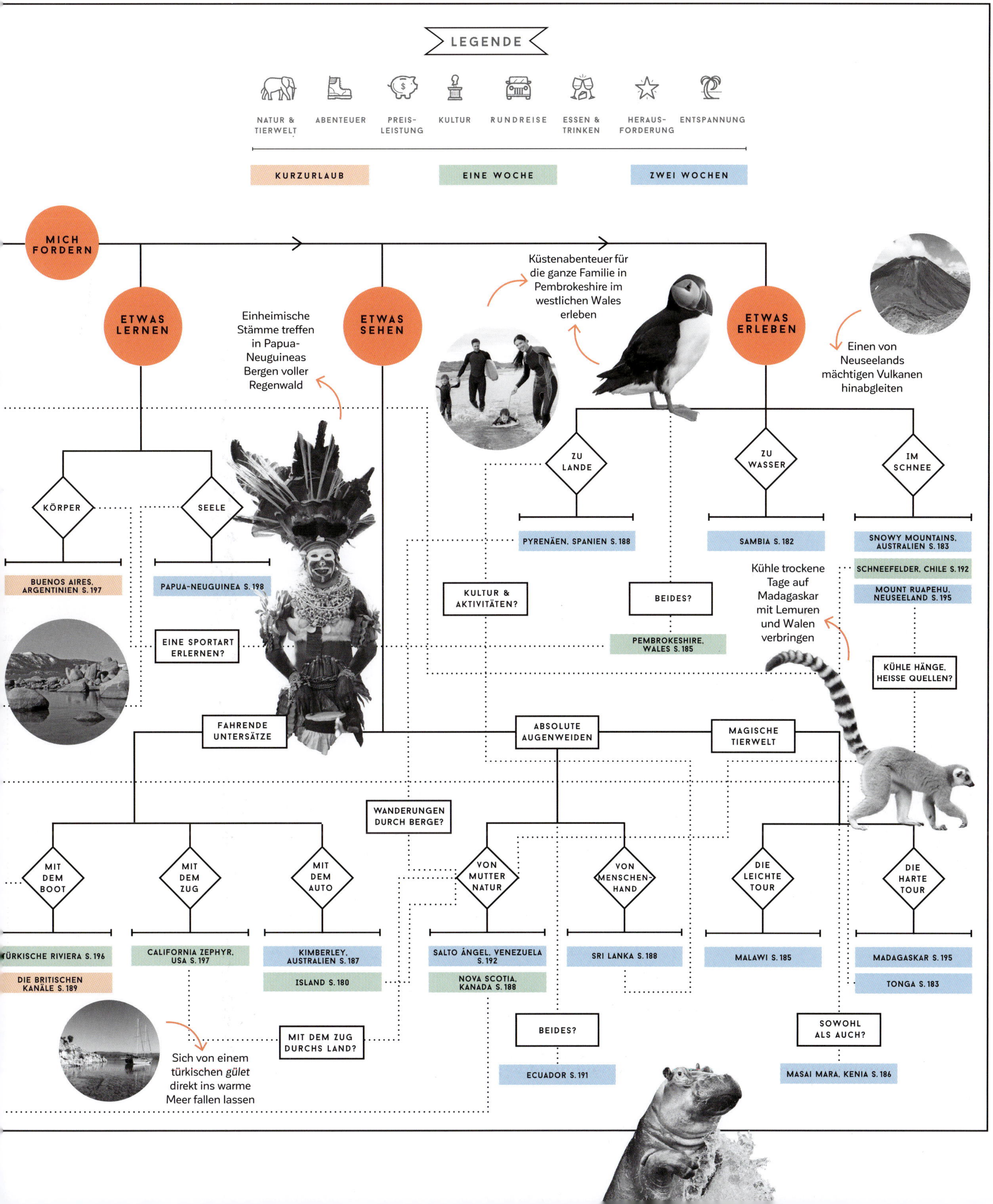
LEGENDE
NATUR & TIERWELT
ABENTEUER
PREIS-LEISTUNG
KULTUR
RUNDREISE
ESSEN & TRINKEN
HERAUS-FORDERUNG
ENTSPANNUNG
KURZURLAUB
EINE WOCHE
ZWEI WOCHEN
MICH FORDERN
ETWAS LERNEN
ETWAS SEHEN
ETWAS ERLEBEN
Einheimische Stämme treffen in Papua-Neuguineas Bergen voller Regenwald
Küstenabenteuer für die ganze Familie in Pembrokeshire im westlichen Wales erleben
Einen von Neuseelands mächtigen Vulkanen hinabgleiten
KÖRPER
SEELE
BUENOS AIRES, ARGENTINIEN S. 197
PAPUA-NEUGUINEA S. 198
EINE SPORTART ERLERNEN?
ZU LANDE
ZU WASSER
IM SCHNEE
PYRENÄEN, SPANIEN S. 188
SAMBIA S. 182
SNOWY MOUNTAINS, AUSTRALIEN S. 183
SCHNEEFELDER, CHILE S. 192
MOUNT RUAPEHU, NEUSEELAND S. 195
KULTUR & AKTIVITÄTEN?
BEIDES?
PEMBROKESHIRE, WALES S. 185
Kühle trockene Tage auf Madagaskar mit Lemuren und Walen verbringen
KÜHLE HÄNGE, HEISSE QUELLEN?
FAHRENDE UNTERSÄTZE
ABSOLUTE AUGENWEIDEN
MAGISCHE TIERWELT
WANDERUNGEN DURCH BERGE?
MIT DEM BOOT
MIT DEM ZUG
MIT DEM AUTO
VON MUTTER NATUR
VON MENSCHEN-HAND
DIE LEICHTE TOUR
DIE HARTE TOUR
TÜRKISCHE RIVIERA S. 196
DIE BRITISCHEN KANÄLE S. 189
CALIFORNIA ZEPHYR, USA S. 197
KIMBERLEY, AUSTRALIEN S. 187
ISLAND S. 180
SALTO ÁNGEL, VENEZUELA S. 192
NOVA SCOTIA, KANADA S. 188
SRI LANKA S. 188
MALAWI S. 185
MADAGASKAR S. 195
TONGA S. 183
BEIDES?
ECUADOR S. 191
SOWOHL ALS AUCH?
MASAI MARA, KENIA S. 186
MIT DEM ZUG DURCHS LAND?
Sich von einem türkischen *gület* direkt ins warme Meer fallen lassen

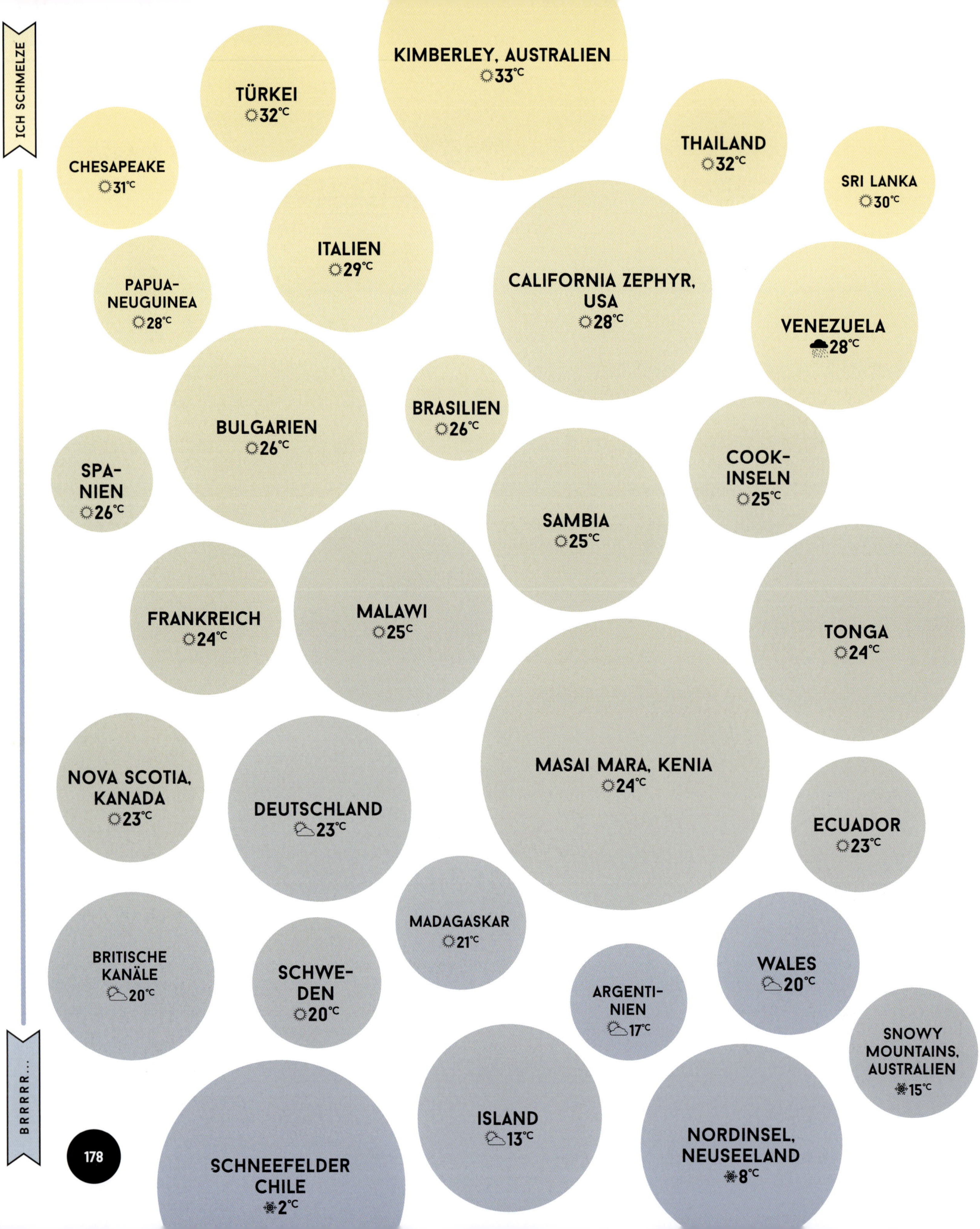
ICH SCHMELZE
BRRRRR...
KIMBERLEY, AUSTRALIEN 33°C
TÜRKEI 32°C
THAILAND 32°C
CHESAPEAKE 31°C
SRI LANKA 30°C
ITALIEN 29°C
PAPUA-NEUGUINEA 28°C
CALIFORNIA ZEPHYR, USA 28°C
VENEZUELA 28°C
BRASILIEN 26°C
BULGARIEN 26°C
SPA-NIEN 26°C
COOK-INSELN 25°C
SAMBIA 25°C
FRANKREICH 24°C
MALAWI 25°C
TONGA 24°C
NOVA SCOTIA, KANADA 23°C
DEUTSCHLAND 23°C
MASAI MARA, KENIA 24°C
ECUADOR 23°C
MADAGASKAR 21°C
BRITISCHE KANÄLE 20°C
SCHWE-DEN 20°C
ARGENTI-NIEN 17°C
WALES 20°C
SNOWY MOUNTAINS, AUSTRALIEN 15°C
ISLAND 13°C
NORDINSEL, NEUSEELAND 8°C
SCHNEEFELDER CHILE 2°C

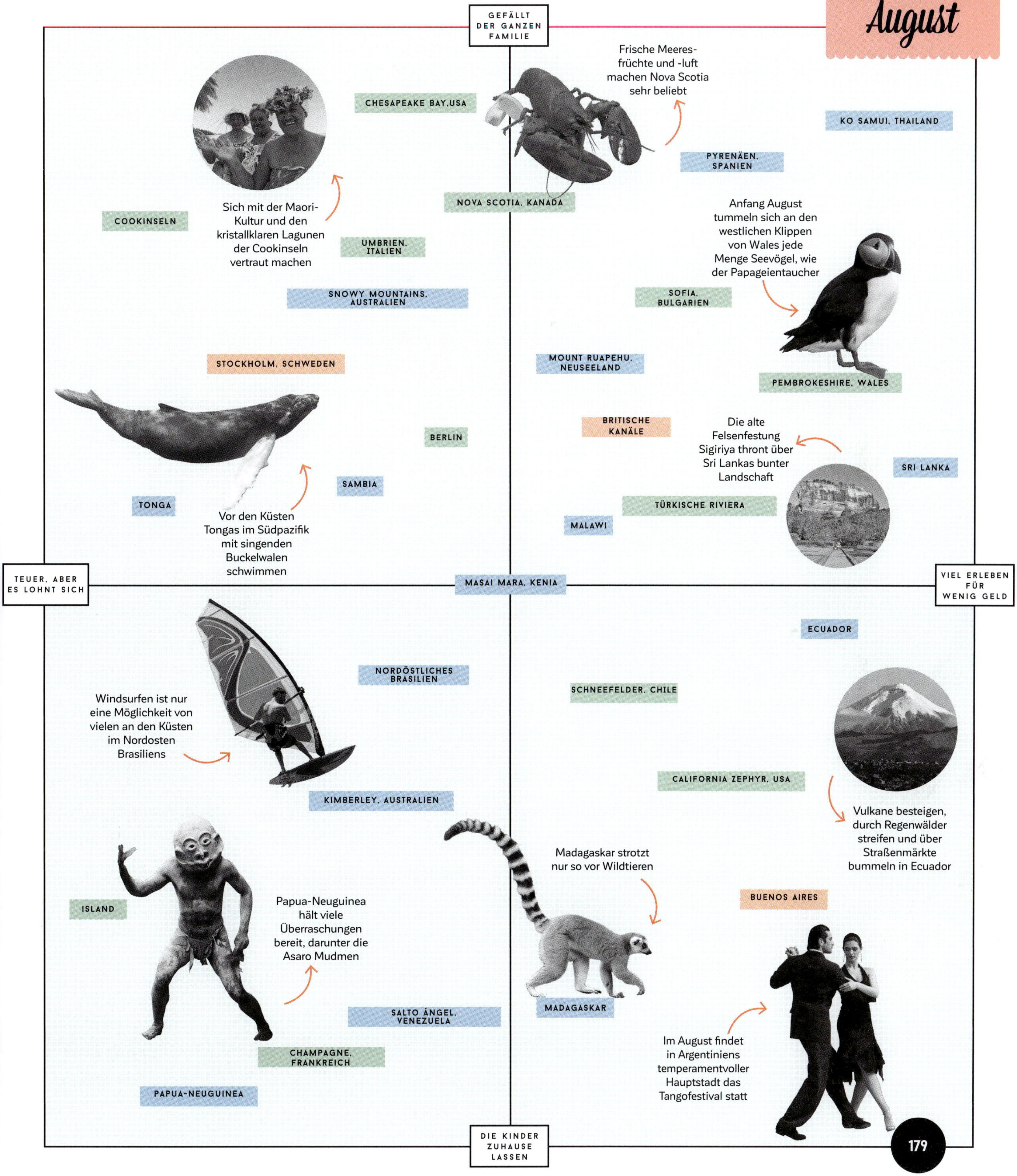
GEFÄLLT DER GANZEN FAMILIE
TEUER, ABER ES LOHNT SICH
VIEL ERLEBEN FÜR WENIG GELD
DIE KINDER ZUHAUSE LASSEN
CHESAPEAKE BAY, USA
COOKINSELN
Sich mit der Maori-Kultur und den kristallklaren Lagunen der Cookinseln vertraut machen
UMBRIEN, ITALIEN
SNOWY MOUNTAINS, AUSTRALIEN
STOCKHOLM, SCHWEDEN
BERLIN
SAMBIA
TONGA
Vor den Küsten Tongas im Südpazifik mit singenden Buckelwalen schwimmen
Frische Meeresfrüchte und -luft machen Nova Scotia sehr beliebt
NOVA SCOTIA, KANADA
KO SAMUI, THAILAND
PYRENÄEN, SPANIEN
Anfang August tummeln sich an den westlichen Klippen von Wales jede Menge Seevögel, wie der Papageientaucher
SOFIA, BULGARIEN
MOUNT RUAPEHU, NEUSEELAND
PEMBROKESHIRE, WALES
BRITISCHE KANÄLE
Die alte Felsenfestung Sigiriya thront über Sri Lankas bunter Landschaft
SRI LANKA
TÜRKISCHE RIVIERA
MALAWI
MASAI MARA, KENIA
NORDÖSTLICHES BRASILIEN
Windsurfen ist nur eine Möglichkeit von vielen an den Küsten im Nordosten Brasiliens
KIMBERLEY, AUSTRALIEN
ISLAND
Papua-Neuguinea hält viele Überraschungen bereit, darunter die Asaro Mudmen
SALTO ÁNGEL, VENEZUELA
CHAMPAGNE, FRANKREICH
PAPUA-NEUGUINEA
ECUADOR
SCHNEEFELDER, CHILE
CALIFORNIA ZEPHYR, USA
Vulkane besteigen, durch Regenwälder streifen und über Straßenmärkte bummeln in Ecuador
Madagaskar strotzt nur so vor Wildtieren
MADAGASKAR
BUENOS AIRES
Im August findet in Argentiniens temperamentvoller Hauptstadt das Tangofestival statt

ISLAND

Warum jetzt? Unwirkliche Mondlandschaften entdecken

Zur Vorbereitung auf die Reise zum Mond schickte die NASA ihre Astronauten nach Island. Wer das einsame Landesinnere gesehen hat, versteht warum. Es ist karg und unwirtlich und die klimatischen Bedingungen sind den Großteil des Jahres hart. Der August ist zweifellos der beste Reisemonat – und der einzige, in dem man wirklich zu den Lavafeldern, Vulkankratern und in die zerklüfteten Felslandschaften vordringen kann. Ein paar historische Routen winden sich durch das Hochland im Inselinneren. Sie eigenen sich gut als Abkürzungen zwischen Nord und Süd, manche Bereiche können nur mit einem besonders starken Allradantrieb bewältigt werden. Doch diese Anstrengung wird mit dem Blick auf eine faszinierende, einzigartige Szenerie belohnt, z. B. auf den türkisfarbenen Thermalsee Víti in der riesigen Askja-Caldera, den als „Königin der Berge Islands" bekannten Berg Herdubreid und die seltsamen Formationen der Kverkfjöll-Eishöhlen. Hartgesottene Wanderer dürfen sich freuen.

Vor Ort: Nach Reykjavík fliegen, einen Jeep mit Allradantrieb mieten und jede Menge Vorräte einkaufen! Am wenigsten fordernd ist die Kjölur(Kjalvegur)-Route; Flüsse werden auf Brücken überquert, nicht an Furten. Im Sommer fährt sogar ein Bus.

Gut zu wissen: Die vielen Hütten im Landesinneren sind im Sommer rasch ausgebucht.

Wann sonst? Juli & Aug.: die meisten Routen werden nur jetzt geöffnet; Mai–Sept.: prima für den Rest des Landes; Okt.–April: kälter, dunkel, eventuell Polarlichter.

Rundreise
Natur & Tierwelt
Abenteuer

Islandpferde durchqueren den Skeiðará im Süden Islands

SAMBIA

Warum jetzt? Wildwasserrafting auf dem Sambesi

Wer die Regenzeit auch für die beste Raftingzeit auf einem der reißendsten Ströme der Welt hält, liegt falsch. Wenn die Victoriafälle (auch Mosi-oa-Tunya genannt, „donnernder Rauch“) von August bis Jahresende nicht mehr ganz so laut donnern, sorgen fallende Pegelstände in der Batoka-Schlucht unter dem 108 m hohen Wasserfall für Wildwasser-Abenteuer. Oblivion, Washing Machine, Gnashing Jaws of Death – diese und andere Stromschnellen katapultieren Paddler aus dem Raft. Um Atem zu holen, kann man auf Klippen nach Vögeln wie dem seltenen Taita-Falken Ausschau halten. Anschließend locken ein Sprung in den Devil's Pool auf Livingstone Island am Rande des Wasserfalls und die Elefanten, Büffel und Giraffen des Mosi-oa-Tunya-Nationalparks.

Vor Ort: Über Johannesburg oder Lusaka nach Livingstone fliegen. Es werden halb- bis viertägige Raftingtouren angeboten. Für Abwechslung sorgen Kajaktrips oberhalb des Wasserfalls, Safaris im Nationalpark und Ausflüge zu den Märkten von Livingstone und Aussichtspunkten an den Victoriafällen.

Gut zu wissen: Rafting wird auch in der Stadt Victoria Falls in Simbabwe angeboten.

Wann sonst? Mai–Aug.: kühl, trocken; Okt. & Nov.: heiß, trocken; Dez.–April: nass (beste Rafting-Zeit: Aug.–Dez.).

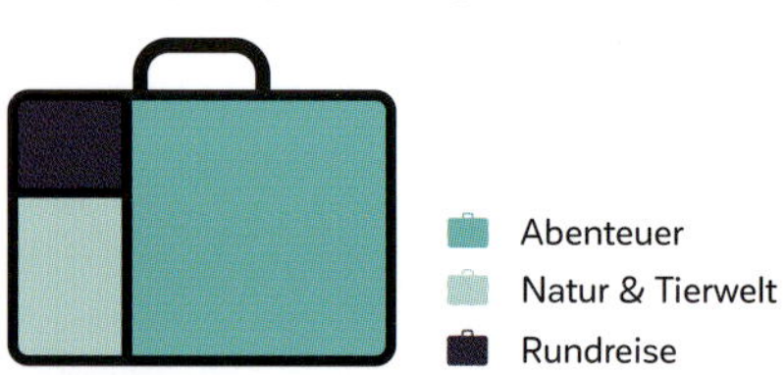

SOFIA BULGARIEN

Warum jetzt? Zwischen römischen Ruinen und Hügeln umherstreifen

Kaiser Konstantin nannte Ulpia Serdica, das heutige Sofia, „mein Rom“. Neben einer faszinierenden Mischung aus römischen Basiliken, osmanischen Moscheen, Kirchen mit Zwiebeltürmen, Jugendstilbauten und sowjetischen Monolithen hat die Stadt eine dynamische Bar- und Restaurantkultur. Im August blickt man von Caféterrassen bis zum Witoschagebirge, Sofias großem Outdoor-Spielplatz. Türkische, griechische und Balkan-Einflüsse sorgen für ein besonderes „Ost-trifft-West“-Flair. Trotz rasanter Modernisierung sind die Preise günstig, besonders fürs Essen, von herzhaften *baniza* (Blätterteiggebäck mit Käse) bis zu gehobenerer traditioneller Küche. Und bulgarische Rotweine, vor allem die Mawruds, sind oft hervorragend.

Vor Ort: Am schnellsten fährt die U-Bahn ab Flughafen-Terminal 2 ins Zentrum. Das Unterkunftsangebot ist vielfältig. Nach einem Stadtrundgang geht's per Minibus nach Bojana, um die Wandbilder (13. Jh.) in der dortigen Kirche zu bestaunen, dann nach Aleko zur Wanderung im Witoschagebirge.

Gut zu wissen: Immer offizielle Taxis nutzen (wie OK-Supertrans) – das ist sicherer und man wird nicht abgezockt (Taxameter).

Wann sonst? April–Okt.: angenehme Reisezeit; Juli & Aug.: am vollsten; Nov.–März: Winter, kalt, feucht.

KO SAMUI THAILAND

Warum jetzt? Hier gibt's im August die besten Surfwellen Thailands

Zunächst die schlechte Nachricht für Besucher von der Nordhalbkugel, die sich auf Sonne und Strandspaß in Thailand freuen: Im August regnet es fast im gesamten Land. Die gute Nachricht: Auf Ko Samui ist es jetzt relativ trocken (wenn auch bullenheiß). Die zauberhafte Insel im Golf von Thailand erfüllt so gut wie alle Anforderungen an ein Tropenparadies: Palmen wiegen sich am Strand, der Sand ist weich, das Essen schmeckt köstlich, es gibt die richtige Unterkunft für jedes Budget, Partyverrückte können feiern, wer seine Ruhe haben möchte bekommt sie, außerdem ist der August der ideale Monat für einen Strandurlaub. Wer sich von Sand und Meer losreißt, kann Tagestouren in den Ang-Thong-Meerespark unternehmen und zwischen smaragdgrünen Inselchen, die aus dem warmen, jadefarbenen Wasser herausragen, schnorcheln und Kajak fahren.

Vor Ort: Von Bangkok, Singapur, Kuala Lumpur und Hongkong aus gehen Direktflüge nach Ko Samui, von Häfen wie Don Sak auf dem Festland setzen Fähren über. Dann muss man sich nur noch eine Küste und einen Strand aussuchen.

Gut zu wissen: Eventuell wird neben den Tourkosten noch der Eintritt zum Ang-Thong-Nationalpark fällig. Im November und Dezember bleibt der Park geschlossen.

Wann sonst? Dez.–Feb.: trocken; März–Aug.: heiß, meist trocken; Sept.–Nov.: nass.

CHAMPAGNE
FRANKREICH

Warum jetzt? Kühle Weinkeller und Weinberge mit üppigen Reben

„Ich trinke die Sterne!" Wahrscheinlich war es gar nicht der Mönch und Weinliebhaber Dom Pérignon, der dies gesagt hat, und auch das Verfahren zur Champagnerherstellung hat ein anderer entwickelt. Trotzdem steht die französische Region immer noch für sprudeligen Schaumwein und gilt als Hochburg des Champagners. Der August ist ein wunderbarer Monat, um sich zu einer *dégustation* in einen kühlen Weinkeller zu begeben; dann ist es brütend heiß und ganz Frankreich ist im Urlaub. Die meisten großen Champagnerproduzenten und Weinkeller findet man zwischen dem historischen Reims mit seiner umwerfenden Kathedrale und der Avenue de Champagne in Épernay, das sich weiter südlich zwischen die Weinhänge schmiegt. Darunter sind international bekannte Sorten wie Veuve-Clicquot, Pommery, Krug, Taittinger und Pol Roger sowie Edelmarken aus kleineren Winzerbetrieben.

Vor Ort: Reims liegt 129 km östlich von Paris (ca. 45 Min. Fahrtzeit mit dem schnellsten Zug) und nach Épernay sind es weitere 24 km nach Süden. Auto fahren sollte man natürlich nicht zur Weinverkostung, es gibt aber reichlich Touren. Auch mit dem Rad kann man die Region erkunden: Anregungen für Routen gibt's unter www.champagne.fr.

Gut zu wissen: Führungen bei großen Champagnerproduzenten muss man vorab buchen.

Wann sonst? April–Okt.: warm, trockenste Zeit (Traubenernte: Okt.); Nov.–März: kühler, mehr Regen.

SNOWY MOUNTAINS
AUSTRALIEN

Warum jetzt? Im Tal carven und in lauschigen Gasthöfen übernachten

In den Snowy Mountains auf der Grenze von New South Wales und Victoria liegen Australiens meistbesuchte Skigebiete, vor allem die im Kosciuszko National Park, rund um den gleichnamigen Berg (2228 m). Hier locken hübsche Bergdörfchen, tolles Après-Ski und, besonders im August, haufenweise Schnee. Perisher, das größte Skigebiet, hat 47 Skilifte auf einer Fläche von 13 km² und Hunderte Schneekanonen. Im hübschen, europäisch angehauchten Thredbo wartet eine 3,7 km lange Abfahrt namens Supertrail. Charlotte Pass (1765 m), Australiens höchstgelegenes Skigebiet, ist nur mit der Pistenraupe zu erreichen und ideal für Skitouren-Fans. Es gibt Hänge sämtlicher Schwierigkeitsgrade für Skifahrer und Snowboarder, Terrain für Schneeschuhwanderer, Pisten durch Baumbestand, Langlaufloipen und ein buntes Veranstaltungsprogramm.

Vor Ort: In Canberra ist der nächste Flughafen (209 km; Fahrzeit: ca. 3 Std.). Ab Sydney und Canberra fahren regelmäßig Busse nach Thredbo, aber ein Auto ist am praktischsten.

Gut zu wissen: Eintritt zum Kosciuszko-Nationalpark: 29 AU$ täglich pro Wagen bzw. 11,45/3,60 AU$ pro Erw./Kind.

Wann sonst? Anfang Juni–Anfang Okt.: Skisaison; Okt.–Dez.: prima zum Bushwalken; Dez.–Feb.: Wildblumen blühen; März–Mai: ideal zum Mountainbiken und Angeln.

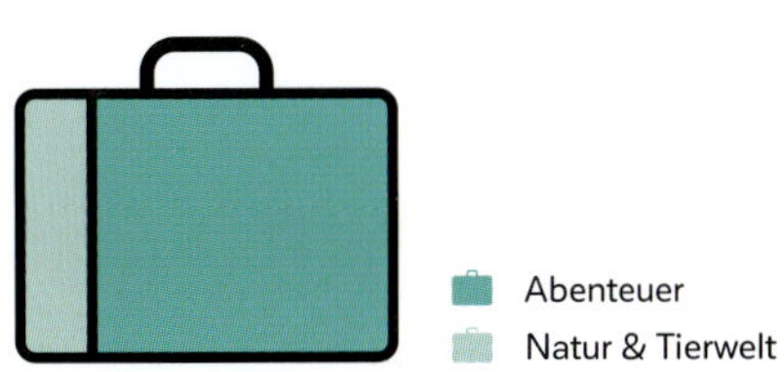

TONGA

Warum jetzt? Mit singenden Buckelwalen schwimmen

Tonga lockt die unterschiedlichsten Besucher an – Surfer kommen wegen der 3 m hohen Dünungen und Reefbreaks, Angler hoffen, einen Blauen Marlin zu fangen und Sonnenanbeter wollen auf einer der mehr als 170 Inseln ihr persönliches unberührtes Stück vom Paradies finden. Die buchstäblich größten Fans des bildschönen Archipels im Südpazifik sind aber die Buckelwale, die jedes Jahr zwischen Juli und September zum Kalben aus der Antarktis nach Tonga ziehen. Dies ist einer der wenigen Orte weltweit, wo man mit den musikalischen Giganten schwimmen kann – einen verantwortungsbewussten Touranbieter aussuchen und die jungen Familien nicht stören! Neben Walen sorgen Mantarochen, Delfine, Schildkröten und viele andere Meeresbewohner für einzigartige Schnorchel- und Taucherlebnisse. Die Atolle und Inseln lassen sich wunderbar per Kajak erkunden. Tonga bietet zudem uralte, gewaltige Trilithen und königliche Steingräber (rund um Mu'a) und es macht Spaß, entspannte Einheimische kennenzulernen.

Vor Ort: Aus Auckland, Fidschi und Sydney gibt's Direktflüge zu Tongas Flughafen in Nuku'alofa.

Gut zu wissen: Die Buckelwale bringen ihren Nachwuchs in Tonga zwischen Juli und September zur Welt.

Wann sonst? Dez.–März: am nassesten; April–Nov.: trockener.

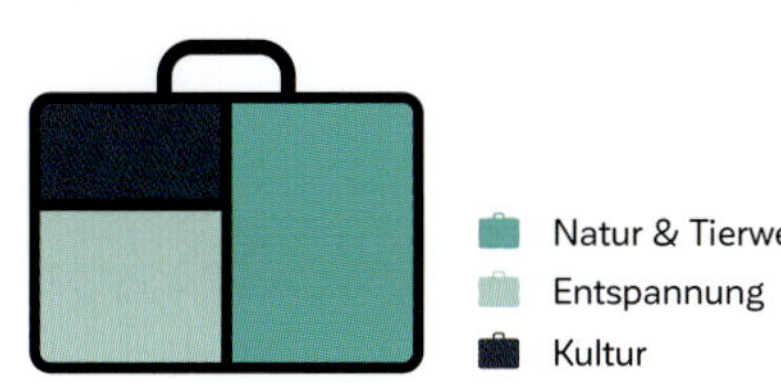

Über die Pilgerstadt Assisi in Umbrien wacht die Burg Rocca Maggiore

Der Strand Marloes Sands in Pembrokeshire im Westen von Wales

Spärliche Vegetation macht den August zum idealen Monat für Tierbeobachtungen in Malawi

UMBRIEN
ITALIEN

Warum jetzt? In der traumhaften Landschaft Zentralitaliens seinen persönlichen Lieblings-*agriturismo* finden
Italien im August ist kein Geheimtipp – vor allem nicht unter Italienern, die jetzt in Massen das eigene Land bereisen. Am richtigen Fleck kann man aber trotzdem einen tollen Urlaub haben. Umbrien, der stillere Nachbar der Toskana, bietet Hügelpanoramen, von mittelalterlichen Mauern umgebene Bergdörfer, Kunstschätze, gutes Essen und Wein, ist aber nicht so überlaufen. Authentische *agriturismi* – meist Zimmer oder Wohnungen auf Bauernhöfen für Selbstversorger, vielfach mit Pool – eignen sich wunderbar als Basis auf dem Lande für Pärchen, Freunde oder Familien. Von dort aus lassen sich römische Amphitheater, Fresken, Paläste und Basiliken von Spoleto, Gubbio (bildhübsch) und Assisi (genau, Franz von Assisi) besuchen und man kann Trüffel aus Norcia, Orvieto-Weißwein und Schokolade aus Perugia kosten.
Vor Ort: Perugia, die Provinzhauptstadt, hat einen internationalen Flughafen, genauso wie Rom, Florenz und Ancona, jeweils nur eine kurze Auto- oder Zugfahrt entfernt. Unbedingt ein Auto mieten. Websites wie www.agriturismo.it informieren über *agriturismi*.
Gut zu wissen: Vor allem Anfang August zieht es viele einheimische Touristen in beliebte Städte wie Assisi, Spoleto und Orvieto, und manche Restaurants sind geschlossen.
Wann sonst? Juli & Aug.: Hauptsaison, Trubel an Hauptsehenswürdigkeiten; April–Juni & Sept.–Okt.: angenehmes Wetter, die Städte sind ruhig; Nov.–März: kühl.

MALAWI

Warum jetzt? Wunderbares Wetter im „warmen Herzen Afrikas“
Malawi geht einem unter die Haut. Zwar sind die Tierschutzgebiete nicht die größten (dafür ist ihr Tierreichtum umso größer!), die Berge nicht die höchsten (aber der Mulanje ist umwerfend!) und es gibt keine Küste (dafür aber wunderschöne, ruhige Strände am Malawisee). Trotzdem hat dieses Land das gewisse Etwas – die Landschaft und die freundlichen Menschen versprühen eine Wärme, die Besucher nicht mehr loslässt. Erstaunlich, dass nicht mehr Touristen hierhin kommen. Der August ist einer der besten Monate für einen Besuch. Auf warme Tage folgen kühle Nächte und es ist trocken – ideal, um am Seeufer zu faulenzen oder mit dem Kajak zwischen grünen Inseln umherzupaddeln. Dank der weniger üppigen Vegetation sieht man auch eher wilde Tiere. Im Liwonde-Nationalpark locken Elefanten, Rappenantilopen und Bootsfahrten auf dem von Nilpferden bevölkerten Shire, und das Tierschutzgebiet Majete hat die „Big Five“: Elefant, Nashorn, Büffel, Löwe und Leopard.
Vor Ort: Malawi ist lang und schmal, die Hauptstadt Lilongwe liegt etwa mittig, der See ist das dominierende geografische Merkmal. Erst besucht man Liwonde und Majete im Süden, dann geht's zum Entspannen an den Malawisee, z. B. nach Mumbo Island vor Cape Maclear.
Gut zu wissen: Malawi ist Malariagebiet – vorsorgen!
Wann sonst? Dez.–April: nass; Mai–Aug.: trocken, kühl; Sept.–Nov.: trocken, heiß.

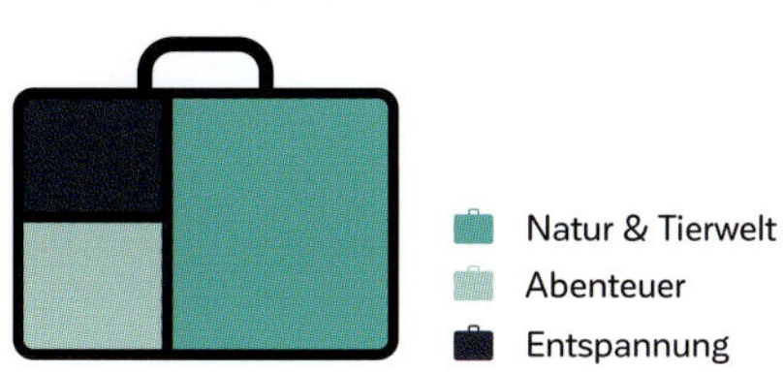

PEMBROKESHIRE
WALES

Warum jetzt? Wilde Küstenabenteuer für die ganze Familie
Breite Strände, hübsche Fischerdörfer und Klippen voller Meeresvögel – die Küste von Pembrokeshire kann locker mit beliebten britischen Urlaubszielen wie Cornwall mithalten, ist aber weniger überlaufen. Im August reisen viele Familien an, ein ruhiges Stück Strand findet man aber trotzdem. Außerdem gibt's jede Menge Aktivitäten: (Küsten-) Wanderungen, Radtouren, Klettern, Surfen, Kajakfahren und mehr. Weitere Zutaten für einen spannenden Familienurlaub sind die beeindruckenden Burgen von Pembroke, Carew und Manorbier, die versteckte Kathedrale von St. Davids, Schweinswal-Touren und Bootsfahrten zu den Inseln Skomer, Skokholm und Ramsey, wo sich Papageientaucher und Seelöwen tummeln.
Vor Ort: Einen Küstenort als Basis wählen, z. B. Tenby oder Manorbier im Osten, Lower Solva oder Porthgain im Westen, Fishguard oder Newport an der Nordküste oder das historische St. Davids, die kleinste Kathedralenstadt Großbritanniens. Im Sommer fahren relativ regelmäßig Busse.
Gut zu wissen: In Skomer, Skokholm und Ramsey sind nur begrenzt Betten verfügbar – rechtzeitig reservieren. Für Bootsfahrten früh da sein. Die Papageientaucher verlassen Skomer im August. Wer größere Gruppen sehen will, muss früher anreisen.
Wann sonst? Mitte Juni–Mitte Sept.: warm, mehr Touristen; April–Mitte Juni & Mitte Sept.– Okt.: Nebensaison, ruhiger; Nov.–März: Winter, ab Feb. gutes Wanderwetter.

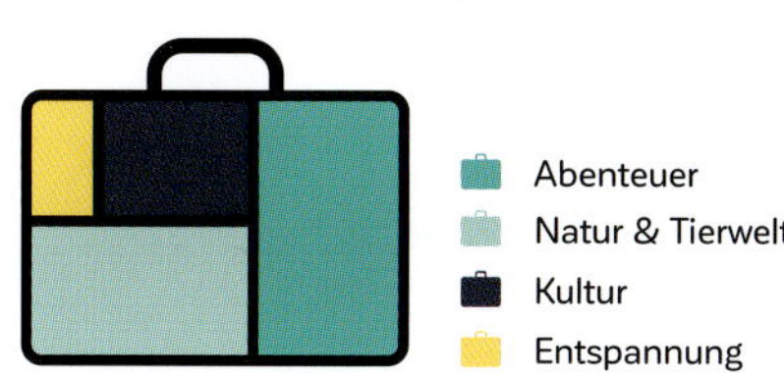

(L) Gnus auf Wanderschaft – die „große Tierwanderung“ in der Masai Mara; (R) Die Bell Gorge an der Gibb River Road, Kimberley, Westaustralien

©Nigel Pavitt / Getty Images

MASAI MARA KENIA

Warum jetzt? Zusehen, wie riesige Gnuherden Flüsse durchqueren

Eine Herde von hunderttausend Gnus an einem Flussufer sorgt für den ultimativen Stau. Wenn die Tiere dann durch den Strom waten und versuchen, hungrigen Krokodilen auszuweichen, ist die Spannung fast unerträglich. Knapp 1,5 Millionen Streifengnus und ihr Gefolge aus Zebras und Thomson-Gazellen erreichen auf ihrer jährlichen Wanderung den Mara, der quer durch den Nationalpark Masai Mara in Kenia fließt. Dann lassen sich spektakuläre Flussdurchquerungen (und damit verbundene Festgelage der Krokodile und Löwen) beobachten.

Vor Ort: Meist fliegen Safariteilnehmer in das Schutzgebiet, dabei kommt man auch von Nairobi mit dem Auto problemlos her. Camps und Lodges im Westen und Nordwesten des Reservats – in der Nähe des Zusammenflusses von Mara und Talek – sind praktisch, um Flussdurchquerungen zu erleben.

Gut zu wissen: In privaten Schutzgebieten im Norden oder Osten der Masai Mara sind Tierbeobachtungen oft persönlicher. Alternativ quartiert man sich in der nördlichen Serengeti (Tansania) nahe dem Grumeti ein, der gewöhnlich im Juni durchquert wird. Achtung: Die Zeiten können variieren!

Wann sonst? Juli–Sept.: Gnus ziehen in die Masai Mara; Okt.: Grasen in der Masai Mara; Nov.–März: Rückkehr in die südliche Serengeti zum Grasen und Kalben; April–Juni: Wanderung nach Nordwesten.

Natur & Tierwelt
Rundreise

© Catherine Sutherland / Lonely Planet

KIMBERLEY
AUSTRALIEN

Warum jetzt? Eine dramatische Reise durchs Outback unternehmen
Man kann Kimberly auf dem asphaltierten Great Northern Highway durchqueren – oder man nimmt die Gibb River Road. Die unbefestigte Straße von Derby nach Kununurra hat weniger Kilometer, ist aber zeitintensiver, härter und sehr viel aufregender! Es warten 660 km rostrote unbefestigte Pisten mit Flussdurchquerungen – eine jener großen Überland-Expeditionen, die nur in der Trockenzeit möglich ist. Der beliebteste Monat dafür ist der August. Man kann Buschwanderungen in einsame Schluchten unternehmen und sich an Wasserfällen erfrischen, unterm Sternenzelt campen und lernen, mit dem australischen Outback eins zu werden.
Vor Ort: Wer sich traut, bestreitet die unwegsame Strecke von Derby (östlich von Broome) nach Kununurra allein mit dem Jeep (mit Allradantrieb!). Sonst bucht man eine achttägige geführte Tour. Ein Abstecher nach Süden führt zum Lake Argyle und in den Nationalpark Purnululu mit den Bungle Bungles, gigantischen „Bienenkörben" aus rotem Stein, im Norden liegt das Mitchell Plateau mit beeindruckenden Wasserfällen.
Gut zu wissen: In den Gewässern der Kimberley-Region tummeln sich viele Krokodile; entlang der Gibb Road handelt es sich meist um die harmlosere Süßwassergattung. Man sollte sich jedoch über Salzwasserkrokodile informieren, vor allem in Küstennähe.
Wann sonst? Mai–Sept.: trocken, kühler, Gibb Road befahrbar; Okt.–April: Regenzeit (Jan. & Feb.: besonders heiß und nass).

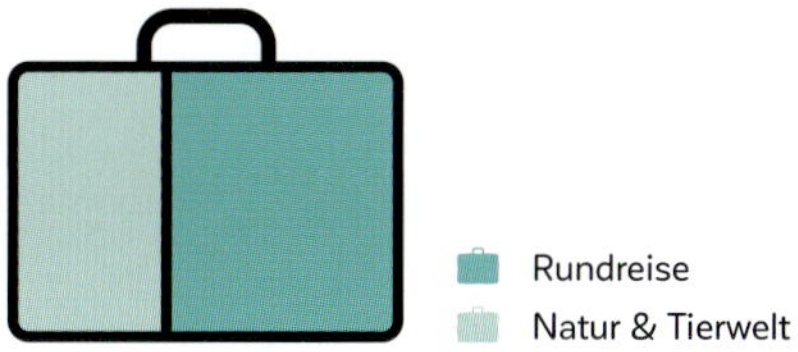

NORDÖSTLICHES SRI LANKA

Warum jetzt? Am Indischen Ozean in der Sonne liegen und surfen

Drei gute Gründe für eine Fahrt in den Nordosten Sri Lankas im August: super Wetter, niedrige Preise und fast leere Strände. Während es im Südwesten regnet, ist der Himmel hier blau, das Wasser warm und die Surfbedingungen sind exzellent, vor allem in der Arugam Bay. Als Folge des Bürgerkriegs war diese Region bis vor Kurzem noch ziemlich abgeschottet, weshalb die Küste wenig erschlossen ist. In Nilaveli, Uppuveli und Passikudah findet man immer noch einsame Fleckchen Sand. Auch im Landesinneren ist es im August ziemlich trocken, sodass man z. B. die Felsenfestung von Sigiriya erklimmen kann. In der religiösen Hochburg Kandy wird im Sommer das bunte, laute Esala-Perahera-Fest zu Ehren des heiligen Buddha-Zahns gefeiert. Und noch ein Wort der Warnung: Sri-Lankas Küche macht süchtig.

Vor Ort: Colombo hat einen internationalen, Batticaloa einen nationalen Flughafen. Trincomalee und die Strände im Nordosten erreicht man mit dem Zug, Bus oder Taxi.

Gut zu wissen: Im „Esala“, dem siebten Monat des buddhistischen Kalenders (Juli oder August), findet das zehntägige Fest Esala Perahera statt.

Wann sonst? Okt.–Jan.: im Nordosten und Zentrum trocken; Feb.–Sept.: trocken, warm; Dez.–März: im Südwesten trocken.

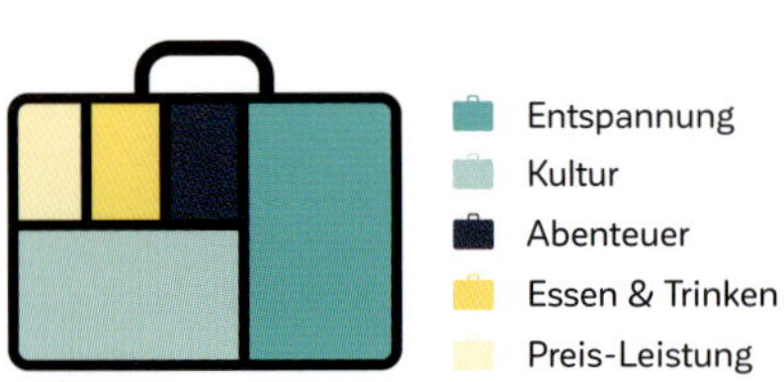

SPANISCHE PYRENÄEN

Warum jetzt? Wandern, Rad-, Kajak-, Abseiling- oder Raftingtouren

Die Alpen mögen glamouröser sein, doch die Pyrenäen sind nicht weniger schön. Manche Alpenresorts wurden für die Touristenflut „geliftet“, die spanischen Pyrenäen dagegen sind sich treu geblieben. Städte und Dörfer aus Stein inmitten von Bergen bilden die Basis für familienfreundliche Outdoor-Aktivitäten: Es gibt Wander- und Radwege sowie begehbare Schluchten, man kann Abseiling-, Kajak- und Raftingtouren buchen und sich dann in Pensionen und Restaurants für das nächste Abenteuer stärken. Im August ist das Wetter am beständigsten, die Hochpässe sind frei von Schnee und die Outdoor-Einrichtungen warten auf Kundschaft. Beliebte Orte sind Vielha und Sort (tolle Rafting-Bedingungen) nahe dem Nationalpark Aigüestortes i Estany de Sant Maurici in Nordkatalonien und Berdún im benachbarten Aragonien.

Vor Ort: Am praktischsten gelegen sind wahrscheinlich die Flughäfen Bilbao, Toulouse und Barcelona (Girona). Reisebüros bieten Abenteuerurlaube für Familien in Nordkatalonien und Aragonien an.

Gut zu wissen: Der Nachwuchs sollte keine Angst davor haben, in der freien Natur Rad zu fahren und zu schwimmen.

Wann sonst? Juli–Sept.: Sommer; Okt. & Nov.: wechselhaft; Dez.–Feb.: Winter, Skisaision; März–Juni: verschneite Pässe.

NOVA SCOTIA KANADA

Warum jetzt? Straßenmusiker, Blaubeeren und Traumbuchten

An einem nach Salz duftenden Strand entlangschlendern, dem Klappern der Masten und den Wellen lauschen und dabei ein Hummerbrötchen verzehren – Nova Scotia in Perfektion. Besonders schön ist es hier im warmen, trockenen August. Los geht's an den Imbissbuden und tollen Museen an der Uferpromenade der Provinzhauptstadt Halifax. Hier steigt Ende Juli/Anfang August das mitreißende Busker (Straßenmusiker-)Festival. Anschließend locken die bildschönen Küsten von Lunenberg (Unesco-Weltkulturerbe) und Peggy's Cove. Die Bay of Fundy wird zwischen Juni und September von Finn-, Minke- und Buckelwalen angesteuert, zudem wartet die Bucht mit den extremsten Gezeiten der Welt auf; davon überzeugt man sich am besten bei einer Kajaktour oder einem Abendessen auf dem sandigen Meeresboden (kurios!). Auch köstlich: wilde Blaubeeren. Sie werden ausschließlich im August geerntet.

Vor Ort: In einer Woche geht's ab Halifax am hübschen South Shore (Lunenberg) entlang, nach Norden zur Bay of Fundy und durch das Annapolis Valley. Wer zwei Wochen hat, fährt noch weiter nach Osten zum spektakulären Cape Breton.

Gut zu wissen: Fähren verbinden Nova Scotia mit Neufundland, New Brunswick, Prince Edward Island und Maine, USA.

Wann sonst? Nov.–Feb.: Schneeschuhwandern und Langlauf; März & April: es wird wärmer und matschig; Mai–Aug.: warm, Walsaison; Sept. & Okt.: kühler, ruhiger.

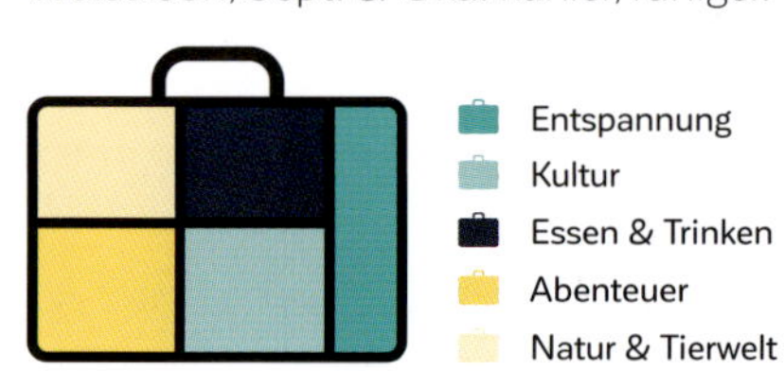

Die Lagunen der Cookinseln sind im August atemberaubend schön

© Pete Seaward / Lonely Planet

COOKINSELN

Warum jetzt? In Lagunen mit kristallklarem Wasser und an atemberaubenden Korallenriffen schnorcheln

Dieses Pazifikparadies ist im August am schönsten. Es fällt nur wenig Regen und die kobaltblauen Lagunen sind klar und warm. Rarotonga ist die größte und beliebteste der Inseln. Das dicht bewachsene vulkanische Eiland ragt aus dem azurblauen Ozean und hat einen natürlichen Infinitypool, begrenzt vom der Süd- und Ostküste vorgelagerten Riff. Kokospalmen, Blütenduft und feiner weißer Sand – der Strand ist herrlich, aber auch die Bedingungen zum Schnorcheln und Tauchen sind hervorragend, vor allem vor Muri an der Ostküste. Dort bekommt man erstaunliche Rifffische vor die Tauchermaske. Ebenfalls schön: Wanderungen ins hügelige Landesinnere. Die Maori-Kultur wird Besuchern bei einer „Inselnacht" besonders unterhaltsam nahegebracht, einem Potpourri aus Gesang, Tanz und *kai* (lokaltypisches Essen). Noch idyllischer geht's auf Aitutaki zu. Dort locken eine spektakuläre Lagune und wunderbare Tauchgründe.

Vor Ort: Von Papeete, Auckland und Los Angeles gehen Direktflüge nach Rarotonga; Aitutaki ist 50 Flugminuten von Rarotonga entfernt.

Gut zu wissen: Malaria stellt kein Problem dar, dafür aber das Denguefieber, und die Moskitos sind eine echte Plage – vorsorgen!

Wann sonst? April–Okt.: trockener, kühler; Nov.–März: nasser, heißer.

BRITISCHE KANÄLE

Warum jetzt? Die Kanäle vom Boot aus im eigenen Tempo erkunden

Die ersten britischen Kanäle bauten vor fast zweitausend Jahren die Römer; seither dienten sie als wichtige Transportwege für Industrie und Handel, und entlang ihrer Ufer entstanden quirlige Siedlungen. In den letzten Jahrzehnten wurden viele Wasserstraßen modernisiert bzw. wieder vermehrt genutzt und erlebten so eine Art Wiedergeburt. Am besten erkundet man sie an den langen, sonnigen Tagen und milden Abenden im August. Ein Bootsurlaub auf den Kanälen ist die wohl gemütlichste Variante des langsamen Reisens. Es geht durch spektakuläre Landschaften zu Attraktionen wie den Töpferwerkstätten von Staffordshire, über Thomas Telfords Pontcysyllte-Aquädukt in Nordwales oder – unser Favorit – über den Kennet-und-Avon-Kanal durch das bildschöne georgianische Bath, verschlafene Dörfer mit tollen Pubs, durch Bradford on Avon und die Caen Hill Locks, ein ausgeklügeltes Schleusensystem.

Vor Ort: Der Canal and River Trust verwaltet 3219 km Wasserwege in England und Wales. Auf der Website (canalrivertrust.org.uk) findet man viele nützliche Informationen zu ein- bis mehrwöchigen Kanalfahrten.

Gut zu wissen: Die Höchstgeschwindigkeit liegt meist bei 4 Meilen pro Stunde (6 km/h) und die Schleusen verlangsamen das Vorankommen beträchtlich.

Wann sonst? Juni–Sept.: warm, am trockensten; April– Mai & Okt.: ruhig; Nov.–März: nasser, kälter.

ECUADOR

Warum jetzt? Vulkane erklimmen, durch Regenwälder wandern und Märkte besuchen
Das kleine Ecuador bietet fast alle Highlights Südamerikas auf kleinem Raum. Quito und Cuenca locken mit kolonialer Architektur, Ingapirca mit Inka-Ruinen, Otavalo, Saquisilí und Zumbahua mit indigenen Märkten, die „Vulkanstraße“ mit spektakulären Vulkankegeln (darunter der bildschöne Cotopaxi) und das Amazonas-Gebiet, die Galápagos-Inseln und die Nebelwälder im Norden mit atemberaubender Tierwelt. Im Hochland und im Regenwald ist der August der trockenste Monat und die beste Zeit, um die hiesige Kultur zu genießen, Vulkane zu erklimmen und raften zu gehen. Ecuador ist noch dazu ein günstiges Reiseland mit preiswerten Unterkünften.
Vor Ort: Von der Hauptstadt Quito geht's gen Norden, um schillernde Kolibris im Nebelwald von Mindo zu beobachten und den Markt von Otavalo zu besuchen; unterwegs hält man noch kurz am Äquator. Im Anschluss wandert man auf den Cotopaxi oder Chimborazo, entspannt in den Thermalquellen von Baños, schaut sich die Inka-Stätten in Ingapirca an und bewundert die Schönheit Cuencas. Ein Flug ins Amazonas-Gebiet lohnt ebenfalls. Am Río Napo betreiben Gemeinden tolle Öko-Lodges.
Gut zu wissen: Die Galápagos-Inseln sollte man wegen vermehrter Wolken und rauer See lieber nicht im August aufsuchen.
Wann sonst? Jan.–Mai: kühl, nass im Hochland und im Amazonas-Gebiet; Juni–Sept.: die trockensten Monate im Hochland und am Amazonas; Okt.–Dez.: am Amazonas nass, im Hochland trocken.

- Natur & Tierwelt
- Kultur
- Abenteuer
- Rundreise
- Preis-Leistung

In Nebelwäldern lassen sich unglaubliche Naturereignisse beobachten wie der Balztanz des Purpurbrustkolibris

SANTIAGO & SCHNEEFELDER
CHILE

Warum jetzt? Tiefer Pulverschnee lädt zum Winterspaß ein

Im August bedeckt eine dicke Schicht Pulverschnee die chilenischen Anden – Santiaguiños haben jetzt die Wahl zwischen zwei tollen Skigebieten: den „drei Tälern“ (Valle Nevado, La Parva und El Colorado) gleich östlich der Hauptstadt und dem exklusiven Portillo weiter im Norden. Valle Nevado ist ein modernes Skigebiet im europäischen Stil mit vielen breiten präparierten und unpräparierten Pisten. Preiswerter fährt man im benachbarten El Colorado und dem familienfreundlichen La Parva. Kultstatus hat das familienbetriebene Ein-Hotel-Resort Portillo im Schatten des Aconcagua (6962 m) mit Blick auf die Laguna del Inca und einem der besten und am wenigsten überlaufenen Skigebiete der südlichen Hemisphäre. Viele Nationalmannschaften trainieren hier, wenn auf der Nordhalbkugel Sommer ist.

Vor Ort: Valle Nevado liegt 60 km östlich von Santiago (ca. 1 Std. Autofahrt), Portillo ist 140 km (2 Std. Fahrt) von der Hauptstadt entfernt. Beide Skigebiete verfügen über gute Unterkünfte direkt an der Piste.

Gut zu wissen: An Wochenenden und Feiertagen wird die Route nach Valle Nevado zur Einbahnstraße: morgens hoch, abends runter.

Wann sonst? Ende Juni–Okt.: Skisaison; Nov.–Mai: fast alle Skigebiete schließen; Sept.–April: angenehmes Wetter in Santiago.

Abenteuer
Kultur

© Shutterstock

CHESAPEAKE BAY
USA

Warum jetzt? Familienfreundliche Strände und leckere Meeresfrüchte

Vor über 400 Jahren entdeckten europäische Siedler die Chesapeake Bay als kulinarische Schatztruhe – der englische Abenteurer John Smith berichtete von Austern „dick wie Steine“. Die Szenerie hat sich seither etwas verändert, ein Paradies für Meeresfrüchteliebhaber ist Chesapeake aber immer noch. Auf dem Speiseplan stehen neben Austern auch Felsenbarsche und Marylands legendäre Blaukrabben. Im August – Höhepunkt der Krabbensaison – eignet sich eine Tour rund um die Bucht ideal für Familien, denn außer dem Strand locken Attraktionen wie das historische Annapolis und altmodische Fischerdörfer, geschützte Marschen voller Otter, Kraniche und wilder Chincoteague-Ponys und natürlich Krabben-Restaurants.

Vor Ort: Von Washington, D.C., geht's im Uhrzeigersinn erst nach Annapolis und in Fischerorte, z. B. Tilghman Island, nach Osten an die Atlantikküste von Delaware, Maryland und Virginia, um die Strände von Lewes, Assateague Island und Chincoteague Island zu entdecken, und dann entlang der Westküste zurück nach D.C.

Gut zu wissen: Der August ist ein beliebter Monat; Zimmer sind schnell ausgebucht.

Wann sonst? April–Juni: frische Brisen, Blütenpracht; Juli–Sept.: mild, am vollsten; Okt. & Nov.: Herbstlaub; Dez.–März: kalt.

Entspannung
Rundreise
Essen & Trinken

SALTO ÁNGEL
VENEZUELA

Warum jetzt? Der höchste Wasserfall der Welt entfaltet nun seine ganze Macht

Dieses gewaltige Naturschauspiel im Südosten Venezuelas ist nicht etwa nach einem pausbackigen Engel benannt (span. *ángel*), sondern nach dem Piloten Jimmie Angel, der 1937 mit seiner Maschine eine Bruchlandung auf dem Auyan-Tepui, einem Tafelberg, hinlegte. Der Name passt aber so oder so zu dem Katarakt, der 979 m tief in den Cañon del Diablo („Teufelsschlucht“) hinabstürzt und damit zwanzigmal höher ist als die Niagarafälle. Der August ist der Höhepunkt der venezolanischen Regenzeit und daher der optimale Monat, um den Wasserfall in seiner ganzen Pracht zu bewundern. Dann schwellen die Flüsse an und sind schiffbar.

Vor Ort: Leichtflugzeuge gewähren einen Ausblick aus luftiger Höhe, fliegen in der Regenzeit aber nicht, wenn das Plateau des Auyan wolkenverhangen ist. Am schönsten sind Touren im motorisierten Kanu ab Canaima (dort befindet sich die nächstgelegene Landebahn). Die zwei- bis dreitägige Fahrt auf den Flüssen Carrao und Churún führt durch Dschungel, vorbei an weiteren Wasserfällen und über Stromschnellen. Geschlafen wird in Hängematten. Unvergesslich!

Gut zu wissen: Wichtige Info für (Hobby-)Fotografen: der Salto Ángel liegt nach Osten und bekommt morgens am meisten natürliches Licht ab.

Wann sonst? Nov.–April: Trockenzeit, angenehm zum Reisen; Mai–Okt.: Regenzeit, der Wasserfall führt viel Wasser.

Natur & Tierwelt
Rundreise

STOCKHOLM
SCHWEDEN

Warum jetzt? Lange Sommertage sind perfekt fürs „Inselhopping“
Stockholm erinnert eher an ein bewaldetes Archipel mit vielen wichtigen Bauwerken als an eine „normale“ Hauptstadt. Wie der Rest des Landes und seine Bewohner ist es zudem geradezu unverschämt attraktiv – besonders im sonnigen August, wenn die Sonne auf dem Wasser glitzert und die vielen Parks zum Flanieren einladen. Kulturelle Attraktionen gibt's jede Menge: die Kopfsteinpflastergassen von Gamla Stan (die Altstadt) und das Freilichtmuseum Skansen, hervorragende Museen und zeitgenössische Galerien, der schnittige, moderne Einkaufsbezirk Norrmalm und zahlreiche einladende Cafés und Restaurants für das gesellschaftliche Happening *fika* (Kaffee und Kuchen). Die 14 Hauptinseln der Stadt erreicht man zu Fuß, mit dem Rad oder der U-Bahn, zu den Zehntausenden weiterer Inseln und Felsen des Archipels geht's am besten mit der Fähre, an Bord eines Ausflugsboots oder – noch besser – mit dem Kajak.
Vor Ort: Vom Flughafen Arlanda fahren Expresszüge (20 Min.) und Busse (40 Min.) ins Zentrum. Stockholm ist sehr fahrradfreundlich.
Gut zu wissen: Auch im Hochsommer sollte man warme Kleidung für die Abende mitbringen; Temperaturen fallen teils um 10°C.

Die königliche Oper ist nur eins der vielen kulturellen Highlights von Stockholm

Wann sonst? Nov.–Feb.: Winter, Weihnachtsmärkte; März–Mai: kühl, niedrigere Preise; Juni–Aug.: warm, besonders voll; Sept. & Okt.: kühler, Herbstlaub.

RUND UM STOCKHOLM

SCHLOSS DROTTNINGHOLM • 14 KM • Der prächtige Wohnsitz der schwedischen Königsfamilie

SIGTUNA • 46 KM • Schwedens älteste Stadt, historische Holzhäuser und das nahe gelegene Schloss Skokloster

MARIEFRED • 50 KM • Hübsche Stadt, Schloss Gripsholm, eine Dampfschifffahrt ab Stockholm

UPPSALA • 64 KM • Ebenfalls hübsch, mit Hügelgräbern aus der Bronzezeit und großer Kathedrale

NORDÖSTLICHES BRASILIEN

Warum jetzt? Zwischen den Dünen ins kristallklare Wasser springen
Seit sich herumgesprochen hat, wie schön Jericoacoara (kurz Jeri) ist, hat sich das Strandparadies zu jedermanns liebstem Geheimtipp entwickelt. Dennoch ist die brasilianische Nordküste zwischen São Luís und Fortaleza unverändert etwas ganz Besonderes. Hier locken Wassersport, Capoeira-Unterricht und eine entspannte Atmosphäre. An Dutzenden Orten kann man Meer, Sonne und Sand genießen oder surfen (bzw. Wind- oder Kitesurfen) gehen, darunter Fortaleza, die Hauptstadt von Ceará. Dann wäre da noch der Nationalpark Lençóis Maranhenses, ein ausgedehntes Dünengebiet. Glasklares Wasser (im August reichlich davon) füllt die Flächen zwischen den Sandhügeln und lädt zum Planschen ein. Weitere Highlights: Mangroven, Lagunen und Schildkröten.
Vor Ort: Wir empfehlen einen Road Trip entlang der Küste zwischen São Luís mit seinen pastellfarbenen Kolonialgebäuden und Fortaleza – beide Städte haben Flughäfen und können u. a. von Rio de Janeiro aus erreicht werden. Unterwegs Halt machen im Nationalpark Lençóis Maranhenses und Jeri.
Gut zu wissen: An der Duna do Pôr do Sol („Sonnenuntergangsdüne“) in Jeri sieht man den „grünen Blitz“, wenn die Sonne im Ozean versinkt, ein seltenes Naturphänomen.
Wann sonst? Juli–Feb.: sonnig, trocken, hervorragend zum Windsurfen (Dez.–Feb.: Schulferien und Feiertage, Strände voll); März–Juni: Regenzeit.

Willkommen im Paradies! Lagoa Paraiso bei Jericoacoara

© Alex Robinson / Getty Images

MADAGASKAR

Warum jetzt? Lemuren, Chamäleons und Wale bei kühlem, trockenem Wetter sichten

Auf der „roten Insel" erwartet Besucher eine der prächtigsten Tierparaden der Welt. Madagaskar ist die Heimat schelmischer Lemuren, tanzender Sifakas, traumhaft schöner Vögel, mysteriöser Aye-Ayes (Fingertiere), stierender Chamäleons, katzenartiger Fossas, skurriler Giraffenhalskäfer … und so weiter und so fort. Der trockene, kühle August ist die beste Zeit, um die umwerfende Vielfalt dieses erstaunlichen Habitats zu erleben und Wälder, zerklüftete Felsformationen und Strände zu erkunden. An der Ostküste können zudem Buckelwale um die Île Sainte Marie beobachtet werden. Vielleicht wird man sogar Zeuge einer *famadihana*-Zeremonie (Umbettung der Gebeine) zu Ehren und zum Gedenken an die Verstorbenen.

Vor Ort: Madagaskar ist in etwa so groß wie Frankreich und die Straßen sind oft in einem erbarmungswürdigen Zustand, deshalb ist es sinnvoll zu fliegen – und mindestens zwei Wochen zu bleiben. Von der Hauptstadt Antananarivo (Tana) geht's in den Nationalpark Andasibe-Mantadia, das Reservat Berenty, an den Strand von Ifaty und in den Isalo-Nationalpark im Süden und anschließend zurück nach Tana mit einem Abstecher in den Regenwald des Nationalparks Ranomafana.

Gut zu wissen: Im August ist Hauptsaison – frühzeitig buchen. Im Hochland kann es kalt werden.

Wann sonst? April–Okt.: gewöhnlich kühl, trocken; Nov.–März: nass.

Natur & Tierwelt
Rundreise
Kultur

MOUNT RUAPEHU
NEUSEELAND

Warum jetzt? Auf einem echten Vulkan Ski laufen

Das größte Wintersportareal Neuseelands befindet sich im Tongariro-Nationalpark, an den Hängen des beeindruckenden Ruapehu. Hier fährt man tatsächlich auf einem riesigen aktiven Vulkan. Der meiste Schnee liegt im August. Whakapapa am Nordwesthang des Massivs ist das größte Skigebiet des Landes. Es gibt einen großzügigen Bereich für Anfänger und viele präparierte Pisten für Fortgeschrittene und alte Hasen. Ein Areal für Skitourenfahrer (Black Magic) ist über einen Lift zu erreichen. Turoa im Südwesten ist etwas kleiner, wartet aber mit der längsten vertikalen Abfahrt (722 m) und dem höchsten Sessellift Australasiens auf. Alternativ geht man wandern. Der Tongariro Alpine Crossing ist im Winter besonders schön, wenn Schnee die Krater und Vulkankegel bedeckt.

Vor Ort: Besucher des Skigebiets Whakapapa übernachten im Whakapapa Village oder im Nationalpark. Wer nach Turoa möchte, schläft in Ohakune. Der nächstgelegene Flughafen ist in Taupo, etwa eine Fahrstunde vom Park entfernt (die Strecke nach Ohakunea ist etwas länger). Bis Auckland und Wellington fährt man jeweils vier Stunden.

Gut zu wissen: Im Winter sind die Wanderwege des Nationalparks kein Kinderspiel – vor allem der Tongariro Alpine Crossing. Ein erfahrener Guide ist unerlässlich.

Wann sonst? Juli–Okt. (z. T. bis Nov.): Skisaison; Nov. & Dez.: Frühling; Jan.–März: Sommer, Trekkingsaison; April–Mitte Juni: kürzere Tage, aber teils toll zum Wandern.

Abenteuer
Natur & Tierwelt

Die Türkisküste mit einem *gület* entdecken

TÜRKISCHE RIVIERA

Warum jetzt? Von einem traditionellen Segelboot ins badewannenwarme Wasser springen

An einem heißen Augusttag vom Holzdeck eines *gület* (zweimastiges Segelboot) ins azurblaue Mittelmeer hüpfen … Davon haben schon viele geträumt. In den 1920er-Jahren mietete der bekannte türkische Schriftsteller Cevat Şakir Kabaağaçlı Boote einheimischer Schwammtaucher, um von Bodrum aus so genannte „Blaue Reisen" entlang der Türkisküste zu unternehmen. In den folgenden Jahrzehnten fanden immer mehr Touristen Gefallen an dieser Art von Urlaub. Heute kreuzen Unmengen von traditionellen sowie speziell zu diesem Zweck gebauten Booten vor der Ägäis- und Mittelmeerküste von Bodrum, Marmaris und Fethiye. Unterwegs machen sie immer wieder Zwischenstopps, damit ihre Passagiere schwimmen, am Strand faulenzen sowie essen und trinken können, und steuern alte Stätten wie Letoön und Patara an. Ein wunderbares Urlaubsprogramm, auch für Familien.

Vor Ort: Der Marmaris und Fethiye am nächsten gelegene Flughafen ist in Dalaman, Bodrum hat einen eigenen Flughafen. Im August sollte man sich vorab um einen Platz auf einem guten Boot kümmern. Internationale Veranstalter bieten einwöchige oder längere Pauschaltouren an.

Gut zu wissen: Nicht alle *gülets* sind Segelboote, manche nutzen auch Dieselmotoren.

Wann sonst? Mai–Okt.: trocken, warm; Nov.–April: kühler, mehr Regen.

CALIFORNIA ZEPHYR USA

Warum jetzt? Den wilden amerikanischen Westen von einem komfortablen Zug aus bewundern
Man kann von Chicago nach San Francisco fliegen – oder eine epische Zugfahrt durch zwei Drittel der USA unternehmen. Die 3924 km lange Route führt über den Mississippi und Nebraskas endlose Ebenen, in das genau eine Meile über dem Meeresspiegel gelegene Denver, quer durch die Rocky Mountains (nach Wild und Elchen Ausschau halten!) und die Schluchten Colorados, vorbei an den Monolithen und Mesas von Utah, durch die Sierra Nevada und an den Pazifik. Im heißen August kann man die abwechslungsreiche Landschaft bequem vom klimatisierten Zugabteil aus bewundern, und die großen Fenster der „Sightseer Lounge" gewähren einen fantastischen Ausblick. Das Ganze ist nicht mal allzu teuer: Die günstigsten Tickets für die 51 Stunden dauernde Fahrt liegen bei weit unter 200 US$ (einfache Strecke) für einen großen Sitz, für eine Einzelkabine zahlt man etwas mehr als das Doppelte. Gar nicht übel für die wohl schönste Zugstrecke Nordamerikas.
Vor Ort: Der California Zephyr fährt täglich in beide Richtungen auf der Route Chicago–Emeryville (von Emeryville aus geht's mit dem Bus nach Oakland und San Francisco). Buchungen über Amtrack (www.amtrak.com).
Gut zu wissen: Die Fahrt von Osten nach Westen ist schöner (tolle Sonnenuntergänge, Durchquerung der Höhenzüge im Tageslicht).
Wann sonst? Juli–Sept.: Sommer, tolles Bergpanorama; der Zug fährt ganzjährig.

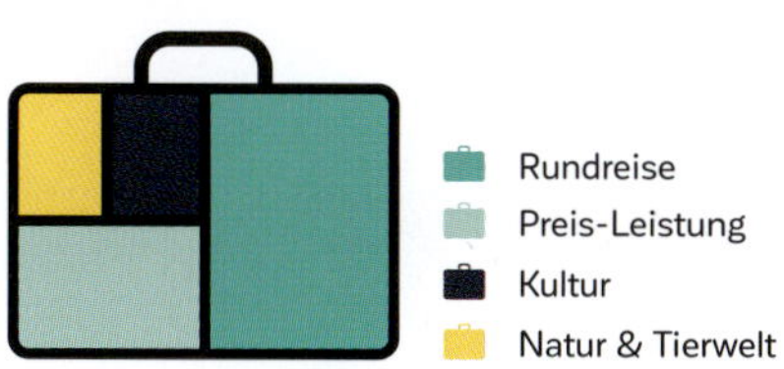

Buenos Aires ist die Heimat des Tango – des wohl heißesten Tanzes der Welt

© Matt Munro / Lonely Planet

BUENOS AIRES ARGENTINIEN

Warum jetzt? Den Tango an seinem Geburtsort erlernen
Wohl keine andere Stadt ist so untrennbar mit einem Tanzstil verbunden. Das Herz von Buenos Aires schlägt im Takt des Tango und die Leidenschaft der argentinischen Hauptstadt für die Musik – z. B. die Lieder von Carlos Gardel, die aus vielen Fenstern auf die Straße tönen – und den Tanz bleibt ungebrochen. Der August eignet sich perfekt für einen Besuch: Es ist angenehm kühl und das Festival „Tango Buenos Aires" steht ins Haus, mit Auftritten und Konzerten hochkarätiger Tango-Vertreter. Abseits des Festivals kann man Tangovorführungen (manche mehr, manche weniger touristisch) in verschiedenen Clubs und Theatern erleben oder sich sonntags zur Plaza Dorrego begeben und den Tänzern zusehen. Um ein Gespür für die Seele des Tanzes zu bekommen, muss man aber Unterricht in einer *milonga* (Tanzlokal) in San Telmo nehmen und anschließend mit den Profis weitertanzen, ein kostenloses kulturelles Highlight. Leckerer Rotwein hilft beim Beine sortieren!
Vor Ort: Das Stadtzentrum, Recoleta, Palermo und San Telmo haben die besten Unterkünfte.
Gut zu wissen: In Buenos Aires beginnen Abende erst spät. Getanzt wird gewöhnlich nicht vor Mitternacht.
Wann sonst? Dez.–März: heiß, feucht; April–Mai & Sept.–Nov.: angenehme Temperaturen, mehr Regen; Juni–Aug.: kühl, aber auch trockener.

(L) Frau im zeremoniellen Outfit nahe Mount Hagen, Papua-Neuguinea; (R) Badeschiff auf der Spree, Berlin

PAPUA-NEUGUINEA

Warum jetzt? Urvölker treffen und regenwaldbedeckte Berge erkunden
Ein noch wirklich unberührtes, urtümliches Reiseland, das reich an Vegetation ist und in dem Stammesangehörige mit wildem Blick, bunt bemalten Gesichtern und Federhaarschmuck an Tänzen und Gesängen teilnehmen. Im August fällt am wenigsten Regen und es stehen zwei bedeutende Events an: das Krokodilfestival am Sepik in Ambunti und die berühmte Mount Hagen Cultural Show. Beide vereinen Dutzende Stämme in farbenprächtigem Putz, Musik und Tanz. Jetzt ist auch der richtige Zeitpunkt für routinierte Wanderer, den knapp 100 km langen Kokoda Track zu laufen und das extravagante Balzen männlicher Paradiesvögel zu beobachten (Aug.–Feb.). Und der Strand ist auch immer eine gute Option!
Vor Ort: Reisen auf eigene Faust ist oft anstrengend, denn die Infrastruktur ist schlecht und viele Gegenden erreicht man nur mit dem Flugzeug oder Boot. Deshalb lohnt sich eine geführte Tour. Nach Port Moresby fliegen und Stammesvölker in Mount Hagen (Hagensberg) besuchen sowie Paradiesvögel sichten, mit dem Boot auf dem Sepik fahren und die zerklüfteten Gipfel und Täler rund um den Tari Gap entdecken.
Gut zu wissen: Die niedriger gelegenen Regionen des Landes sind Malariagebiet – entsprechend vorsorgen und Insektenschutzmittel mitnehmen.
Wann sonst? Mai–Okt.: am trockensten, aber auch am vollsten; April & Nov.: Zwischensaison, feucht, heiß; Dez.–März: nass.

BERLIN
DEUTSCHLAND

Warum jetzt? In der grünen Stadt die vielen Parks genießen
Das ehemals geteilte Berlin ist heute die wahrscheinlich coolste und freundlichste Hauptstadt Europas. Ihr Aufgebot an hippen Bars ist riesig und es gibt insgesamt mehr als 2500 Parks und Grünanlagen. Der sonnige August lädt zu einem Kulturtrip ein, angefangen mit der Museumsinsel, der neueren Geschichte am Checkpoint Charlie, dem jüdischen Museum und dem Holocaust-Mahnmal sowie dem prächtig renovierten Reichstag. Man sollte sich aber auch regelmäßig eine Auszeit im Park gönnen. Am bekanntesten ist der Tiergarten zwischen dem Brandenburger Tor und dem Zoo. Am Wochenende wartet der Mauerpark im Prenzlauer Berg mit Straßenmusikern, Flohmarktständen und Karaoke unter freiem Himmel auf. Oder es geht nach Südwesten, durch Charlottenburg nach Grunewald und zur gepflegten Pfaueninsel.
Vor Ort: In Berlin gibt's zwei Flughäfen. Südlich des Zentrums liegt Schönefeld (30 Min. mit dem Zug). Tegel ist mit regulären Bussen zu erreichen (ebenfalls 30 Min.).
Gut zu wissen: Die Reichstagskuppel bietet einen spektakulären Ausblick, aber ohne vorherige Anmeldung geht hier nichts.

Wann sonst? Juni–Sept.: angenehm warm; Okt. & Nov.: kühler, buntes Herbstlaub; Dez.–Feb.: sehr kalt, Weihnachtsmärkte; März–Mai: wärmer, teilweise regnerisch.

RUND UM BERLIN

POTSDAM • 29 KM • Im „deutschen Versailles" locken Paläste, Museen und Parks

ORANIENBURG • 32 KM • Das Museum im ehemaligen Konzentrationslager Sachsenhausen

RHEINSBERG • 88 KM • Ein prächtiges Renaissance-Schloss am Wasser

LÜBBENAU • 92 KM • Kanäle im Spreewald mit dem Boot erkunden

September

WANN AM BESTEN WOHIN?

ICH WILL

MIR ETWAS GÖNNEN

In Lima, Peru, der kulinarischen Hauptstadt Südamerikas, alle möglichen Gaumenfreuden erleben

LASS UNS AUS-GEHEN

An der Küste von Bohuslän in Schweden liebt man Meeresfrüchte – aus gutem Grund!

ESSEN

LIMA, PERU S. 220

BOHUSLÄN-KÜSTE, SCHWEDEN S. 216

TRINKEN

MÜNCHEN, DEUTSCHLAND S. 216

PROVENCE, FRANKREICH S. 219

Während der Erntezeit die Weinberge der Provence erkunden

Mit einer Maß auf das beste Bierfest der Welt anstoßen: das Oktoberfest in München

AUF IN DIE STADT

GROSS

SAN FRANCISCO, USA S. 219

DUBLIN, IRLAND S. 217

EDEL

CHRISTCHURCH, NEUSEELAND S. 223

Das kulturelle Angebot in San Francisco zeigt sich während des Fringe-Festivals noch reichhaltiger

In Dublin traditioneller irischer Musik lauschen, wenn es in der Stadt an der Liffey gerade schön ruhig ist

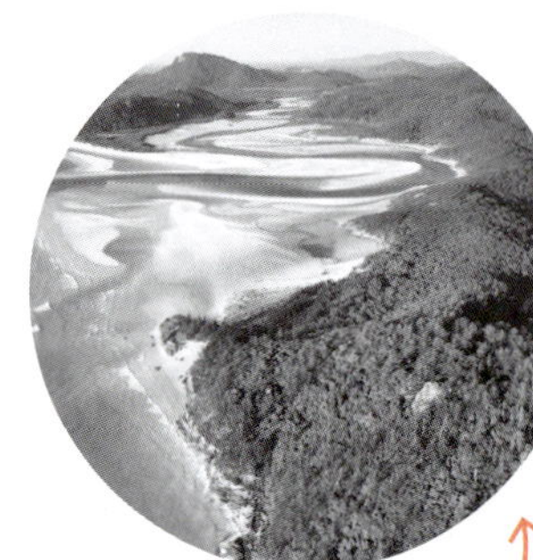

Tauchen lernen in den wundervoll warmen Gewässern rund um Australiens Whitsunday Islands

AB ZUM STRAND

AUF-DREHEN

MADEIRA S. 212

NORDZYPERN S. 206

ENT-SPAN-NEN

COSTA BRAVA, SPANIEN S. 212

An Kataloniens rauer Costa Brava die lokalen Bräuche und Gerichte kennenlernen

FEINES ESSEN & MEERESKÜSTE?

ESSEN UND GESCHICHTE?

SCHILDKRÖTEN BEOBACHTEN?

INSEL-HOPPING?

LEGENDE

NATUR & TIERWELT · ABENTEUER · PREIS-LEISTUNG · KULTUR · RUNDREISE · ESSEN & TRINKEN · HERAUS-FORDERUNG · ENTSPANNUNG

KURZURLAUB · EINE WOCHE · ZWEI WOCHEN

MICH FORDERN

ETWAS LERNEN

KÖRPER — WHITSUNDAY ISLANDS, AUSTRALIEN S. 210

BEIDES? — TIBET S. 213

SEELE — SÜDKOREA S. 206

Bei bestem Wetter heilige buddhistische Stätten in Tibet besuchen

PILGERFAHRT?

ETWAS SEHEN

Die Cotswolds im Herbst erkunden und sich in den hübschesten Städten Englands entspannen

ETWAS ERLEBEN

ZU LANDE — MONT BLANC, ALPEN S. 207; COTSWOLDS, ENGLAND S. 213

BEIDES? — KORSIKA, FRANKREICH S. 211

ZU WASSER — RAFTING, NEUSEELAND S. 206

In Georgien über hohe Bergwiesen wandern – vorbei an uralten Klöstern

SEGELN LERNEN?

Zwischen den Blumen Südkoreas zur Ruhe kommen

FAHRENDE UNTERSÄTZE

BOOT — KYKLADEN, GRIECHENLAND S. 218; MOSELTAL, DEUTSCHLAND S. 207

AUTO — SEIDENSTRASSE, ZENTRALASIEN S. 212; VERMONT, USA S. 216

Im angenehmen Herbst Zentralasien auf der Seidenstraße bereisen

Orang-Utans im Regenwald von Sumatra und Java beobachten

ABSOLUTE AUGENWEIDEN

WANDERN IN TOLLER LANDSCHAFT?

VON MUTTER NATUR — KAKADU & NITMILUK, AUSTRALIEN S. 221; ARIZONA & UTAH, USA S. 221

VON MENSCHENHAND — CHINESISCHE MAUER, CHINA S. 209; APULIEN, ITALIEN S. 222

BEIDES? — GEORGIEN S. 204; SUMATRA & JAVA, INDONESIEN S. 209

MAGISCHE TIERWELT

DIE LEICHTE TOUR — NÖRDLICHES KENIA S. 209; SÜDAFRIKA S. 215

DIE HARTE TOUR — GUYANA S. 207

Seltene Tiere erspähen in den imposanten, weniger besuchten Naturschutzgebieten von Kenia

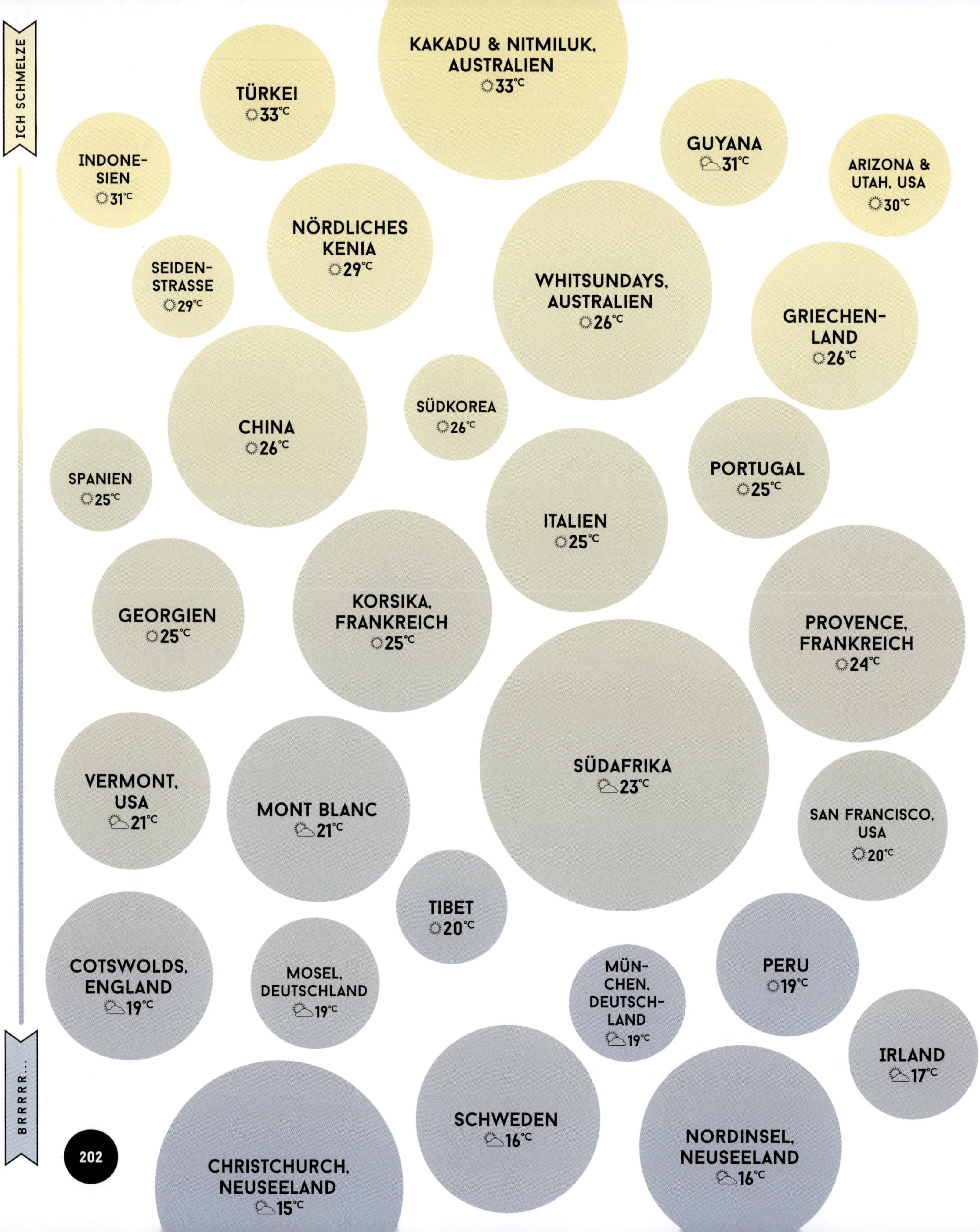
ICH SCHMELZE
KAKADU & NITMILUK, AUSTRALIEN 33 °C
TÜRKEI 33 °C
GUYANA 31 °C
INDONESIEN 31 °C
ARIZONA & UTAH, USA 30 °C
NÖRDLICHES KENIA 29 °C
SEIDENSTRASSE 29 °C
WHITSUNDAYS, AUSTRALIEN 26 °C
GRIECHENLAND 26 °C
CHINA 26 °C
SÜDKOREA 26 °C
SPANIEN 25 °C
PORTUGAL 25 °C
ITALIEN 25 °C
GEORGIEN 25 °C
KORSIKA, FRANKREICH 25 °C
PROVENCE, FRANKREICH 24 °C
SÜDAFRIKA 23 °C
VERMONT, USA 21 °C
MONT BLANC 21 °C
SAN FRANCISCO, USA 20 °C
TIBET 20 °C
COTSWOLDS, ENGLAND 19 °C
MOSEL, DEUTSCHLAND 19 °C
MÜNCHEN, DEUTSCHLAND 19 °C
PERU 19 °C
IRLAND 17 °C
SCHWEDEN 16 °C
NORDINSEL, NEUSEELAND 16 °C
CHRISTCHURCH, NEUSEELAND 15 °C
BRRRRR...

GEFÄLLT DER GANZEN FAMILIE

Amerikas besten Ahornsirup probieren – so schmeckt Vermont im Herbst

KORSIKA

VERMONT, USA

WHITSUNDAYS, AUSTRALIEN

SAN FRANCISCO, USA

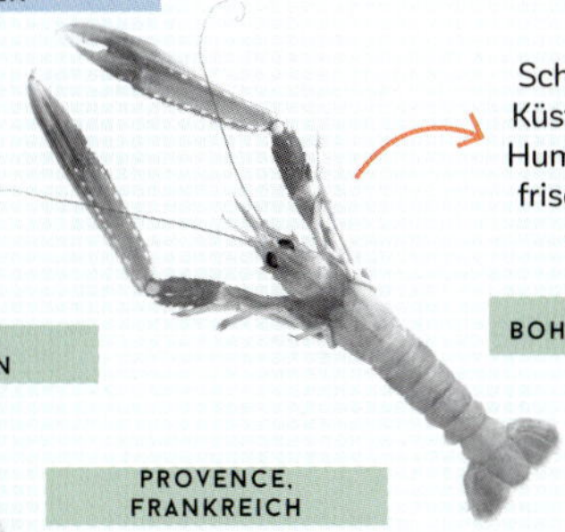

Schwedens Bohuslän-Küste wird während der Hummersaison fast von frischen Schalentieren überschwemmt

KAKADU, AUSTRALIEN

BOHUSLÄN, SCHWEDEN

PROVENCE, FRANKREICH

Auf einem der vielen Weinberge der Provence auf die wunderschöne Landschaft der französischen Region anstoßen

DUBLIN, IRLAND

CHINESISCHE MAUER

COSTA BRAVA, SPANIEN

APULIEN, ITALIEN

KYKLADEN, GRIECHENLAND

RAFTING, NEUSEELAND

Die hochgelegenen Wanderwege und Dörfer des Kaukasus im schönen Georgien kennenlernen

NORDZYPERN

SÜDAFRIKA

Einen Esel satteln und die alteingesessenen Sehenswürdigkeiten von Nordzypern erkunden

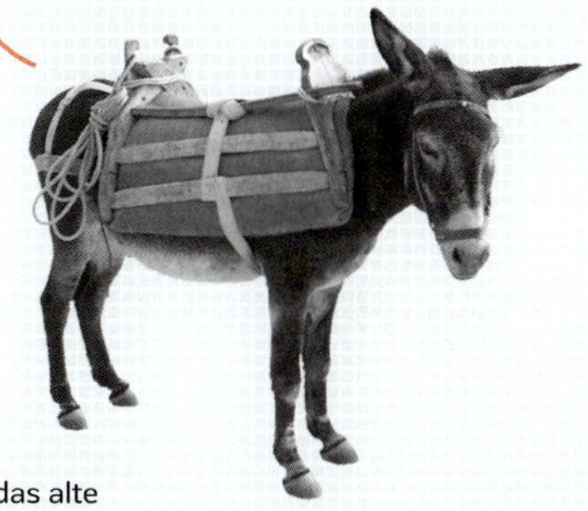

ARIZONA & UTAH, USA

COTSWOLDS, ENGLAND

Im Herbst das alte Peking und die noch viel ältere chinesische Mauer bewundern

TEUER, ABER ES LOHNT SICH

VIEL ERLEBEN FÜR WENIG GELD

CHRISTCHURCH, NEUSEELAND

MADEIRA

In Kenias wichtigsten Naturschutzgebieten geht's jetzt ruhiger zu und man kann entspannt Großwild beobachten

MOSEL, DEUTSCHLAND

GUYANA

NÖRDLICHES KENIA

Obwohl es Oktoberfest heißt, beginnt Münchens größtes Event schon im September

MÜNCHEN

TIBET

SUMATRA & JAVA, INDONESIEN

LIMA, PERU

Ceviche ist heute weltweit bekannt, aber das Original gibt's in Lima

Jetzt hat man die Wanderwege auf den höchsten Bergen der Alpen fast für sich allein

SÜDKOREA

GEORGIEN

Betende buddhistische Mönche in Tibet – dem Dach der Welt

SEIDEN-STRASSE

MONT BLANC, ALPEN

DIE KINDER ZUHAUSE LASSEN

GEORGIEN

Warum jetzt? Über Bergwiesen zu uralten Klöstern wandern und großartigen Wein aus der Region genießen
Versteckt zwischen Totem Meer und dem Kaukasus, südlich von Russland und nördlich der Türkei, liegt Georgien – das Land, in dem steinerne Türme über grüne Täler wachen, uralte Kirchen sich an hohe Berge schmiegen und der Legende nach vor 7000 Jahren erstmals Wein gekeltert wurde. Die sanften Farben des September signalisieren den Herbstbeginn; im Tiefland ebbt die Sommerhitze ab, die Herbstfarben breiten sich aus und die Traubenernte in der östlichen Region Kachetien regt dazu an, die besten Vintage-Weine des Landes zu probieren.

Vor Ort: Von der Hauptstadt Tiflis, deren traditionelle, mit Balkonen geschmückte Häuser von der alten Festung Nariqala dominiert werden, fährt man Richtung Osten nach Kachetien, um Wein zu verkosten, und besucht anschließend im Kaukasus bei Kasbegi entlegene Kirchen. Weiter geht's Richtung Westen nach Swanetien, um in den Bergen zu wandern und von mittelalterlichen *koshkebi* (Wehrtürmen) bewachte Dörfer zu entdecken. Nun folgt der Abstieg zum uralten Kolchis, wo der griechischen Sage nach Iason das Goldene Vlies fand. Abschließend besucht man die Höhlenstadt Wardsia und kehrt nach Tiflis zurück.

Gut zu wissen: Vor einer Reise nach Abchasien und Südossetien, die ihre Unabhängigkeit erklärt haben, sollte man die Sicherheitshinweise seiner Regierung lesen.

Wann sonst? Mai–Juni & Sept.–Okt.: warm, sonnig; Juli–Aug.: heiß und feucht im Tiefland; Nov.–April: kalt im Hochland.

- Kultur
- Abenteuer
- Essen & Trinken
- Rundreise

Weinberg und Alaverdi-Kathedrale vor den Bergen des Kaukasus

NORDZYPERN

Warum jetzt? Sonne, Strand, Schildkröten und Zeitreisen

Eine Reise durch den Norden des geteilten Zypern ist wie Urlaub in den Siebzigern. Dem Land fehlt ein wenig Glanz, aber es ist auch nicht so zugebaut wie andere Ferienziele und hat idyllische Mittelmeerstrände – vor allem auf der Halbinsel Karpas, wo man statt Menschen eher Esel und Schildkröten trifft. Letzteren begegnet man oft, und von Juni bis September veranstaltet die Society for the Protection of Turtles geführte umweltfreundliche Nachttouren, um sie direkt an ihrem Aufenthaltsort am Alagadi Beach östlich des Hafens von Kyrenia zu beobachten. Im September sind die Touristen abgereist und das Meer ist warm. Jetzt kann man in der Region Kyrenia zu Ruinen von Kreuzfahrerburgen wandern oder durch die gut erhaltene antike Stadt Salamis spazieren. Unbedingt auch Nikosia besuchen, die einzige geteilte Stadt Europas! Von Minaretten gesprenkelte Straßen führen an Grenzpunkten vorbei in das von Kugeln vernarbte Niemandsland, das den türkischen Norden vom griechischen Süden trennt.

Vor Ort: In einer Woche Strände, Ruinen, Burgen und traditionelle Dörfer besuchen.

Gut zu wissen: Über das türkische Festland zum Ercan Airport (Nordzypern) fliegen.

Wann sonst? April–Mai & Sept.–Okt.: warm, ruhig; Juni–Aug.: heiß, belebt; Nov.–März: kühl, feucht.

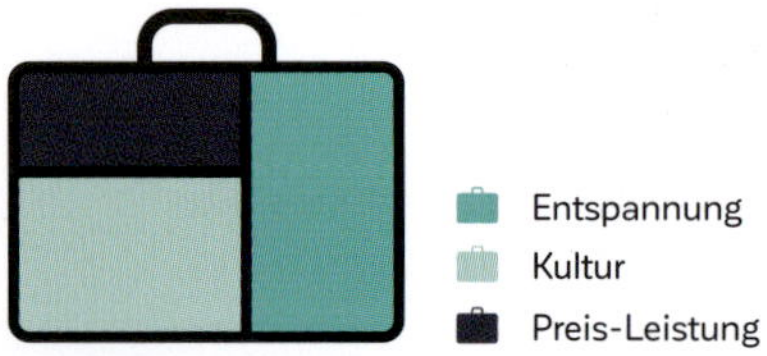

SÜDKOREA

Warum jetzt? Im bunten Herbst die Ruhe der Tempel genießen

„Lebe wie Wind und Wasser, dann verlasse deinen Körper!" Das verspricht ein Aufenthalt in Haeinsa, dem 1200 Jahre alten buddhistischen Komplex und Unesco-Weltkulturerbe. Er ist berühmt für das Tripitaka Koreana, eine Sammlung von 81 258 Holzdruckstöcken aus dem 13. Jh., die das buddhistische Sutra aufzeichnen. Im warmen, trockenen September sind die meisten Touristen abgereist, die Preise sinken und der Herbst kündigt sich an. Jetzt kann man hypermoderne Orte wie die Hauptstadt Seoul besuchen, *kimchi* und andere koreanische Spezialitäten genießen, oder in einem Bergtempel einen Einblick in die uralte Seele des Landes bekommen.

Vor Ort: Vom Flughafen Incheon geht's zum Changdeokgung-Palast und den Märkten Namdaemun und Dongdaemun in Seoul. Auch die Entmilitarisierte Zone ansehen! Nach einem Besuch der historischen Stätten von Gyeongju, der Strände von Busan und der Vulkaninsel Jeju-do kommt man bei einem Tempelaufenthalt in Haeinsa zur Ruhe.

Gut zu wissen: Das Erntedankfest Chuseok, bei dem die Ahnen geehrt werden, gibt Einblick in das traditionelle Leben Südkoreas.

Wann sonst? Juni–Aug.: heiß, feucht; Sept.–Nov.: warm, trocken; Dez.–Feb.: kalt, Skifahren; März–Mai: warm, Kirsch- und Azaleenblüte.

NORDINSEL NEUSEELAND

Warum jetzt? Abenteuerliches Wildwasser-Rafting

Schwimmweste anziehen, sich ein Paddel schnappen und nichts wie los zum Rafting auf den Flüssen Neuseelands. Der Frühjahrsregen und das Schmelzwasser aus den Bergen sorgen im September für tosende Gewässer. Im Frühling, wenn der Schnee in den Südalpen schmilzt, führen die Flüsse Shotover bei Queenstown und Rangitata südwestlich von Christchurch (auf der Südinsel) hohe, starke Stromschnellen. Der Kaituna River ist auf dem Höchststand und fällt 7 m tief in die Tutea Falls hinab, die als höchste Wasserfälle gelten, die für kommerzielle Rides zugänglich sind. Er zählt zu den wärmsten Flüssen des Landes, und jetzt, wenn der Regenwald üppig grün ist, kann man hier großartig raften und anschließend eines der dampfenden Thermalbecken Rotoruas besuchen.

Vor Ort: Mehrere Rafting-Anbieter organisieren Tagestrips ab Rotorua.

Gut zu wissen: Einige Stromschnellen sind am besten bei Niedrigwasser, wenn mehr Felsen freiliegen. Andere wiederum führen nur manchmal Wildwasser: Der Wairoa – ein Ride der Klasse V zwischen Matamata und Tauranga – ist nur 26 Tage im Jahr befahrbar, wenn der Staudamm geöffnet ist.

Wann sonst? Sept.–April: Hauptsaison für kommerzielle Raftingtrips; Mai–Aug.: kalt, nur wenige Raftingangebote.

GUYANA

Warum jetzt? Tosende Wasserfälle und die Tierwelt des Dschungels

Guyana ist ein außergewöhnliches Land, wo Schildkröten an Muschelstränden brüten, Jaguare durch den Dschungel schleichen, Riesenotter herumtollen und Harpyien über donnernden Wasserfällen kreisen. Auch das Klima ist außergewöhnlich – mit mehreren Regenzeiten an der Küste und im Inland. Der September ist ein Übergangsmonat: Nach schwerem Regen ist die Erde wieder trocken, was das Reisen auf den Straßen erleichtert und das Leben im Allgemeinen komfortabler macht, aber die Dschungel sind am üppigsten. Guyanas größte Attraktion sind die Kaieteur-Fälle, die in einer einzigen Stufe 226 m tief in den Regenwald stürzen. Hinzu kommen Baumkronenpfade, die Tierwelt des Iwokrama-Dschungels, Öko-Lodges, in denen man die Ureinwohner Makushi kennenlernen kann, sowie die Otter von Rupununi und die Cowboys der riesigen Dadanawa Ranch – in Guyana warten echte Abenteuer!

Vor Ort: Am besten eine organisierte Tour buchen (in einer Gruppe oder individuell). Bei einer typischen zweiwöchigen Reise besucht man die Küstenhauptstadt Georgetown, die Kaieteur-Fälle, den Dschungel von Iwokrama, das indigene Dorf Surama und die Riesenotter von Karanambu.

Gut zu wissen: Malaria ist ein Problem, und Moskitos sind immer lästig – lange Kleidung tragen und Insektenschutzmittel benutzen.

Wann sonst? Feb.–April & Sept.–Nov.: meist trocken, heiß; Mai–Aug. & Dez.–Jan.: feucht (April–Aug: feucht im Inland).

MONT BLANC
SCHWEIZ, FRANKREICH & ITALIEN

Warum jetzt? Bei Sonnenschein in ruhiger Atmosphäre wandern

Der höchste Berg der Alpen sieht aus jeder Perspektive spektakulär aus – also betrachtet man ihn am besten auch aus allen Richtungen. Neu ist die Idee nicht, um den Mont Blanc zu wandern – Horace Bénédict de Saussure und seine Freunde hatten sie bereits 1767. Seit dem 19. Jh. gilt der Rundweg als Maßstab aller Alpenwege und zieht dementsprechend viele Touristen an. Doch ein Großteil kommt im Juli und August, also sind die Wege im September ruhig, die Schutzhütten platzen nicht aus allen Nähten, und das Wetter ist warm. Die meisten Leute beginnen ihre Wanderung in Les Houches (Frankreich) und laufen gegen den Uhrzeigersinn durch Frankreich, Italien und dann in die Schweiz. Für die beliebte 169 km lange Route sollte man zehn bis zwölf Tage einplanen.

Vor Ort: Genf ist der günstigste Anreiseflughafen; dort starten mehrmals täglich Busse nach Les Houches. Von Paris und Genf fahren Züge nach Saint-Gervais-Les-Bains, und von dort Regionalzüge nach Les Houches.

Gut zu wissen: Wer im Uhrzeigersinn laufen will, sollte in Champex (Schweiz) statt in Les Houches beginnen, um nicht mit einem ernüchternden Aufstieg starten zu müssen.

Wann sonst? Nov.–Mai: schneebedeckte Wege; Juni & Okt.: Wanderungen möglich; Juli–Sept.: schneefreie Wanderwege (Mitte Juli–Aug.: belebteste Zeit).

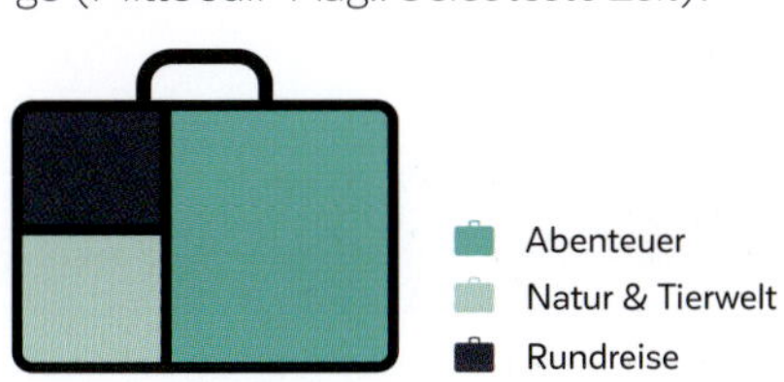

MOSELTAL
DEUTSCHLAND

Warum jetzt? Bei Wanderungen oder Schiffsfahrten einen der schönsten deutschen Flüsse erleben

Nicht nur am Ufer des Rheins sieht man Weinberge und märchenhafte Burgen. Sein Nebenfluss Mosel bietet fast dieselben Attraktionen, ist aber nicht voller Frachter und Touristenmassen. Von Luxemburg unweit der alten Stadt Trier (mit eindrucksvollen römischen Ruinen) windet sich die Mosel vorbei an mittelalterlichen Städten wie Bernkastel-Kues, Traben-Trarbach, Beilstein und Cochem, bevor sie in Koblenz auf den Rhein trifft. Im September lassen sich hervorragend ihre „Kurven" erkunden: Die Weinernte wird mit prachtvollen Festen gefeiert, und überall bieten sich Möglichkeiten zur Weinverkostung. Jetzt kommen weniger Touristen und es regnet seltener. Wer Wein mit Wandern kombinieren will, kann dem Moselsteig folgen; der ausgeschilderte Weg verläuft am Fluss entlang.

Vor Ort: Kreuzfahrten verbinden oft Rhein und Mosel. Von Mai bis Oktober verkehren zwischen den Mosel-Städten mehrmals täglich Schiffe mit festen Fahrplänen – perfekt für eine individuelle Weinroute.

Gut zu wissen: Kanufahrten auf der Mosel sind sehr beliebt; es gibt Dutzende von Kanuverleihen, Campingplätzen und Orten, an denen man aussteigen und lokale Weine genießen kann.

Wann sonst? Juli–Aug.: Sommer, belebt; Sept.–Okt.: ebenfalls beliebt; Nov.–März: viele Geschäfte geschlossen; April–Juni: warm.

Breitmaulnashörner auf dem Laikipia-Plateau, Kenia

Jiankou-Abschnitt der Chinesischen Mauer

© Mark Read /Lonely Planet

Blick von der Tempelanlage Borobudur auf den Vulkan Merapi, Java

NÖRDLICHES KENIA

Warum jetzt? Eindrucksvolle, kaum besuchte Reservate entdecken
Nördlich des Mount Kenia erstreckt sich das Laikipia-Plateau und dahinter das Samburu National Reserve. Nie gehört? Deshalb ist die von Hügeln und Akazien übersäte Ebene ein echtes Paradies! Während im Masai Mara Dutzende Minibusse jeden Löwen umringen, ist man in Nordkenias Reservaten und gemeindegeführten Naturschutzgebieten oft allein mit den Tieren (und den lokalen Massai- und Samburuvölkern). Das gilt vor allem im September: Es ist nicht mehr Hochsaison, in der unzählige Safarigänger für die „Great Migration“ anreisen, aber die Regenzeit hat noch nicht begonnen. Und die Preise sinken mit den Touristenzahlen – gut für das Portemonnaie und für die Wildtierbeobachtung. Aber Nordkenia ist keineswegs zweitklassig: Hier erlebt man alle „Großen“ – Löwen, Geparden, Elefanten, Spitz- und Breitmaulnashörner –, aber auch gefährdete Arten wie Afrikanische Wildhunde und Grevyzebras.
Vor Ort: Vom Wilson Airport in Nairobi starten Inlandsflüge nach Lewa Downs und Samburu. Oft beinhalten die Preise der Safari-Lodges Safaris, Mahlzeiten und Getränke, aber keine Transfers von den Landepisten.
Gut zu wissen: Die meisten Reservate und Naturschutzgebiete verlangen eine tägliche Naturschutzgebühr – bei der Buchung klären, ob sie im Unterkunftspreis inbegriffen ist.
Wann sonst? Juni–Okt.: warm, trocken; Nov.–Dez.: „kurzer Regen“; Jan.–März: heiß, trocken; April–Mai: „langer Regen“.

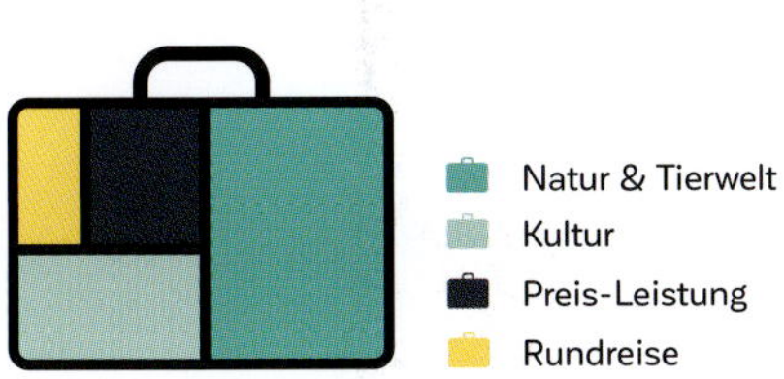

PEKING & DIE CHINESISCHE MAUER

Warum jetzt? Peking und die Große Mauer im Herbst bewundern
Die Einwohner Pekings beschreiben den Herbst mit den Worten *tian gao qi shuang* – „Der Himmel ist hoch und die Luft ist frisch“. Nach der dampfenden Sommerhitze bringt der September mit seinen milden Temperaturen und der sinkenden Luftfeuchtigkeit wieder Linderung – ein Fenster der Ruhe zwischen dem Sommer und dem Nationalfeiertag in der ersten Oktoberwoche. Jetzt kann man herrlich durch die traditionellen *hútòng* (Gassen) wandern, alten Männern beim Mahjong- oder Kartenspielen zusehen und die Attraktionen der Stadt entdecken: die Tore, Hallen und Museen der Verbotenen Stadt, den Platz des Himmlischen Friedens, den Sommerpalast und die vielen Tempel und Parks. Der Herbst, wenn die Ahornbäume leuchten, eignet sich auch perfekt für einen Besuch der Chinesischen Mauer; das quirlige Badaling ist sehr malerisch, aber die Mauerabschnitte Mutianyu, Simatai und Huanghua sind ruhiger und ebenso reizvoll.
Vor Ort: Für Pekings Sehenswürdigkeiten muss man mehrere Tage einplanen. Am Dongzhimen-Busbahnhof starten regelmäßig Busse zur Chinesischen Mauer.
Gut zu wissen: Um den Touristenmassen auszuweichen, sollte man die Mauer unter der Woche besuchen. Zum Mittherbstfest (Ende September) sind viele Mondkuchen mampfende Urlauber unterwegs.
Wann sonst? Juni–Aug.: heiß, feucht; Sept.–Okt.: kühler, trocken; Nov.–Feb.: sehr kalt; März–Mai: windig, Sandstürme.

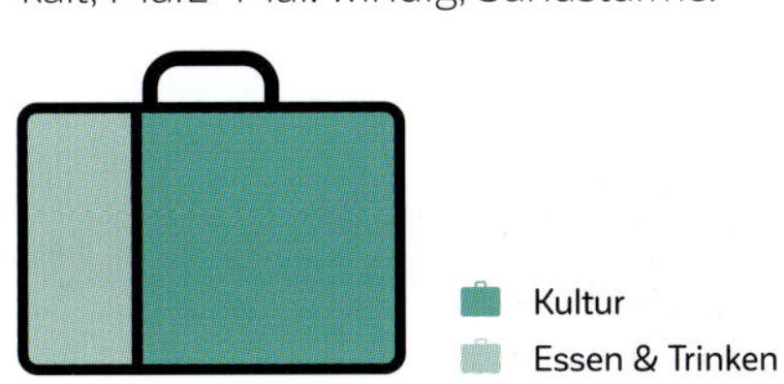

SUMATRA & JAVA
INDONESIEN

Warum jetzt? Orang-Utans, Regenwälder, Vulkane und antike Tempel
Indonesien, Teil der größten Inselgruppe der Welt, ist voller Wunder, und die westlichsten Inseln Sumatra und Java geben einen kompakten Einblick in das Land. Im September ist es meist trocken, vor der Westküste kann man großartig surfen, aber es sind weniger Touristen da und die Preise sehr niedrig. Im Norden der Dschungelinsel Sumatra trifft man im Bohorok Orangutan Centre die „Menschen des Waldes“, und im Fluss Bohorok bei Bukit Lawang lässt es sich hervorragend tuben. Berastagi ist ein guter Ausgangspunkt für die Besteigung des Vulkans Sibayak, während man bei Danau Toba im größten Vulkankratersee der Erde schwimmen und die traditionelle Batak-Architektur bewundern kann. Auf Java befinden sich die antiken Tempelanlagen Prambanan und Borobudur (der weltweit größte buddhistische Tempel), und der Mount Bromo mit drei rauchenden Kratern inmitten eines Supervulkans.
Vor Ort: Mit dem Flugzeug (oder der Fähre) von Penang nach Medan, auf dem Landweg nach Bukit Lawang und in den Süden nach Berastagi, Danau Toba und Bukittinggi, und dann von Padang nach Jakarta fliegen. Von dort mit dem Flieger oder Zug in die Kulturhauptstadt Yogyakarta, um die Tempel zu besichtigen, und weiter nach Bromo.
Gut zu wissen: Im Norden Sumatras regnet es im September häufiger – für Medan und Bukit Lawang eine Regenjacke mitnehmen.
Wann sonst? Mai–Sept.: trocken; Okt.–April: feucht, regional verschieden.

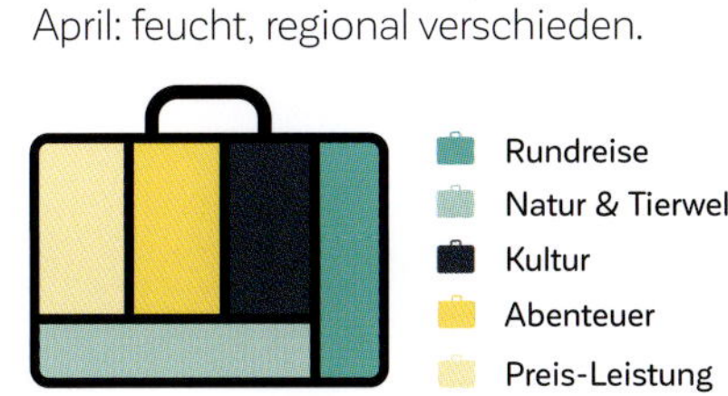

Ein lächelnder Tauchlehrer auf den Whitsunday Islands

WHITSUNDAY ISLANDS
AUSTRALIEN

Warum jetzt? In warmem, glasklarem Wasser tauchen lernen
Manche Orte machen es ihren Touristenverbänden wirklich sehr leicht – beispielsweise die Whitsundays, eine Kette aus 74 smaragdgrünen, vom Great Barrier Reef geschützten Inseln, deren weißgoldene Strände in warmem, türkisfarbenem Wasser enden. Mit seinen regenfreien Tagen und dem klaren Meer ist der September die ideale Zeit, um die Inseln zu erkunden. Viele Besucher chillen auf dem Deck einer Jacht oder entspannen an einem der unberührten Strände – vielleicht dem Whitehaven Beach, der regelmäßig zum schönsten Strand der Welt gewählt wird? Aber in der Region kann man auch tauchen lernen, Kurse belegen, bei Tauchkreuzfahrten zwischen den Inseln umhergondeln und sogar bis zum Great Barrier Reef fahren. Neben zahllosen Rifffischen tummeln sich hier auch Meeresschildkröten, Haie, Delfine und Mantarochen, die von Mai bis September die Saumriffe bevölkern.
Vor Ort: In Airlie Beach und Shute Harbour starten Tagesausflüge, Kreuzfahrten, Taucherboote und Transfers zu anderen Inseln. Flüge aus mehreren australischen Städten landen auf dem Hamilton Island Airport und Whitsunday Coast Airport bei Proserpine.
Gut zu wissen: Das Great Barrier Reef liegt 93 km (eine zweistündige Bootsfahrt) östlich der Whitsunday Islands.
Wann sonst? Dez.–März: heiß, feucht; April–Mai: warm, Regen; Juni–Sept.: mild, trocken (Juli–Aug.: belebt); Okt.–Nov.: heißer, stellenweise Regen.

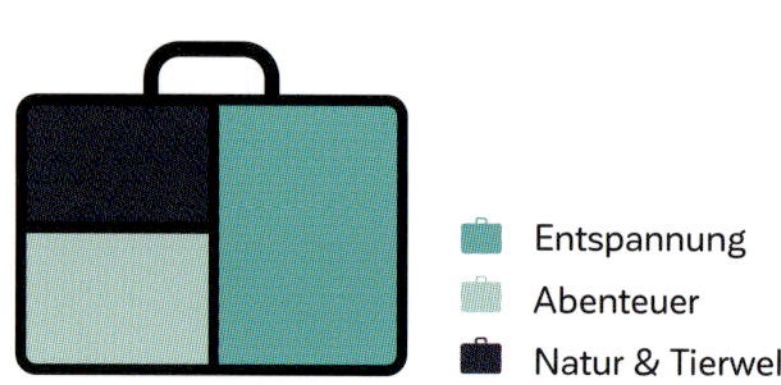

Die Hafenstadt Bonifacio, Korsika

© Pete Seaward / Lonely Planet

KORSIKA
FRANKREICH

Warum jetzt? Auf der Île de Beauté herrliche Ruhe genießen

Auf der wilden Mittelmeerinsel Korsika gibt's kaum gerade Straßen, denn sie schlängeln sich meist um Berge und bahnen sich ihren Weg durch das nach Kräutern duftende Macchia-Gestrauch, das vor allem im Hinterland sehr dominant ist. Diese Straßen will man nicht im Sommer befahren, wenn ganz Frankreich an Korsikas Stränden Urlaub macht. Im September sind die Luft und das Meer noch warm, und die Strände, die zu Europas besten zählen, wieder leer. Sehenswerte Ziele sind z. B. die Klippenstadt Bonifacio, das beschauliche Sartène, der Napoleonweg in Ajaccio, dem Geburtsort von Napoleon Bonaparte, oder die Fischerdörfer von Cap Corse. Das scheinbar undurchdringliche Hinterland ist von Wanderwegen durchzogen, wie dem anspruchsvollen, aber sehr malerischen GR20. Man kann ihn komplett oder nur abschnittsweise zurücklegen oder stattdessen eine Villa in den Hügeln mieten, Pietra-Bier trinken, Brocciu-Käse knabbern und die Wildnis bewundern.

Vor Ort: Wer nur eine Woche hat, sollte sich auf den Norden (Calvi, Île-Rousse, Bastia) oder den Süden (Propriano, Bonifacio, Porto-Vecchio) konzentrieren. Für den 180 km langen GR20 muss man 15 Tage einplanen.

Gut zu wissen: Von Frankreich und Italien verkehren Fähren nach Korsika; die Reisezeit beträgt vier bis sechs Stunden.

Wann sonst? Juli–Aug.: heiß, belebt; April–Juni & Sept.–Okt.: warm, ruhiger; Nov.–März: kühl, einige Geschäfte geschlossen.

MADEIRA
PORTUGAL

Warum jetzt? Relaxen oder in der warmen Sonne auf *levadas* klettern

Madeira gehört zu Portugal, aber gleichzeitig auch zu Afrika – die Felseninsel im Atlantik liegt näher an Marokko als an ihrem Heimatland, wovon der ganzjährige Sonnenschein zeugt. Sie ist vor allem für den gleichnamigen Wein bekannt (der Anfang September mit einem Fest gefeiert wird), aber auch als Wanderparadies. Zu Herbstbeginn ist ideales Wetter, um das Netz der *levadas* – alter Bewässerungskanäle – zu erkunden, die in die Berge und schwindelerregend tiefen Täler führen: Im Tiefland ist es angenehm kühl, in den Höhenlagen (1800 m oder mehr) schön warm. Die großen Atlantikwellen bieten herrliche Surfmöglichkeiten für erfahrene Wellenreiter (z. B. in Jardim do Mar), aber auch für Anfänger (in Fajã da Areia).

Vor Ort: In ein paar Tagen in der Hauptstadt Funchal kann man den Monte mit einem Toboggan herunterfahren, den Fischerhafen Câmara de Lobos besuchen, die Wege und Dörfer der Insel erkunden und surfen gehen.

Gut zu wissen: Madeiras Strände bestehen meist aus Steinen oder aus schwarzer Vulkanerde; die Nachbarinsel Porto Santo mit einem 8 km langen Sandstrand ist zwei Stunden mit der Fähre oder 25 Minuten mit dem Flugzeug entfernt.

Wann sonst? ganzjährig; Okt.–März allerdings kühler, feucht.

SEIDENSTRASSE
ZENTRALASIEN

Warum jetzt? Im milden Herbst die Seidenstraße bereisen

Als Marco Polo im 13. Jh. seine Odyssee zum Hof Kublai Khans in Peking unternahm, hatten Händler Asien schon knapp 1200 Jahre lang bereist. Der September bietet ideale Reisebedingungen in Zentralasien zwischen Kaspischem Meer und der alten Handelsstadt Kaschgar im Westen Chinas – in den Wüsten Turkmenistans und den legendären Städten Usbekistans ist es nicht zu heiß, und in den Bergen und Seegebieten Kirgisistans und Westchinas schneit es nicht zu stark.

Vor Ort: Die beliebtesten Routen führen von Istanbul durch die Türkei über den Iran oder Georgien und Aserbaidschan nach Turkmenistan. Sehenswerte Attraktionen auf dem Weg nach Xi'an und Peking in China sind der Krater von Derweze, Aşgabat in Turkmenistan, die Medressen und Minarette von Samarkand und Chiwa in Usbekistan, die Bergwiesen und der Songköl-See in Kirgisistan sowie der Sonntagsmarkt in Kaschgar. Wer keine drei Monate Zeit hat, kann in zwei Wochen von Aşgabat nach Taschkent (Usbekistan) oder von Taschkent nach Bischkek (Kirgisistan) reisen.

Gut zu wissen: Für die Einreise in die Türkei, den Iran sowie nach Turkmenistan und China benötigt man ein Visum und/oder ein Einladungsschreiben.

Wann sonst? April–Mai & Sept.–Nov.: nicht zu heiß; Juni–Aug.: glühende Hitze in den Wüsten; Dez.–März: unter 0°C im Gebirge.

COSTA BRAVA
SPANIEN

Warum jetzt? Kataloniens Gourmet- und Kulturhighlights entdecken

Während große Teile der spanischen Südküste vor Pauschalurlaubern strotzen, hat sich die eindrucksvolle Küste nordöstlich von Barcelona ihre katalanische Seele erhalten – und auch ihre Küche, für die sie weltberühmt ist und zu der köstliche Speisen wie *zarzuela de mariscos* (Schmorgericht mit Meeresfrüchten) zählen. Im Süden gibt's zwar riesige Resorts, aber in kleineren Orten wie Llafranc und Tamariu liegen geschützte Strände, die zum türkisfarbenen Mittelmeer abfallen und im milden September nach der Hochsaison besonders reizvoll sind. Doch diese Felsenküste hat nicht nur Strände zu bieten. Sie lockt mit den griechisch-römischen Ruinen von Empúries, dem mittelalterlichen Begur und dem surrealen Erbe Salvador Dalís in seinem Museum in Figueres, seiner Burg in Púbol und seinem Wohnhaus in Portlligat auf dem abgelegenen Cap de Creus.

Vor Ort: In Girona, das ebenfalls einen Besuch wert ist, landen Flüge aus aller Welt.

Gut zu wissen: Unbedingt nach Barcelona fahren! Falls möglich, sollte man zum Festes de la Mercè am 24. September herkommen, wenn die Straßen voller Menschen sind, die den *gegants* (Riesen), *capgrossos* („großen Köpfen") und gefährlich wirkenden menschlichen Burgen zujubeln.

Wann sonst? Juli–Aug.: Sommer, heiß, belebt; Mai–Juni & Sept.: warm, ruhig; Feb.–April & Okt.–Nov.: kurze Regenperioden; Dez.–Jan.: kühl, feucht.

COTSWOLDS
ENGLAND

Eine wohlverdiente Pause mit Blick auf die Cotswolds
© Tom Robinson / Lonely Planet

Warum jetzt? Im sonnigen Herbst Englands schönste Dörfer erkunden
Die Cotswolds wirken im goldenen Herbstlicht wie in Honig getaucht. In den Felsspalten und Tälern der von Hügeln (*wolds*) überzogenen Landschaft verbergen sich hübsche Wollstädte und Steindörfer und sie zieht seit Langem Städter auf der Suche nach der perfekten englischen Idylle an. Im September ist die Hochsaison der Reisebusse und Pauschaltouristen vorbei; dann kann man die Landschaft in all ihrer Pracht genießen und die leuchtenden Farben der wundervollen Bäume in Westonbirt und Batsford ausgiebig bewundern. Zwar sind selbst kleine Orte wie Castle Combe und Bourton-on-the-Water auch im Herbst oft voller Touristen, aber ein ruhiges Fleckchen findet sich immer leicht, besonders zu Fuß: In der Region gibt's zahlreiche Wanderwege, z. B. den 164 km langen Cotswold Way, der an einem Steilhang verläuft und charmante Städte wie Chipping Campden und Bath verbindet.

Vor Ort: Wer nicht wandert, sollte eine Basis für Erkundungen wählen: vielleicht Broadway im Norden, um das skurrile Snowshill Manor, das Batsford Arboretum und das friedliche Stanway zu besuchen; oder Tetbury im Süden, mit Antiquitäten, der historischen Stadt Malmesbury und Westonbirt drumherum.

Gut zu wissen: Viele Attraktionen, vor allem die vom National Trust betreuten Sehenswürdigkeiten, haben von November bis April geschlossen oder kürzer geöffnet.

Wann sonst? Nov.–März: kalt (einige Geschäfte geschlossen, Dörfer sind im Winter idyllisch und ruhig); April–Okt.: meist warm.

TIBET

Warum jetzt? Buddhistische Heiligtümer bei tollem Wetter besuchen
Das Dach der Welt ist ein Land voll schneebedeckter Gipfel, einsamer Täler, türkisfarbener Seen und Klöster, aus denen buddhistische Gesänge erklingen – kein Wunder, dass Tibet so viele Abenteurer fasziniert. Hierherzukommen ist nicht ganz leicht: Man braucht ein chinesisches Visum und weitere Spezialgenehmigungen, außerdem ist die Reise oft lang und mühsam. Aber die Mühen werden reich belohnt – vom eindrucksvollen Potala-Palast in Lhasa über den Jokhang-Tempel bis hin zu einsamen Stupas und dem umwerfenden Ausblick auf den Himalaya. Im September ist es in Tibet angenehm warm, der Sommerregen ist vorbei, und der Schnee setzt erst wieder im Oktober ein. Jetzt ist die richtige Zeit zum Wandern – auf dem Kora (Pilgerrundweg) kann man den heiligen Berg Kailash, den „Nabel der Welt", umrunden.

Vor Ort: Die klassische Landroute von Lhasa nach Kathmandu führt über die Klöster Sera, Gyantse, Ganden, Samye, Tashilhunpo und Rongphu, mit herrlichem Ausblick auf die Nordseite des Mount Everest. Die Reise sollte eine Woche dauern, allerdings ist die Grenze zwischen Nepal und China oft geschlossen.

Gut zu wissen: Nach der Ankunft sollte man sich erst mal an die Höhenlage (über 3500 m) gewöhnen. Warme Kleidung mitbringen, denn die Temperaturen können stark schwanken.

Wann sonst? Juni–Aug.: warm, regnerisch; Sept.–Okt.: sonnig, trocken; Nov.–März: kalt, windig; April–Mai: wärmer, trocken.

O'NEILL

SÜDAFRIKA

Warum jetzt? Wildtiere und Wildblumen bewundern
Ganz Südafrika scheint sich im September ins Zeug zu legen: Im Westen blühen die Wildblumen, im Süden versammeln sich Wale vor Kap Agulhas südöstlich von Kapstadt (wo es schön warm ist), die „Roaring Forties" sorgen für riesige Surferwellen, und in Reservaten wie dem Krüger-Nationalpark versammeln sich Wildtiere an schrumpfenden Wasserlöchern. Außerhalb der Hochsaison im Sommer kommen wenige Touristen und man kann gute Schnäppchen machen.
Vor Ort: Eine typische Rundreise führt von Kapstadt gen Norden durch die mit Blumen übersäten Regionen Namakwa und die Kalahari nach Johannesburg; auch das familienfreundliche Madikwe Game Reserve ist einen Besuch wert. Als Nächstes folgen der Krüger-Nationalpark, der iSimangaliso-Wetland-Park und der Hluhluwe-Imfolozi-Park (in dem die „Big Five" leben); dann geht's Richtung Südwesten zurück zum Kap, entweder über die Drakensberge oder die bei Surfern beliebte Wild Coast.
Gut zu wissen: Das fünftägige Hermanus Whale Festival findet meist im späten September statt und wird mit Bootstouren, Musik, Auftritten und Schlemmereien gefeiert.
Wann sonst? Sept.–März: trocken um Kapstadt, feucht im Nordosten; April–Mai: warm, trocken; Juni–Aug.: kühl und feucht in Kapstadt, trocken im Nordosten.

© Mark Read / Lonely Planet

KÜSTE VON BOHUSLÄN SCHWEDEN

Warum jetzt? An der schwedischen Gourmetküste das Leben genießen

Die westschwedische Küste von Bohuslän nördlich von Göteborg ist bekannt für ihre rosafarbenen Granitfelsen und die besten Meeresfrüchte Schwedens. Im September beginnt die Hummersaison – perfekt, um die mehr als 1000 Inseln vor der Küste zu entdecken und Langusten, Garnelen, Muscheln, Austern und natürlich die ganz großen Krustentiere der Region zu genießen. Fischer in Smögen veranstalten „Meeresfrüchte-Safaris", bei denen man die Schalentiere selbst fängt und zubereitet; oder man mietet ein Kanu und paddelt zu Fischerdörfern wie Gullholmen, Käringön und Fiskebäckskil, wo schöne Restaurants locken, z. B. Salt och Sill im charmanten Klädesholmen.

Vor Ort: Göteborg, Schwedens zweitgrößte Stadt, ist das Tor zur Küste von Bohuslän – hier landen Flüge aus aller Welt. Am besten reist es sich im eigenen Auto, die Orte der Region kann man aber auch gut per Fahrrad erkunden. Brücken und kurze Fährfahrten verbinden die Inseln mit dem Festland.

Gut zu wissen: Nicht erschrecken, wenn jemand *fika* vorschlägt – die Schweden lieben regelmäßige Pausen mit Kaffee und Kuchen.

Wann sonst? Juni–Aug.: sonnig, belebt; Mai & Sept.–Okt.: angenehm, ruhig; Nov.–April: kalt.

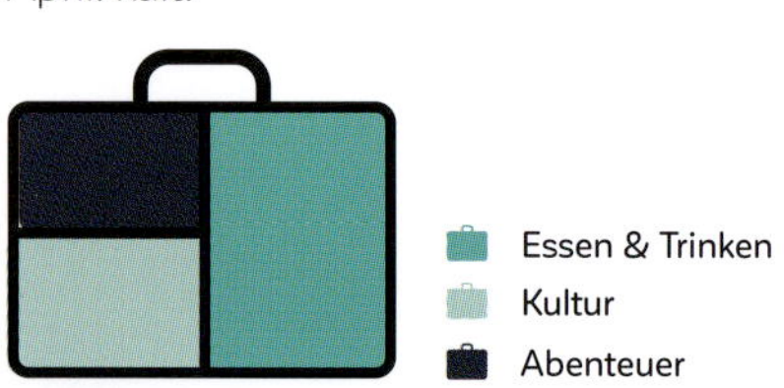

VERMONT USA

Warum jetzt? Die leuchtenden Herbstfarben bewundern

Ende September gibt's in Vermont viel zu entdecken. In nur sechs Wochen legt der ganze Bundesstaat – von den Kämmen der Green Mountains bis zu den tiefsten Tälern – ein flammend buntes Herbstgewand an, und die Ahornbäume, Eschen und Roteichen leuchten in allen nur erdenklichen Rot- und Goldtönen. Autotouren sind jetzt sehr beliebt, aber am besten lassen sich die zauberhaften Städte und Dörfer des Champlain-Valleys mit dem Fahrrad erkunden. Man kann den Künstlerort Brandon, die College-Stadt Middlebury und den Lake Champlain besuchen und unterwegs Craft-Bier, regionalen Käse und natürlich Amerikas besten Ahornsirup genießen.

Vor Ort: Der Rutland Airport liegt in der Nähe des Champlain-Valleys und wickelt Flüge aus Boston ab, das 241 km südöstlich liegt. Eine 161 km lange, dreitägige Dreiecksroute verbindet die historischen Orte Brandon, Middlebury und Shoreham miteinander.

Gut zu wissen: Es gibt weite Strecken ohne Versorgungsmöglichkeit – wer mit dem Fahrrad reist, sollte immer genug Proviant und Wasser mitnehmen.

Wann sonst? Dez.–März: Skifahren; April & Nov.: Nebensaison, viele Geschäfte geschlossen; Mai–Sept.: warm; Mitte Sept.–Ende Okt.: Herbstlaub.

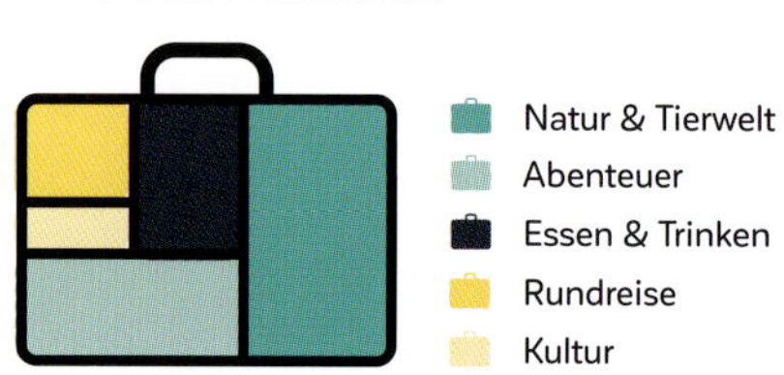

MÜNCHEN DEUTSCHLAND

Warum jetzt? Auf dem größten Bierfest der Welt mit anstoßen

In Bayern verehrt man seit 300 Jahren die Dreieinigkeit von Wasser, Gerste und Hopfen – laut dem 1516 erlassenen Reinheitsgebot die einzigen Zutaten, die beim Brauen von Bier erlaubt sind. Im September gehen Liebhaber aus aller Welt auf Pilgerreise in die Zeltstadt auf Münchens Theresienwiese, um zu trinken, zu singen, zu tanzen, zu trinken … und zu trinken. Jedes Jahr werden hier sieben Millionen Liter Bier gezapft. Das Oktoberfest beginnt Mitte September, dauert 16 Tage und endet am ersten Sonntag im Oktober. Zur Eröffnungszeremonie fahren bunt geschmückte Brauereikutschen auf; abends findet ein Konzert mit traditioneller Volksmusik statt und ein großer Festumzug wird veranstaltet. Man kann jede Menge bayrischer Spezialitäten genießen und es gibt Aktivitäten für die ganze Familie. Also Dirndl oder Lederhosen anziehen, ein Maß Bier schnappen und mit anstoßen.

Vor Ort: Zum Oktoberfest ist München immer sehr belebt; Transportmittel, Unterkünfte und einen Platz im Bierzelt sollte man also weit im Voraus buchen.

Gut zu wissen: Münchens Bierhallen sind zu jeder Jahreszeit schön, besonders aber während der Starkbierzeit im Februar und im März, wenn das charakteristische Schwarzbier gefeiert wird.

Wann sonst? März–April & Sept.–Okt.: kühl; Nov.–Feb.: sehr kalt, Weihnachtsmärkte im Dez.; Mai–Aug.: warm, ab und zu Regen.

Der Long Room
in der Bibliothek
des Trinity College,
Dublin

© Andrew Montgomery / Lonely Planet

DUBLIN IRLAND

Warum jetzt? Die Stadt an der Liffey in der schönsten Jahreszeit erleben
Im September, dem gemütlichsten Monat in Irland, ist die Sommersaison von Juli und August vorbei und es kommen weniger Touristen nach Dublin. Die Stadt hat für jeden eine andere Bedeutung. Ja, sie ist voller Pubs (die einer genaueren Untersuchung würdig sind), historischer Rätsel, Humor und Nationalstolz, aber Dublin ist auch ein kulturelles Kraftzentrum mit herrlichen Galerien und Museen, allen voran der Chester Beatty Library in Dublin Castle, eines der besten Museen Europas. Im September findet in der irischen Hauptstadt auch das vierzehntägige Dublin Fringe Festival statt, das zahlreiche Kunstevents bietet.
Vor Ort: Durch die eleganten Straßen des Georgianischen Dublin spazieren, im Trinity College das uralte *Book of Kells* bewundern (und die spektakuläre Bibliothek, in dem es steht), das mächtige Dublin Castle und anschließend die Temple Bar besuchen, um in einer berühmten Musikbar Guinness zu trinken und die legendäre irische Jovialität zu erleben. Und dann einfach weitermachen, bis einem Zeit, Geld oder Ausdauer ausgehen ...
Gut zu wissen: Im September ist im Croke Park die Endrunde des All-Ireland Championship im Gaelic Football und Hurling – dem angeblich ältesten Sport der Welt.
Wann sonst? Juni–Aug.: warm, trocken; Sept.–Okt.: kühl, trocken; Nov.–Feb.: kalt; März–Mai: regnerisch.

RUND UM DUBLIN

POWERSCOURT ESTATE • 17 KM • Palladianisches Herrenhaus, herrliche Gartenanlagen

GLENDALOUGH • 48 KM • Mittelalterliche Klostersiedlung in den Wicklow Mountains

BRÚ NA BÓINNE • 56 KM • Riesige neolithische Ganggräber bei Newgrange, Dowth und Knowth

KILKENNY • 130 KM • Mittelalterliche Stadt, eindrucksvolle Burg

KYKLADEN
GRIECHENLAND

Warum jetzt? Inselhopping zwischen weißen Fischerdörfern und herrlichen Stränden
In den Siebzigern galt Inselhopping in der Ägäis als Initiationsritus für Backpacker – heute ist es dank Flügen und Schnellfähren einfacher und beliebter als je zuvor. Trotz der vielen Touristen haben die berühmten Inseln noch immer etwas Magisches – vor allem im September, wenn das Wetter mild und das Meer ruhig ist, aber Preise und Besucherzahlen sinken. Man hat den paradiesischen Ausblick auf die blauen Dächer des weißen Dorfes Oia (auf Santorin) vielleicht nicht für sich allein, aber viele Inseln bezaubern mit einsamen Stränden, traditionellen Tavernen und idyllischen Fischerhäfen.
Vor Ort: Mykonos und Santorin haben internationale Flughäfen. Ein geschäftiges Fährnetzwerk verbindet die Inseln miteinander und mit Festlandhäfen wie Piräus (Richtung Athen). Eine gute Reiseroute führt nach Mykonos (das Nachtleben genießen und einen Abstecher ins antike Delos machen), weiter nach Paros (Bergdörfer, Strände und Windsurfen), Naxos (Wandern und Tauchen), Santorin (den Ausblick von Oia auf den Krater genießen) und schließlich auf eine der kleinen Kykladeninseln abseits vom Trubel.
Gut zu wissen: Auf den meisten Inseln sind Hotels, Tavernen und andere Einrichtungen von Mitte Oktober bis zum griechischen Osterfest geschlossen.
Wann sonst? Mai–Sept.: heiß (Juli–Aug.: sehr belebt); April & Okt.: mild; Nov.–März: kühl, ruhig.

- Entspannung
- Rundreise
- Kultur

Die Stadt Plaka auf der Insel Milos, Kykladen

© Sivan Askayo / Lonely Planet

SAN FRANCISCO
USA

Warum jetzt? Einen „Summer of love" genießen

Braucht man wirklich einen Grund, um San Francisco zu besuchen? Ok, wir haben einen: Der September gilt als wärmster Monat in der Stadt. Nachdem sich der Sommernebel verflüchtigt hat, wirkt die Stadt noch einladender, skurriler und wundervoller als sonst, es kommen weniger Touristen und die Preise sinken. In der Erntezeit bieten Food Trucks frische Früchte und Saisongemüse feil. In dieser Zeit gibt's auch viele interessante Events, wie die jährlichen Fringe-, Chocolate-, Blues-, Comedy-, Architektur- und City-Festivals sowie zahlreiche Straßenfeste, klassische Konzerte und Operngalas. Der September ist auch die beste Zeit, um über die Hügel der Stadt zu wandern, mit den Straßenbahnen und Cablecars zu fahren und durch die Parks zu schlendern. Jetzt kann man wunderbar die Wandgemälde im Mission District bewundern, die Kunstschätze von Fort Mason entdecken oder einfach den „Indian Summer" genießen.

Vor Ort: Wer einen Reiseplan für San Francisco erstellt, macht etwas falsch …

Gut zu wissen: … es sei denn, man will Alcatraz besuchen, denn die Fähre zur Gefängnisinsel muss im Voraus gebucht werden (www.alcatrazcruises.com).

Wann sonst? März–Mai: Frühjahr, mild; Juni–Aug.: Sommer, Nebel; Sept.–Nov.: warm, sonnig; Dez.–Feb.: kühl, Regen.

PROVENCE
FRANKREICH

Warum jetzt? Die Weinberge zur Traubenernte besuchen

In Frankreich mangelt es nicht an Weinbergen. Mehr als 300 Güter produzieren jedes Jahr 4,5 Milliarden Liter – da ist ein mit Rebstöcken bepflanzter Hügel nie schwer zu finden. Der September ist ein traumhafter Monat zur Erkundung der Region: Bei der jährlichen *vendange* werden die Trauben geerntet, die Touristen sind in die Städte zurückgekehrt und das Wetter in der Region ist wunderschön. In den Dörfern geht es hoch her, die Marktstände sind voller Herbstprodukte und die Gemeinden feiern Erntefeste. Am schwierigsten ist jedoch die Entscheidung, wohin genau man reisen soll: an die Küste von Cassis, in die Côtes de Provence, zu den Felsenhügeln von Vaucluse oder ins berühmte Châteauneuf-du-Pape, das hoch über der Rhône zwischen Orange und dem einstigen Papstsitz Avignon liegt?

Vor Ort: Von Avignon aus fährt man zuerst in Richtung Nordosten nach Vaucluse zu den Weinbergen und Bergdörfern unterhalb des mächtigen Mont Ventoux, bevor es weiter nach Westen zum römischen Theater von Orange und dann das Rhônetal hinunter nach Châteauneuf-du-Pape geht.

Gut zu wissen: Auf den Speisekarten nach *riz rouge* (rotem Camargue-Reis) Ausschau halten, einem köstlichen regionalen Getreide, das im September geerntet wird.

Wann sonst? Juli–Aug.: Sommer, belebt; Sept.–Okt.: warm, schönes Licht; Nov.–März: kühl, feucht; April–Juni: warm, Frühjahrsblüte.

Der September ist hervorragend, um Limas kulinarische Vorzüge zu entdecken

LIMA PERU

Warum jetzt? Die Gourmethauptstadt Südamerikas kennenlernen

Lima steckt voller Widersprüche – hier trifft spanische Kolonialarchitektur auf präkolumbianische Ruinen und schillernde Wolkenkratzer. Die Landeshauptstadt ist auch das gastronomische Zentrum des Landes – renommierte Spitzenköche wie Gastón Acurio zaubern hier traditionelle Klassiker wie *ceviche* (in Limonen marinierter Fisch) und *carapulcra* (Schmorgericht mit Schweinefleisch und Kartoffeln) und innovative Kreationen. Da Perus Küche auch im Ausland Wellen schlägt, gehen die Köche in Lima bis an ihre Grenzen. Beim Mistura Food Festival gibt's jeden September die neuesten Gourmettrends zu entdecken, mit Kochshows, Produktverkostungen und Restaurantpreisen. Im Herbst kann man auch wunderbar das Umland erkunden: Das Wetter ist großartig, aber die Inkapfade (Wanderungen trotzdem im Voraus buchen) und andere Sehenswürdigkeiten sind nicht so überlaufen wie in der Hochsaison.

Vor Ort: Zu den Highlights zählen die Kolonialarchitektur und Museen des Centro, die Kathedrale und Katakomben des Monasterio de San Francisco und die präkolumbianischen Ruinen des Pachacamac, 32 km südöstlich. In den Stadtvierteln Mirafores und San Isidro befinden sich viele Gourmetrestaurants.

Gut zu wissen: Halb- und ganztägige Foodtouren beinhalten meist einen Marktbesuch und einen Kochkurs zu *ceviche* und anderen traditionelle Gerichten.

Wann sonst? ganzjährig; von April bis Oktober ist es am wärmsten und trockensten.

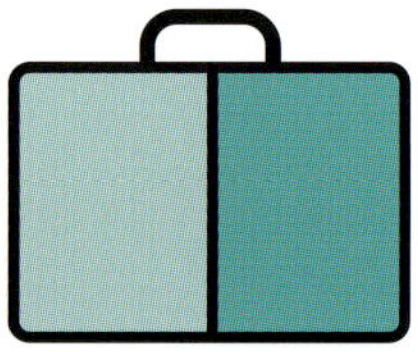

Essen & Trinken
Kultur

KAKADU & NITMILUK AUSTRALIEN

Warum jetzt? Eine reiche Vogelwelt und kühlende Wasserfälle

Für Ureinwohner von Kakadu und Nitmiluk hat diese heiße, trockene Saison (eine von sechs) einen eigenen Namen: Gurrung. Der September markiert einen Wendepunkt – jetzt ist die Trockenheit vorbei, aber die Regenzeit hat noch nicht angefangen. Im Katherine River wird das Wasser wärmer und bietet ideale Bedingungen für Kajaktouren durch die spektakulären Schluchten des Nitmiluk-Nationalparks, während die Flussarme des benachbarten Kakadu-Nationalparks voller Spaltfußgänse und 280 weiterer Tierarten sind. Auch die Besucherzahlen sinken; jetzt sind die Campingplätze und Aborigine-Felsen bei Nourlangie und Ubirr im Kakadu-Nationalpark ruhiger und die Twin Falls haben ein ganz besonderes Flair.

Vor Ort: In einer Woche kann man die Wasserfälle, Schluchten, Sumpfgebiete und Felsen im Kakadu-Nationalpark ausgiebig erkunden und dann noch ein oder zwei Tage im Nitmiluk Kajak fahren. Von Darwin bis zum Kakadu-Servicezentrum in Jabiru sind es 257 km (drei Autostunden); von dort verläuft eine Straße durch den Park nach Süden zum Highway 1, der nach Katherine und zum Nitmiluk-Nationalpark führt. Rückkehr nach Darwin über den Litchfield-Nationalpark.

Gut zu wissen: Wer in den Teichen von Kakadu schwimmen will, sollte sich vorher beim Parkpersonal informieren; im Wasser lauern oft Salzwasserkrokodile.

Wann sonst? Mai–Okt.: trocken, kühl; Nov.–April: feucht.

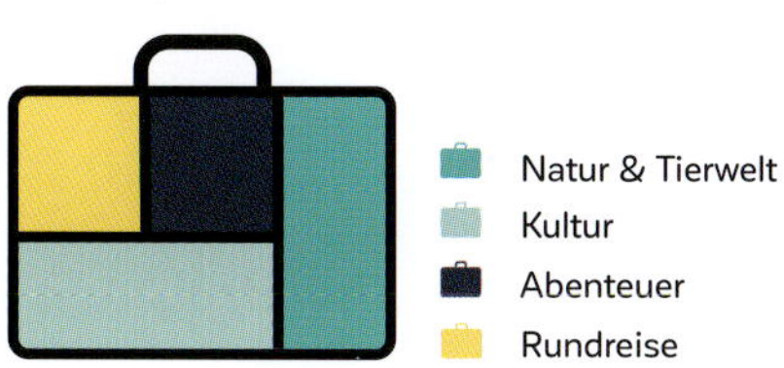

Ausblick beim Wandern im Indian Garden, Grand Canyon

© Mark Read / Lonely Planet

ARIZONA & UTAH USA

Warum jetzt? Autofahren, Raften und Wandern im Grand Canyon

Der Grand Canyon ist ein einziger Superlativ: 446 km lang, bis zu 29 km breit und 1,6 km tief – mit gigantischen Besucherzahlen im Hochsommer. Im September sind nicht nur die Sommerurlauber abgereist, sondern auch die Temperaturen angenehmer zum Wandern am und im Canyon. Der Monat eignet sich auch perfekt zum Raften im Colorado River, denn nach dem 15. September dürfen den Fluss keine Motorfahrzeuge mehr befahren und insgesamt herrscht eine friedlichere, intimere Atmosphäre. Auch andere berühmte Felsen im Norden Arizonas und Süden Utahs – der Bryce Canyon, der Zion- und Canyonlands-Nationalpark sowie Monument Valley – sind im September weniger überlaufen; je später man kommt, desto besser.

Vor Ort: Die Standardroute von Las Vegas über den Zion-Nationalpark und Bryce Canyon, den Arches- und Canyonlands-Nationalpark zum Monument Valley und Grand Canyon dauert ein bis zwei Wochen; anschließend hat man noch Zeit für ein paar Tage Wildwasserrafting im Colorado River.

Gut zu wissen: Nostalgiker können auf Teilen der alten Route 66 fahren, die heute von der Interstate 40 in Arizona ersetzt wird; die Strecke von Crookton nach Topock ist besonders malerisch (http://azrt66.com).

Wann sonst? Dez.–Feb.: Schneefälle machen große Teile des Parks unzugänglich; März–Mai & Sept.–Nov.: kühl, weniger Touristen; April–Okt.: Rafting im Grand Canyon.

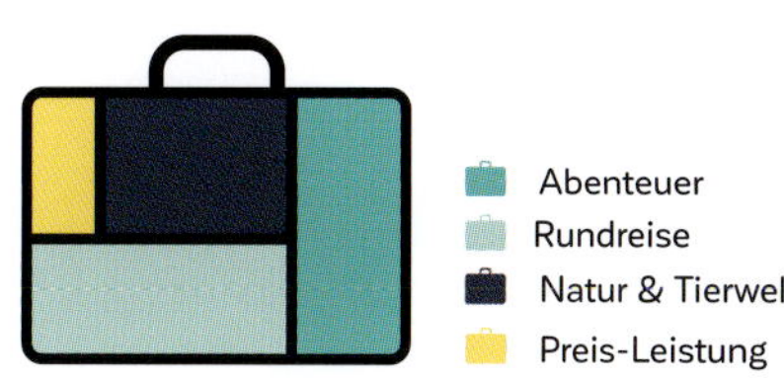

APULIEN ITALIEN

Warum jetzt? Schlemmen und in einem *trullo* wohnen

Apulien, der Absatz des italienischen Stiefels, lebt hauptsächlich von Landwirtschaft und zählt zu den finanzschwächsten Regionen Italiens. Selbst die traditionelle apulische Küche gilt als *cucina povera* (arme Küche). Es ist aber auch ein sehr lohnenswertes Ziel – das „Armenessen" ist köstlich, und die Region bietet zahlreiche historische Städte, Barockplätze, Olivenhaine und Sandstrände. Im September kommen kaum Touristen hierher, die Sonne scheint und es ist schön warm. Apulien erstrahlt in voller Herbstpracht und verführt mit lokalen Spezialitäten wie Burrata-Käse, Oricchiette-Pasta, Meeresfrüchten und zahllosen Brotvariationen (allein in der Region Salento gibt's über 100 Sorten). Unterschlupf findet man in stimmungsvollen *masserias* (befestigten Bauernhöfen) und kann von dort aus die Region erkunden. Ganz besondere Unterkünfte sind auch *trulli*, mysteriöse kegelförmige Kalksteinhäuser, die sich in der friedlichen Landschaft verteilen.

Vor Ort: Man sollte für Apulien ein oder zwei Wochen einplanen. Sehenswerte Attraktionen sind die Barockstadt Lecce („Florenz des Südens"), das Castel del Monte aus dem 13. Jh., die Höhlen von Grotte di Castellana, die unberührten Strände und Wälder der Landzunge Gargano, die weiße Stadt Ostuni und die 400 *trulli* von Alberobello, die von der Unesco zur Welterbestätte erklärt wurden.

Gut zu wissen: Bari und Brindisi haben internationale Flughäfen.

Wann sonst? Nov.–April: kühl/kalt, feucht; Mai & Sept.–Okt.: warm, ruhig; Juni–Aug.: heiß, belebt.

Essen & Trinken
Entspannung
Kultur

(L) Eine von traditionellen *trulli*-Häusern gesäumte Straße in Apulien; (R) Stocherkahn auf dem Fluss Avon, Hagley Park

CHRISTCHURCH
NEUSEELAND

© Doug Pearson / Getty Images

Warum jetzt? Die Gartenstadt zur Frühjahrsblüte erleben

Dank Stocherkähnen und eleganter Architektur galt Christchurch lange als englischste Stadt Neuseelands. Die Erdbeben 2010/2011 haben große Teile der Innenstadt zerstört, aber Christchurch blüht wieder auf – im Frühjahr wortwörtlich, wenn im Hagley Park und im Botanischen Garten die Narzissen, Glockenblumen und Kirschblüten sprießen. Außerdem wird das Zentrum neu aufgebaut: In der Innenstadt stößt man zwischen den Baustellen und Straßenumleitungen auf innovative neue Bars, Container-Restaurants, tolle Geschäfte, Straßenkunst, die faszinierende „Cardboard Cathedral" und zahlreiche kreative Projekte wie der Gap Filler Dance-O-Mat: ein paar gute Freunde, einen MP3-Player und zwei Dollar mitnehmen und 30 Minuten tanzen!

Vor Ort: Christchurch lässt sich super mit dem Fahrrad erkunden; es gibt Bike-Sharing, Fahrradverleihe, und im neuen Busbahnhof kann man Räder sicher aufbewahren. Angesagte Bars, Restaurants und Geschäfte liegen auf der Strange's Lane, der südöstlichen High Street, der Victoria Street, der Colombo Street in Sydenham und im Viertel The Tannery.

Gut zu wissen: Die Christchurch Gondola bietet einen atemberaubenden Blick auf die Stadt und die Halbinsel Banks; vom Canterbury Museum fahren Shuttles zur Gondel ab.

Wann sonst? Dez.–Feb.: Sommer; März–Mai & Sept.–Nov.: kühl, aber angenehm; Juni–Aug.: Winter; ganzjährig wenig Regen.

Kultur
Essen & Trinken

RUND UM CHRISTCHURCH

AKAROA • 82 KM • „Französisches Dorf", gute Restaurants, Delfinbeobachtung

HANMER SPRINGS • 135 KM • Thermalpools, Spa-Dörfer, Outdoorabenteuer

KAIKOURA • 181 KM • Walbeobachtung, Schnorcheln mit Robben, Meeresfrüchte

GREYMOUTH • 231 KM • Über den Arthur's Pass durch die Südalpen reisen

Oktober

WANN AM BESTEN WOHIN?

ICH WILL

MIR ETWAS GÖNNEN

Bei einer Tasse Darjeeling die spektakuläre Aussicht genießen

WASSERWEGE & WEIN?

Klarer Himmel und eindrucksvolle Sehenswürdigkeiten im Königreich Bhutan

LASS UNS AUSGEHEN

KOCHEN LERNEN?

ESSEN

PIEMONT, ITALIEN S. 231

TRINKEN

LA RIOJA, SPANIEN S. 244

DARJEELING, INDIEN S. 236

TEA TIME?

Im italienischen Piemont gibt's jede Menge grandiose Fassaden und fantastische Funghi

AUF IN DIE STADT

New Yorks legendäre Attraktionen besuchen

AKTIV IN DER STADT?

HIGH SOCIETY

NEW YORK CITY, USA S. 247

HALLIGALLI

MOAB, USA S. 230

AB ZUM STRAND

AUFDREHEN

COSTA VERDE, BRASILIEN S. 231

ENTSPANNEN

SEYCHELLEN S. 233

COROMANDEL, NEUSEELAND S. 237

KREUZFAHRT MIT SCHUSS?

Die Mountainbikepfade rund um Moab versprechen jede Menge Action im wilden Utah

Auf den Seychellen wartet ein Inselparadies mit ruhiger See und noch ruhigeren Reptilien

LEGENDE

NATUR & TIERWELT · ABENTEUER · PREIS-LEISTUNG · KULTUR · RUNDREISE · ESSEN & TRINKEN · HERAUS-FORDERUNG · ENTSPANNUNG

KURZURLAUB · EINE WOCHE · ZWEI WOCHEN

MICH FORDERN

ETWAS LERNEN

KÖRPER

BHUTAN S. 239

SEELE

LYON, FRANKREICH S. 241

BERGE ERKLIMMEN?

Der Oktober ist die ideale Zeit, um sich im Dana Reservat in Jordanien die Weltwunder anzusehen

ETWAS SEHEN

Italiens Cinque Terre besuchen und in aller Ruhe Liguriens schmale Küstenfade erkunden

ETWAS ERLEBEN

ZU LANDE

SÜDLICHES JORDANIEN S. 210

LIGURIEN, ITALIEN S. 245

WILDTIER-WANDERUNGEN?

ZU WASSER

FIDSCHI S. 230

Platz nehmen und die lebhaften Inseltänze auf dem ruhigen Pazifikparadies Fidschi in vollen Zügen genießen

ÜBERWÄLTIGENDER OZEAN?

Im wenig bereisten Bolivien echte Abenteuer erleben

Ganz nah an Rotwild und andere Tiere herankommen in den Schottischen Highlands

Aus den vielen tollen Restaurants in Lyon wählen

FAHRENDE UNTERSÄTZE

LICHTER DER GROSSSTADT?

ZUGFAHRT AM MEER?

MIT DEM BOOT

PORTO & DOURO, PORTUGAL S. 234

MIT DEM ZUG

VIETNAM S. 228

BARRANCA DEL COBRE, MEXIKO S. 240

MIT DEM AUTO

BLUE RIDGE PARKWAY, USA S. 210

FLINDERS, AUSTRALIEN S. 236

Auf der Reise durch Vietnam die herrlichen Reisterrassen bewundern

ABSOLUTE AUGENWEIDEN

VON MUTTER NATUR

GREAT SOUTHERN, AUSTRALIEN S. 231

OMAN, S. 233

VON MENSCHENHAND

TAIWAN S. 246

PELOPONNES, GRIECHENLAND S. 243

BEIDES?

SÜDWESTLICHES CHINA S. 235

BOLIVIEN S. 230

NEW MEXICO, USA S. 233

SCHILDKRÖTEN ERLEBEN?

MAGISCHE TIERWELT

DIE LEICHTE TOUR

MANITOBA, KANADA S. 240

NÖRDLICHES TANSANIA S. 242

DIE HARTE TOUR

HIGHLANDS, SCHOTTLAND S. 245

SLOWAKEI S. 240

SOWOHL ALS AUCH?

NAMIBIA S. 237

Zu dieser Jahreszeit bietet Namibia eine echte Wunderwelt an Wildtieren

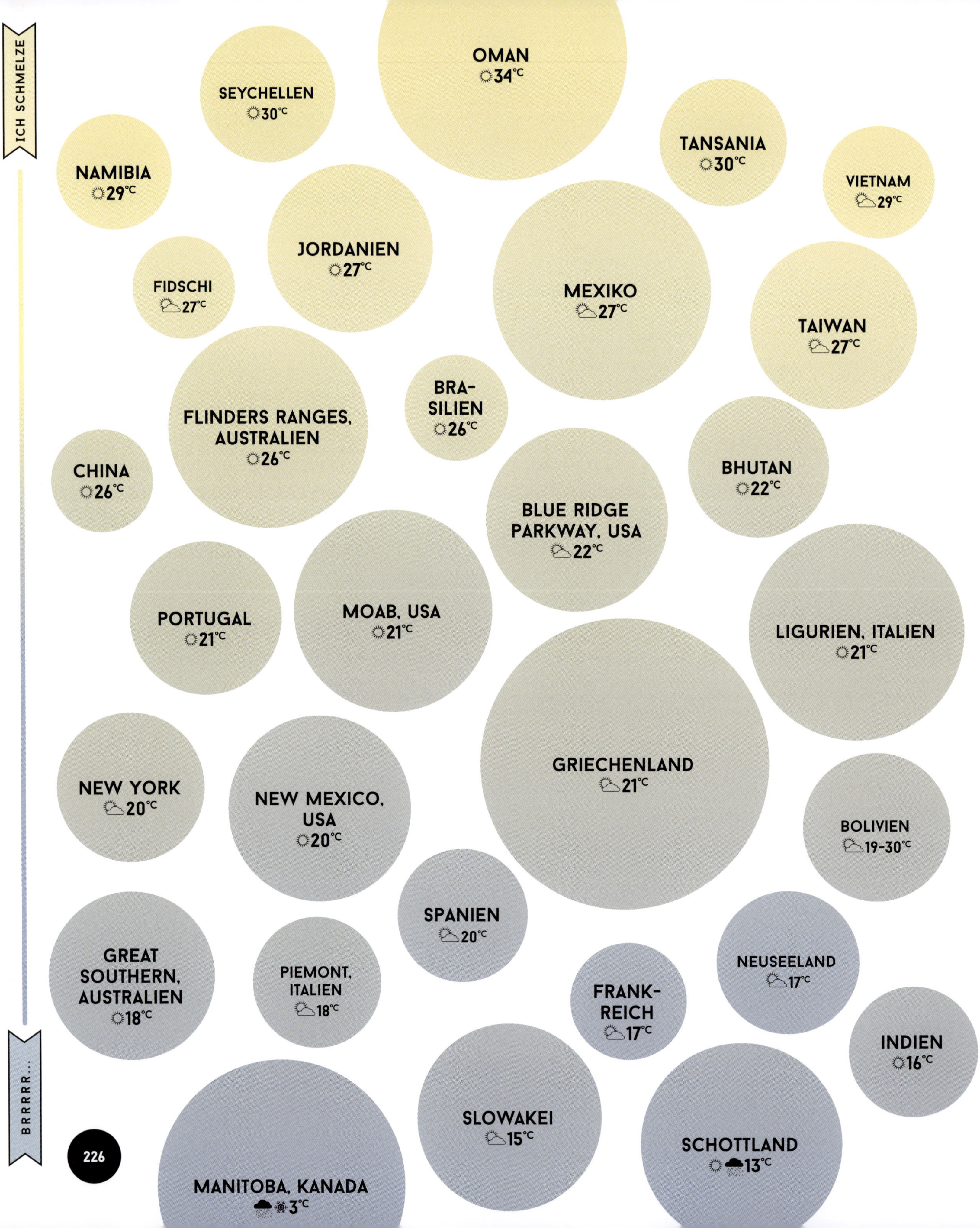

ICH SCHMELZE
OMAN 34°C
SEYCHELLEN 30°C
TANSANIA 30°C
NAMIBIA 29°C
VIETNAM 29°C
JORDANIEN 27°C
FIDSCHI 27°C
MEXIKO 27°C
TAIWAN 27°C
BRA-SILIEN 26°C
FLINDERS RANGES, AUSTRALIEN 26°C
CHINA 26°C
BHUTAN 22°C
BLUE RIDGE PARKWAY, USA 22°C
PORTUGAL 21°C
MOAB, USA 21°C
LIGURIEN, ITALIEN 21°C
GRIECHENLAND 21°C
NEW YORK 20°C
NEW MEXICO, USA 20°C
BOLIVIEN 19-30°C
SPANIEN 20°C
GREAT SOUTHERN, AUSTRALIEN 18°C
PIEMONT, ITALIEN 18°C
NEUSEELAND 17°C
FRANK-REICH 17°C
INDIEN 16°C
SLOWAKEI 15°C
SCHOTTLAND 13°C
MANITOBA, KANADA 3°C
BRRRRR...

GEFÄLLT DER GANZEN FAMILIE

FID-SCHI

Eine halbe Million Zebras bevölkern neben vielen anderen Tieren das nördliche Tansania

NEW MEXICO, USA

MOAB, USA

NÖRDLICHES TANSANIA

GREAT SOUTHERN, AUSTRALIEN

SEYCHELLEN

Der kleine Ort Moab in Utah eignet sich perfekt zum Radfahren, Wandern, Bootfahren und mehr

COSTA VERDE, BRASILIEN

Paratay ist ein alter kolonialer Hafen zwischen grünen Wipfeln an Brasiliens Costa Verde

COROMANDEL, NEUSEELAND

PELOPONNES, GRIECHENLAND

HIGHLANDS, SCHOTTLAND

LIGURIEN, ITALIEN

VIETNAM

Imposantes Wild macht eine Tour durch die Highlands noch eindrucksvoller

SLOWAKEI

PIEMONT, ITALIEN

NAMIBIA

In der Slowakei das riesige Angebot an hübschen Schlössern, dichten Wäldern und verschneiten Gipfeln erkunden

OMAN

TEUER, ABER ES LOHNT SICH

VIEL ERLEBEN FÜR WENIG GELD

FLINDERS, AUSTRALIEN

MANITOBA, KANADA

Es mag kalt sein, aber man kriegt nirgendwo leichter Eisbären zu sehen als in Manitoba

NEW YORK, USA

Vor dem Hitzeeinbruch die Gebirge der Flinderskette erklimmen

LYON, FRANKREICH

BHUTAN

Lokalkolorit und einheimische Kultur aufsaugen in der Festivalsaison von Bhutan

BLUE RIDGE PARKWAY, USA

SÜDWESTLICHES CHINA

COPPER CANYON, MEXIKO

Auf der unkonventionellen Insel Taiwan brodelt es nicht nur in der Straßenküche

In La Rioja schon beim Aufwachen den Tempranillo der modernen Winzer riechen

TAIWAN

LA RIOJA, SPANIEN

BOLIVIEN

PORTO & DOURO, PORTUGAL

DARJEELING, INDIEN

Teetrinken auf den hochgelegenen Plantagen in Darjeeling ist ein echtes Erlebnis

JORDANIEN

DIE KINDER ZUHAUSE LASSEN

VIETNAM

Warum jetzt? Vietnam von Nord nach Süd erkunden

In Vietnams wechselhaftem Klima – mit Sommer- und Wintermonsun – lässt sich nicht so leicht die richtige Balance zwischen warm und kalt, trocken und nass finden. Genau da macht der Oktober eine gute Figur: Im Norden mit Hanoi und der Halong-Bucht ist es recht klar, um Sapa ist es warm genug zum Wandern und rund um Saigon und im Mekongdelta wird's trockener. Außerdem ist Nebensaison, deshalb fallen die Preise und die Hotels leeren sich, sodass ein Vietnamurlaub recht preisgünstig sein kann – da hat man mehr Geld übrig für das tolle Essen!

Vor Ort: Flug nach Hanoi mit anschließender Wanderung zu den Bergstämmen der Region Sapa und Bootsfahrt auf der Halong- oder Bai-Tu-Long-Bucht. Dann weiter mit dem Zug gen Süden über die historischen Städte Hue und Hoi An (Regenschirm!) ins brodelnde Saigon, zu den Cu-Chi-Tunneln und ins Mekongdelta, um auf Phu Quoc schließlich am Strand auszuspannen.

Gut zu wissen: Für Abstecher nach Kambodscha oder Laos benötigt man ein Visum, das mehrmaliges Einreisen erlaubt.

Wann sonst? Süden: trocken Dez.–April, Regen Mai–Nov.; mittlere Küste um Hue: trocken März–Aug., Regen Sept.–Feb.; Norden: kalt Dez.–März, nass April–Sept., trocken und kühl Okt.–Nov.

Rundreise
Kultur
Preis-Leistung
Essen & Trinken

Ausflugsschiffe in der Halong-Bucht

FIDSCHI

Warum jetzt? Ein stilleres Pazifikparadies
Fidschi ist das touristisch am besten erschlossene Paradies im Südpazifik, bietet auf 333 Inseln für jeden Geschmack das richtige Idyll – und ist entsprechend beliebt. Deshalb ist der Oktober ein guter Monat: Die Hauptsaison ist vorbei, aber es bleibt immer noch angenehm kühl und trocken, außerdem sinken die Preise der Unterkünfte und es kommen weniger Touristen. Überall auf dem Archipel strotzt es vor Südseepracht aus weißem Sand und blauem Meer. Am meisten erschlossen sind die traumhaften Inselgruppen Yasawa und Mamanuca, doch auch hier ist kein Gebäude höher als eine Kokospalme, und man kann problemlos wochenlang baden, surfen, schnorcheln und faulenzen. Viti Levu, Fidschis größte Insel, bietet die meiste Vielfalt: die Küstenstraße Queens Road und die Bergstraße Kings Road, die Sanddünen von Sigatoka sowie die Kolonialarchitektur und fidschianisch-indische Küche der Hauptstadt Suva.
Vor Ort: Flug nach Nadi auf Viti Levu. Von hier fahren Boote zu den Yasawas und Mamanucas. Für Viti Levu eine Woche einplanen. Taucher zieht es zum Astrolabe Reef oder in die Gewässer um Taveuni.
Gut zu wissen: Amtssprache ist Englisch; das Fidschi-Wort „Bula!" bedeutet „Hallo!".
Wann sonst? Juli–Sept.: trocken, voll; Mai–Juni & Okt.: trocken, Zwischensaison, ruhiger; Nov.–April: nass, Zyklone möglich.

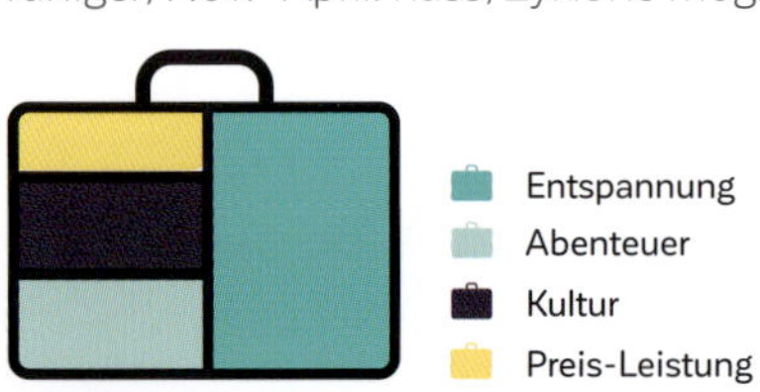

MOAB USA

Warum jetzt? Rundum-Action am wildesten Flecken von Utah
Moab ist nichts für Stubenhocker. In diese kleine Stadt in Utah kommt man – besonders im angenehm milden Oktober –, um sie wieder zu verlassen, ob nun zu Fuß, per Fahrrad, Floß, Allradfahrzeug oder mit was auch immer. Das in den 1850er-Jahren von Mormonen gegründete Moab ist heute ein Abenteuerspielplatz von Weltrang. Der Ort selbst ist nett, wenn auch nicht sehr ansehnlich, aber dafür ist die Umgebung umso reizvoller. Gleich vor der Haustür liegen die Nationalparks Arches und Canyonlands: Ersterer ist eine unberührte Wildnis aus purpurfarbenem Sandstein, den Mutter Natur zu kunstvollen Bögen geformt hat, Letzterer ein Wirrwarr aus Schluchten, Spalten, Felstürmen und Plateaus – aber beide sind atemberaubend! Die Gegend um Moab ist außerdem von Mountainbike-Trails durchzogen, z. B. dem Slickrock, einer harten 15-km-Schleife über den Navajo-Sandstein der Sand Flats. Wem Wasser lieber ist: Auf dem Colorado finden von April bis Oktober Rafting-Trips statt.

Vor Ort: Vier oder fünf Tage voller Action, mit Wandern, Biken und mehr.
Gut zu wissen: Von Salt Lake City nach Moab sind es mit dem Auto vier Stunden.
Wann sonst? April–Mai & Sept.–Okt.: mild; Juni–Aug.: heiß; Nov.–März: kühl/kalt.

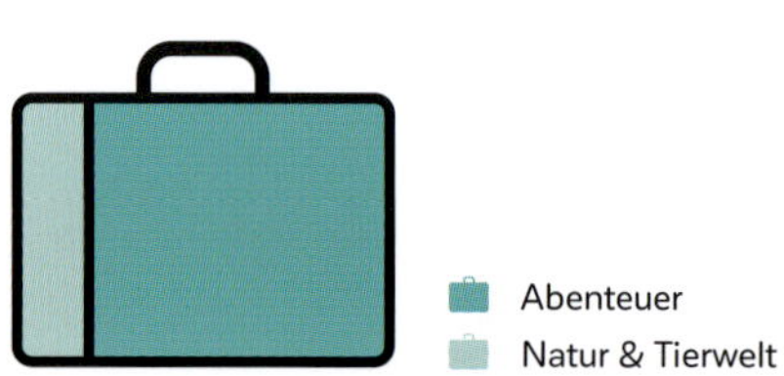

BOLIVIEN

Warum jetzt? Für echte Abenteuer
Viele Südamerika-Reisende glauben vor ihrer Ankunft, dass Peru oder Brasilien die Highlights ihrer Tour werden, doch am Ende verzaubert sie Bolivien am meisten. Das Land ist vielfältig, dramatisch, teils unzugänglich und größtenteils unberührt – und damit für viele der authentischste Teil des Kontinents. Hier spiegelt sich ganz Südamerika auf kleinem Raum: die schneebedeckten Anden, der Amazonas, die surrealen Seen, die Salzpfannen, Kolonialstädte und Zeugnisse alter Kulturen. Die beste Reisezeit ist der trockene Winter. Im Oktober sind meist alle Straßen schlammfrei und passierbar, der Himmel strahlt blau, die Temperaturen steigen und der Andrang der Hochsaion ist vorüber. Zwar ist die Reise über die Berge und den atemberaubenden Altiplano trotzdem oft anstrengend, aber dafür wird man mit einem echten Abenteuer belohnt.
Vor Ort: In zwei bis drei Wochen kann man La Paz, den Amazonas, den Titicacasee, die präkolumbianischen Ruinen von Tiwanaku, die Kolonialstadt Sucre, die Silbermine von Potosi, die glitzernde Salzpfanne Salar de Uyuni und die bunten Seen des Altiplano besuchen. Und dazu eventuell noch die Che-Guevara-Stätten um La Higuera und die Jesuitenmissionen von Chiquitos.
Gut zu wissen: Bolivien ist billig; Budget-Traveller kommen mit 15 US$ am Tag aus.
Wann sonst? Mai–Okt.: trocken, kühler, voll (besonders Juni–Sept.); Nov.–April: nass, wärmer, feucht.

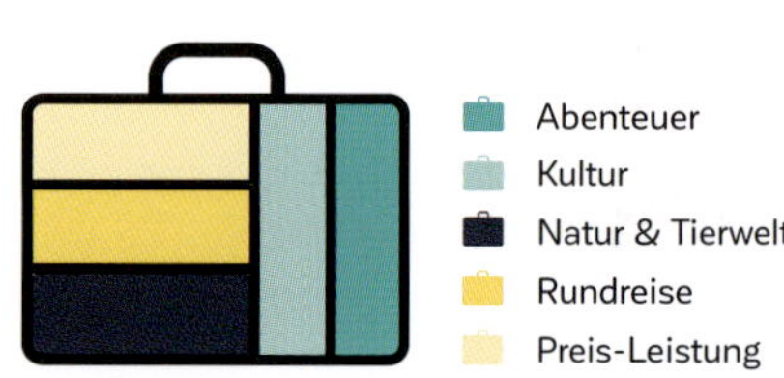

GREAT SOUTHERN
AUSTRALIEN

Warum jetzt? Volle Blütenpracht
Das Tolle an der Region Great Southern ist ihre Abgeschiedenheit. Sie umfasst ein Stück der Südwestküste und das Hinterland von Denmark bis Esperance, ist aber für einen Wochenendtrip von Perth aus zu weit entfernt, sodass die Weingüter, Berge und weißen Strände außerhalb der Hochsaion zumeist leer sind. Im Oktober ist es besonders schön: Nach dem Ende des Winterregens verzaubert die Wildblumenblüte das Land. Es gibt mehr als 4000 Arten, 80 % davon endemisch, und bewundern kann man sie hier z. B. in der Porongurup Range und im Fitzgerald-River-Nationalpark. Vor der Küste sind außerdem Wale unterwegs, zu sehen auf einer Bootstour ab Albany oder vom Land aus in der Bremer Bay. Je weiter östlich man kommt, desto wilder wird's. Richtung Esperance trifft das flammende Outback auf das himmelblaue Südmeer; und ganz in der Nähe lockt Lucky Bay mit Australiens wohl weißestem Strand.

Vor Ort: Nicht viel Zeit? Dann an der Rainbow Coast (Walpole–Denmark–Albany) riesige Kaiserbäume erklimmen, Denmarks Weingüter erkunden und das National Anzac Centre in Albany besichtigen. Wer mehr Zeit hat, fährt weiter nach Esperance und zum Recherche-Archipel.

Gut zu wissen: Von Perth nach Albany sind es 420 km (4½ Std. Fahrt), von Perth nach Esperance 760 km (9½ Std.).

Wann sonst? Sept.–Nov.: Blumen (Wale Juli–Nov.); Dez.–Feb.: heiß, voll; März–Mai: Herbst, Ernte; Juni–Aug.: trocken, kühler.

COSTA VERDE
BRASILIEN

Warum jetzt? Auf ins Grüne
Rio de Janeiro wird auch Cidade Maravilhosa („wundervolle Stadt") genannt, aber eigentlich ist der gesamte Bundesstaat um die namengebende Hauptstadt wunderbar. Gleich westlich liegt die Costa Verde mit ihren vom Dschungel überwucherten Bergen, ihren Wasserfällen und dem glitzernden blaugrünen Meer. Am besten steuert man direkt Paraty an (300 km von Rio), einen eleganten, vor einer Bergkulisse gelegenen Kolonialhafen aus dem 18. Jh. mit autofreien Kopfsteinpflasterstraßen, bunten Booten und köstlichem Seafood. Weiter geht's zur Ilha Grande, einer früheren Lepra- und Gefängnisinsel, heute ein echtes Naturparadies ohne Autos und mit nur ein paar wenigen Siedlungen. Hier kann man von seiner *pousada* aus im Regenwald herumwandern und einige der 102 Inselstrände ansteuern. Im Oktober steigen die Temperaturen langsam an (27°C), aber es ist noch keine Hauptsaison – ein guter Monat!

Vor Ort: Nach ein paar Tagen in Rio geht's an die Costa Verde, mit Strandtagen in Paraty und Ausflügen in den Nationalpark Serra da Bocaina, und dann zur Ilha Grande.

Gut zu wissen: Von Rio fahren Busse nach Angra dos Reis (zur Fähre zur Ilha Grande) und nach Paraty.

Wann sonst? Nov.–März: heiß und überfüllt, regnerisch; April–Okt.: kühler, trockener.

PIEMONT
ITALIEN

Warum jetzt? Fabelhafte Pilzernte
Piemont liegt etwas abseits vom Rest Italiens und südlich der Alpen. Die Region ist nicht so überlaufen wie die Toskana, lockt aber mit ähnlich reizvoller Landschaft, Hügeldörfern und gutem Essen. Letzteres gilt besonders im Herbst, wenn überall Pilze aus dem Boden sprießen, die roten Nebbiolo-Trauben geerntet werden und Saisonbeginn ist für die weißen Trüffel – die teuersten Pilze der Welt. Andere Spezialitäten sind Rindfleisch, Arborio-Reis und Käse wie der bröckelige Castelmagno. Die Stadt Alba beeindruckt mit mittelalterlichen Türmen sowie Barock- und Renaissance-Palästen. Außerdem gibt's hier erstklassige Restaurants und im Oktober findet neben dem Trüffelfest auch eine Eselversion des noblen Palio-Pferderennens aus dem nahen Asti statt. In den bewaldeten Langhe kann man selbst nach Trüffeln suchen und in winzigen *cantinas* die Barbaresco- und Baroloweine der Region probieren.

Vor Ort: Flug nach Turin, seine Museen und Kirchen besuchen, dann weiter ins ländliche Piemont. Für die kleinen Dörfer ist ein Mietwagen gut. Eine Woche einplanen.

Gut zu wissen: Alba liegt 65 km südlich von Turin; in Asti und Alba gibt's Bahnhöfe.

Wann sonst? Dez.–März: kalt, Skifahren; April–Mai: wärmer, ruhig; Juni–Aug.: sehr heiß; Sept.–Nov.: warm, Ernte.

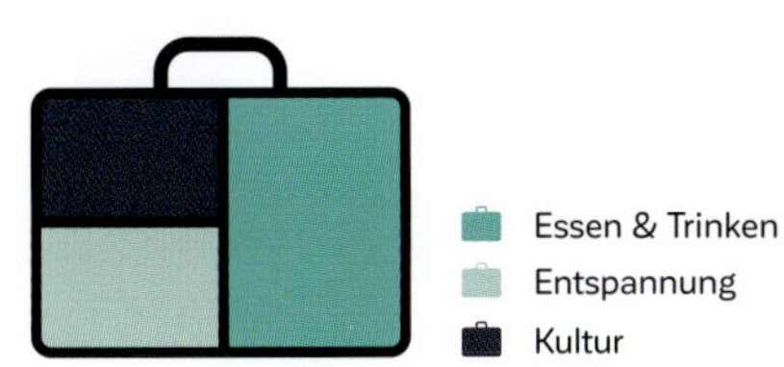

Bootstour (mit Badepause) an der Musandam-Halbinsel, Oman

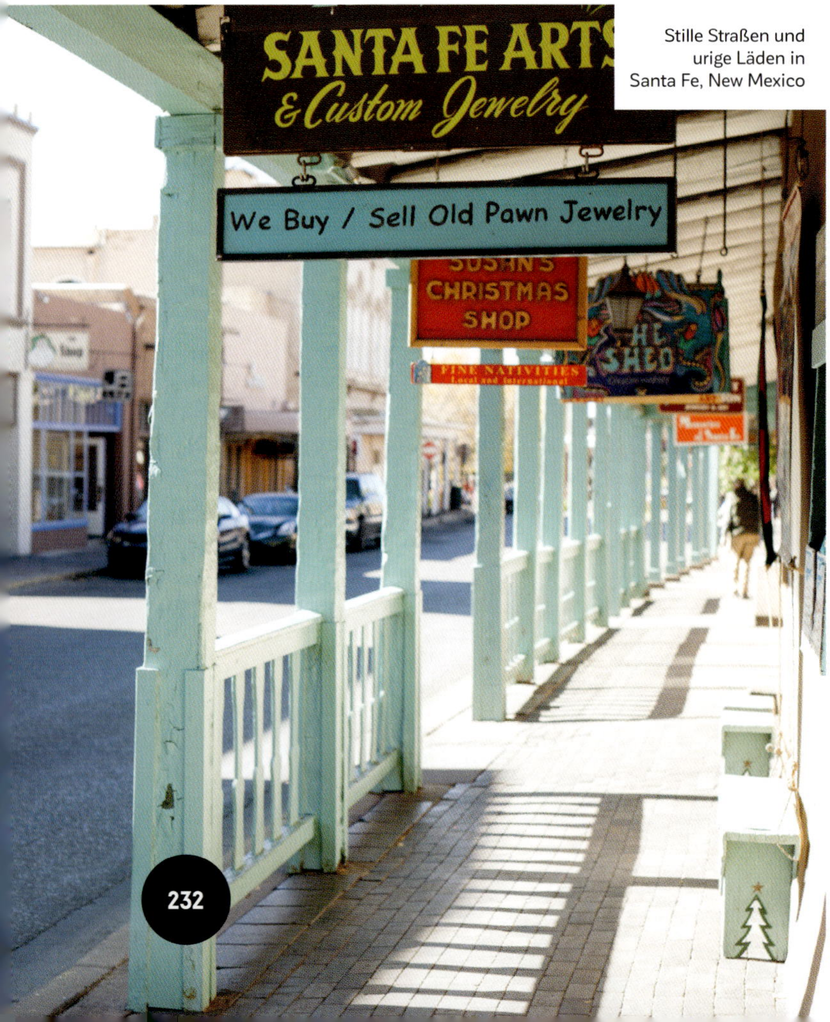

Stille Straßen und urige Läden in Santa Fe, New Mexico

© Justin Foulkes / Lonely Planet

Bizarre Felsformationen am Strand Anse Source d'Argent, La Digue, Seychellen

OMAN

Warum jetzt? Frisches Obst, angenehmes Wetter

Tolles Wetter (30°C), Märkte voller frischer Walnüsse und Granatäpfel, 20 000 laichende Schildkröten … der Oktober ist eine herrliche Zeit für den Golfstaat Oman, der ein Stück altes Arabien verkörpert. Zwar gibt's auch Modernes, aber das Land besteht größtenteils aus Schluchten und Wüsten, Dattelplantagen, palmengesäumten Stränden, Lehmziegeldörfern und würzig duftenden Suks. Die Reise beginnt meist in der Hauptstadt Maskat, wo sich zum alten Hafenviertel Matrah die moderne Metropole und schicke Strandresorts gesellen. Beim südöstlich gelegenen Ort Ras al-Dschinz kommen Tausende Suppenschildkröten zum Nisten an Land, zu sehen auf geführten Abendtouren (am besten Aug.–Nov.). Im Landesinneren kann man auf den Dünen der Sharqiya Sands Kamele reiten, sandboarden und die Wüste mit Geländewagen durchpflügen. Weiter westlich erhebt sich das zerklüftete Hadschar-Gebirge mit dem alten Nizwa – hier lassen sich Festungen erkunden, Ziegen kaufen und in den Bergen wandern.

Vor Ort: Neun Tage für den nördlichen Oman plus Extratage für Segeltrips um die Musandam-Halbinsel herum.

Gut zu wissen: Als einzige Moschee im Land erlaubt Maskats Große Sultan-Qabus-Moschee auch Nicht-Muslimen den Zutritt.

Wann sonst? Dez.–Feb.: am kühlsten; März–April: wärmer, ruhig; Mai–Sept.: sehr heiß, feucht (im Süden Monsun); Okt.–Nov.: heiß, Ernte.

SEYCHELLEN

Warum jetzt? Ein Stück Paradies

Sich im Wind wiegende Palmen, übernatürlich blaues Meer, weiße Strände, perfekt geglättete und in die Gegend gestreute Felsen und einige niedliche Schildkröten – die Seychellen übertreffen jede Vorstellung vom Paradies. Angesichts all dieser Schönheit und der angenehmen 25 bis 30°C das ganze Jahr über gibt's für eine Reise in den Indischen Ozean keine schlechte Zeit. Doch im Oktober, nachdem die stärkeren Südostpassatwinde abgeflaut sind und bevor die schwächeren Nordwestwinde einsetzen, herrschen besonders gute Bedingungen fürs Baden, Schnorcheln und Tauchen. Das Wasser wird bis zu 29°C warm, man sieht teils 30 m weit und Walhaie halten sich jetzt hier auf. Außerdem ist es nun billiger als in der Hauptsaison von Juni bis August.

Vor Ort: Die Seychellen bestehen aus mehr als 100 Inseln. Fähren verbinden das bergige Mahé (die Hauptinsel), das autofreie La Digue und Praslin (mit Seychellenpalmen in der Valleé de Mai). Bird Island bietet viele Vögel, North Island das wohl exklusivste Resort der Welt, und seine Riesenschildkröten machen die abgelegene Aldabra-Gruppe, 1150 km von Mahé und nur mit dem Schiff erreichbar, zum Galápagos des Indischen Ozeans.

Gut zu wissen: Ende Oktober findet auf ganz Mahé das Festival Kreol statt, das größte Kulturevent der Seychellen.

Wann sonst? Nov.–März: regnerisch; April & Okt.: zwischen den Passatwinden, ruhig, warm, billiger; Mai–Sept.: trocken, warm, windig.

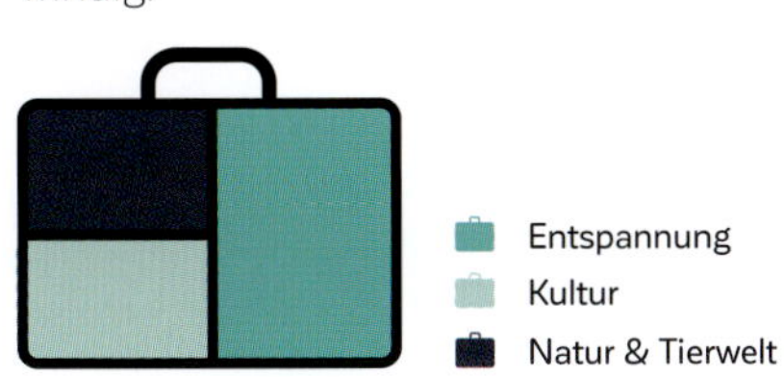

NEW MEXICO
USA

Warum jetzt? Kühles Wetter und „heiße Luft"

New Mexico nennt sich auch das „Land der Verzauberung" und ist besonders bezaubernd im sonnigen, milden Oktober – Temperaturen von gut 20°C bieten ideale Bedingungen für die Erkundung der historischen Schätze und der wundervollen Natur dieses US-Bundesstaats. Stätten wie das 1000 Jahre alte Taos Pueblo zeugen von den indigenen Wurzeln, während die Hauptstadt Santa Fe, gegründet 1610 durch spanische Missionare, von alten Adobe-Häusern, neoromanischen Bauten und Galerien für moderne Kunst dominiert wird. Dazu kommt die endlose Wildnis mit der Sangre de Cristos Range im Norden und den blendend weißen Dünen im Süden. In dieser Einöde lassen sich tolle Autotouren, aber auch viele andere Aktivitäten unternehmen.

Vor Ort: Eine einwöchige Nordschleife führt von Albuquerque nach Santa Fe mit seinen Galerien in der Canyon Road und dem Audubon Center, anschließend kann man im Bandelier National Monument inmitten uralter Ruinen wandern, dann Margaritas schlürfen im Künstlerort Taos und um Taos Pueblo herumwandern und reiten. Nach dem Aufstieg auf den Wheeler Peak geht's über die Künstlerdörfer Cordova und Chimayo zurück nach Albuquerque.

Gut zu wissen: Anfang Oktober findet die Albuquerque International Balloon Fiesta statt.

Wann sonst? März–Mai: mild, windig; Juni–Aug.: heiß, am nassesten; Sept.–Nov.: warm; Dez.–Feb.: mild (in Hochlagen kalt).

Eine Bäckerin in Porto und die steilen Weinberge des Douro-Tals

© Matt Munro / Lonely Planet

© Matt Munro / Lonely Planet

PORTO & DER DOURO PORTUGAL

Warum jetzt? Zur berauschendsten Zeit den Fluss hinabgleiten

Das heute als Unesco-Welterbestätte gelistete Douro-Tal ist die älteste *Appellation d'Origine Contrôlée* der Welt: Bereits 200 Jahre vor den Franzosen begannen die Portugiesen, die Herkunft ihrer Erzeugnisse zu zertifizieren. Auf einer Bootsfahrt über den Douro lässt sich unterwegs neben einem guten Tröpfchen auch eine wunderbare Landschaft genießen – besonders im Herbst, wenn die Sonne noch Wärme spendet und die Weinblätter sich schon golden verfärben. Dabei passiert man traditionelle *rabelos* (Frachtkähne), winzige Orte voller *azulejo*-Kacheln und zahlreiche *quintas* (Weinkellereien), die Weinproben anbieten. An der Flussmündung erstreckt sich Porto über mehrere Hügel, zuerst besiedelt von den Römern und heute die zweitgrößte Stadt Portugals. Sehenswert sind besonders das alte Viertel Ribeira mit seinen engen Gassen und Vila Nova de Gaia am anderen Ufer mit seinen altehrwürdigen Portweinhäusern.

Vor Ort: Auf eine Woche Porto folgt die einwöchige Flussfahrt nach Vega de Terron an der spanischen Grenze (zwei Autostunden von Salamanca).

Gut zu wissen: Die schönsten Orte des Douro-Tals liegen nicht direkt am Fluss; von den Anlegestellen braucht man ein Fahrzeug.

Wann sonst? Nov.–März: kühl, kahl; April–Juni: wärmer, Blüte; Juli–Aug.: am heißesten; Sept.–Okt.: warm, Ernte.

Zwischen den alten Häusern von Lijiang lassen sich viele Gassen erkunden

SÜDWESTLICHES CHINA

Warum jetzt? Gutes Klima in zwei malerischen Provinzen

In Guangxi und Yunnan zeigt sich China von seiner poetischsten Seite. Die Reisterrassen, Karsthügel, tiefen Schluchten und Schneeberge dieser vielfältigen Südwestprovinzen erinnern an ein uraltes Land fernab der hypermodernen Industriemetropolen. Mit seinem milden, trockenen Wetter und seinen goldenen Farben ist der Oktober besonders gut für Reisen aufs Land, vom tibetischen Hochland bis zum tropischen Tiefland mit seinen vielfältigen Minderheitenvölkern. Guilin liegt im Herzen des Karstlandes von Guangxi; von hier lassen sich schöne Bootsfahrten auf dem Li nach Yangshuo und zu den Miao-, Yao-, Dong- und Zhuang-Dörfern rund um Longsheng unternehmen. Yunnan wartet in der Region Xishuangbanna mit Hitze, Dschungelwanderungen und einem südostasiatischen Flair auf; der Norden bietet Kopfsteinpflastergassen in Lijiang, Wanderungen in der steilen Tigersprung-Schlucht und schneebedeckte Höhen bei Zhongdian, das offiziell in Shangri-La umbenannt wurde.

Vor Ort: Für Yunnan und Guangxi braucht man zwei bis vier Wochen – oder man konzentriert sich nur auf eine Provinz. Guilin, Kunming (Yunnans Hauptstadt) und Lijiang sind durch Bahn und Flugzeug verbunden.

Gut zu wissen: Der 1. bis 7. Oktober sind Feiertage und es ist überall voll. Besser meiden!

Wann sonst? April–Sept.: heiß, feucht (Juli–Sept.: Taifune); Okt.–Nov.: warm, trocken; Dez.–März: kühler, in Höhenlagen kalt.

- Kultur
- Natur & Tierwelt
- Abenteuer
- Rundreise

BLUE RIDGE PARKWAY USA

Warum jetzt? Ein klassischer Road Trip voll flammender Herbstfarben

Der Herbst ist die perfekte Zeit für eine Tour auf dem 755 km langen Blue Ridge Parkway durch das bewaldete Hochland von Virginia und North Carolina vom Shenandoah- zum Great-Smoky-Mountains-Nationalpark. Mehr als 50 Jahre dauerte der Bau der Straße auf diesem überaus schwierigen Terrain – doch gerade die Landschaft macht die Tour so einzigartig. Hinzu kommen im Oktober die flammenden Herbstfarben der Hänge: tiefrote Hartriegel- und Tupelobäume, orangene Sassafrasbäume, purpurrote Ahorne und weinrote Eichen.

Vor Ort: Man schafft die Strecke in zwei Tagen, sollte sich aber eine Woche Zeit nehmen, um unterwegs zelten und zu Aussichtspunkten wandern zu können. Am besten im Norden starten: Die Herbstfarben werden auf dem Weg in den Süden, wo die Straße südlich des Mount Pisgah in North Carolina auf 1800 m Höhe verläuft, kräftiger und der Ausblick spektakulärer.

Gut zu wissen: Auf dem Parkway darf man nie mehr als 45 Meilen pro Stunde (72 km/h) fahren, und oftmals geht es sogar langsamer voran. An der Straße selbst gibt's keine Tankstellen.

Wann sonst? Mai–Okt.: Parkway geöffnet; Nov.–April: Nach Schneefall sind Sperrungen möglich.

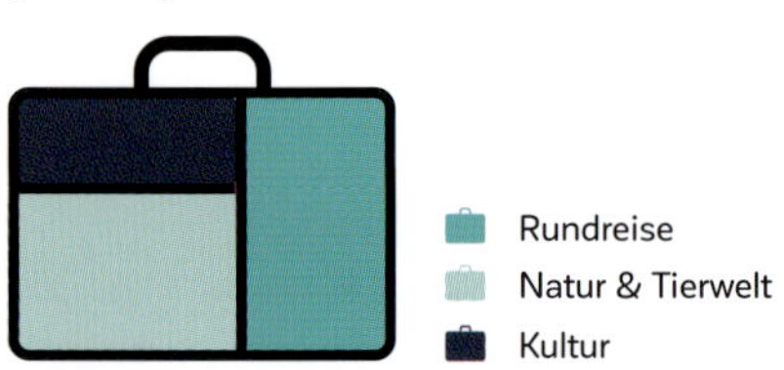

DARJEELING INDIEN

Warum jetzt? Klarer Bergblick und eine entspannende Tasse Tee

Im frühen 19. Jh. war Darjeeling bei der britischen Elite Indiens als Bergrefugium beliebt. Noch heute kann man hier der Hitze der Ebenen Westbengalens entfliehen, am besten mithilfe der Schmalspurbahn, die sich seit den 1880er-Jahren die Berge hinaufquält. In Darjeeling essen Traveller in Kolonialhotels Scones und nehmen an Führungen über die Teeplantagen teil, bevor sie sich ein Tässchen Darjeeling gönnen – der Champagner unter den Tees. Doch vor allem kommen die Leute wegen des Himalaja-Panoramas mit dem Kanchenjunga, dem dritthöchsten Berg der Erde. An einem klaren, kühlen Oktobertag ist die Aussicht besonders gut. Und bei Wanderungen entlang der Singalila Ridge bietet sich ein noch prächtigerer Ausblick: Vom Gipfel des Sandakphu schaut man auf vier der höchsten Berge der Welt, darunter den Mount Everest.

Vor Ort: Flug von Kolkata nach Bagdogra. Besuch der buddhistischen Klöster in Rumtek und Pemayangtse, dann nach Darjeeling und ab Manebhanjan, 50 km von Darjeeling, an der Singalila Ridge wandern.

Gut zu wissen: Es fahren Nachtzüge von Kolkata nach New Jalpaiguri, Abfahrtsort der Schmalspurbahn.

Wann sonst? März–April & Sept.–Nov.: kühl, klar; Dez.–Feb.: kalt; Mai–Aug.: nass.

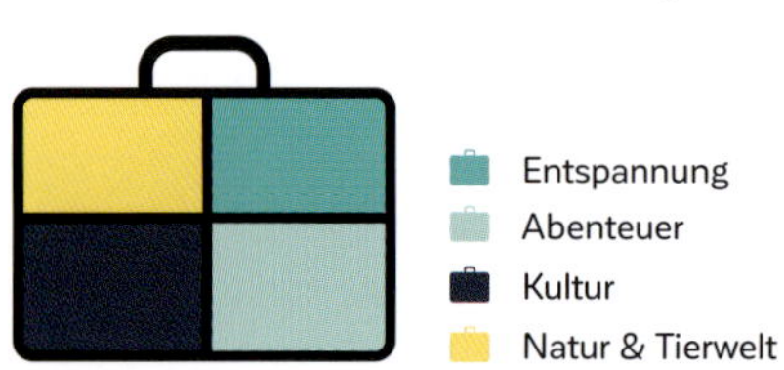

FLINDERS RANGES AUSTRALIEN

Warum jetzt? Das Outback vor der großen Hitze erkunden

Eine kurvenreiche Fahrt über die rot-orange-purpurnen Falten der Flinders Ranges gleicht einer Zeitreise, denn die Bergkette, die sich 200 km nördlich von Adelaide auf einer Länge von 400 km ins tiefste South Australia erstreckt, entstand vor 540 Millionen Jahren. Die uralte Landschaft aus Schluchten und Steilhängen ist typisch für das Outback. Im Sommer wird's hier furchtbar heiß, deshalb ist der frühlingshafte Oktober besser für einen Besuch – dann blühen auch die Wildblumen. Weiter nördlich kann man im Mount-Remarkable-Nationalpark Tageswanderungen unternehmen oder den gleichnamigen Gipfel (960 m) erklimmen. In Quorn bietet sich eine Fahrt mit der Pichi-Richi-Dampfeisenbahn an, bevor man die Flinderskette selbst erreicht. Ihr Kernstück ist der Wilpena Pound, ein riesiger Gebirgskessel mit Aborigine-Zeugnissen; selbige findet man auch am nahen Arkaroo Rock, nämlich eine Galerie mit uralter Felskunst. Weiter nördlich liegen in den Bergen nette Orte wie Blinman und Parachilna, wo man schön essen und ein kaltes Bier trinken kann.

Vor Ort: In zehn Tagen geht's mit dem Auto von Adelaide über Mount Remarkable und Wilpena Pound nach Parachilna.

Gut zu wissen: Ein toller Ausblick auf den Wilpena Pound bietet sich entlang des Wangara Lookout Hike (3½ Std.).

Wann sonst? Mai–Aug.: am kühlsten und feuchtesten; Sept.–Okt.: heiß, erträglich; Nov.–April: kochend heiß.

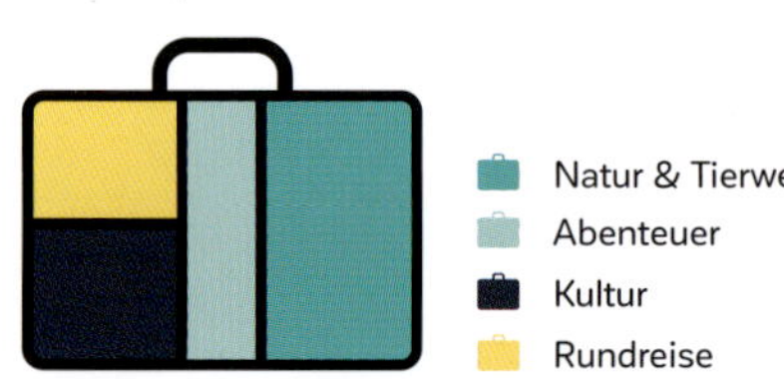

COROMANDEL PENINSULA
NEUSEELAND

Warum jetzt? Frühlingssonne und leere Strände
Kiwis lieben diese Halbinsel im Pazifik nur 90 Autominuten von Auckland, die mit das beste Wetter in Neuseeland bietet. Im immer noch warmen Oktober ist weniger los. Falls es doch kühl sein sollte, kann man sich in den Thermalbädern der Lost Spring aufwärmen oder sich am Hot Water Beach sein eigenes Thermalbad buddeln. Die relative Leere und die gute Stimmung machen die Coromandel zu einem perfekten Ziel für einen entspannten Frühjahrstrip. In den Städtchen gibt's zahlreiche Galerien, eine Folge des Zuzugs von Künstlern in den 1960er-Jahren. Und die schöne Landschaft mit ihrem grünen Bergrücken und den goldenen Sandstränden eignet sich bestens für nette Touren – auf dem Hauraki Rail Trail radeln, zu den Pinnacles hochwandern, mit dem Kajak die Cathedral Cove ansteuern – oder man setzt sich einfach in ein Café und lässt die Welt an sich vorbeiziehen.

© Nick Twyford Photography / Getty Images

Tolles Kajak-Terrain: Wellen überfluten die Cathedral Cove

Vor Ort: Drei oder vier Tage sollte man sich gönnen. Die wichtigsten Ziele sind Thames (Westküste) und Whitianga (Ostküste).
Gut zu wissen: September/Oktober ist der Beginn der Jakobsmuschelsaison; probieren kann man sie in den Restaurants an der Esplanade in Whitianga.
Wann sonst? Dez.–Feb.: heiß und überfüllt; März–Mai: kühl/mild; Juni–Aug.: am kältesten; Sept.–Nov.: warm, ruhiger

NAMIBIA

Warum jetzt? Wundervolle Tierwelt
Am Ende der Trockenzeit ist Namibia völlig ausgedörrt. Die Temperaturen steigen, kein Wölkchen schwebt am Himmel – und überall versammeln sich die Tiere an immer kleiner werdenden Wasserlöchern. Namibias bekanntestes Tierreservat ist der Etosha-Nationalpark: Während der Trockenzeit sind hier Elefanten, Giraffen, Zebras, Nashörner und Großkatzen zu sehen. Dank dem ausgezeichneten Straßennetz kann man wunderbar selbst fahren: einfach an einem Wasserloch parken und auf die Tiere warten! Im Damaraland sieht man vielleicht Spitzmaulnashörner und an die Wüste gewöhnte Elefanten sowie San-Felskunst. Vor der Walfischbucht an der wilden Atlantikküste ziehen von Juli bis November Buckelwale vorbei.
Vor Ort: Von Windhoek geht's gen Westen in die Wüste Namib zu den Sossusvlei-Dünen, dann Richtung Norden nach Swakopmund und nordöstlich über das Damaraland zum Etosha. Im zentralen Hochland übernachtet man auf einer Farm. Zwei Wochen einplanen.
Gut zu wissen: Ende Oktober findet in Windhoek das Oktoberfest statt.
Wann sonst? Dez.–März: regnerisch, am heißesten; April–Mai: trocken, grün; Juni–Okt.: trocken, warm/heiß; Nov.: wechselhaft.

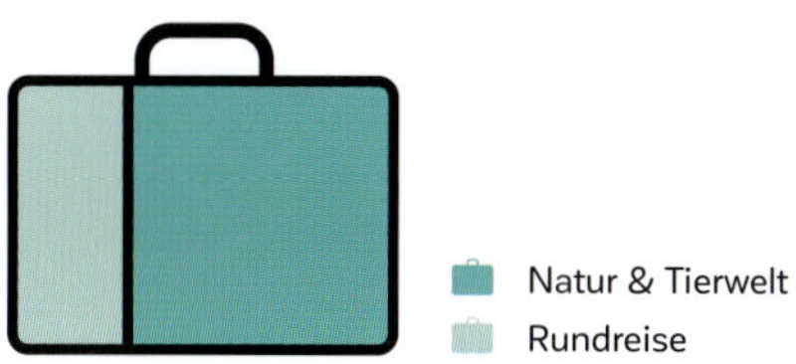

BHUTAN

Warum jetzt? Klarer Himmel, Sehenswürdigkeiten und Himalaja-Wanderungen
Bhutan verspricht einen Urlaub voller Glück. Der Himalaja-Staat verzeichnet das Bruttonationalglück statt den materiellen Wohlstand und die meisten Bhutaner richten ihr Leben an traditionellen Werten und Spiritualität aus – das ist so erfrischend wie die Bergluft an einem klaren Oktobertag. Der Monat bietet schönes, trockenes Wetter mit angenehmen Temperaturen und blauem Himmel – perfekt zum Wandern und Sightseeing; außerdem kommen jetzt im Phobjikha-Tal die seltenen Schwarzhalskraniche an. Kulturinteressierte können auf atemberaubenden Straßen zu *dzongs* (Festungen) fahren; in vielen wie Thimphu und Gangtey finden im Oktober bunte *tsechus* (Feste) statt. Und es gibt die unterschiedlichsten Wandermöglichkeiten, vom Halbtagesanstieg zu dem am Fels klebenden Tigernest-Kloster bis zum Jhomolhari, einem siebentägigen Trek, der in einen der ursprünglichsten Teile des Himalajas führt.
Vor Ort: Sieben- bis zehntägige Reise nach z. B. Paro, Thimphu und Punakha, mit *dzongs*, kurzen Wanderungen und traditionellen Aktivitäten wie Bogenschießen. Bei Mehrtageswanderungen entsprechend länger.
Gut zu wissen: Mindestgebühr 250 US$ pro Tag (Dez.–Feb., Juni–Aug. 200 US$).
Wann sonst? Dez.–Feb.: kalt, klar; März–Mai: Blumen, warm; Juni–Sept.: nass; Okt.–Nov.: kühler, klar, trocken.

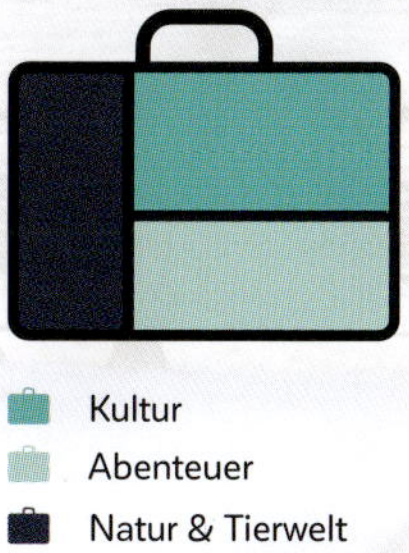

Mönche, Gebetsfahnen und -glocken im Kloster Tango Goemba

MANITOBA KANADA

Warum jetzt? Eisbären beobachten
Bei einer Durchschnittstemperatur von −2 °C braucht man sehr gute Gründe, um im Oktober ins einsame Churchill in Manitoba zu fahren. Und die gibt es – rund 900 an der Zahl. Churchill ist die selbsternannte Eisbären-Hauptstadt der Welt. Im Oktober und November ziehen sie von ihrem Sommerrevier in der Tundra zu den Robbenjagdgebieten an der Hudson Bay und kommen unterwegs in Churchill vorbei. Hier werden Touren in Tundra-Buggy-Lkws angeboten, die hautnahe, aber sichere Bärbegegnungen ermöglichen. Wer möchte, kann auch in abgeschiedenen Lodges übernachten und den Bären mit einem bewaffneten fachkundigen Guide zu Fuß nachstellen. Polarfüchse, Schneehühner und Karibus lassen sich manchmal ebenfalls blicken und angesichts des dunklen Oktoberhimmels sind hier oben im Norden vielleicht sogar Polarlichter zu sehen.

Vor Ort: Oktobertrips nach Churchill weit im Voraus buchen. Eine Woche für Buggy-Touren und andere Aktivitäten einplanen.

Gut zu wissen: Von Winnipeg, Manitobas Hauptstadt, gibt's Züge (45 Std.) und Flüge (4 Std.) nach Churchill.

Wann sonst? Okt.–Nov.: kalt, Eisbären; Dez.–März: sehr kalt, Polarlicht, Hundeschlitten; April–Mai: kalt; Juni–Sept.: am wärmsten, Belugas, Vögel.

BARRANCA DEL COBRE MEXIKO

Warum jetzt? Eine Schlucht voller Geschichte und Abenteuer erkunden
Der Norden Mexikos ist eine dünn besiedelte Wildnis, wie man sie aus Hollywood-Western kennt. Ihr Star ist die Sierra Tarahumara mit der Barranca del Cobre (Kupferschlucht) und einer der weltweit schönsten Bahnstrecken. Auf insgesamt 655 km zwischen Los Mochis am Pazifik und Chihuahua führt sie über Hochebenen und durch Schluchten, über 36 Brücken und durch 87 Tunnel. Die Fahrt dauert nonstop 13 Stunden, doch die Kupferschlucht mit Orten wie Creel und Divisadero lohnt eine genauere Erkundung. Man kann reiten, hinunter in die Schlucht nach Urique fahren, um zum alten Silberminenort Batopilas zu wandern, sowie indigene Tarahumara-Dörfer besuchen. Sommer sind hier heiß, Winter kalt; im Oktober wurde das Land gerade frisch gewässert.

Vor Ort: Ab Chihuahua den Zug nehmen und dann zu den Stränden von Baja California fliegen. Oder in der Schlucht eine Woche lang wandern, reiten und Dörfer besichtigen.

Gut zu wissen: Chihuahua liegt 370 km südlich von El Paso (USA) und 1460 km nördlich von Mexiko-Stadt (2 Std. mit dem Flugzeug).

Wann sonst? Nov.–Feb.: kühl, trocken, überfüllt; April–Juni: am trockensten, Blütezeit; Juli–Sept.: heiß, nass (Wasserfälle voll); Okt.: warm, grün, ruhig.

SLOWAKEI

Warum jetzt? Goldener Herbst und Bärensuche
Es fällt schwer, die winzige Slowakei in wenigen Worten zu beschreiben. Was hat das von Österreich, Tschechien, Polen, der Ukraine und Ungarn umgebene und erst seit 1993 unabhängige Land zu bieten? So einiges: Da wären die zahllosen Burgen, viele mittelalterliche Städte, jede Menge Wald, die Gipfel der Hohen Tatra – und rund 800 Braunbären. Letztere lassen sich gut beobachten, wenn sie im Herbst auf die offenen Hänge kommen, um Gras und Beeren zu fressen. Wer drei Tage mit einem guten Guide in den Bergen verbringt, sieht in neun von zehn Fällen einen Bären. Aber auf jeden Fall ist das Land überall in prachtvolle herbstliche Farben getaucht. Wenn es kälter wird, sorgen die Kellerkneipen der Hauptstadt Bratislava, der Heilschlamm und das Mineralwasser von Piešťany oder ein Schuss Sliwowitz für Wärme. Und in dem kleinen Land ist man von der Stadt jederzeit ruckzuck draußen in der Natur.

Vor Ort: Eine Woche für Bratislava, die Bäder von Piešťany, die Burg Trenčín, die alte Bergbaustadt Banská Štiavnica aus dem 16. Jh. und die Tatra – wer Bären beobachten möchte, sollte mehr Zeit einplanen.

Gut zu wissen: Die Slovak Wildlife Society hat erfahrene Guides für Bärbeobachtungen.

Wann sonst? Nov.–März: kalt, Ski fahren in der Tatra; April–Juni: mild, Blüte; Juli–Aug.: wärmste und belebteste Zeit; Sept.–Okt.: warm, beständig, Herbstfarben.

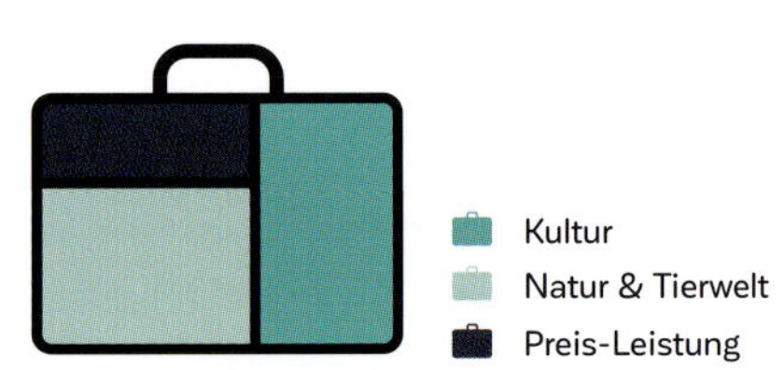

Die Saône fließt in Lyon in die Rhône

© Frederic Prochasson / 500px

LYON
FRANKREICH

Warum jetzt? *C'est délicieux!* Lyon mag Frankreichs drittgrößte Stadt sein, aber in Sachen Essen steht sie weltweit an der Spitze – hier gibt's mehr Restaurants pro Quadratmeter als irgendwo sonst, ob nun mit Michelin-Sternen ausgezeichnete Tempel der *nouvelle cuisine* – die übrigens hier erfunden wurde –, oder traditionelle Lyoner *bouchons* (Familienbistros) mit Kalbsfüßen und Kuttelwurst. In den alten *traboules* (Gängen) tummeln sich die Starköche, und auf den Märkten findet man Bresse-Hühner, Saint-Bonnet-le-Froid-Pilze, Weltklassekäse und alle möglichen Innereien. Dazu kommen noch traditionelle *charcuteries*, *fromageries*, *chocolatiers* und *boulangeries* – und die Weinberge des Rhônetals. Der Oktober ist eine tolle Zeit für herbstliche Lebensmittel und Weintouren. Die kühleren Temperaturen (10–18 °C) stören nicht, wenn man drinnen beim Essen sitzt oder an einem Kochkurs teilnimmt. Filmfreaks sollten dem Institut Lumière einen Besuch abstatten: Es erinnert an die beiden Lyoner Brüder, von denen die Cinematografie stammt; im Oktober findet auch das Festival Lumière statt.

Vor Ort: Drei bis vier Tage Sightseeing (Altstadt, Saône-Tour, Galerien) und Essen.

Gut zu wissen: Viele Märkte wie Les Halles sind montags geschlossen.

Wann sonst?: Nov.–März: frostig; April–Mai: wärmer, Blüte; Juni–Aug.: am wärmsten und vollsten; Sept.–Okt.: kühler, Ernte.

RUND UM LYON

FLEURIE & MORGON • 54 KM • Herz des Weinbaugebiets Beaujolais

GENF • 144 KM • Kurztrip zu einer eleganten Schweizer Stadt am See

ARLES • 265 KM • Auf einem Rhône-Dampfer in die Provence

PARIS • 321 KM • Mit dem TGV nur zwei Stunden entfernt

NÖRDLICHES TANSANIA

Warum jetzt? Unglaubliche Tierwelt von ihrer besten Seite

Die Vielfalt und die schiere Menge an Tieren im Norden Tansanias ist atemberaubend: Hier gibt's millionenstarke Gnu- und Zebraherden, Hunderttausende Antilopen verschiedener Arten und jede Menge Raubtiere, die diese gern verspeisen möchten … Am Ende der Trockenzeit, wenn auf den Ebenen die Vegetation nicht mehr die Sicht versperrt, sind die Bestände am leichtesten zu beobachten, und das unter einem unendlich weiten wolkenlosen Himmel. Die Herden der „Great Migration" grasen mittlerweile gewöhnlich im hohen Norden der Serengeti – ein gutes Ziel. Ideal ist auch der Ngorongoro-Krater mit seiner reichen Fauna – die Tiere sind leicht zu erspähen und es ist nicht mehr so voll wie von Juli bis September. Abgerundet wird die Tour durch den Manyara-See (Löwen auf Bäumen!) und den weniger bekannten Tarangire-Nationalpark, wo sich die Tiere an Flusssümpfen tummeln.

Vor Ort: Vom Kilimanjaro Airport aus macht man eine zehn- bis 14-tägige Nordrunde. Highlights sind die Panoramacamps am Rand des Ngorongoro und Wandersafaris in bestimmten Teilen der Serengeti (nicht überall erlaubt).

Gut zu wissen: Die Wanderungen der Tiere verlaufen von Jahr zu Jahr anders.

Wann sonst? März–Mai: lange Regenfälle; Juni–Okt.: trocken; Nov.–Dez.: leichterer Regen; Jan.–Feb.: trocken.

Natur & Tierwelt
Rundreise

Der Kaffernbüffel ist eines der imposantesten Tiere der afrikanischen Savanne

© Jonathan Gregson / Lonely Planet

PELOPONNES GRIECHENLAND

Warum jetzt? Kühle Ruinen, warmes Meer

Die Peloponnes muss man nicht in der Nebensaison besuchen. Trotz einiger der ursprünglichsten Strände des Landes, wunderbar erhaltener historischer Stätten, schöner Berge und sogar des echten Arkadiens kommen auf diese handförmige Halbinsel nur ein Bruchteil der Touristen, die andere Landesteile überschwemmen. Neben passendem Wetter (ca. 22°C) für die Erkundung von Bergen und Ruinen bietet der Oktober außerdem einen noch ausgedünnteren Besucherstrom. Zu den Highlights zählen Olympia, wo die antiken Olympischen Spiele stattfanden, Mykene mit seinen homerischen Legenden, die riesigen Amphitheater von Epidauros und der byzantinische Hafen Monemvasia auf einem schlachtschiffartigen Inselchen. Die wilde Mani-Halbinsel lockt mit tollen Wanderwegen, außerdem erstrecken sich an ihrer Westküste einige der schönsten griechischen Strände.

Vor Ort: Von Athen über das alte Korinth auf die Peloponnes, dann ein paar Tage nach Mykene, Epidauros und in die hübsche venezianische Stadt Nafplio. Wer mehr Zeit hat, hängt noch Monemvasia sowie die Halbinsel Mani dran und fährt dann über die Westküste und Olympia zurück nach Norden.

Gut zu wissen: Athen und Korinth trennen 85 km (55 Autominuten); von Athen fahren Busse, Züge und Fähren auf die Peloponnes.

Wann sonst? Nov.–März: kalt; April–Mai: wärmer, Blüte; Juni–Aug.: heiß, voll; Sept.–Okt.: warm, ruhiger.

SÜDLICHES JORDANIEN

Warum jetzt? Das perfekte Wetter für Weltwunder

Wenn der heiße Sommer langsam in den milden Herbst (27°C) übergeht und dank etwas Regen die Landschaft grün sprießt, ist eine gute Zeit für zwei jordanische Juwelen. Petra, die vor 2000 Jahren von den geheimnisvollen Nabatäern aus dem Fels gehauene Stadt, zählt zu den sieben neuen Weltwundern. Sich durch den Siq (eine 1,5 km lange Felsschlucht) langsam zu ihrem Schatzhaus vorzuarbeiten, ist ein absolutes Highlight. Weiter nördlich liegt das Dana-Naturschutzgebiet, eine Wildnis mit Sandsteinfelsen bis auf 1500 m Höhe hinauf und Wadis (trockene Flusstäler) unter dem Meeresspiegel. Hier warten Jahrtausende menschlicher Geschichte sowie jede Menge Natur – Wacholder und Dattelpalmen, Pistazien und Granatäpfel, Steinböcke und Atlasgazellen. Beide Juwelen lassen sich per Auto erreichen, aber am besten kommt man zu Fuß: Die 45 km lange Wanderung von Dana nach Petra folgt alten Beduinen- und Maultierpfaden durch die Felswüste. Zauberhaft ist auch das Zelten unterm Sternenhimmel.

Vor Ort: Von Amman gen Süden über Madaba mit seinen Mosaiken und das Tote Meer nach Dana. Vier oder fünf Tage Wanderung nach Petra, dann zurück nach Amman. Acht bis zehn Tage.

Gut zu wissen: Von Amman nach Petra sind es 210 km (2½–3 Std. Fahrt).

Wann sonst? März–April & Okt.–Nov.: warm, grüner; Dez.–Feb.: am kältesten; Mai–Sept.: heiß.

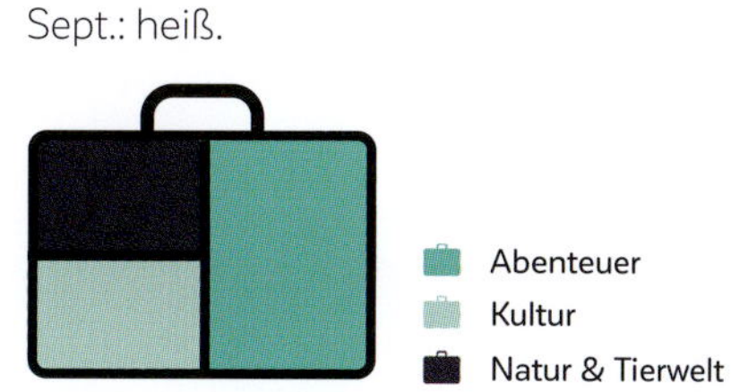

Vom mittelalterlichen Laguardia aus lassen sich die Weingüter der Rioja erkunden

LA RIOJA SPANIEN

Warum jetzt? Beim Aufwachen den Tempranillo riechen

In der nordspanischen Region La Rioja drängeln sich rund 1200 Weingüter. Diese säumen das felsige Tal des Ebro und gedeihen inmitten der Spuren vergangener Siedler, ob aus dem Neolithikum, der Maurenzeit oder dem Mittelalter. Wer im Herbst kommt, erlebt die Rioja in der festlichen Stimmung der Weinlese: Die Luft ist erfüllt vom Duft der gärenden Früchte und die Weinreben erstrahlen in Goldtönen. Natürlich gehört eine Weinprobe hier fest ins Programm. Rund um Haro in der Rioja Alta stehen altehrwürdige Weinschlösser, während es in der Rioja Alavesa moderner zugeht – hier wurden viele Kellereien von Architekten wie Gehry und Calatrava entworfen. Und in Logroño, der Hauptstadt der Rioja, servieren zahlreiche Bars billige, köstliche *pinchos* (Tapas), die wunderbar zum Wein passen.

Vor Ort: Los geht's in Rioja mit den *bodegas* von Haro, dem Schloss von Briones und einem Barbummel entlang der Calle del Laurel in Logroño. Auf dem Rückweg besucht man Laguardia unterhalb der Sierra de Cantabria, mit Calatravas Weingut Ysios in der Nähe.

Gut zu wissen: Der Haro am nächsten gelegene Flughafen ist Bilbao, 130 km nördlich.

Wann sonst? Nov.–März: knackig kalt, karg; April–Mai: grün; Juni: warm, Haros „Weinkrieg"; Juli–Aug: heiß; Sept.–Okt.: warm, Ernte.

Brunftzeit des Rotwilds in den schottischen Highlands

© Craig Easton / Lonely Planet

LIGURIEN ITALIEN

Warum jetzt? Küstenpfade in aller Ruhe erkunden

An steilen Hängen ziehen sich pastellfarbene Fischerdörfer malerisch bis zum Ligurischen Meer hinunter – nicht umsonst drängeln sich jeden Sommer Hunderttausende Tagesausflügler und Passagiere von Kreuzfahrtschiffen in der Region Cinque Terre an der Küste östlich von Genua. Die fünf Orte Monterosso, Vernazza, Corniglia, Manarola und Riomaggiore locken in der Hauptsaison wahre Besuchermassen an und selbst auf den spektakulären Wanderwegen zwischen den Häfen kann es voll werden. Doch im Oktober ist es leerer und die Preise fallen; jetzt kann man diese wunderschönen Orte, die Strände in der Nähe und die dramatische Küste in Ruhe genießen, und selbst Promi-Bastionen wie das nahe Portofino öffnen sich für Normalsterbliche. Aber genauso reizvoll sind stillere Orte wie Portovénere, Sestri Levante und Tellaro.

Vor Ort: Die untouristischeren Städte Levanto und La Spezia sind bodenständige Stopps; Genua ist ein historischer Hafen mit Zugverbindungen zu den Cinque Terre.

Gut zu wissen: Für die Nutzung der Wanderwege benötigt man die Cinque Terre Card. Die Pfade sind manchmal nach Erdrutschen und Überschwemmungen gesperrt.

Wann sonst? Mai–Sept.: warm, sehr voll; April & Okt.: ruhig; Nov.–März: kühl, gut zum Wandern.

HIGHLANDS SCHOTTLAND

Warum jetzt? Es ist Brunftzeit

Nebelschwaden, im Licht der Morgensonne rot-golden leuchtendes Moor, das gepeinigte Röhren eines Hirsches, der auf einen Kampf aus ist – in den schottischen Highlands herrscht an einem Oktobermorgen eine ganz besondere Stimmung. Es ist die Brunftzeit des Rotwilds, und Hirschböcke liefern sich Kämpfe mit ihren imposanten Geweihen. Das macht die Erkundungen der Lochs, Glens und Moore noch spannender. Außerdem geht die Touristen- und Mückensaison zu Ende, sodass man Sehenswürdigkeiten wie Sterling, das Eilean Donan Castle, das Glen Coe und Fort William mit mehr Ruhe genießen kann. Abends wärmt man sich mit einem kleinen Whisky und genießt tolle Saisongerichte: schottischen Hummer oder Fasan, Raufußhuhn und Wild.

Vor Ort: Flug nach Inverness und Rundtour durch den Norden mit dramatischer Landschaft, Lochs und Burgen. Dazu Tiersafaris, z. B. in den Glens von Lochaber (bei Fort William) oder den Bergen um Loch Torridon.

Gut zu wissen: Rotwild ist kurz nach Sonnenaufgang und in der Abenddämmerung am aktivsten; die Beobachtung klappt am besten mit Guide und aus sicherer Entfernung.

Wann sonst? April–Mai: ruhiger, Blüte; Juni–Aug.: am wärmsten, lange Tage, Mücken; Sept.–Okt.: Herbstfarben, Brunft; Nov.–März: kalt, Schnee möglich.

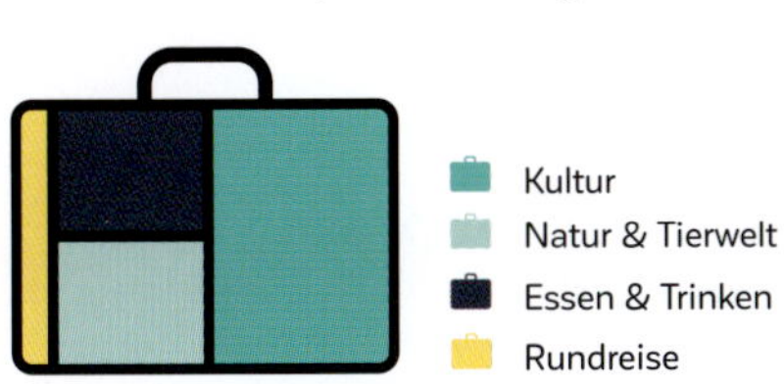

TAIWAN

Warum jetzt? Bestes Wetter für eine ungewöhnliche Insel

Taiwan ist voller Überraschungen. Bei der ostasiatischen Schönheit – Seeleute des 16. Jhs. nannten sie Ilha Formosa (schöne Insel) – denkt so mancher inzwischen vor allem an Billigprodukte. Doch trotz der wirtschaftlichen Erschließung hat sich das Land mehr chinesische Traditionen bewahrt als das Festland und gleichzeitig eine einzigartige taiwanesische Großstadtkultur entwickelt. Auch das Essen – chinesische und japanische Gerichte, Hakka-Spezialitäten, Straßenküche – ist sensationell. Die beste Zeit für einen Besuch ist der Herbst: Dann ist es kühler und nicht so feucht und die Ahornblätter färben sich langsam herbstlich. Nach der Hauptstadt Taipeh mit dem Nationalen Palastmuseum voller chinesischer Kunst kann man dem Sonne-Mond-See, der Taroko-Schlucht, dem alten Lugang und dem buddhistischen Kloster Foguangshan einen Besuch abstatten. Im Kenting-Nationalpark an der Küste ist das Wasser warm genug zum Schnorcheln und in den Bergen von Alishan findet man gute Skibedingungen vor.

Vor Ort: Eine Rundfahrt per Bahn zwischen Städten und Nationalparks dauert zwei Wochen; in die Berge von Alishan kommt man mit dem Forest Train.

Gut zu wissen: Zwischen dem chinesischen Festland und Taiwan verkehren Fähren.

Wann sonst? Jan.–Feb.: am kältesten, trockener; April–Mai: wechselhaft, regnerisch; Juni–Aug.: heiß, feucht, Taifune; Sept.–Nov.: kühler, trocken (Okt.: Ende der Taifunsaison).

- Kultur
- Essen & Trinken
- Rundreise

© Lottie Davies / Lonely Planet

Der Matsu-Tempel in Tainan und ein Straßenmarkt in Taipeh bei Nacht

© Michael Hermanto / 500px

Die Läden und Märkte von Brooklyn liefern alle Zutaten für ein Picknick

© Sivan Askayo / Lonely Planet

NEW YORK CITY USA

Warum jetzt? Herbstfreuden im Big Apple

Da die Stadt ja bekanntlich nie schläft, gibt's auch keinen schlechten Zeitpunkt für einen New-York-Trip. Der Big Apple ist immer teuer, spannend, voll und prächtig, mit einladenden Geschäften und Museen bei jedem Wetter. Doch im Herbst kann man nach der klebrigen Sommerhitze endlich wieder durchatmen, es wird aber immer noch warm (10–20 °C). Die Bäume kleiden sich herbstlich, z. B. im Central Park, im Fort Tyron Park und im Greenbelt von Staten Island – und auf Ausflügen in die Adirondack Mountains oder in die Region um die Finger Lakes, wo jetzt auch die Weinlese stattfindet, erlebt man ein wahres Flammenmeer der Herbstfarben. Außerdem sind geführte Stadtrundgänge durch New York im Oktober besonders angenehm. Führungen gibt's zu den unterschiedlichsten Themen: von der Geschichte der Gastronomie in Harlem bis zu den Geistern der Upper West Side.

Vor Ort: Mindestens fünf Tage Big Apple, dann Richtung Norden – von New York nach Syracuse (für die Finger Lakes) sind es 5½ Zugstunden.

Gut zu wissen: Im Oktober ist das New York Open House Weekend – eine gute Gelegenheit, hinter ansonsten verschlossene Türen zu blicken.

Wann sonst? Nov.–Feb.: kalt, Schnee möglich; März–Mai: wärmer, Schauer; Juni–Aug.: heiß, feucht; Sept.–Okt.: kühl.

RUND UM NEW YORK

HOBOKEN • 1,6 KM • Acht Minuten mit der Fähre über den Hudson ins hippe New Jersey

MONTAUK • 193 KM • Entspannter Ort in den Hamptons am Ende von Long Island

NIAGARA-FÄLLE • 748 KM • Neun Stunden mit dem Empire Service von Amtrak

LOS ANGELES • 4830 KM • Kontinentale Reise von Küste zu Küste

November

WANN AM BESTEN WOHIN?

ICH WILL

MIR ETWAS GÖNNEN

Klassische Architektur, leckeres Bier und seltene Vögel in Dunedin, Neuseeland

LASS UNS AUS-GEHEN

- ESSEN
  - MADRID, SPANIEN S. 271
- TRINKEN
  - DUNEDIN, NEUSEELAND S. 264

Auf Wellen reiten und nach Tieren Ausschau halten an Australiens entspannter Sunshine Coast

AUF IN DIE STADT

- WARM
  - VALLETTA, MALTA S. 260
  - AUCKLAND, NEUSEELAND S. 257
- WÄRMER
  - MEXIKO-STADT S. 265

Goa in Indien lockt mit Strandverkäufern, gemütlichen Schlupfwinkeln und klarem Himmel

AB ZUM STRAND

- AUF-DREHEN
  - PUERTO RICO S. 255
  - SUNSHINE COAST, AUSTRALIEN S. 268
- ENT-SPAN-NEN
  - URUGUAY S. 260
  - BARBADOS S. 263
  - GOA, INDIEN S. 254

STADT-ARCHITEKTUR?

BEIDES?

ABU DHABI, VAE S. 260

ESSEN IN DER STADT?

Sich zwischen Monumenten und Museen unter die *madrileños* mischen

In der verbleibenden Sommerhitze die Geschichte von Valletta, Malta, kennenlernen

STADT-PANORAMA?

„Lime Time" jeder Art genießen in den Rum-Bars von Barbados

LEGENDE

NATUR & TIERWELT · ABENTEUER · PREIS-LEISTUNG · KULTUR · RUNDREISE · ESSEN & TRINKEN · HERAUS-FORDERUNG · ENTSPANNUNG

KURZURLAUB · EINE WOCHE · ZWEI WOCHEN

MICH FORDERN

ETWAS LERNEN

KÖRPER

ATHEN, GRIECHENLAND S. 267

EIN RENNEN LAUFEN?

SEELE

ATACAMA, CHILE S. 210

Weit, weit entfernte Galaxien beobachten in der Atacama im Norden Chiles

ETWAS SEHEN

INSEL-WANDERUNG?

Den Athen-Marathon mitmachen oder die antiken Ruinen bewundern

SONNE & SEGELN?

Im Boot den Massen auf den Jungferninseln entkommen

STERNE GUCKEN IN DER WÜSTE?

FAHRENDE UNTERSÄTZE

Die Ufer des Mekong in Südostasien wollen erforscht werden

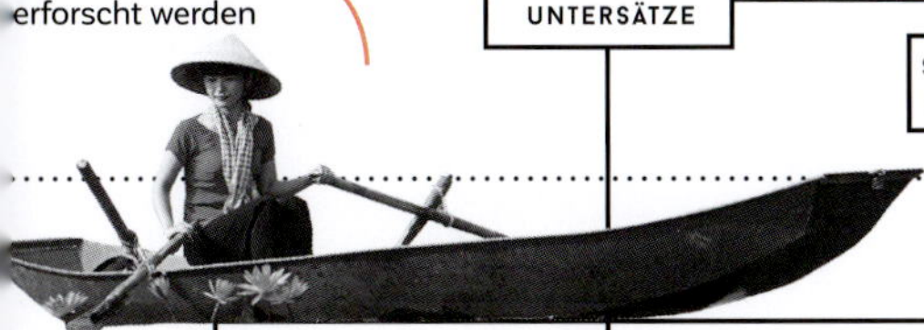

MIT DEM BOOT

MEKONG, SÜDOSTASIEN S. 269

MIT DEM ZUG

SÜDAFRIKA S. 252

MIT DEM AUTO

RUTA MAYA S. 257

TIERWELT & ZUGFAHREN?

Mit dem Blue Train von Kapstadt zu einer Krüger-Großwildsafari in Südafrika reisen

ETWAS ERLEBEN

Hunde-schlitten-fahrten und Saunabesuche in Ruka, Finnland

ZU LANDE

SIMIEN-GEBIRGE, ÄTHIOPIEN S. 254

NÖRDLICHES THAILAND, S. 267

ZU WASSER

BRITISCHE JUNGFERNINSELN, S. 255

IM SCHNEE

OREGON, USA S. 261

RUKA, FINNLAND S. 264

BEIDES?

NEPAL S. 264

Ideales Wetter, um Hongkongs Stadtbild und Natur zu genießen

ABSOLUTE AUGENWEIDEN

VON MUTTER NATUR

HONSHU, JAPAN S. 259

GRAMPIANS, AUSTRALIEN S. 255

VON MENSCHEN-HAND

HONG KONG, CHINA S. 266

RAJASTHAN, INDIEN S. 257

BEIDES?

NICARAGUA S. 270

FLORIDA, USA S. 261

MAGISCHE TIERWELT

TEMPEL & TIGER?

DIE LEICHTE TOUR

CAYMAN ISLANDS S. 254

DIE HARTE TOUR

COSTA RICA S. 258

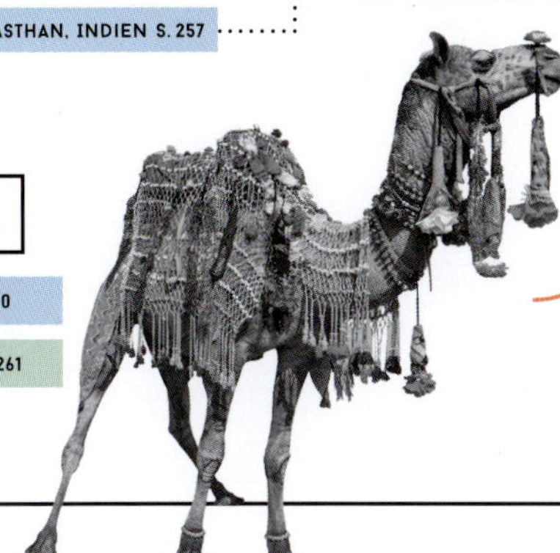

Auf einem Kamel die exotischen Tempel von Indiens königlichem Bundesstaat Rajasthan erkunden

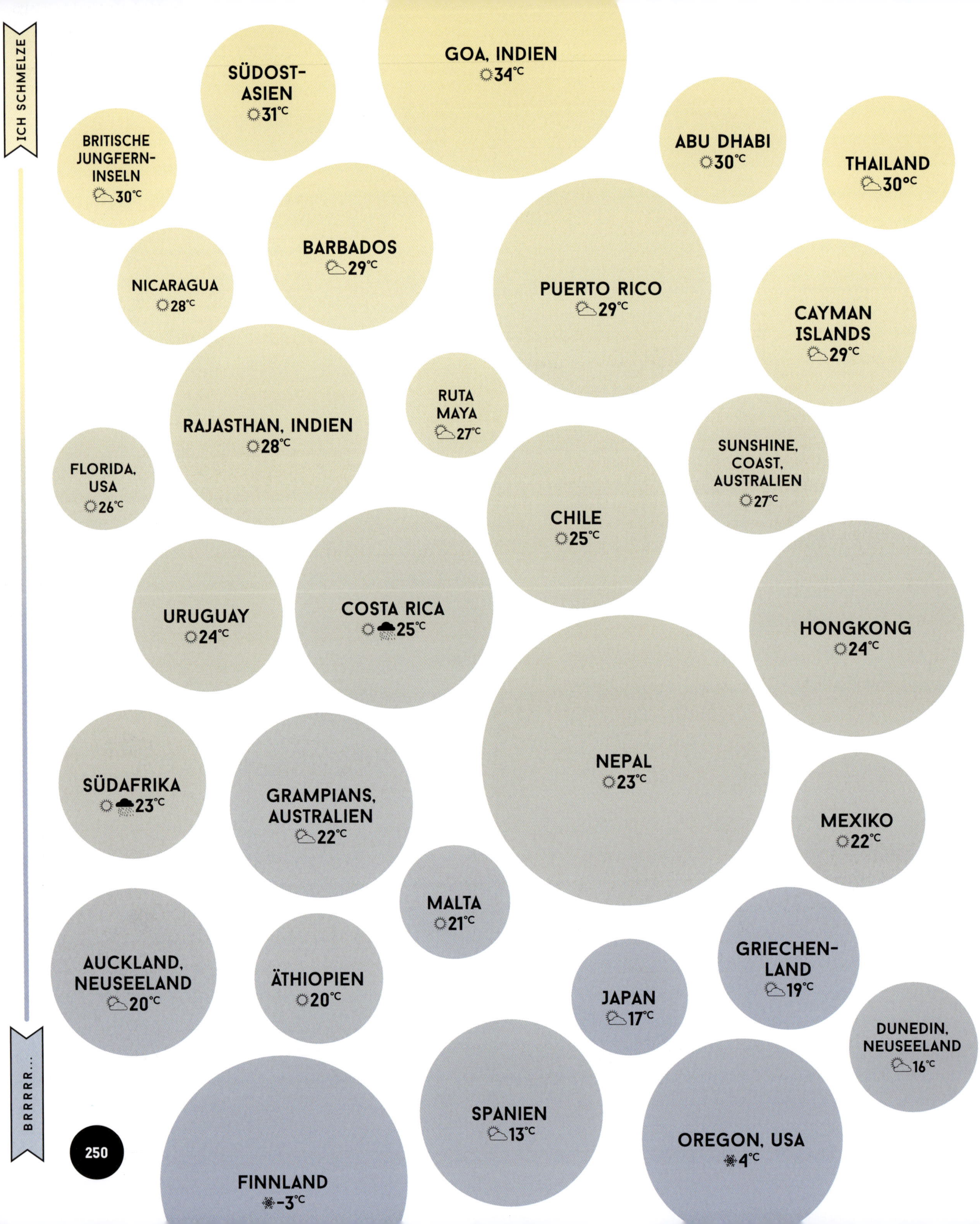
ICH SCHMELZE
GOA, INDIEN 34°C
SÜDOST-ASIEN 31°C
BRITISCHE JUNGFERN-INSELN 30°C
ABU DHABI 30°C
THAILAND 30°C
BARBADOS 29°C
NICARAGUA 28°C
PUERTO RICO 29°C
CAYMAN ISLANDS 29°C
RAJASTHAN, INDIEN 28°C
RUTA MAYA 27°C
SUNSHINE, COAST, AUSTRALIEN 27°C
FLORIDA, USA 26°C
CHILE 25°C
URUGUAY 24°C
COSTA RICA 25°C
HONGKONG 24°C
NEPAL 23°C
SÜDAFRIKA 23°C
GRAMPIANS, AUSTRALIEN 22°C
MEXIKO 22°C
MALTA 21°C
AUCKLAND, NEUSEELAND 20°C
ÄTHIOPIEN 20°C
GRIECHEN-LAND 19°C
JAPAN 17°C
DUNEDIN, NEUSEELAND 16°C
SPANIEN 13°C
OREGON, USA 4°C
FINNLAND -3°C
BRRRRR...

GEFÄLLT DER GANZEN FAMILIE

TEUER, ABER ES LOHNT SICH

VIEL ERLEBEN FÜR WENIG GELD

DIE KINDER ZUHAUSE LASSEN

SUNSHINE COAST, AUSTRALIEN

RUKA, FINNLAND

PUERTO RICO

OREGON, USA

BARBADOS

CAYMAN ISLANDS

Am türkisblauen Meer ganz entspannt an Baja-Rum nippen

VALLETTA, MALTA

Aus Maltas mildem Klima das meiste herausholen und in einem Unesco-Welterbe Urlaub machen

BRITISCHE JUNGFERNINSELN

FLORIDA, USA

NICARAGUA

GRAMPIANS, AUSTRALIEN

AUCKLAND, NEUSEELAND

Einen Kochkurs buchen und dann zu den Reisterrassen in Nordthailand fahren

NÖRDLICHES THAILAND

HONGKONG, CHINA

RAJASTHAN, INDIEN

NEPAL

Im November ist der Himmel über dem höchsten Berg der Welt am klarsten

ABU DHABI, VAE

ATHEN & EUBÖA, GRIECHENLAND

GOA, INDIEN

HONSHU, JAPAN

Im Herbst erstrahlt die Natur auf Honshu in feurigen Farben

Den eigenen Jagdinstinkt schärfen bei einer Safari in Südafrika

SÜDAFRIKA

URUGUAY

Das kleinste Land in Südamerika bietet leckere Steaks und eine tolle Küste

MADRID, SPANIEN

MEKONG, SÜDOSTASIEN

RUTA MAYA

DUNEDIN, NEUSEELAND

Ein Trip über den Mekong führt durch Kambodscha, Vietnam und Laos

COSTA RICA

MEXICO-STADT

ATACAMA, CHILE

Mit seinen Bergen und hochgelegenen Schlössern stellt Äthiopien ein ganz besonderes Highlight dar

SIMIEN-GEBIRGE, ÄTHIOPIEN

© Michael Heffernan / Lonely Planet

SÜDAFRIKA

Warum jetzt? Mit einem Luxuszug fahren und wilde Tiere beobachten Kapstadt im Spätfrühling ist ein Traum – lebendig, trocken und warm (23°C). Im Nordosten, rund um den Krüger-Nationalpark, gibt's zum Auftakt der Regenzeit imposante Gewitter und die Landschaft „ergrünt" – ideal für Fotos! Safaris versprechen besondere Erlebnisse, da Wildtiere jetzt niedlichen Nachwuchs bekommen, was auch Raubtiere anzieht. Und im November lässt sich das außerdem mit einem weiteren südafrikanischen Klassiker verbinden: einer Fahrt mit dem Blue Train. Auf seiner Strecke von Kapstadt durch Weinberge und die Halbwüste Karoo nach Pretoria bietet er allen erdenklichen Luxus (z. B. einen Butler-Service). In den einfachen Shosholoza-Meyl-Zügen fährt man dieselbe Route, aber weit günstiger. Der Krügerpark ist einer der besten Nationalparks Afrikas. Hier leben zahllose Tiere, darunter die „Big Five" (Elefant, Nashorn, Büffel, Löwe und Leopard), und man kann uralte Felszeichnungen bewundern.

Vor Ort: Nach ein paar Tagen Kapstadt nimmt man den Blue Train nach Pretoria (27 Std.). Von Johannesburg geht's mit dem Flieger in den Krügerpark; Selbstfahrer-Safaris sind preiswert und familienfreundlich, alternativ übernachtet man in einem angrenzenden privaten Tierreservat (teurer, aber es werden auch mehr Aktivitäten angeboten).
Gut zu wissen: Der Krügerpark ist Malariagebiet. Vorab informieren und vorsorgen.
Wann sonst? Nov.–April: warm bis heiß, Regenzeit im Krügerpark (Jan. & Feb.: besonders nass); Mai–Okt.: kühler, im Krügerpark trocken.

- Natur & Tierwelt
- Kultur
- Preis-Leistung
- Rundreise

Im Speisewagen an Bord des Blue Train, Südafrika

GOA
INDIEN

Warum jetzt? Trockenes Wetter und hübsche Rückzugsorte genießen

Goa ist längst keine Hippie-Enklave mehr – die Bohemien-Strände Anjuna und Vagator werden zunehmend kommerzieller –, aber die Partys und Flohmärkte machen immer noch Spaß. Und Goa bietet nach wie vor friedliche palmenbestandene Ecken. Im November (durchschnittlich 28°C) fällt kaum Regen, doch die Landschaft ist noch üppig grün vom letzten Monsun. Der Süden des Bundesstaates ist tendenziell ruhiger. Canacona wartet mit Fischerdörfern, malerischen Stränden sowie Übernachtungen in Küstenbungalows und historischen Privatunterkünften auf. Wir empfehlen Agonda Beach und Galgibag. Im Norden bietet die Gegend um Morjim und Mandrem ausgefallene Bars, Boutique-Hotels und fantasievolle Goa-Fusionsküche für Feinschmecker.

Vor Ort: Vom Flughafen Dabolim geht's zum Rückzugsort – ob Backpacker-Hütte, portugiesisches Herrenhaus oder eine Yogaschule für Seminare mit Unterkunft (Letztere insbesondere im Norden). Zeit für den Besuch einer Gewürzplantage, der Ruinen von Velha Goa (Alt-Goa) und eine Hausbootfahrt auf den Nebenflüssen des Chapora einplanen.

Gut zu wissen: Die Konkan-Bahn zwischen Mumbai und Mangaluru passiert auch Goa.

Wann sonst? Okt.–März: trocken, kühl; April & Mai: heiß; Juni–Sept.: Monsun, regnerisch.

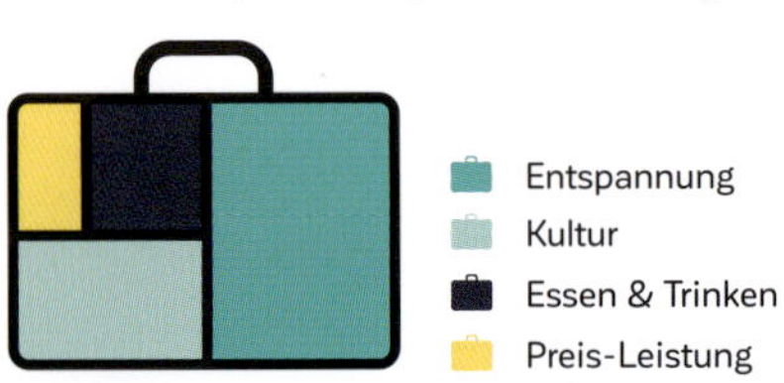

CAYMAN ISLANDS

Warum jetzt? Strände, Schnäppchen und Freibeuter

Dieses britische Überseegebiet ist der fünftgrößte Finanzplatz der Welt und besteht aus drei Inseln: Cayman Brac, Grand Cayman und Little Cayman. Aber in dem Steuerparadies gibt's auch mehr Blumensorten als auf den Galápagos-Inseln, eine Rotfußtölpelkolonie mit 20 000 Tieren und bemerkenswerte endemische Arten wie den Cayman-Brac-Papagei und den Blauen Leguan. Die Strände sind wunderschön. Am familienfreundlichen Seven Mile Beach auf Grand Cayman kann man allen möglichen Wassersportarten nachgehen, andere Strände, z. B. auf den beiden kleineren Inseln, sind nahezu menschenleer. Im November lässt der Regen nach, es ist zwischen 25 und 30°C warm und Mitte des Monats sorgt die Pirate Week („Piratenwoche") für Abwechslung. Außerdem sind die Preise vor der Hauptsaison niedriger.

Vor Ort: Grand Cayman lockt mit Geschäften und Bootsfahrten zu den Sandbänken von Stingray City, Cayman Brac mit Kalkstein-Fledermaushöhlen und Wracktauchen, Little Cayman mit Schildkröten, Stränden und Tauchgängen an der Bloody Bay Wall.

Gut zu wissen: Cayman liegt 770 km südlich von Miami (70-minütiger Flug).

Wann sonst? Dez.–April: trocken, kühl, viel los; Mai–Juli: heiß, ruhiger; Aug.–Okt.: am nassesten; Nov.: günstiger, trockener.

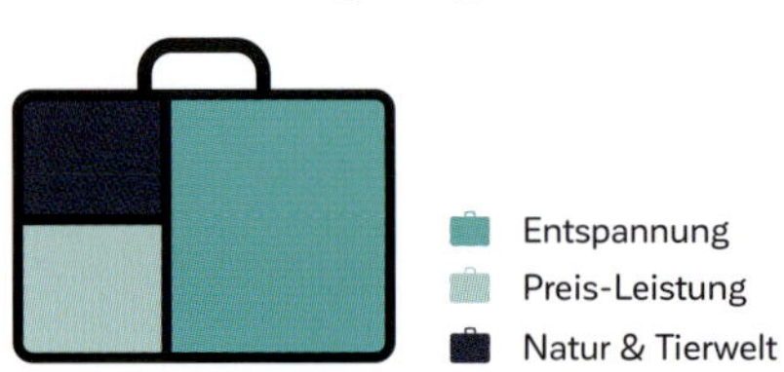

SIMIEN-GEBIRGE
ÄTHIOPIEN

Warum jetzt? Einen Höhenflug der besonderen Art erleben

Kein Land auf dem Kontinent hat mehr Berge als das „Dach Afrikas". Der höchste, Ras Dashen (4620 m), liegt im Simien-Gebirge, einer der beeindruckendsten Landschaften Äthiopiens. Seine geologisch einzigartigen Basaltgipfel, Gesteinszinnen, Schluchten und Steilhänge sind Millionen Jahre alt und durch Erosion entstanden – erstklassiges Terrain für Wanderer. Bei Tagestouren oder auch zweiwöchigen Gebirgsüberquerungen auf uralten Routen wird man mit umwerfender Aussicht belohnt, passiert von der Zeit vergessene Dörfer und bekommt vielleicht endemische Arten wie den Äthiopischen Steinbock oder Dscheladas zu Gesicht. Im November ist die Landschaft noch schön grün vom Regen – ein idealer Reisemonat.

Vor Ort: Von der Hauptstadt Addis Abeba geht's nach Norden, zu den Burgen von Gondar, den unterirdischen Kirchen von Lalibela und zuletzt nach Debark. Dort arrangiert man eine mehrtägige Wanderung, z. B. fünf bis zehn Tage von Sankaber zum Ras Dashen mit Zwischenstopps am Geech-Abyss-Wasserfall und dem atemberaubenden Imet-Gogo-Aussichtspunkt.

Gut zu wissen: Die Höhenkrankheit ist in Äthiopien keine Seltenheit, selbst in Addis Abeba (2355 m). Viel trinken und vor dem Wandern akklimatisieren!

Wann sonst? Nov.–Feb.: trocken, kühl; März & April: es wird wärmer; Mai & Juni: wärmer, etwas Regen; Juli–Okt.: regnerisch (besonders Juli & Aug.).

PUERTO RICO

Warum jetzt? Erntedank mal anders
Ein US-Territorium mit stolzem Latino-Flair, einzigartiger kultureller Mischung und bildschönen Stränden, besonders auf den Inseln Vieques und Culebra. Dort war früher die US-Marine stationiert, was Bauunternehmer ferngehalten hat. Außerdem gibt's spanische Kolonialstädte, Karsthöhlen und dschungelbewachsene Berge – und die sieht man besonders gut an einigen der längsten Seilrutschen der Welt. Die Vorsaison im November ist preiswert. Es kann regnen, meist herrschen aber traumhafte 30 °C und eine festliche Stimmung, denn Puerto Ricos Erntedankfest steht ins Haus, wo Truthähne mit zerstampften Kochbananen gefüllt werden.
Vor Ort: Die Altstadt von San Juan (gegr. 1521) erkunden und durch den El-Yunque-Regenwald wandern. Ein Boot nach Vieques nehmen und im Kajak durch das phosphoreszierende Plankton der Bahía Bioluminiscente paddeln. Mit einer Fähre das Tierreservat von Culebra besuchen. Zurück auf der Hauptinsel geht's in die zweitgrößte Stadt Ponce, in die Berge (in einem Hochlandrefugium übernachten) und zum Surfen nach Rincón. Auf dem Rückweg nach San Juan die Karsthöhlen besuchen und zwischendurch Zeit am Strand verbringen. Zwei Wochen einplanen.
Gut zu wissen: Kajaktouren in der Bahía Bioluminiscente sind um Neumond herum am eindrucksvollsten.
Wann sonst? Dez.–April: trocken, voll; Mai–Juni: ruhiger, am heißesten; Juli–Okt.: am nassesten; Nov.: warm, günstiger.

- Abenteuer
- Entspannung
- Kultur
- Natur & Tierwelt
- Essen & Trinken
- Preis-Leistung

BRITISCHE JUNGFERNINSELN

Warum jetzt? In See stechen, bevor der große Ansturm beginnt
Hier herrschen für jeden Kenntnisstand perfekte Segelbedingungen, denn eine der etwa 60 Inseln ist immer in Sichtweite. Zudem wehen beständig warme Passatwinde, das Wasser ist geschützt, die Strömungen sind minimal und die Jachthäfen wunderbar. Mit dem Segelboot geht's zwischen den vier Hauptinseln hin und her: Tortola ist am dichtesten bebaut, auf Virgin Gorda (superentspannt) locken „The Baths" – Granitbecken –, Jost Van Dyke ist die Partyinsel und Anegada von einem Riff umgeben. Erfahrene Segler wähnen sich im Himmel, Anfänger nehmen Unterricht im Royal BVI Yacht Club oder mieten ein Boot mit Besatzung, um abgeschiedene Buchten und Drinks bei Sonnenuntergang an Deck zu genießen. Im November (25–30 °C) ist noch Hurrikan-Saison, es stürmt aber selten und man kann das Seglerdasein für weniger Geld erleben.
Vor Ort: Einen Segelurlaub mit Besatzung buchen. Bei einer Woche Zeit besucht man z. B. die Baths, die Höhlen von Norman Island, die Dogs (eine Inselgruppe) und den quirligen Great Harbour von Jost Van Dyke.
Gut zu wissen: Von außerhalb der Karibik gibt's keine Direktflüge auf die Jungferninseln.
Wann sonst? Dez.–März: trocken, voll; April & Mai: heißer; Juni–Okt.: nass, Hurrikan-Risiko; Nov.: preiswerter.

- Herausforderung
- Rundreise
- Abenteuer
- Entspannung

GRAMPIANS AUSTRALIEN

Warum jetzt? Den Sommeranfang in den Bergen erleben
Für die Ureinwohner von Gariwerd (das indigene Wort für die Grampians) geht jetzt Petyan – eine Zeit des Wachsens und der Wildblumen – über in Ballambar – Sommeranfang und Schmetterlingszeit. Nun lassen sich die Klippen und Wälder der Sandsteinbergkette sehr gut erkunden. Wasserfälle schwellen an, das Buschbrandrisiko ist gering und das Klima angenehm (23 °C). Im Brambuk-Kulturzentrum von Halls Gap kann man etwas über die „Traumzeit" lernen und Ausflüge in den Nationalpark planen. Wanderrouten gibt's zuhauf, u. a. auf dem Grampians Peaks Trail, der bei seiner Fertigstellung 2019 stolze 144 km umfassen wird. Nahe Halls Gap befinden sich spektakuläre Aussichtspunkte: Von den Balconies blickt man jenseits der Schmuckzypressenwälder auf ein Traumpanorama.
Vor Ort: Über den Grampians Way geht's nach Halls Gap, Wartook Valley (Ausritte und Quadbiking), Stapylton (Olivenölverkostungen), Billimina Shelter (Felsenkunst) und Dunkeld (feinste Cuisine).
Gut zu wissen: Von Melbourne nach Halls Gap fährt man drei Stunden. Unterwegs gibt's auf Weingütern Shiraz-Weine.
Wann sonst? Dez.–Feb.: heiß, Buschbrandrisiko; März–Mai: mild; Juni–Aug.: kalt; Sept.–Nov.: Wildblumen, wärmere Temperaturen.

- Abenteuer
- Entspannung
- Kultur
- Essen & Trinken
- Natur & Tierwelt

Blick über Cape Reinga, den nördlichsten Punkt Neuseelands

Das Pfauentor im Stadtpalast von Jaipur

El Palacio, eine der wichtigsten Maya-Ruinen in Tulum, Mexiko

AUCKLAND & NORTHLAND NEUSEELAND

Warum jetzt? Die Stadt und die Natur vor der Hauptsaison genießen
Mitte Dezember beginnen landesweit die Schulferien, deshalb eignet sich der ruhigere November besser zur Erkundung Aucklands und des Nordens. Im Spätfrühling herrscht mildes Wetter in Neuseelands größter Stadt (20°C) – optimal für Trips zu Aucklands höchstem Vulkan, dem Mount Eden (196 m), der Harbour Bridge oder auf einer America's-Cup-Jacht durch den Waitemata Harbour. Bei Regen lockt Maori-Kunst im Auckland Museum. Weingüter und unberührte Surfstrände sind nicht weit, und im Northland, Neuseelands einziger Subtropenregion, kann man Outdooraktivitäten nachgehen und in die Geschichte eintauchen. Wanderer, Kajakfahrer, Segler und Hobby-Historiker werden die Bay of Islands gleichermaßen mögen. In Waitangi wurde Neuseeland offiziell gegründet. Weiter nördlich wartet am Ninety Mile Beach das Cape Reinga, wo die Geister verstorbener Maori diese Welt verlassen sollen.
Vor Ort: Für die Rundfahrt durch das Northland ab Auckland eine Woche einkalkulieren. Eine Nachtwanderung zwischen den riesigen Kauri-Bäumen von Waipoua unternehmen und zum Dünensurfen nach Hokianga fahren (top für Familien!). In Tutukaka vor den Poor Knights Islands tauchen (fantastisch!).
Gut zu wissen: Mietwagen sind bei Fahrten am Strand nicht versichert. Am Ninety Mile Beach besser eine Tour buchen.
Wann sonst? Dez.–Feb.: warm, voll; März–Mai: kühler, wechselhaft; Juni–Aug.: kalt, nasser; Sept.–Nov.: wärmer, ruhiger.

RUTA MAYA GUATEMALA, BELIZE & MEXIKO

Warum jetzt? Uralte Ruinen bei angenehmer Temperatur besuchen
Die Maya-Kultur, deren Blütezeit vom zweiten Jahrtausend v. Chr. bis ins 17. Jh. reichte, hat in Zentralamerika deutliche Spuren hinterlassen, vor allem auf der mexikanischen Halbinsel Yucatán, im Norden Guatemalas und in Belize. Um ihre architektonische Kunstfertigkeit schätzen zu lernen, sollte man der inoffiziellen Maya-Route folgen. Vom überlaufenen Cancún gelangt man zu Yucatáns *cenotes* (dolinenartige Kalksteinlöcher), nach Chichén Itzá (eine der größten Ruinenstätten der Halbinsel), zu den Ruinen von Tulum an der Küste und nach Uxmal. Im Dschungel südwestlich erstreckt sich Palenque. Als Nächstes besucht man die von Affen bevölkerten Pyramiden von Tikal in der guatemaltekischen Region Petén. Hier gibt's auch weniger überlaufene Ruinen (wie das nur halb freigelegte El Mirador), die man erst nach mehrtägiger Wanderung erreicht. Aus Petén geht's zu den großen Tempeln von Caracol in Belize und zum Abschluss steht Caye Caulker im karibischen Meer auf dem Programm. Der November ist ein toller Reisemonat vor der Hauptsaison – es ist meist trocken und 20 bis 27°C warm.
Vor Ort: Zwei Wochen einplanen für den Trip von Cancún nach Belize. Wer mehr Zeit hat, kann noch Copán in Honduras mitnehmen.
Gut zu wissen: Die Fahrten zwischen den Ruinenstätten können langsam und holprig sein, und die Grenzformalitäten dauern.
Wann sonst? Nov.–April: warm, trocken; Mai–Okt.: heißer, nass.

RAJASTHAN & DAS GOLDENE DREIECK INDIEN

Warum jetzt? Bei gemäßigten Temperaturen durch den königlichen Bundesstaat reisen
Rajasthan ist so, wie man sich Indien immer vorstellt: bunt, chaotisch, pulsierend, exotisch und außerdem voller Tiger, Tempel, Paläste und Basare – das ideale Ziel für den ersten Indien-Besuch. Und der trockene, sonnige und angenehm warme (29°C) November ist der perfekte Monat für eine Reise hierher. Von Delhi aus geht's in das turbulente rosafarbene Jaipur, das kobaltblaue Jodhpur mit seiner Festung und das weiß getünchte Udaipur am Pichhola-See. Unterwegs passiert man den Nationalpark Ranthambhore, wo Tiger zwischen mittelalterlichen Ruinen umherstolzieren. Weiter westlich liegt die Wüstenstadt Jaisalmer in der Thar. In Agra, knapp außerhalb Rajasthans, befindet sich das legendäre Taj Mahal.
Vor Ort: In einer Woche schafft man es mit dem Zug oder Mietwagen nach Delhi, Jaipur, Agra und in die verlassene Stadt Fatehpur Sikri. Wer zehn Tage Zeit hat, kann sich zusätzlich den Ranthambhore-Nationalpark ansehen. Zwei Wochen geben einem genug Spielraum für die Fahrt nach Udaipur und Jodhpur. Ideal sind drei Wochen.
Gut zu wissen: Im November locken der Pushkar-Kamelmarkt mit Tausenden geschmückten Höckertieren und manchmal auch das Lichterfest Diwali.
Wann sonst? Okt.–März: warm, trocken, sonnig; April–Juni: sehr heiß, feucht; Juli–Sept.: heiß, nass, Monsun.

Schildkröten retten und zwischendurch an der Playa Sámara entspannen

COSTA RICA

Warum jetzt? Schildkröten retten Der Nationalpark Marino Las Baulas in der nordwestlichen Provinz Guanacaste ist eine der wichtigsten Brutstätten für Lederschildkröten. Wahrscheinlich kriechen die riesigen Reptilien, die bis zu 500 kg wiegen, schon seit Millionen von Jahren an den pazifischen Traumstränden Costa Ricas an Land, um ihre Eier abzulegen. Der Nationalpark wurde 1995 zu ihrem Schutz gegründet. Gewöhnlich suchen sie die Brutplätze von November bis Februar auf und können bei nächtlichen Führungen beobachtet werden. Wer zur Erhaltung der uralten Tierart beitragen will, kann sich als Freiwilliger melden. Mögliche Aufgaben sind Strandpatrouillen, das Anbringen von Trackern an den Schildkröten und das Umbetten von Eiern. Das sonst trockene Guanacaste präsentiert sich im November, am Ende der Regenzeit, übrigens von seiner frischesten, grünsten Seite.

Vor Ort: Freiwilligeneinsätze dauern gewöhnlich eine Woche oder mehr. Ausflüge in die Vulkanlandschaften des nahen Rincón-de-la-Vieja-Nationalparks und an den schönen Strand Playa Sámara unternehmen.

Gut zu wissen: Der Flughafen Liberia ist 90 km vom Park entfernt.

Wann sonst? Jan.–April: am trockensten und vollsten; Mai–Aug.: „grüne Saison“; Sept. & Okt.: am nassesten; Nov. & Dez.: wechselhaft, grün, trockener.

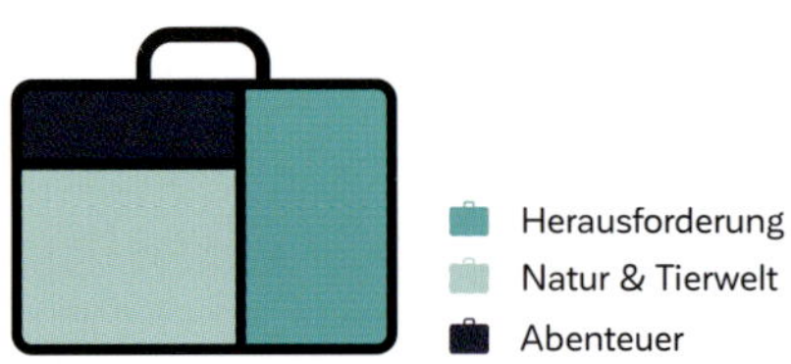

Koyo am Kinkaku-ji (Goldener Pavillon) in Kyoto erleben

TOKIO & HONSHU
JAPAN

Warum jetzt? Weil der Herbst das Land in glühende Farben taucht

Koyo, das bunte Herbstlaub, lässt die Städte und Landschaften in den Farben des Feuers erstrahlen. Und Honshu, Japans Hauptinsel, strahlt im November ganz besonders schön. Übersichtliche Touristenzahlen, Temperaturen um 16 °C und wenig Niederschläge sind weitere Argumente für diese Reisezeit. Ein Highlight in Tokio ist die abendliche Beleuchtung während der Laub-Hochzeit im Park Rikugi-en. Auch um die fünf Fuji-Seen herum mutet der Herbst traumhaft an, insbesondere am Kawaguchi-ko (Farbenpracht und Fuji kombiniert!). Kyoto ist ein *koyo*-Hotspot. Unbedingt einen Spaziergang unter den Ahornbäumen des Tofuku-ji machen oder die rot glühenden Hänge hinter den Tempeln von Arashiyama bestaunen; dort verfärben sich die Blätter meist Mitte November. In der von Bäumen bestandenen Kurobe-Schlucht in den Japanischen Alpen verläuft eine malerische Zugroute mitten durch die Herbstpracht.

Vor Ort: Tokios knallgelbe Ginkgos (das Symbol der Stadt) bewundern, gut speisen (der November ist super für Meeresfrüchte), dann auf dem Land das Herbstlaub genießen (bei Nikko oder Hakone) und zuletzt in einen traditionellen *ryokan* (Gasthaus) in Kyoto.

Gut zu wissen: Während der *koyo*-Saison gibt's eine tägliche Vorhersage zum voraussichtlichen Höhepunkt der Farbpracht.

Wann sonst? März–Mai: Blütezeit; Juni–Aug.: am wärmsten; Sept.–Nov.: Herbstlaub; Dez.–Feb.: Schnee, am kältesten.

ABU DHABI VEREINIGTE ARABISCHE EMIRATE

Warum jetzt? Bei erträglicher Hitze meisterliche Kunstwerke sehen
Noch vor ein paar Jahrzehnten war diese Metropole aus Glas und Stahl am Persischen Golf nicht mehr als ein Fischerdorf. Heute ertrinkt die Hauptstadt der VAE förmlich in Ölgeldern und 6-Sterne-Hotels. Im November bietet VAE luxuriöse Unterkünfte und gepflegte Sandstrände mit Sonnengarantie (30°C). Die unerträgliche Sommerhitze ist passé, der Winter noch nicht auf dem Höhepunkt, und es lassen sich tolle Schnäppchen machen, während man Abu Dhabis kulturelle Seite entdeckt, z. B. die riesige Scheich-Zayid-Moschee mit 80 Kuppeln und dem weltgrößten handgeknüpften Teppich. Jean Nouvels neuer Abu-Dhabi-Louvre und Frank Gehrys Guggenheim-Museum (noch nicht eröffnet) mit Werken von Größen wie Andy Warhol und Leonardo da Vinci verleihen der Stadt zusätzlich architektonisch wie künstlerisch Bedeutung.
Vor Ort: Im Luxushotel wohnen, die Uferpromenade entlangspazieren, Moscheen und Museen besichtigen, im Landesinneren Kamele reiten und mit dem Jeep über Sanddünen kurven.
Gut zu wissen: Nicht-Muslime dürfen die Scheich-Zayid-Moschee in konservativer Kleidung besuchen.
Wann sonst? April & Nov.: heiß, ruhig; Mai–Sept.: glühend heiß; Dez.–März: mild, voll und niederschlagsreich (aber dennoch trocken).

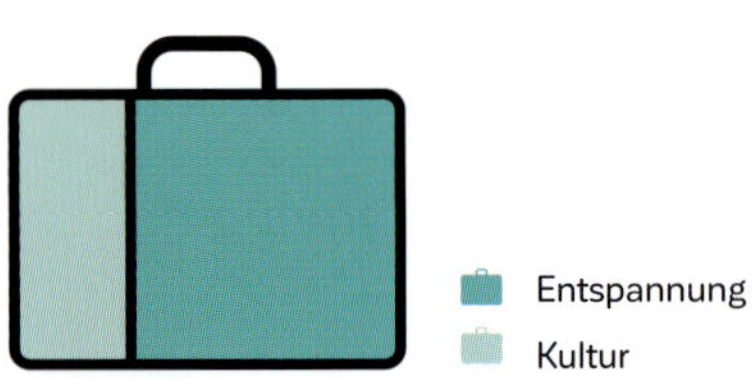

VALLETTA MALTA

Warum jetzt? Warme Temperaturen und faszinierende Lokalgeschichte
Auf Malta herrscht wunderbar mediterranes Klima. Im November, wenn Teile Europas schon bibbern, sind hier noch knapp 21°C – perfekt für Strandausflüge zur Schwesterinsel Gozo; das Meer speichert die letzte Sommerwärme. Aber vor allem bietet sich jetzt ein Urlaub in der Hauptstadt an: Valletta hat sich seit der Gründung durch die Ritter des Malteserordens vor 400 Jahren kaum verändert. Ihre Barockpaläste, Kirchen, schmalen Straßen und wuchtigen Befestigungsanlagen sind so gut erhalten, dass die Unesco die ganze Stadt zum Welterbe ernannte; 2018 ist sie Kulturhauptstadt Europas. Den schönsten Blick auf Valletta hat man von den Upper Barrakka Gardens. Weitere tolle Panoramen bietet die Fahrt im *dghajsa* (offenes Boot) durch den Grand Harbour.
Vor Ort: Eine Woche einplanen: Nach einer Nacht in Valletta (z. B. in einem Palazzo) mit dem Mietwagen St. Paul's Bay, die Blaue Grotte, Marsaxlokk (tolle Meeresfrüchte), das mittelalterliche Mdina und die Dingli Cliffs besuchen. Die Fähre nach Gozo nehmen und in einem Landgut übernachten.
Gut zu wissen: Die Fährfahrt von Malta nach Gozo dauert 25 Minuten.
Wann sonst? Dez.–April: kühl; Mai–Juni & Okt.–Nov.: warm, wenig los; Juni–Sept.: heiß, trocken, voll.

URUGUAY

Warum jetzt? Warme, menschenleere Strände und köstliche Steaks
Uruguay ist nicht gerade Südamerikas Reiseziel Nummer eins, dabei hat das kleinste Land des Kontinents ähnlich gute *asados* (Grillfeste) wie Argentinien und genauso prächtige weiße Strände wie Brasilien. Letztere sind im warmen November (24°C) nicht so überfüllt wie im Dezember (Hauptsaison), und vielleicht erspäht man sogar noch einen Südkaper vor der Küste (Walsaison: Juli–Nov.). Die Hauptstadt Montevideo lockt mit Boulevards sowie dem Mercado del Puerto (Hafenmarkt). Colonia del Sacramento, Uruguays älteste Stadt, gehört zum Unesco-Weltkulturerbe und bietet eine noch stimmungsvollere Atmosphäre. Uruguays 660 km lange Küste strotzt vor Glamour (Punta del Este), Boutique-Schick (José Ignacio), entspannten Cabañas (La Pedrera) und traumhafter Abgeschiedenheit (Cabo Polonio, nur zu Fuß oder mit dem Pferd zu erreichen). Landeinwärts ist Cowboy Country, und auf *estancias* inmitten endloser Ebenen warten Ausritte, leckere Steaks und guter Wein.
Vor Ort: Unbedingt ansehen: Colonia, Montevideo, die Goldküste und das Land der Gauchos. Einen Abstecher nach Buenos Aires machen. Zwei Wochen einplanen.
Gut zu wissen: Río-Plata-Fähren verbinden Buenos Aires und Colonia (1 Std.).
Wann sonst? Dez.–Feb.: heiß, am vollsten; März–Mai: kühler, Meerestemperatur noch warm; Juni–Aug.: am kältesten (Juli–Nov.: Wale); Okt. & Nov.: wärmer, ruhiger, Wale.

Hotel aus der Art-déco-Ära am Ocean Drive, South Beach, Miami

© Kris Davidson / Lonely Planet

FLORIDA USA

Warum jetzt? National- und Freizeitparks entdecken

Tierliebhaber – egal, ob sie nun echte oder Zeichentrickfiguren bevorzugen – sollten im November den Sunshine State besuchen. Der Monat ist der Auftakt der Trockenzeit und wie gemacht für Rad-, Sumpfboot- und Kanutouren in den artenreichen Everglades, bei denen man nicht von Mücken verspeist wird. Und auch wer sich statt Alligatoren lieber Goofy ansehen möchte, darf sich auf günstigere Hotelpreise in Orlando und weniger lange Schlangen in Freizeitparks wie Disney World, den Universal Studios & Co. freuen (die einzige Ausnahme bildet Thanksgiving). Teilweise laufen dort sogar schon Weihnachtsshows und alles ist hübsch geschmückt – ganz ohne die dezemberlichen Menschenmassen. Trotz bevorstehendem Winter ist es noch schön warm (26 °C), sodass sich auch Strandabstecher lohnen.

Vor Ort: Eine Woche in den Freizeitparks von Orlando verbringen und eine weitere an den weißen Stränden am Golf von Mexiko und in Cape Canaveral, im Süden Floridas (Miami und die Everglades) oder bei einem Road Trip von Miami zu den Florida Keys.

Gut zu wissen: Ein Flug von Miami nach Orlando dauert eine Stunde, mit dem Auto fährt man vier Stunden, mit dem Zug sieben.

Wann sonst? Mai–Sept.: heiß, voll, regnerisch; Okt. & Nov.: trocken, warm, wenig los; Dez.: trocken, kühl, voll; Jan.–April: ruhiger.

Abenteuer
Entspannung
Preis-Leistung
Natur & Tierwelt

OREGON USA

Warum jetzt? Sommerlicher Skispaß mit leicht makabrer Note

Der Mount Hood, ein 3429 m hoher Stratovulkan in der Kaskadenkette, bietet die längste Skisaison Nordamerikas. Schon Mitte Juni liegt auf den Gletschern genug Schnee für Talfahrten. Offiziell startet die Saison Anfang November; dann häuft sich der Schnee und sämtliche Pisten sind befahrbar. Das Skigebiet Timberline verfügt über 41 Pisten (25 % für Anfänger, 50 % für Fortgeschrittene, 25 % für erfahrene Skifahrer) und die längste vertikale Abfahrt im pazifischen Nordwesten. Hier steht auch die Timberline Lodge, erbaut 1937 während der „Great Depression" (Wirtschaftskrise). Das designierte nationalhistorische Denkmal ist Oregons einziges „Ski-in"-Hotel. Makaberes Detail: Es kam in dem Horrorfilm Shining vor! Eine stimmungsvolle Unterkunft mit viel Charakter, selbst wenn man kein Pulverschneejäger ist.

Vor Ort: Nach einer Kneipentour in Portland geht's ins Skigebiet, zum Privat-/Gruppenunterricht im Skifahren oder Snowboarden. Die Lodge hat eine Sauna, ein Hot Tub und einen beheizten Außenpool (ganzjährig geöffnet).

Gut zu wissen: Timberline liegt von Portland aus 100 km Richtung Osten; von Sandy (östlich von Portland) fahren Mount-Hood-Express-Busse zur Lodge.

Wann sonst? Nov.–Mai: Schnee; Juni–Aug.: Sommerski; Sept. & Okt.: Skifahren mitunter möglich.

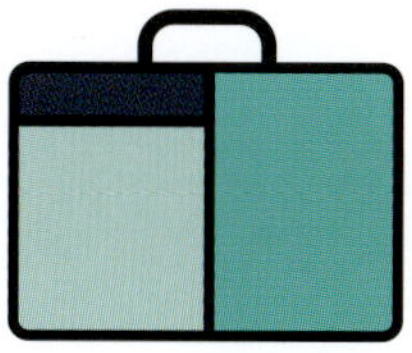

Abenteuer
Natur & Tierwelt
Entspannung

© Justin Foulkes / Lonely Planet

BARBADOS

Warum jetzt? Ein wenig „Lime Time" auf der Insel verbringen
Auf Barbados heißt „Liming" Entspannung in netter Gesellschaft bei gutem Essen und leckeren Getränken. Kein Wunder, dass hier so heitere Stimmung herrscht. Die Strände reichen von goldgelb über weiß bis zartrosa. An manchen Stellen ist das Meer ruhig, an anderen bauschen sich erstklassige Surfwellen auf. Neben exquisiten Hotels warten Yogaseminarräume auf Felsvorsprüngen und familienbetriebene Pensionen sowie gefeierte Restaurants und Fischgrillbuden. Rum fließt in Strömen – es heißt, dass der Zuckerrohrschnaps im 17. Jh. auf hiesigen Sklavenplantagen erfunden wurde. Noch heute ist er das Wahlgetränk der Einheimischen, und bei einem Glas den Sonnenuntergang über dem türkisfarbenen Wasser zu beobachten, ist das ultimative Barbados-Erlebnis. Sehenswert ist das historische Garrison-Viertel der Hauptstadt Bridgetown. Im fruchtbaren Inland erstrecken sich botanische Gärten, Plantagenhäuser, Höhlen und Schluchten. Im November sind Stürme eher unwahrscheinlich und die Hauptsaison steht noch bevor – jetzt locken viele Schnäppchen!

Vor Ort: An der Westküste warten die meisten Luxushotels und die ruhigste See. Der Süden ist dichter bebaut, der Osten am wilden Atlantik hingegen ist zwar unberührt, aber auch rauer. Es lohnt sich, Ausflüge ins Landesinnere zu unternehmen.

Gut zu wissen: Sonnenbäder „oben ohne" sind gesetzlich verboten.

Wann sonst? Dez.–April: trocken, überlaufen; Mai–Juni: ruhiger, schwül; Juli–Okt.: feucht, Hurrikan-Zeit; Nov.: Zwischensaison.

- Entspannung
- Kultur
- Preis-Leistung
- Essen & Trinken

Sonne, freundliches Lächeln und leckere Cocktails, Mullins Beach Bar, Barbados

DUNEDIN NEUSEELAND

Warum jetzt? Bier trinken, Bauwerke bestaunen und Vögel sichten
Nach Dunedin kommt man für ein Wochenende ... und will dann nie wieder weg. In der sehr lebenswerten und kulturreichen Stadt auf der Südinsel steht die älteste Universität Neuseelands. Daher rührt ihr Kulturgeist; die Unesco hat sie sogar als „Stadt der Literatur" ausgezeichnet. Der hohe Studentenanteil sorgt für reichlich Cafés, Bars mit Craft-Bier, Indie-Musik und Kunstveranstaltungen. Man sieht Dunedin sein geschichtliches Erbe sofort an: Seit Christchurch von mehreren Erdbeben gebeutelt wurde, gibt's hier die größte Dichte historischer Gebäude im ganzen Land. Im Spätfrühling liegt die Durchschnittstemperatur bei 16°C. Man gelangt rasch auf die Otago Peninsula und kann in weniger als einer Stunde am Taiaroa Head stehen, um sich die einzige Festlandkolonie von Albatrossen sowie Pinguine, Seebären und Felsklippen voller Vögel anzusehen.
Vor Ort: An einem langen Wochenende den Otago-Bauernmarkt (sonntags) besuchen, dem Street Art Trail („Straßenkunst-Pfad") folgen und eine Stadtführung buchen. Dann weiter nach Taiaroa.
Gut zu wissen: Dunedin liegt 356 km südlich von Christchurch.
Wann sonst? Dez.–Feb.: am heißesten und vollsten; März–Mai: kühler; Juni–Aug.: kalt; Sept.–Nov.: wärmer.

RUKA FINNLAND

Warum jetzt? Ganz früh Ski laufen
Wer mit dem Skifahren nicht mehr warten kann, sollte nach Ruka reisen. Dank der Lage hoch oben im Norden gibt's hier gewöhnlich große Schneemassen – in Europa haben nur Gletschergebiete eine längere Skisaison. Die Pisten sind meist ab Oktober bis Mai geöffnet (und ab November richtig gut). Besonders für Familien ist das niedliche, autofreie Dorf Ruka eine tolle Basis: Nirgendwo in Finnland befinden sich mehr Pisten für Anfänger. Darüber hinaus werden Aktivitäten wie (Husky-)Schlittenfahrten, Eisfischen und traditionelles finnisches Saunieren angeboten. Die Abfahrten (34 Stück) sind nie überfüllt und haben meist eine Flutlichtbeleuchtung, sodass die Pisten auch während der Polarnächte (24 Std. Dunkelheit) geöffnet sind. Apropos: Mit etwas Glück bekommt man sogar Polarlichter zu sehen!
Vor Ort: Für eine Woche eine gemütliche Hütte in Ruka buchen und Abfahrten, Langlauf und andere Schneeaktivitäten miteinander kombinieren.
Gut zu wissen: Ruka ist 800 km von Helsinki entfernt. Der Flug von Helsinki zum Flughafen Kuusamo bei Ruka (25 km) dauert eine Stunde.
Wann sonst? Okt.–April: Winter, Schneeaktivitäten; Mai: Tauwetter; Juni–Sept.: wärmer, Mitternachtssonne.

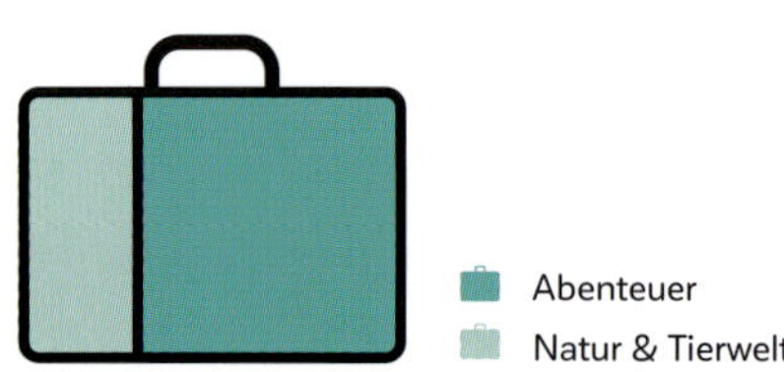

NEPAL

Warum jetzt? Strahlend blauer Himmel über den höchsten Gipfeln des Himalaja
Frisch, wolkenlos, warm, trocken ... einfach schön. Der November ist perfekt, um Nepal zu erforschen – die reiche Kultur, die Berge, den Dschungel und alles dazwischen. Im Kathmandutal laden angenehme 22°C zum „Tempel-Hopping" in Patan und Bhaktapur ein. Der dampfende *terai* (Tiefland) ist frei von Schlamm und um die 27°C warm – jetzt trifft man leichter auf Nashorn, Tiger & Co. Im ganzen Land führen die Flüsse viel Wasser: Nun locken Raftingtouren aller Schwierigkeitsgrade (entspannt auf der Seti, adrenalingeladen auf der Kali Gandaki etc.). Und dann gibt's da noch die Berge: Die vielen Wanderwege auf die bis zu 8000 m hohen Gipfel sind jetzt zugänglich. Hauptrouten wie Annapurna Sanctuary sind gut frequentiert – prima, um Trekking-Begleitung zu finden. Wer es ruhiger mag, sollte eine unkonventionellere Strecke wählen (z. B. Kanchenjunga Base Camp, Upper Dolpo).
Vor Ort: In zwei Wochen schafft man es vom Kathmandutal nach Chitwan und Pokhara und kann kurze Wanderungen einbinden. Für mehrtägige, z. T. abgeschiedene Treks ist eventuell mehr Zeit nötig.
Gut zu wissen: Grüßen wie Einheimische: die Handflächen aneinanderhalten und „Namaste" (Ich verbeuge mich vor dir) sagen.
Wann sonst? Okt. & Nov.: klar, trocken; Dez.–Feb.: trocken, kälter; März–Mai: warm, Blumen; Juni–Sept.: heiß, Monsun (Juli & Aug: am meisten Regen).

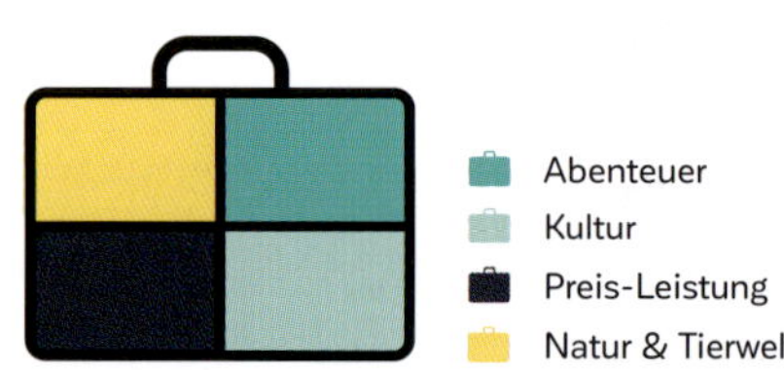

MEXIKO-STADT
MEXIKO

© High Gamma / 500px

Die majestätische Fassade des Palacio de Bellas Artes

Warum jetzt? „Mordsspaß" haben
Der Monat startet in Mexiko mit einem absoluten Highlight: Día de Muertos (Tag der Toten, 1./2. November). Im Gedenken an die Verstorbenen schmücken Familien Altäre mit Ringelblumen, Kerzen, Zucker-Totenköpfen und Tequila. Bei dem schrägen, knallbunten Volksfest in Mexiko-Stadt ist Skelett-Verkleidung Pflicht und auf dem zentralen Zócalo-Platz wird ein riesiger Altar errichtet. Doch der ganze Monat ist ideal für den Besuch der von Bergen umgebenen Hauptstadt – eine der weltgrößten Metropolregionen. Nach der Regenzeit erlauben angenehme Temperaturen (10–22°C) Streifzüge durch das Centro Histórico mit Diego Riveras Wandbildern im Palacio Nacional, den Ruinen des Aztekentempels Templo Mayor und der riesigen Kathedrale. Mexiko-Stadt ist überdies eine Gourmet-Hochburg. Bei einer kulinarischen Führung durch den Markt La Merced erspäht man alles von Süßigkeiten bis *chapulines* (Grashüpfer). Oder man besucht die Viertel Cuauhtémoc und Zona Rosa und probiert an Essenständen Tamales, mit *frijoles* (Bohnen) gefüllte Tacos, *carnitas* (weich gekochtes Schweinefleisch) und Tortilla-Fladen.
Vor Ort: Nach dem Strandurlaub an der Karibikküste ein paar Tage in der Stadt anhängen.

Gut zu wissen: Der Flughafen Benito Juárez liegt 11 km östlich des Zentrums.
Wann sonst? Nov.–Feb.: kühl, trocken; März–Mai: am heißesten, trocken; Juni–Okt.: nass.

Kultur
Essen & Trinken

RUND UM MEXIKO-STADT

TEOTIHUACÁN • 48 KM • Die Ruinen einer riesigen präkolumbianischen Stadt

PUEBLA • 128 KM • Koloniales Schmuckstück mit fantastischen Restaurants und Vulkanblick

BIOSPHÄRENRESERVAT MARIPOSA MONARCA • 185 KM • Unzählige Schmetterlinge flattern durch die Wälder

MÉRIDA • 1287 KM • Zu den Maya-Stätten und Karibikstränden Yucatáns fliegt man 1¾ Stunden

HONGKONG
CHINA

Warum jetzt? Perfektes Wetter für Abenteuer in Stadt und Natur

Im November lässt sich das meiste aus dem facettenreichen Hongkong herausholen. Die chinesische Sonderverwaltungszone ist bekannt für ihre Hochhäuser, die im sonnigen November noch mehr funkeln als sonst (die Skyline vom Deck der Star Ferry ist ein traumhafter Anblick), aber Hongkong hat auch eine wilde Seite, denn weniger als 25 % des bergigen Territoriums sind erschlossen. Ein Großteil steht unter Naturschutz und die Bergkämme, vogelreichen Lagunen und Sandbuchten bilden einen starken Kontrast zur ultramodernen Hochglanzarchitektur des 21. Jhs. Das warme, trockene Novemberwetter lädt zum Wandern ein, z. B. auf der friedlichen Insel Lantau oder dem 100 km langen MacLehose Trail. Es geht vorbei an Fischerdörfern, Spuren der indigenen Hakka-Kultur und Panoramen baumbestandener Gipfel und glitzernder Türme.

Vor Ort: Die Highlights in 48 Stunden „abgrasen" oder eine Woche bleiben, um Stadt und Land zu erkunden. Viel und gut essen! In der kosmopolitischen Feinschmeckerhochburg gibt's alles von Dim Sum und Eintöpfen bis zu indischen Currys und englischem High Tea.

Gut zu wissen: Der Flughafen liegt 24 km westlich der Stadt; Flughafen-Express-Züge brauchen 25 Minuten ins Zentrum.

Wann sonst? Okt.–Dez.: warm, trocken, sonnig; Jan.–März: kühl, trocken, bedeckt; April & Mai: heißer, regnerischer; Juni–Sept.: besonders nass, Taifun-Saison.

Hongkong ist berühmt für seine Skyline. Dabei gibt's aber auch viel Natur zu entdecken

© leungchopan / Getty Images

ATHEN & EUBÖA GRIECHENLAND

Warum jetzt? Uralte Ruinen erkunden oder einfach entspannen

Wer gerne Marathons läuft, sollte es auch einmal zu seinem Entstehungsort tun: Im Jahre 490 v. Chr. rannte Pheidippides von Marathon nach Athen, um den Sieg der Griechen über die Perser zu verkünden. Der Athen-Marathon, der Pheidippides' Route folgt, ist ein toller Aufhänger, um eine persönliche Herausforderung mit einem Strand-und-Stadt-Urlaub bei warmem Wetter zu kombinieren. Aber der 42-Kilometer-Lauf ist natürlich keine Pflicht! Bei 10–18°C kann man die Akropolis und den Stadtberg Lykabettus (Panoramablick) wunderbar besichtigen und Streifzüge durch Stadtviertel wie Pláka, Monastiráki, Psyrrí sowie Kneipentouren bis tief in die Nacht unternehmen. Einheimische reisen gern nach Euböa, und man könnte sich ein Beispiel an ihnen nehmen. Nur wenige ausländische Touristen haben die zweitgrößte Insel Griechenlands auf dem Schirm, dabei bietet sie tolle Ägäisstrände, ein bergiges Inland, antike Stätten und leckeres Essen – ideal zur Erholung nach einem Marathon oder dem modernen Alltag im Allgemeinen.

Vor Ort: Drei Tage in Athen verbringen, bevor es nach Euböa geht. Die alte Hauptstadt der Insel, Chalkida, liegt an der Westküste; von dort aus auf Entdeckertour gehen.

Gut zu wissen: Euböa ist über zwei Brücken und Fähren mit dem Festland verbunden.

Wann sonst? März–Mai & Okt.–Nov.: warm, günstiger; Juni–Sept.: brütend heiß; Dez.–Feb.: kühl, nass.

NÖRDLICHES THAILAND

Warum jetzt? In die Berge flüchten

Thailands Norden wird Lanna genannt, das „Land der Millionen Reisfelder". Die kühle Bergregion ist von Reisterrassen durchzogen und von unzähligen Obstbäumen und dichtem Dschungel bedeckt. Im November ist die Regenzeit gerade vorüber, die Landschaft ist frisch und grün, es ist aber noch warm (23–26°C); von Dezember bis Februar sind die Nächte ziemlich kühl. Im entspannten Chiang Mai können Kochkurse belegt, Märkte besucht und Ausflüge in die Hügel gebucht werden. Mae Sariang (nahe der Grenze zu Myanmar) und das Goldene Dreieck (nördlich von Chiang Rai) locken mit Treks zu Wasserfällen und Bergvölkern. Wer bei Familien in Bambushäusern auf Stelzen übernachtet, ist noch näher dran am „wahren" Leben, lernt ihre tradtionelle Kleidung kennen und kann beim Kochen oder Teepflücken helfen. Radtouren zwischen Reisfeldern und Ruinenstätten und die alten Teakhäuser in Lampang und Phrae sind weitere Highlights des Nordens.

Vor Ort: Von Bangkok aus mit dem Flieger (70 Min.) oder Zug (13 Std.) nach Chiang Mai. Drei bis vier Tage für Wanderungen zu Bergdörfern einplanen – wer mehr sehen möchte: sieben bis zehn. Lust auf Strand? Phuket ist im November wunderschön.

Gut zu wissen: Das Lichterfest Loi Krathong (im Norden am schönsten!) findet meist im November statt: „Schiffchen" mit brennenden Kerzen werden auf Flüssen ausgesetzt.

Wann sonst? Nov.–Feb.: kühl, trocken; März–Mai: heiß; Juni–Okt.: regnerisch.

Surfer am Strand von Noosa Heads

SUNSHINE COAST
AUSTRALIEN

Warum jetzt? Entspannte Strände mit Wellen und Tierwelt

Der Name Sunshine Coast sagt schon alles: An der Küste zwischen Caloundra und Noosa ist es das ganze Jahr warm, selbst im Winter manchmal über 20°C. Außerdem ist sie nicht so protzig wie die Gold Coast weiter südlich. Im November (Spätfrühling) liegen die Temperaturen um 27°C, und die Strände sind leerer und einladender. Auf einer Landzunge an einer Flussmündung erstreckt sich Noosa, die hübscheste Stadt an der Küste, mit Vintage-Läden, günstigen Cafés, schicken Boutiquen und Restaurants – eine Mischung aus Surf-Grunge und Côte d'Azur. Mooloolaba und Maroochydore sind weniger edel, bieten jedoch tolle Wellen, Surfschulen und coole Bars. Die beste Adresse für Familien ist Caloundra (Wassersport, Strandpromenaden, weicher Sand). Nette Abwechslungen im Hinterland bestehen in Form von Wanderungen in den Glass House Mountains, Kunst, frischem Gemüse und Obst in Mapleton und Maleny und einem Besuch in Steve Irwins Australia Zoo.

Vor Ort: Wer vier bis fünf Tage Zeit hat, kann zum Strand, den Zoo besuchen, Surfunterricht nehmen und eine Flussfahrt machen.

Gut zu wissen: Die Sunshine Coast erstreckt sich 100 km nördlich von Brisbane (2 Std. Autofahrt).

Wann sonst? Dez.–Feb.: heiß, voll; März–Mai: warm; Juni–Aug.: mild; Sept.–Nov.: warm, günstiger.

MEKONG
SÜDOSTASIEN

Warum jetzt? Den Alltag am Fluss kennenlernen

Das Klima in Kambodscha, Vietnam und Laos variiert, meistens ist der November jedoch perfekt für eine 3-Länder-Tour am Mekong entlang. Nach der Regenzeit blüht die Natur auf und das Quecksilber klettert auf 25 bis 30 °C. In Laos schippern langsame Kähne von der thailändischen Grenze nach Luang Prabang (sehenswert!). Auch in Laos' Hauptstadt Vientiane kann man sich auf den Mekong begeben. Alternativ geht's von Pakse zu den „4000 Inseln" auf der Suche nach Flussdelfinen. In Kambodscha warten die unvergleichlichen Tempel von Angkor, anschließend reist man auf dem Mekong von Siem Reap via Chnok Tru (ein Stelzendorf), Phnom Penh (Kambodschas Hauptstadt), Chau Doc und Cai Be nach Ho-Chi-Minh-Stadt in Vietnam. Wer mag, gelangt von Chau Doc ins Mekongdelta, ein Labyrinth aus Kanälen, Inselchen, Pagoden und Reisfeldern. Dort lässt sich ein Stück des traditionellen Flussalltags erleben.

Vor Ort: Die Bootstour von Siem Reap nach Ho-Chi-Minh-Stadt dauert zehn Tage (inkl. Ausflug nach Angkor Wat). Um alle drei Länder mit dem Flugzeug und per Boot zu bereisen, sind drei Wochen nötig.

Gut zu wissen: Wer auf dem Fluss nach Vietnam einreist, muss sich vorher um ein Visum kümmern.

Wann sonst? Nov.–Feb.: trocken, kühl; März–Juni: heiß, feucht; Juli–Okt.: nass.

Eine Pause vom Sternegucken bei einer Tasse südamerikanischem Kaffee, San Pedro de Atacama

NÖRDLICHES CHILE

Warum jetzt? In die Weiten des Weltraums hineinblicken

Der November ist nicht der trockenste Monat in der Atacama – in der trockensten Wüste der Welt heißt das im schlimmsten Fall 3 mm Regen –, es sind aber auch weniger Touristen unterwegs, tagsüber ist es schön warm (25 °C) und der wolkenlose Himmel ist perfekt zum Sternegucken! Hierfür ist die hoch gelegene Atacama einer der weltweit besten Orte: Es gibt mehrere hochkarätige Sternwarten, manche auch öffentlich zugänglich. Das bahnbrechende ALMA (wo man Lichtjahre entfernte Sternenkonstellationen sehen kann) bietet sogar Führungen durch Astronomieexperten an. Doch die Atacama ist nicht nur nachts reizvoll. Von der staubigen Kleinstadt San Pedro de Atacama gelangt man ins Valle de la Luna („Mondtal"), wo erodierte Salzberge fantastische Formen angenommen haben. Ebenfalls spannend: die El-Tatio-Geysire bei Sonnenaufgang und die Salzpfannen, die mit uralten Geoglyphen, Flamingos und Lagunen in kräftigen Farbtönen aufwarten.

Vor Ort: Nach Santiago fliegen, das historische Zentrum erkunden und in das Weinanbaugebiet Valle del Maipo fahren. Nach Calama fliegen, 100 km von San Pedro. Eine Woche für die Atacama einplanen.

Gut zu wissen: ALMA (50 km von San Pedro entfernt) ist immer samstag- und sonntagmorgens geöffnet (vorab buchen).

Wann sonst? Dez.–März: am wärmsten und nassesten; April–Mai & Okt.–Nov.: warm, ruhiger; Juni–Sept.: sonnig, kalt, trocken.

Im natürlichen „Schwimmbecken“ Ojo de Agua baden oder in einer Hängematte an der Karibikküste faulenzen

NICARAGUA

Warum jetzt? Es locken jede Menge Vulkane und Aktivitäten

In Nicaragua brodelt es – und damit meinen wir nicht (nur) die vielen aktiven Vulkane. Die ehemals krisengeschüttelte Nation in Zentralamerika ist gerade groß im Kommen. Noch ziehen ihre Kolonialstädte, Strände, die reiche Fauna und vielen Abenteuer nur wenige Touristen an. Dabei machen Aktivitäten wie Ziplining, Flusskajakfahrten und „Vulkan-Boarding“ sowie die entspannte Atmosphäre und die kindervernarrten Einheimischen Nicaragua zu einem Top-Familienziel. Im November blüht alles noch frisch und grün vom vielen Regen, es ist aber bereits trocken und warm (20–28 °C). Zwischen August und Dezember legen Oliv-Bastardschildkröten ihre Eier auf der Isla Juan Venado ab.

Vor Ort: Von der Hauptstadt Managua aus geht's ins koloniale León und weiter auf die Isla Juan Venado. Den aktiven Vulkan Cerro Negro erklimmen und Surfunterricht an der Playa los Cardones am Pazifik nehmen. Auf dem Weg zum Nicaraguasee und der Insel Ometepe auf einer Kakaoplantage halten. Dann steht Ziplining und Affenbeobachtung im Nebelwald auf dem Programm. Mit der Kutsche durchs elegante Granada fahren und den kurzen Flug auf die Islas del Maíz zum Schnorcheln und Relaxen unternehmen.

Gut zu wissen: Die Landeswährung ist der Córdoba Oro, US-Dollars werden aber auch oft akzeptiert.

Wann sonst? Nov.–April: trocken, warm; Mai–Juni: heiß, Beginn der Regenzeit; Juli–Okt.: sehr nass (vor allem im Sept. & Okt.).

- Abenteuer
- Natur & Tierwelt
- Kultur
- Entspannung

© Philip Lee Harvey / Lonely Planet

© Philip Lee Harvey / Lonely Planet

Plaza de San Andrés, einer von Madrids größten Plätzen

MADRID SPANIEN

Warum jetzt? Sich unter *madrileños* mischen

Madrid besucht man nicht für die (schönen) Denkmäler und Museen, sondern wegen der ansteckenden Energie der *madrileños*, die vor allem nachts in Tapasbars und Terrassencafés zu spüren ist. Und in der Nebensaison (z. B. November) lockt eine Extradosis Lokalkolorit. Das Wetter ist wechselhaft (mal verregnet, mal sonnig und warm), doch Regen tut der *marcha* (Party) keinen Abbruch. Bei Sonnenschein schlendert man über prächtige Plätze und durch mittelalterliche Gassen und stöbert sonntags (ganzjährig) auf dem riesigen El-Rastro-Flohmarkt nach Schnäppchen. Wenn es regnet, geht's in die Museen (Prado, Reina Sofía und Thyssen-Bornemisza), um Meisterwerke von Goya, Velázquez, Dalí und Picasso zu bewundern. Auch fürs Essen sollte man sich viel Zeit nehmen. Die Gourmethochburg Madrid bietet gastronomische Luxustempel sowie traditionelle Tapasbars. Unbedingt probieren: *churros con chocolate* (frittierte „Teigfinger" mit geschmolzener Schokolade) – genau das Richtige für kalte Novemberabende.

Vor Ort: Mindestens drei Tage einplanen. Falls möglich ein Fußballspiel im Bernabéu-Stadion ansehen (nur mit Reservierung).

Gut zu wissen: Das Mittagessen ist die Hauptmahlzeit, abends isst man normalerweise zwischen 21 und 22 Uhr.

Wann sonst? Dez.–Feb.: kalt; März–Mai & Sept.–Nov.: wechselhaft; Juni–Aug.: heiß.

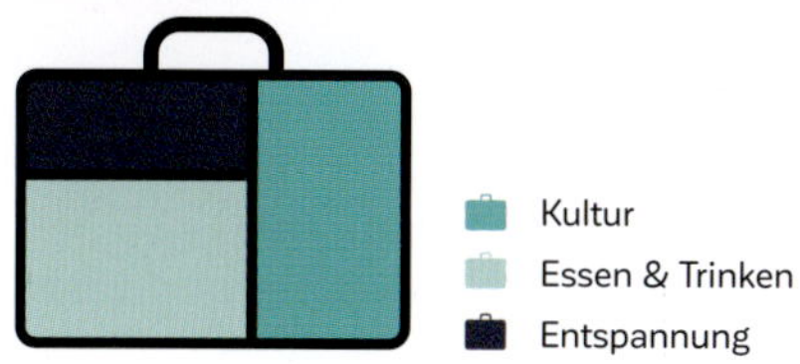

RUND UM MADRID

MANZANARES EL REAL • 55 KM • Bergdorf mit tollem Schloss und schönen Wandermöglichkeiten

TOLEDO • 72 KM • Umwerfende mittelalterliche Stadt, einst die Heimat El Grecos

SEVILLA • 499 KM • Das maurische Andalusien ist mit dem Schnellzug nur 2½ Stunden entfernt

BUENOS AIRES • 9900 KM • Barajas ist der wichtigste Flughafen für Trips von Europa nach Südamerika

Dezember

WANN AM BESTEN WOHIN?

ICH WILL

MIR ETWAS GÖNNEN

SCHOKOLADE IM ZUG?

Baskische *pintxos* in der wunderschönen Küstenstadt San Sebastián genießen

LASS UNS AUSGEHEN

- ESSEN
  - MALAYSIA S. 285
  - SAN SEBASTIÁN, SPANIEN S. 281
- TRINKEN
  - SCHOTTLAND S. 294

New Orleans besuchen und im Big Easy das bon Noël einläuten

AUF IN DIE STADT

MEER & MEERESFRÜCHTE?

- WARM
  - NEW ORLEANS, USA S. 295
  - HAVANNA, KUBA S. 289
- KÜHL
  - BATH, ENGLAND S. 279
  - TALLINN, ESTLAND S. 290

Die Welt der alten Römer erkunden oder auf dem berühmten Weihnachtsmarkt von Bath in England Glühwein trinken

Rund um die Similan-Inseln in Thailand mit Schildkröten schwimmen

AB ZUM STRAND

SPASS BEIM SURFEN?

- AUFDREHEN
  - TRINIDAD S. 293
  - SIERRA LEONE S. 288
  - SAINT VINCENT & DIE GRENADINEN S. 293
- ENTSPANNEN
  - ANDAMANEN, INDIEN S. 288
  - RAS AL KHAIMEH, VAE S. 278
  - SÜDLICHES VIETNAM, S. 291

SAINT VINCENT & DIE GRENADINEN S. 293

KÜSTE & KULTUR?

DURCH FLÜSSE PADDELN?

In Tallinn die eigenen Weihnachtsträume erfüllen

In der schottischen Hauptstadt Edinburgh, Heimat des Hogmanay, den Jahreswechsel einläuten

Mit dem Cocktail in der Hand dem Herzschlag Havannas lauschen im kühlsten Monat auf Kuba

Die indischen Andamaneninseln bieten prunkvolle Tempel und seidenweiche Sandstrände

LEGENDE

NATUR & TIERWELT · ABENTEUER · PREIS-LEISTUNG · KULTUR · RUNDREISE · ESSEN & TRINKEN · HERAUS-FORDERUNG · ENTSPANNUNG

KURZURLAUB · EINE WOCHE · ZWEI WOCHEN

MICH FORDERN

ETWAS LERNEN

Die einzigartige Wüstenkultur und einen Meteoritenschauer in der marokkanischen Sahara erleben

- KÖRPER → SIMILAN-INSELN, THAILAND S. 281
- SEELE → SAHARA, MAROKKO S. 288

ETWAS SEHEN

Unter der Wintersonne Teneriffas über Vulkangipfel wandern

- ZU LANDE → TENERIFFA, SPANIEN S. 279

ETWAS ERLEBEN

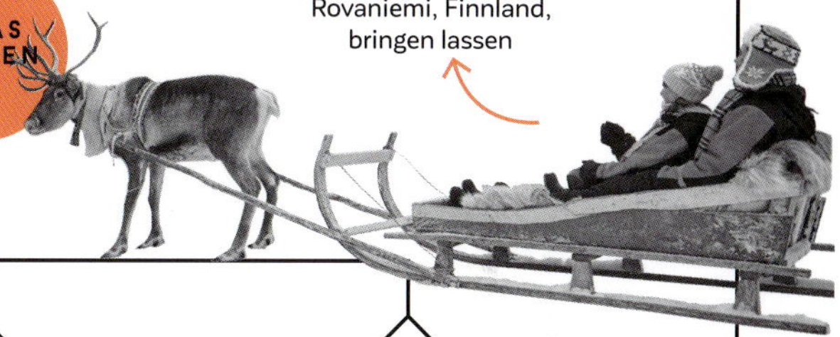

Sich von einem Rentier in die verschneite Höhle des Weihnachtsmanns in Rovaniemi, Finnland, bringen lassen

- ZU WASSER → TASMANIEN, AUSTRALIEN S. 281
- IM SCHNEE
  - SKI & WEIHNACHTEN → ROVANIEMI, FINNLAND S. 291; BRECKENRIDGE, USA S. 284
  - SKIFAHREN → JASPER, KANADA S. 278; ALTA, USA S. 279

Surfen und Meeresfrüchte schlemmen an Australiens Sapphire Coast

Wunderschöne schneebedeckte Landschaften in Jasper, Kanada

MAJESTÄTISCHE BERGE?

METEORE?

MIT DEM ZUG DURCH DEN SCHNEE?

TAUCHEN LERNEN?

FAHRENDE UNTERSÄTZE

- MIT DEM BOOT → WHANGANUI, NEUSEELAND S. 284
- MIT DEM AUTO → SAPPHIRE COAST, AUSTRALIEN S. 292
- MIT DEM ZUG → SCHWEIZ S. 282

ABSOLUTE AUGENWEIDEN

- VON MUTTER NATUR → SÜDLICHES PATAGONIEN, S. 283
- VON MENSCHENHAND → LAOS S. 287
- BEIDES? → SCHWEDISCHE ARKTIS S. 276; SENEGAL S. 285

MAGISCHE TIERWELT

- DIE LEICHTE TOUR → MIKRONESIEN S. 284
- DIE HARTE TOUR → AMAZONAS, PERU S. 278

Der Schweizer Glacier-Express bietet die wohl schönste Zugfahrt Europas

MITTELALTERLICHE SCHÄTZE?

Im Amazonasreservat in Peru eine wirklich wilde Show erleben

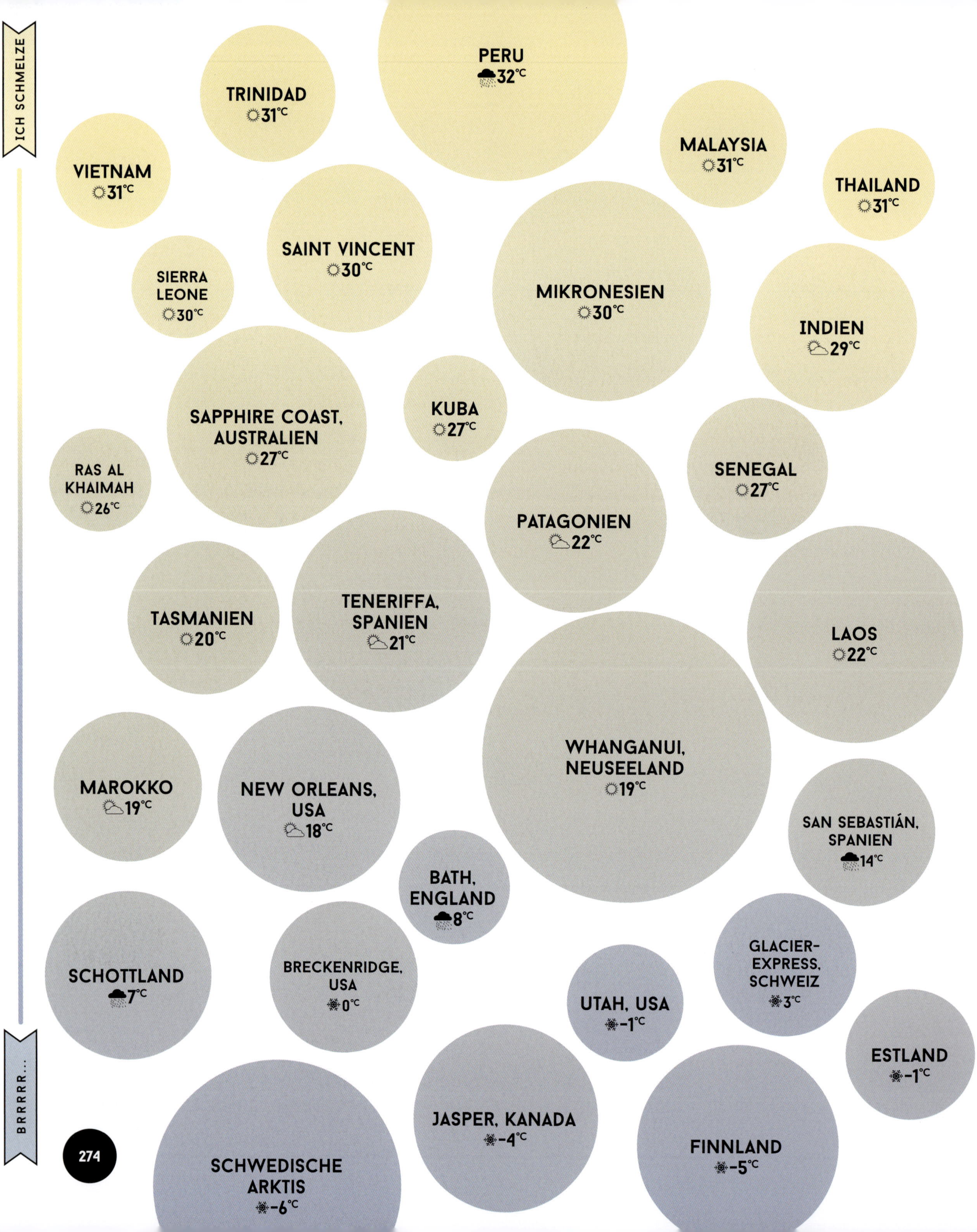
ICH SCHMELZE
BRRRRR...
PERU 32°C
TRINIDAD 31°C
VIETNAM 31°C
MALAYSIA 31°C
THAILAND 31°C
SAINT VINCENT 30°C
SIERRA LEONE 30°C
MIKRONESIEN 30°C
INDIEN 29°C
SAPPHIRE COAST, AUSTRALIEN 27°C
KUBA 27°C
RAS AL KHAIMAH 26°C
SENEGAL 27°C
PATAGONIEN 22°C
TASMANIEN 20°C
TENERIFFA, SPANIEN 21°C
LAOS 22°C
WHANGANUI, NEUSEELAND 19°C
MAROKKO 19°C
NEW ORLEANS, USA 18°C
SAN SEBASTIÁN, SPANIEN 14°C
BATH, ENGLAND 8°C
SCHOTTLAND 7°C
BRECKENRIDGE, USA 0°C
UTAH, USA -1°C
GLACIER-EXPRESS, SCHWEIZ 3°C
ESTLAND -1°C
JASPER, KANADA -4°C
FINNLAND -5°C
SCHWEDISCHE ARKTIS -6°C

GEFÄLLT DER GANZEN FAMILIE

TEUER, ABER ES LOHNT SICH

VIEL ERLEBEN FÜR WENIG GELD

DIE KINDER ZUHAUSE LASSEN

FINNLAND

BRECKENRIDGE, USA

ALTA, USA

Ras Al Khaimah versprüht traditionelles arabisches Flair, inklusive Kamelrennen

SCHWEDISCHE ARKTIS

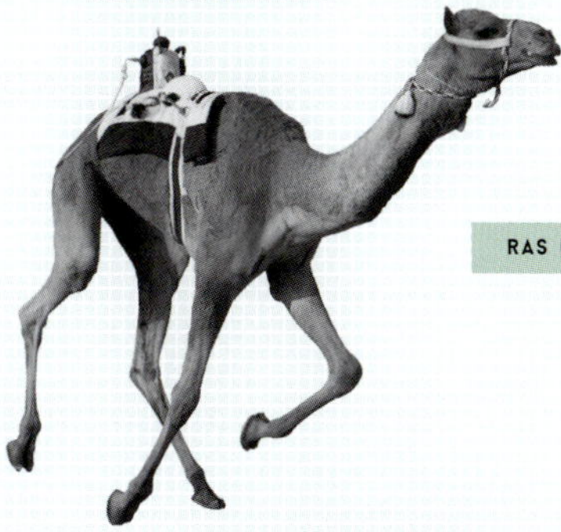

SAINT VINCENT

RAS EL KHAIMAH, VAE

BATH, ENGLAND

Rund um die Römischen Becken von Bath findet im Dezember ein festlicher Markt statt

Auch ohne Mardi Gras ist in New Orleans immer viel los

NEW ORLEANS, USA

SAPPHIRE COAST, AUSTRALIEN

TENERIFFA, SPANIEN

SÜDLICHES VIETNAM

WHANGANUI, NEUSEELAND

SAHARA, MAROKKO

Mit den Berbern unter dem Sternenhimmel von Marokko übernachten

MALAYSIA

An wunderschönen Stränden faulenzen oder sich zu den Meeresbewohnern vor der Küste Malaysias gesellen

TRINIDAD

TALLINN, ESTLAND

In der Wildnis des Similan National Park auf dem Rücken eines Elefanten *mahout* treffen

SIMILAN-INSELN, THAILAND

LAOS

SAN SEBASTIÁN, SPANIEN

SCHWEIZ

MIKRONESIEN

SCHOTTLAND

Manchmal gibt der dichte Dschungel des Amazonas im Süden Perus seine wundervolle Tierwelt preis

AMAZONAS, PERU

Torres del Paine im chilenischen Patagonien ist das Highlight einer der wildesten Ecken der Welt

SÜDLICHES PATAGONIEN

HAVANNA, KUBA

JASPER, KANADA

Hemingway nachspüren und in einer alten Bar in Havanna Mojito schlürfen

In Jasper locken jetzt hervorragender Schnee und unverschämt günstige Preise

TASMANIEN, AUSTRALIEN

SENEGAL

SIERRA LEONE

ANDAMANEN, INDIEN

In der schwedischen
Arktis trifft man auf
wandernde Rentiere

SCHWEDISCHE ARKTIS

Warum jetzt? Zwischen Eisskulpturen unterm Polarlicht übernachten
Im schwedischen Dorf Jukkasjärvi, das einen Breitengrad nördlich vom nördlichen Polarkreis liegt, geht die Sonne während der letzten drei Wochen des Jahres nie auf. Die allumfassende Dunkelheit im Dezember ist ideal, um atemberaubende Polarlichter im schwarzen Himmel zu sehen. In Jukkasjärvi liegt das Original-Eishotel, das jedes Jahr neu aus dem unberührten Gewässer des Torne älv geschlagen wird – ein guter Ausgangspunkt für Langlaufloipen, Husky-Schlittenfahrten, Schneemobile, Rentierbeobachtung und Begegnungen mit der traditionellen Sámi-Kultur – ein Highlight für Jung und Alt. Etwa 97 km nordwestlich, und damit noch weiter vom Licht entfernt, liegt der Nationalpark Abisko. Diese unwirkliche Landschaft ist der perfekte Ort, um das Polarlicht zu sehen. Einen spektakulären Blick auf das Licht und das Land genießt man vom Gipfel des 900 m hohen Bergs Nuolja.
Vor Ort: Nach Kiruna, 16 km (20 Fahrminuten) westlich von Jukkasjärvi, gibt's Flüge von Stockholm und Städten aus aller Welt. Züge von Kiruna nach Abisko brauchen eine Stunde.

Gut zu wissen: Polarlichter entstehen, wenn Sonnenwindteilchen die Erdatmosphäre treffen. Vorhersagen dazu gibt's im Internet.
Wann sonst? Dez.–April: Winter, Eishotel geöffnet; Mai & Sept.: Nebensaison, viele Einrichtungen geschlossen; Juni–Aug.: Sommer (Ende Mai–Mitte Juli: Mitternachtssonne); Okt.–Nov.: Polarlichter gut zu sehen.

SÜDLICHER AMAZONAS PERU

Warum jetzt? Rot-gelb-blaue Aras an Salzlecken in Tambopata sehen
Nirgendwo gibt's eine so große Artenvielfalt wie im Amazonas-Regenwald. Der dichte Dschungel kann die Tierbeobachtung aber erschweren – außer an einer *collpa* oder einer Salzlecke, wo die schönsten Vögel des Amazonas in Mengen auftreten. Die Collpa Colorado in der Reserva Nacional Tambopata soll die größte der Welt sein: Hier sitzen frühmorgens Hunderte bunter Aras und Papageien. Im Dezember, zu Beginn der Regenzeit und mitten in der Brutsaison vieler Arten, sind an der *collpa* etliche bunte Gelbbrust- und Hellrote Aras zu sehen. Auch Tapire, Riesenotter und Jaguar halten sich im Reservat auf – ebenso wie Harpyien, der prähistorisch anmutende Hoatzin oder „Stinkvogel" und Dutzende Reptilien und Amphibien, die man in der kühleren Regenzeit mit weniger Touristen leichter entdeckt.
Vor Ort: Nach Puerto Maldonado fliegen, von wo aus mehrtägige Touren und Lodges verschiedener Kategorien Möglichkeiten zur Tierbeobachtung an den Flüssen Tambopata und Madre de Dios bieten – mit Ausflügen zur Collpa de Guacamayos Colorado oder zu anderen Salzlecken.
Gut zu wissen: Nachmittags regnet es oft heftig – Insektenspray nicht vergessen!
Wann sonst? Juni–Aug.: im Hochland und Regenwald trocken, viel los; April–Mai & Sept.–Nov.: Nebensaison, recht trocken; Dez.–März: Regenzeit.

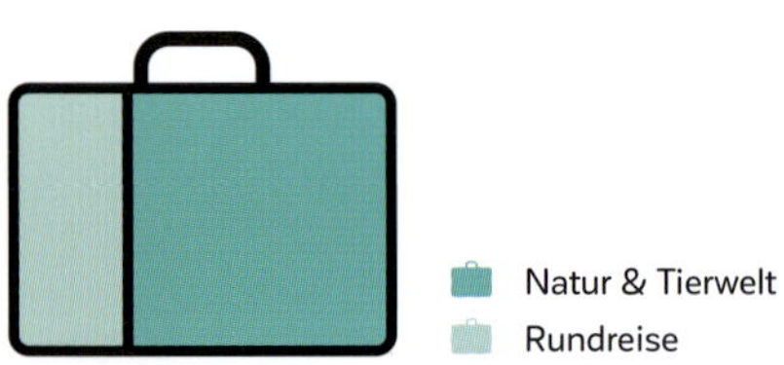

RAS AL KHAIMAH VEREINIGTE ARABISCHE EMIRATE

Warum jetzt? Das nördlichste Emirat entdecken
In den letzten Jahrzehnten hat sich das Bild der VAE verändert – von Kamelzügen durch das Rub al-Chali („Leere Viertel") hin zu hohen Hotels und glitzernden Einkaufszentren. Das kleine Emirat Ras Al Khaimah ist jedoch weder Abu Dhabi noch Dubai: Zwischen dem Persischen Golf und dem Hadschar-Gebirge bietet es schicke Resorts und herrliche Sandlandschaften, hat sich aber zugleich viel von seiner 7000-jährigen Geschichte und Tradition erhalten. Fernab der Strände und Städte kann man nahe dem Dorf Digdagga Kamelrennen besuchen (von Oktober bis April), in den Bergen wandern, Rad fahren, klettern und zelten sowie antike Bastionen wie das spektakuläre Dhayah Fort in Hügellage besuchen.
Vor Ort: Flug über Doha oder Kairo nach Ras Al Khaimah – oder nach Dubai und dann per Landweg. Verschiedene Hotels und Resorts bieten hochwertige Unterkünfte.
Gut zu wissen: Deutsche, Österreicher und Schweizer sind von der Visumpflicht befreit. Auch wenn Ras Al Khaimah eine recht entspannte Region ist, sollte man Schultern und Knie in der Öffentlichkeit bedecken.
Wann sonst? Okt.–Mai: warm (Nov.–März: etwas Regen im Winter); Juni–Sept.: extrem heiß.

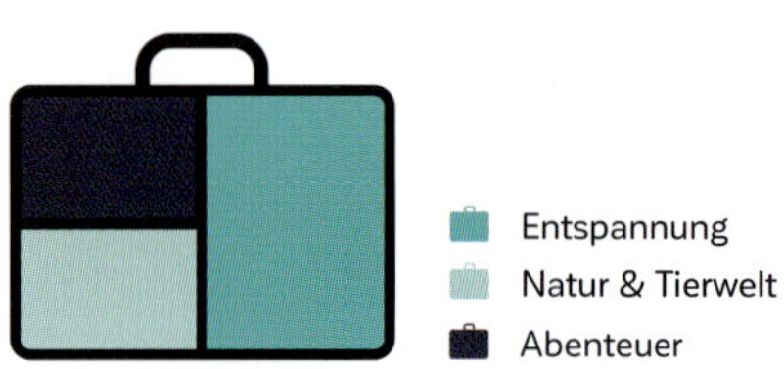

JASPER KANADA

Warum jetzt? Toller Schnee und mögliche Schnäppchen
Zuverlässig muss nicht immer langweilig sein: Das Skigebiet Marmot Basin in Jasper hat dank seiner hohen Lage (der höchsten in Kanada) in den nördlichen Rockies garantiert herrlichen, feinen Schnee und von November bis Mai die längste Skisaison in Alberta – zuverlässiger geht's kaum. Es stehen 86 Pisten mit alpinen Abfahrten, Hügeln, Rodelbahnen und Pisten durch duftende Kiefernwälder sowie zwei Terrainparks mit etlichen Schanzen zur Auswahl. Schön ist auch Marmot im Jasper-Nationalpark inmitten von zerklüfteten Bergen und gefrorenen Seen. Zudem wartet hier ein außergewöhnliches Nachtleben – nicht so sehr in Bezug auf die Bars (obwohl es im einladenden Jasper Town, im 19. Jh. Außenstelle des Fellhandels, einige gibt), sondern vielmehr in Bezug auf die Natur: Hier befindet sich eines der weltgrößten Lichtschutzgebiete: Solche Sterne sieht man fast nirgendwo sonst.
Vor Ort: Jasper liegt 350 km westlich von Edmonton und Marmot Basin 19 km südwestlich von Jasper Town. In einer Woche kann man hier Ski fahren, Eisklettern, Tiere beobachten, Schneeschuh laufen und Fatbike fahren (auf Schnee radeln).
Gut zu wissen: Winter ist Nebensaison in Jasper, und in Marmot Basin geht's ruhiger zu als auf den Pisten weiter südlich nahe Banff.
Wann sonst? Nov.–April/Mai: Skifahren; Mai & Okt.: unvorhersehbar; Juni–Sept.: warm, ideal zum Wandern.

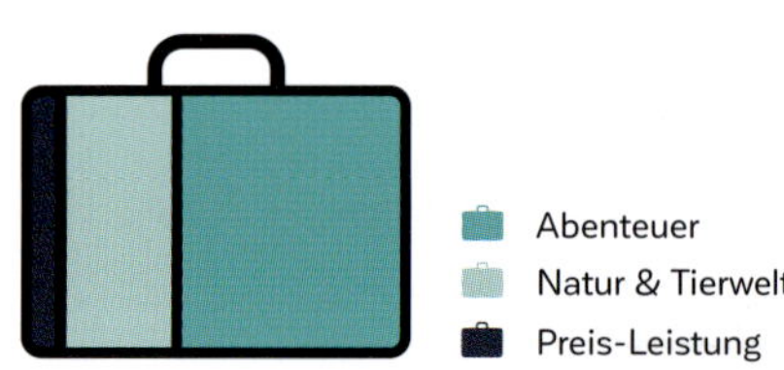

TENERIFFA
SPANIEN

Warum jetzt? Bergtour in der Wintersonne

In Teneriffa scheint das ganze Jahr die Sonne – sogar im Dezember liegen die Temperaturen tagsüber um die 20 °C. Doch es gibt noch viele weitere Gründe für einen Besuch zu dieser Zeit, insbesondere für Wanderer. November, der regenreichste Monat, ist vorbei und der gutbesuchte Januar steht noch bevor. Auf dem Teide, mit 3718 m der höchste Berg Spaniens und drittgrößte Vulkan der Welt, kann man eine anspruchsvolle fünfstündige Wanderung (oder eine achtminütige Seilbahnfahrt) zum schneebedeckten Gipfel unternehmen. Es gibt ein abwechslungsreiches Wegenetz – den Pinienwald im Nordwesten, die lorbeerbewachsenen Höhenrücken des Anaga-Gebirges, die spektakuläre Masca-Schlucht vom gleichnamigen Dorf bis zum Meer – sowie eine hervorragende Trekking-Infrastruktur mit gutem Busnetz und vielen Unterkünften auf der ganzen Insel. Das Mikroklima kann in angrenzenden Tälern stark schwanken. Besseres Wetter ist also immer nur wenige Kilometer entfernt.

Vor Ort: Teneriffa hat zwei internationale Flughäfen im Norden und im Süden. Der beste Ausgangspunkt zum Wandern ist wohl Puerto de la Cruz an der Nordküste.

Gut zu wissen: Vor einer Wanderung stärkt man sich am besten mit kanarischem Seefisch, Tapas und *papas arrugadas* („faltigen Kartoffeln") mit pikanter und grüner Soße.

Wann sonst? ganzjährig; Mai–Juni & Sept.–Nov.: Nebensaison, am ruhigsten.

BATH
ENGLAND

Warum jetzt? Weihnachtsstimmung erleben in einer hübschen Stadt

Prachtvolle georgianische Architektur in Honigtönen und der berühmte Weihnachtsmarkt machen das vornehme Bath zum Top-Reiseziel in der Weihnachtszeit. Zwischen den Ständen rund um die Abteikirche und die Römischen Bäder schwebt der Duft von Glühwein und Bratwürstchen, und es werden handgemachte Produkte wie Käse und Schokolade sowie Kunsthandwerk und edler Schnaps verkauft. Doch die Stadt bietet mehr als nur Shopping. Hier gibt's viele Museen und Galerien sowie heißes Quellwasser im Thermae Bath Spa, dessen entspannender Dachterrassen-Pool auf die Marktlichter blickt. Man kann Gourmetküche genießen und in Boutique-B&Bs oder eleganten Hotels wie dem Royal Crescent übernachten.

Vor Ort: Hotels verteilen sich in der ganzen Stadt, und rund um Newbridge Road und Pulteney Gardens gibt's B&Bs. Gegenüber dem Holburne Museum kann man in Jane Austens altem Haus übernachten. Ein Winterspaziergang auf dem Gehweg Bath Skyline mit herrlichem Stadtblick sorgt für Abwechslung.

Gut zu wissen: Der Weihnachtsmarkt geht jedes Jahr von Ende November bis Mitte Dezember. Die Abtei veranstaltet Weihnachtskonzerte, Adventsumzüge und Aufführungen von Händels Messias.

Wann sonst? Ganzjährig.

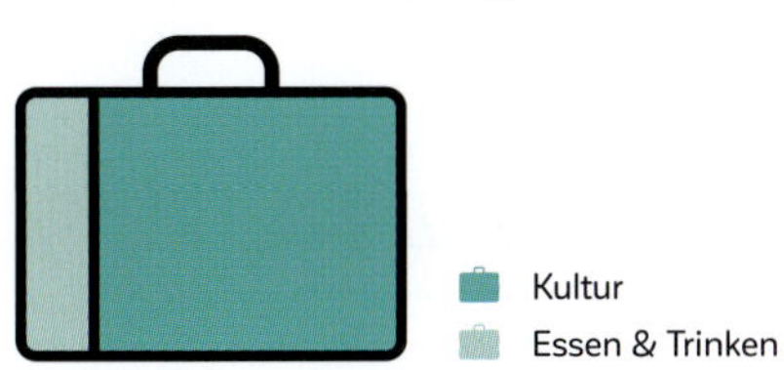

ALTA USA

Warum jetzt? Vor der Hochsaison auf einigen der besten Skipisten der USA fahren

Wenn es in Alta schneit, dann richtig – im Durchschnitt 14 m pro Jahr, wobei der Schnee federleicht ist und das 890 ha große Skigebiet lässt einen das Beste daraus machen. Alta ist ab Mitte/Ende November geöffnet, doch die ideale Zeit für einen Besuch ist der Dezember, wenn Tiefschnee garantiert ist, aber die Hochsaison noch nicht angefangen hat. Das altmodische (1939 eröffnete) Skigebiet hat 25 % Anfänger-, 40 % Fortgeschrittenen- und 35 % Profipisten – etwas für jeden Geschmack. Der Après-Ski ist gemäßigt und es herrscht eine familienfreundliche, offene Atmosphäre.

Vor Ort: Alta liegt 43 km südöstlich von Salt Lake City in Utah. Es gibt fünf Lodges im Skigebiet sowie nahe gelegene Apartments und Ferienwohnungen und zahlreiche Unterkünfte in Salt Lake City.

Gut zu wissen: Snowboarden ist auf Altas Pisten nicht gestattet, doch über den Sugarloaf Pass besteht eine Verbindung mit dem fast doppelt so großen Skigebiet Snowbird, das viele Möglichkeiten zum Snowboarden bietet. Ein gemeinsamer Skipass ist verfügbar.

Wann sonst? Mitte Nov.–Mitte April: Skigebiet Alta geöffnet; Ende Mai: Snowbird geschlossen; Juni–Sept.: Sommeraktivitäten.

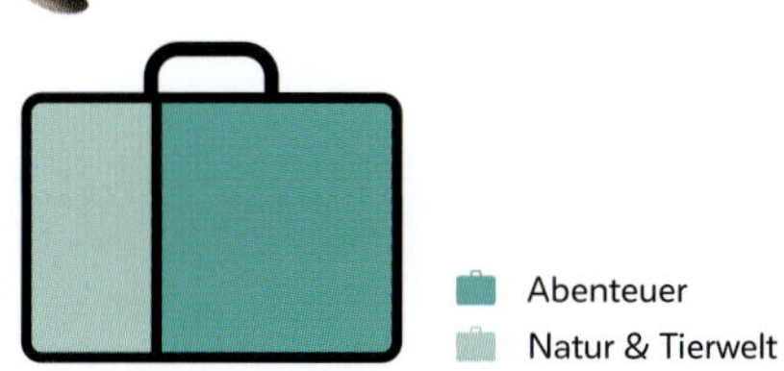

Panoramablick auf San Sebastiáns Bucht La Concha

Der Franklin-Gordon-Wild-Rivers-Nationalpark ist ein phänomenales Raftingziel

Das Wasser des Mu-Ko-Similan-Nationalparks ist im Dezember herrlich klar

TASMANIEN
AUSTRALIEN

Warum jetzt? Wildes Fluss-Rafting im Gebirge und Regenwald

Der Name Franklin-Gordon-Wild-Rivers-Nationalpark deutet es schon an: Die wunderbare Wildnis im abgelegenen zentralen Westen Tasmaniens ist ein zerklüftetes 4400 km² großes Gebiet mit Bergen, Regenwald und zwei gleichnamigen reißenden Wasserstraßen. Die 129 km lange Strecke von der Collingwood Bridge auf dem Franklin bis zu den Sir John Falls auf dem Gordon River gehört zu den besten Raftingtouren der Welt mit Felsschluchten wie der treffend benannten Great Ravine, erhabenen Bäumen (darunter 3000 Jahre alte Lagarostrobos franklinii) und Stromschnellen. Unterwegs sieht man einheimische Wildtiere wie Schnabeltiere, Beutelmarder und Wallabys. Seine langen, lauen Frühsommertage machen den Dezember zur besten Jahreszeit, um den Franklin in Angriff zu nehmen, auch wenn nur ein paar Hundert pro Jahr das Wagnis eingehen. Zu rechnen ist weder mit Luxus noch mit einer einfachen Tour, dafür aber mit unvergleichlichen Adrenalinkicks in der Wildnis.
Vor Ort: Erfahrene Guides bieten Touren von fünf bis 14 Tagen, längere Trips beinhalten oft eine Wanderung hinauf auf den 1446 m hohen Frenchman's Cap mit weiter Aussicht.
Gut zu wissen: Das Wetter ist wechselhaft. Kleidung für alle Verhältnisse mitbringen und nicht vergessen, dass man mehrere Nächte hintereinander zeltet.
Wann sonst? Dez.–März: Sommer, beste Bedingungen; Mai–Okt.: kühler, oft Regen; Nov. & April: organisierte Trips finden statt.

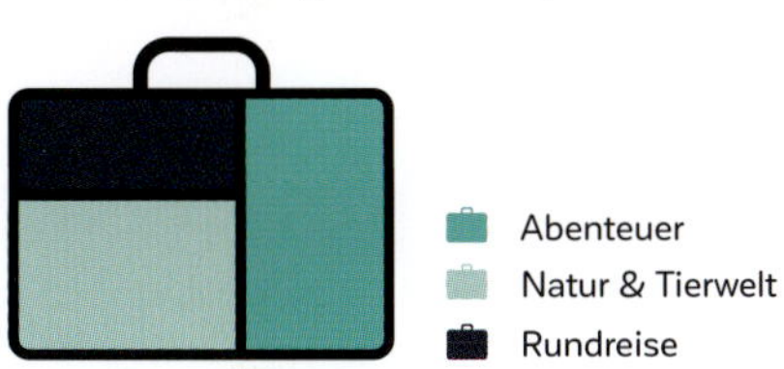

SAN SEBASTIÁN
SPANIEN

Warum jetzt? Gehobene Küche in der schönen Küstenstadt genießen

Spaniens Regionalküche ist überraschend vielseitig: Valencias Paella, Andalusiens edler Schinken, Galiciens Tintenfisch, Teneriffas „faltige Kartoffeln" ... Am leckersten sind aber wohl die *pintxos* (Tapas), Fischgerichte und pikanten Soßen des Baskenlands. San Sebastián, die kulinarische Hauptstadt Nordspaniens, hat unglaublich viele Sterne-Restaurants mit Köchen wie Andoni Luis Aduriz, Pedro Subijana, Martín Berasategui und der Arzak-Familie. Doch egal, ob Fünf-Sterne- oder Fünf-Euro-Kost – im milden Dezember mit niedrigen Besucherzahlen und günstigen Unterkünften bekommt man überall gutes Essen. In Top-Restaurants ist es jetzt leichter, einen Tisch zu reservieren als im Hochsommer (manche haben im Winter aber geschlossen). Vorher bietet sich ein erfrischender Spaziergang am Playa de la Concha oder auf den Monte Igueldo mit Blick auf die schöne Küstenstadt an (wer nicht laufen will, nimmt die Seilbahn).
Vor Ort: Bilbao und Biarritz sind die beiden nächsten Flughäfen; die Fahrzeit von Letzterem beträgt ca. 45 Minuten.
Gut zu wissen: Rabatte auf Verkehrsmittel, Attraktionen, Geschäfte, Restaurants und Touren erhält man mit der San Sebastián Card von der Touristeninformation (www.sansebastianturismo.com).
Wann sonst? Juni–Sept.: heiß, voll; Okt.–Nov.: kühler, verregnet; Dez.–Feb.: mild, Schnee auf den Pyrenäen; März–Mai: Frühling.

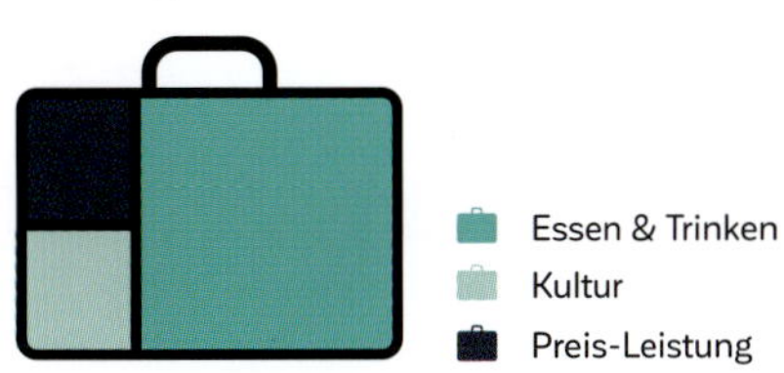

SIMILAN-INSELN
THAILAND

Warum jetzt? Einige der schönsten Tauchstellen der Welt erleben

Die elf Inseln im Mu-Ko-Similan-Nationalpark haben herrlich weiße Strände und unvergleichliche Korallenriffe, und im Dezember, zu Beginn der Trockenzeit, sind sie besonders spektakulär. Jetzt ist das Wasser vor Thailands Andamanenküste sehr klar (Sichtweite: 25–40 m) und ruhig – ideal zum Schnorcheln oder Tauchen zwischen kleinen und großen Meeresbewohnern. Neben unglaublich abwechslungsreichen Rifffischen schwimmen hier Haie, Barrakudas, Rochen, Suppenschildkröten und Echte Karettschildkröten, die von November bis Februar in der Region nisten. Dieses Paradies ist zwar alles andere als unbekannt – an den Stränden und Schnorchelstellen kann es sehr voll werden und Touristen sind auf Ko Tachai zum Schutz der Korallen verboten –, doch für Taucher bleibt es ein Traumziel.
Vor Ort: Die nationale Parkbehörde bietet schlichte Bungalows auf Ko Similan und Ko Miang (Insel Nr. 4). Viele Touranbieter veranstalten von Khao Lak vom Festland aus Tagestrips zu den Similan-Inseln, doch wer die schönsten Unterwasserwelten sehen will, übernachtet auf einem Tauchboot von Khao Lak oder Phuket, das über Direktflüge von Bangkok und mehreren internationalen Städten erreichbar ist.
Gut zu wissen: Die Preise steigen zu Weihnachten – Anfang Dezember ist es günstiger.
Wann sonst? Nov.–April: trocken, warm; Mitte Mai–Okt.: Nationalpark in der Regenzeit geschlossen.

Die Granitgipfel im Nationalpark Torres Del Paine, Chile

© VogelSP / Getty Images

GLACIER-EXPRESS
SCHWEIZ

Der Glacier-Express auf seiner Strecke durch die zauberhafte Schweizer Winterlandschaft

Warum jetzt? Eine der malerischsten Zugstrecken der Welt befahren

In einem für Effizienz berühmten Land erwartet man nicht, mit einem Zug für 290 km ganze sieben Stunden zu brauchen. Doch die Fahrgäste des Schmalspurzugs zwischen Zermatt und St. Moritz, dem „langsamsten Schnellzug Europas", genießen das gemütliche Tempo. Denn die Landschaft, die dabei an den riesigen Fenstern der Panoramawagen vorbeizieht, ist sensationell – vom 4478 m hohen Matterhorn über schneebedeckte Tannen und das reizende Mattertal, die Rheinschlucht und den Oberalbpass bis zu hübschen Dörfern und hoch gelegenen Schlössern wie Reichenau. Über das hohe Landwasserviadukt geht's zum Schickeria-Skigebiet St. Moritz. Im Winter ist die herrliche Alpenlandschaft am spektakulärsten – zudem kann man an beiden Endstationen Ski fahren.

Vor Ort: Der Glacier-Express fährt täglich gegen 9 Uhr in Zermatt und St. Moritz los. Platzreservierungen sind auch mit Schweizer Bahncard obligatorisch. Vorab buchen unter www.glacierexpress.ch.

Gut zu wissen: Lust auf mehr Zugabenteuer in der Schweiz? Der Unesco-geschützte Bernina-Express fährt von St. Moritz über 196 Brücken und durch 55 Tunnel nach Tirano in Italien. Er legt 145 km in vier Stunden zurück.

Wann sonst? Mitte Dez.–April: Winterfahrzeiten (eine Abfahrt täglich); Mai–Okt.: Sommerfahrzeiten (drei Abfahrten).

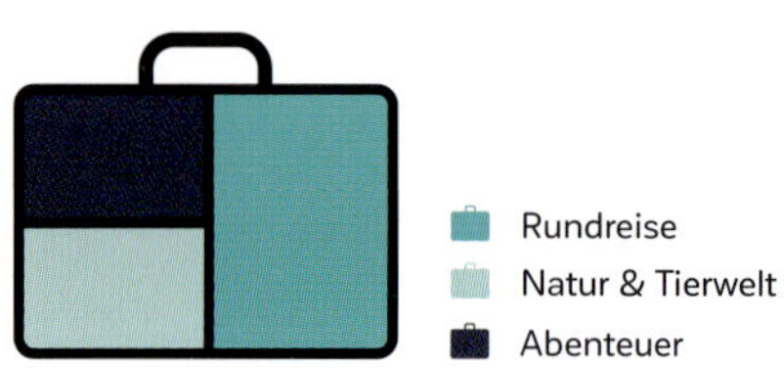

© Matt Munro / Lonely Planet

SÜDLICHES PATAGONIEN CHILE & ARGENTINIEN

Warum jetzt? Im Spätfrühling zu den äußersten Punkten der Erde reisen

Zerklüftete Gipfel, riesige Gletscher und Pumas, die Guanakos durch weite Landschaften jagen – in Patagonien hat alles epischen Charakter. So auch das Wetter: Im Winter ist die Region alles andere als einladend. Am besten kommt man im Dezember, dem Übergang von Frühling zu Sommer, vor Beginn der Hochsaison. Den grandiosen chilenischen Nationalpark Torres del Paine erkundet man auf einem achttägigen Rundgang oder dem viertägigen „W"-Treck mit Blick auf die Granitgipfel und Los Cuernos („die Hörner"). In Argentinien kalbt der 60 m hohe Perito-Moreno-Gletscher riesige Eismassen und südlich von „Feuerland", Tierra del Fuego, endet Amerika am Kap Hoorn.

Vor Ort: Für zwei- oder dreiwöchige Reisen fliegt man von Santiago nach Puerto Montt und beginnt eine viertägige Fahrt durch die Fjorde nach Puerto Natales an Bord der Navimag-Fähre. Im Torres del Paine wandern und die Eisriesen im Nationalpark Los Glaciares in Argentinien bestaunen. Dann geht's südlich nach Punta Arenas (Magellan-Pinguinkolonien) und Tierra del Fuego.

Gut zu wissen: Patagonien wird im Laufe des Dezembers immer geschäftiger; Unterkünfte und Fährtickets früh buchen. Deutsche, Österreicher und Schweizer benötigen kein Visum für Reisen in Argentinien oder Chile, müssen aber evtl. eine Gebühr zahlen. Informationen vorher gibt's bei der Botschaft.

Wann sonst? Dez.–März: wärmer, Trekking-Saison; April–Aug.: kalt, viele Hotels zu.

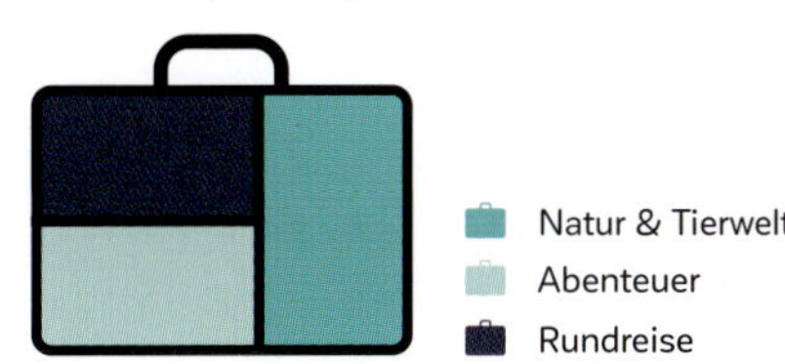

MIKRONESIEN

Warum jetzt? Prächtige Mantarochen zur Paarungszeit beobachten

Yap, Chuuk, Pohnpei und Kosrae – selbst wer die Namen kennt, wird sie kaum auf der Landkarte finden. Doch die 607 Pazifikinseln der vier Föderierten Staaten von Mikronesien (FSM) bieten alte Kulturen, Tropenstrände sowie herrliche Schnorchel- und Tauchmöglichkeiten. Im Dezember gehen der Regen und die Luftfeuchtigkeit zurück (trocken ist es nie). Taucher erwartet ein weiteres Highlight: Die Paarungszeit der Riesenmantas mit einer Spannweite über 5 m. Ab Dezember jagen die männlichen Meereskolosse den Weibchen durch Yaps Unterwasserkanäle nach. An Land nimmt gleichzeitig das Geld riesige Ausmaße an: Noch heute werden große Steinmünzen verwendet, um Guthaben zu verbuchen. Schöne Tauchstellen gibt's vor Kosrae und zwischen den Wracks der Chuuk-Lagune. Auf Pohnpei kann man zwischen den mysteriösen Ruinen von Nan Madol Kajak fahren.

Vor Ort: Flüge verbinden Kosrae, Pohnpei, Chuuk und Yap über Guam. In zwei Wochen kann man alle vier besuchen; in einer könnte man in Yap und Chuuk tauchen.

Gut zu wissen: Die FSM haben zwei Zeitzonen: MEZ+9 in Yap und Chuuk; MEZ+10 in Pohnpei und Kosrae.

Wann sonst? Dez.–März: (relativ) trocken; April–Nov.: regenreicher.

WHANGANUI RIVER
NEUSEELAND

Warum jetzt? Eine spirituelle Kanufahrt unternehmen

„Ko au te awa, ko te awa ko au“ (Ich bin der Fluss und der Fluss ist ich) singen die Maori-Bewohner am 290 km langen Whanganui River südlich des Vulkans Tongariro. Erstmals befahren wurde er der Legende nach von Tamatea, einem Maori-Vorfahren, während der ersten Besiedlung. Heute gilt die 145 km lange Kanufahrt von Taumarunui nach Pipiriki als einer der Great Walks des Landes: Man durchquert steile, von Baumfarnen und Nikau-Palmen gesäumte Schluchten, passiert die heilige Tamatea-Höhle und Maori-*kainga* (Dörfer) und bewältigt aufregende, aber nicht zu schwere Stromschnellen. Für erfahrene Kanufahrer stellt es eine Bereicherung dar, und für Anfänger und Familien ein herrliches Erlebnis. Die langen, warmen Dezembertage sind ideal, um den Fluss zu erkunden.

Vor Ort: Tourveranstalter bieten geführte Trips von zwei bis fünf Tagen und vermieten auch Kanus und Ausrüstung.

Gut zu wissen: Einer von vielen tollen Abstechern ist der kurze Spaziergang zur Bridge to Nowhere mit Durchquerung eines Tals, das in den 1940er-Jahren von bäuerlichen Siedlern verlassen wurde.

Wann sonst? Okt.–Nov.: Frühling, etwas Regen; Dez.–März: Sommer, warm; April–Mai: Herbst, häufig gut; Juni–Sept.: Winter.

BRECKENRIDGE
USA

Warum jetzt? Weiße Weihnachten wie aus dem Bilderbuch

Breckenridge wurde 1859 von hoffnungsvollen Goldsuchern gegründet, heute lockt der Schnee Besucher an. In malerischer Lage am Fuß der gewaltigen Tenmile Range bietet Breckenridge tolle Skipisten – von leichten Abhängen bis zu schwierigen Strecken – sowie eins der besten Snowboardgebiete überhaupt. Dank verlässlichem Schneefall (im Durchschnitt: 500 cm) – und Schneekanonen – beginnt die Skisaison zuverlässig im November. Doch erst im Dezember herrscht eine richtig festliche Atmosphäre. Große Teile der Altstadt sind als National Historic District geschützt, darunter die bunt angestrichenen Geschäfte und Galerien auf der Main Street. Im Winter erinnert die Stadt an eine Weihnachtspostkarte. Am ersten Dezemberwochenende werden die Festbeleuchtung eingeschaltet, Bäume geschmückt, Weihnachtslieder gesungen und Weihnachtsmänner sind unterwegs. Die Boutiquen im viktorianischen Stil sorgen für ein stimmungsvolles Ambiente beim Weihnachtseinkauf.

Vor Ort: Colorado Mountain Express bietet einen Shuttleservice zwischen Breckenridge und dem Flughafen Denver (ca. 170 km). In einer Woche verbindet man Skifahren mit Aktivitäten wie Shopping, Eislaufen, Schlittenfahren und Altstadttouren.

Gut zu wissen: Die Breckenridge Brewery braut köstliches Christmas Ale!

Wann sonst? Nov.–April: Ski fahren; Mai & Okt.: unvorhersehbar, ruhiger; Juni–Sept.: warm, Sommeraktivitäten.

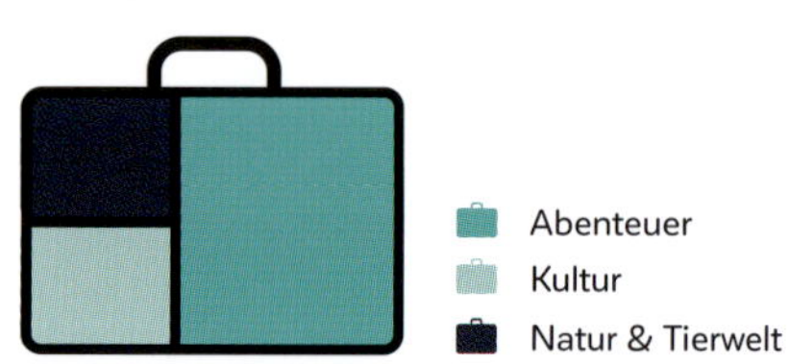

WESTKÜSTE
MALAYSIA

Warum jetzt? Malaysias abwechslungsreiche Küche kennenlernen und an herrlichen Stränden entspannen
Die malaiische, chinesische und tamilisch-indische Kultur und Küche haben auf der Malaiischen Halbinsel eine würzige Mischung aus Tempeln, Teeplantagen, Handelsvillen und Straßenküche geschaffen, mit üppigem Regenwald und wunderschönen Stränden. Im Dezember ist Hochsaison an der warmen, trockenen Nordwestküste. Die Inselgruppe Langkawi lockt mit bewaldeten Bergen und traumhaften Stränden – selbst am größten Strand, Pulau Langkawi, wurde eine vorwiegend traditionelle, unaufdringliche Atmosphäre erhalten. Penang ist das kulturelle und kulinarische Herz der Halbinsel. In Georgetown kann man Herrenhäuser aus dem 19. Jh., Geschäftsgebäude und chinesische Tempel besichtigen und etliche Restaurants und Straßenstände aufsuchen, um die besten Gerichte der fünf Küchen zu kosten. Unser Favorit ist Nonya (Peranakan) mit würzigen *laksas* (Nudelsuppen). Im Dezember finden während des Pesta-Pulau-Pinang-Festivals viele Umzüge, Drachenbootrennen und Konzerte auf den Straßen statt.
Vor Ort: Penang und Langkawi bieten einfache Verbindungen über Kuala Lumpur und Singapur zu internationalen Zielen. Gewöhnliche Flüge (35 Min.) und Fähren (2 Std.) verbinden die beiden Städte.
Gut zu wissen: In Georgetown entwickelt sich gerade eine innovative Street-Art-Szene.
Wann sonst? Dez.–März: Nordwestküste trocken; April–Nov.: Nordwestküste feucht (Nov.– Jan.: Ostküste am regenreichsten).

© Pete Seaward / Lonely Planet

Einladender Außenbereich einer chinesischen Teestube in Georgetown, Malaysia

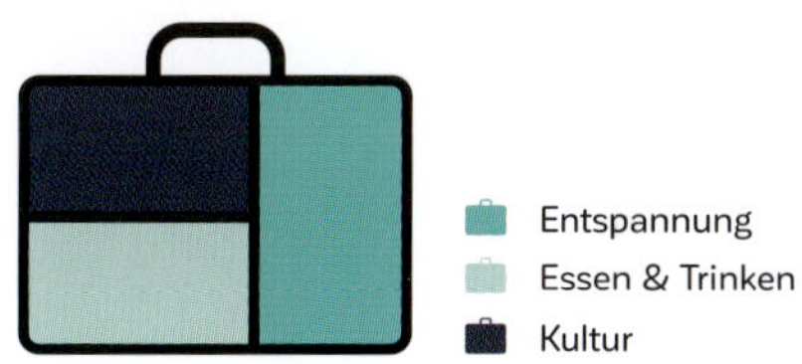

SENEGAL

Warum jetzt? An einem weiten weißen Sandstrand Sonne tanken
Der Senegal zieht Besucher in den Bann: pulsierende *mbalax*-Musik in den Clubs von Dakar, die vielen Vogelarten der Deltas und gleißende Sonne an den Stränden der Île de Gorée, Ngor und der Petite Côte. Für einen Besuch des frankofonen Landes ist der warme, trockene Dezember ideal. Jetzt füllen sich die Mangrovensümpfe der Nationalparks Djoudj und Delta du Saloum mit Flamingos, Pelikanen und Zugvögeln auf dem Weg von Europa nach Süden. Surfer freuen sich über die verlässlich großen Wellen am Atlantik.
Vor Ort: Einige Tage in der lebhaften Hauptstadt Dakar, inklusive Strandurlaub und Bootsfahrt zur Île de Gorée mit Kolonialgebäuden und bewegender Sklavengeschichte (und guten Stellen zum Wracktauchen). Weiter nördlich an der Küste liegen die französische Kolonialstadt Saint-Louis und der Nationalpark Djoudj. Dann gen Süden zum Nationalpark Delta du Saloum, um zwischen Mangroven in einer Piroge (Kanu) zu fahren.
Gut zu wissen: Unbedingt zu Hause über die Sicherheitslage erkundigen, bevor man die Region Casamance besucht.
Wann sonst? Nov.–März: trocken, kühl; April–Juni: es wird heißer; Juli–Okt.: verregnet, heiß.

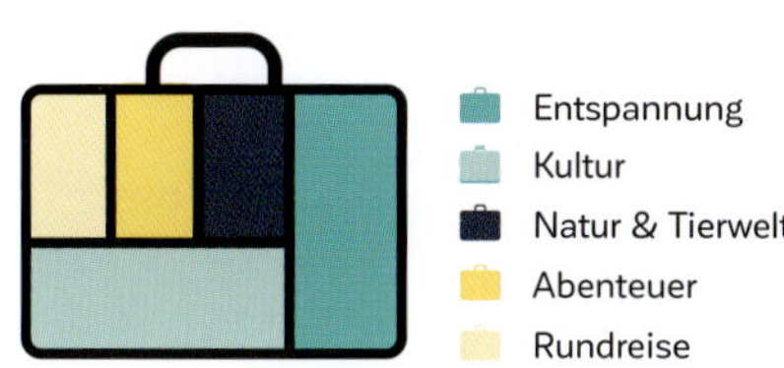

© Luang Prabang / Lonely Planet

LAOS

Warum jetzt? An warmen, trockenen Tagen antike Tempel und verschlafene Flussstädte erkunden
Über Jahrhunderte trug die Demokratische Volksrepublik Laos den etwas romantischeren Namen „Königreich der Millionen Elefanten unter dem weißen Schirm". Diese antike Bezeichnung deutet auf das reiche Erbe und den großen Charme des betörenden Landes hin. Im Dezember fällt am wenigsten Regen, doch das Wasser steht hoch genug für Flussreisen. Ein schöner Start ist Luang Prabang mit französischer Kolonialpracht und 33 Tempeln mit vergoldeten Dächern, dann weiter zur Ebene der Tonkrüge mit mysteriösen steinernen Grabgefäßen, zu den Karstformationen in Vang Vieng, zum Wat-Phu-Tempel aus der Angkor-Zeit nahe Champasak und den Delfinen im Mekong nahe Si Phan Don („Viertausend Inseln").
Vor Ort: In zwei Wochen (besser mehr) kann man von Städten wie Bangkok, Chiang Mai, Hanoi, Pnomh Penh und Yangon nach Luang Prabang fliegen; danach geht's gen Osten nach Phonsavan und zur Ebene der Tonkrüge, Richtung Süden nach Vang Vieng und zur Hauptstadt Vientiane, um über Pakse nach Champasak zu fahren oder fliegen. Wer mehr Zeit hat, besucht die Regenwälder und Hügelstämme im fernen Nordwesten nahe Luang Namtha.
Gut zu wissen: Hochsaison. Unterkünfte vorab buchen – besonders in Luang Prabang.
Wann sonst? Nov.–Feb.: kühl, trocken; März–Mai: heiß, feucht; Juni–Okt.: verregnet.

- Kultur
- Rundreise
- Preis-Leistung
- Essen & Trinken

(L) Wat Si Saket, Vientiane;
(R) Wat Xieng Thong, Luang Prabang

SIERRA LEONE

Warum jetzt? An Palmenstränden entspannen und seltene Tiere sehen

Wie seine Diamanten, um die in den 1990er-Jahren bitter gekämpft wurde, ist Sierra Leone ein (ungeschliffener) Juwel: Die schönen weißen Sandstrände, die in den 1970er-Jahren internationale Urlauber anlockten, sind so reizend wie eh und je. Faszinierend sind zudem das Erbe des Sklavenhandels und die Artenvielfalt. An warmen, trockenen Dezembertagen kann man am Strand entspannen, die Landschaft erkunden und die überwältigende Vogelwelt beobachten. Sir David Attenborough drehte hier seine erste Naturdoku über den seltenen Felshüpfer.

Vor Ort: Die bunten Straßen der Hauptstadt Freetown, der 500 Jahre alte, fledermausbevölkerte Cotton Tree (einstiger Sklavenumschlagsplatz), der weiße Sandstrand am River No 2 nahe Tacugama Chimp Sanctuary und die Burgruinen auf Bunce Island – alle sehenswert. Dann geht's östlich nach Tiwai Island am Fluss Moa, um Schimpansen, Rote Stummelaffen, Dianameerkatzen und mit Glück Zwergflusspferde zu sehen. Im Gola-Regenwald-Nationalpark weiter östlich leben seltene Vögel und Säuger.

Gut zu wissen: Sierra Leone ist einladend und größtenteils sicher – trotzdem die Reiseempfehlung der Regierung beachten.

Wann sonst? Mai–Okt.: verregnet (Juli–Aug.: nass); Nov.–April: sehr heiß, trocken, windig.

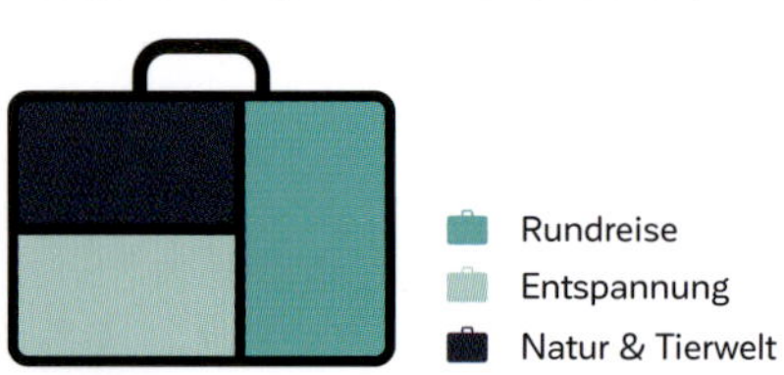

SAHARA
MAROKKO

Warum jetzt? Weniger Trubel und hübschere Sehenswürdigkeiten

Mitte Dezember sieht man Hunderte Sternschnuppen im Nachthimmel der Sahara von Südmarokko. Und da es hier keine Lichtverschmutzung gibt, ist es auch der beste Ort, um den Meteorstrom der Geminiden zu erleben. Außerdem kann man in Berber-Zelten übernachten. Der Dezember ist toll, um Marokko zu erkunden – auch für Familien. Es ist zwar kälter, aber auch weniger voll und günstiger. Die Suks im mittelalterlichen Fès und Marrakesch sind bezaubernd wie eh und je, und man kann den schneebedeckten Jbel Toubkal, den höchsten Berg Nordafrikas, besteigen.

Vor Ort: Nach Marrakesch fliegen, dann Richtung Osten durch den Atlas zur roten Festung von Aït Benhaddou fahren. Über Zagora oder Merzouga geht's zu den Sternschnuppen in der Wüste. Dann nach Norden via Todra Gorge zum blaugetünchten Chefchaouen, ins Gassenlabyrinth der Medina in Fès und zurück ins bunte, abendliche Treiben auf dem Djemaa el Fna in Marrakesch.

Gut zu wissen: Nachts fallen die Temperaturen in der Wüste teils um 20 °C – warme Kleidung und gute Schlafsäcke mitbringen. Der Ursidenstrom ist später im Dezember.

Wann sonst? März–Mai: Frühling, warm, etwas Regen; Juni–Aug.: sehr heiß; Sept.–Okt.: angenehm warm; Nov.–Feb.: kalt.

ANDAMANEN
INDIEN

Warum jetzt? Die Zehen in den feinsten Sand des Subkontinents graben

Der indische Teil Südostasiens – die Andamanen – bietet tolle Strände sowie leckere Speisen und Meerestiere, und ist eingerahmt von Myanmar und Sumatra. Zwischen der Küste und dem Wald liegen einige ungezwungene Barfußresorts. Havelock Island ist die Top-Adresse für einen Strandaufenthalt: Der dichterisch klingende Beach No 7 (auch „Radhnagar") wurde zum besten in ganz Asien gewählt und am angrenzenden Korallenriff kann man gut tauchen. Im Dezember setzt die Trockenzeit ein und es gibt klares, türkisfarbenes Wasser und nistende Schildkröten an den Stränden. Mit etwas Glück sieht man den scheuen Dugong im Küstenwasser.

Vor Ort: Flug von Kolkata oder Chennai nach Port Blair, der Hauptstadt der Inseln. Schiffe nach Havelock Island brauchen ca. 2½ Stunden. Wer nach einer Woche Entspannung, Tauchen und etwas Yoga auf den Andamanen noch Zeit hat, verbringt ein paar Tage in Tamil Nadu mit den verzierten Strandtempeln und den fein geschlagenen Friesen von Mahabalipuram sowie der französischen Kolonialsiedlung Puducherry (Pondicherry) südlich von Chennai.

Gut zu wissen: Österreicher und Schweizer brauchen für den Besuch der Andamanen eine Sondergenehmigung, die man bei der indischen Botschaft beantragen muss.

Wann sonst? Dez.–März: warm, sonnig; Okt.–Dez. & April–Mai: mehr Regen; Juni–Sept.: schwerer Regen.

HAVANNA KUBA

Warum jetzt? Im kühlsten Monat das Leben auf Kuba genießen

Ist Kubas Hauptstadt nun eine in die Jahre gekommene Grande Dame oder prescht sie ins 21. Jh.? Beides! Das Hafengebiet Malecón und die Altstadt Habana Vieja mit kolonialen Meisterwerken mit bröckelnden, pastellfarbenen Fassaden und Prachtbauten vom Beginn des 20. Jhs. laden zum Spazieren ein. Sie erzählen von vergangenem Glanz und überall erklingt beseelter *son*. Nach knapp 50 Jahren fast völliger internationaler Isolation hat die jüngste Annäherung mit den USA den Tourismus und die Entwicklung beflügelt. Der kühle Dezember ist eine tolle Zeit, um durch die Straßen zu laufen, Rumcocktails, Mojitos und Cuba Libres in altmodischen Bars zu trinken (Hemingway liebte La Floridita und La Bodeguita del Medi) und *son*, poetischem *trova* oder den sanften Klängen des Havana International Jazz Festivals (Mitte Dezember) zu lauschen.

Vor Ort: Ein paar Tage in den Bezirken Habana Vieja, Centro und Vedado verbringen, die spanischen Kolonialfestungen und Hemingways Haus besuchen, bevor man am Strand in Playas del Este die Sonne genießt.

Gut zu wissen: Wegen des Jazz- und Filmfestivals ist der Dezember ein beliebter Besuchermonat – Transport und Unterkunft lange im Voraus buchen.

Wann sonst? Nov.–April: kühl, trocken; Mai–Okt.: heiß, verregnet; Juli–Aug. & Dez.: am geschäftigsten und teuersten.

In den Straßen von Havanna spürt man den Rhythmus Kubas

RUND UM HAVANNA

MATANZAS • 92 KM • Verfallende neoklassizistische Pracht nahe Varaderos Stränden

LAS TERRAZAS • 106 KM • Wegweisendes Ökodorf und Biosphärenreservat voller Vögel

VIÑALES • 185 KM • Tabakplantagen und Kalkstein-*mogotes* (Formationen)

TRINIDAD • 318 KM • Gut erhaltene spanische Kolonialstadt

TALLINN
ESTLAND

➜ Warum jetzt? Mittelalterliche Weihnachtsfantasien ausleben

Zum Jahresende locken viele nordeuropäische Städte mit Weihnachtsmärkten, doch nur wenige vor einer so malerischen Kulisse wie Tallinn, eine der besterhaltenen mittelalterlichen Städte in ganz Europa. Die ummauerte Altstadt und die Gegend am Castrum Danorum sind immer bezaubernd, aber ganz besonders wenn es im Dezember geschneit hat. Kerzen zieren die Pflastersteinstraßen und auf dem Rathausplatz glitzern die Lichter des jährlichen Weihnachtsmarkts rund um den berühmten Baum. Die Tage sind kurz, die Nächte lang, doch die Atmosphäre ist durch und durch charmant. Aufwärmen kann man sich bei heißen Getränken und traditionellem Festessen wie Blutpudding und Lebkuchen. Seit Tallinn seinen Status als Hochburg für Junggesellenabschiede abgelegt hat, eröffnen außerdem immer mehr Boutique-Hotels und gehobene Restaurants in der Stadt – bei weiterhin guten Preisen.

Vor Ort: Zeit einplanen für die vielen gotischen und barocken Attraktionen der ummauerten Altstadt, darunter das Rathaus, das Castrum Danorum, das alte Dominikanerkloster und die vielen Kirchen, deren Turmspitzen hoch über die Stadt ragen.

Gut zu wissen: Der Weihnachtsmarkt findet von Ende November bis Anfang Januar statt (www.christmasmarket.ee).

Wann sonst? Juni–Aug.: Sommer, geschäftig; April–Mai & Sept.–Okt.: Nebensaison, kühler, ruhiger; Nov.–März: kalt.

Kultur
Preis-Leistung
Essen & Trinken

Die verschneiten Dächer in der Altstadt von Tallinn

ROVANIEMI FINNLAND

Warum jetzt? Den Weihnachtsmann daheim besuchen

Weihnachten ist nur einmal im Jahr – außer im finnischen Lappland, wo es an 365 Tagen im Jahr stattfindet. Die Stadt Rovaniemi nennt sich stolz die „offizielle" Heimat des Weihnachtsmannes und im nahe gelegenen Napapiiri (Finnisch für „nördlicher Polarkreis") gibt's ein Dorf, das sich ganz dem Wahn um den Weihnachtsmann verschrieben hat. Natürlich sieht der ganze (kommerziell ausgerichtete) Ort im verschneiten Dezember am festlichsten aus. Nur wer ein Herz aus Eis hat, bleibt dann unbeeindruckt vom magischen Ambiente. Kinder können den Weihnachtsmann treffen und eine Karte von seinem Postamt nach Hause schicken. Dann erwarten Familien in und um Rovaniemi alle möglichen Aktivitäten: Husky-Schlittenfahren, Rentier-Safaris und Langlaufloipen. In der Stadt gibt's drei interessante Museen zu Kunst, dem Leben in der Arktis und der finnischen Natur. Zudem kann man hier gut Polarlichter sehen.

Vor Ort: Flug über Helsinki nach Rovaniemi. Zu den Unterkünften zählen das Feriendorf des Weihnachtsmannes, Eis- und Glasiglus, ein Schneehotel sowie Chalets, Lodges und Hotels.

Gut zu wissen: In Lappland kann es −30 °C kalt werden: ausreichend warme Kleidung und dick besohlte Schuhe mitbringen.

Wann sonst? Nov.–Mitte Mai: verschneiter Winter, Frühlingsbeginn; Juni–Aug.: Sommer, lange Tage; Sept.–Okt.: *ruska*, Herbstlaub.

- Kultur
- Abenteuer
- Natur & Tierwelt

SÜDLICHES VIETNAM

Warum jetzt? Schwimmen, schnorcheln, sonnenbaden und das Mekongdelta erkunden

Der südlichste Zipfel des südostasiatischen Festlands bietet alle Highlights der Region: das hektische Treiben von Ho-Chi-Minh-Stadt, bewegende Kriegsrelikte, die Reisfelder und Dörfer des Mekongdeltas und schöne Strände auf den Inseln Phu Quoc und Con Dao. Beide Inseln beherbergten französische Kolonialgefängnisse – ihre Überreste kann man besichtigen –, sind heute aber tolle Rückzugsorte, wenn im Dezember der Regen nachlässt. Phu Quoc, näher an Kambodscha als an Vietnam, bietet schöne Unterkünfte, tolle Schnorchelstellen und hübsche, ruhige Strände. Auf dem abgelegenen, zerklüfteten Con Dao gibt's nistende Schildkröten (von Juni bis September), Dugongs und ruhige Resorts an atemberaubenden Stränden.

Vor Ort: Phu Quoc und Con Dao sind von Ho-Chi-Minh-Stadt bequem mit dem Flugzeug erreichbar: Ein erholsamer Inselurlaub lässt sich gut mit der Erkundung des kompakten Südens verbinden. Nicht zu versäumen sind die Tunnel von Cu Chi, ein unterirdisches Vietcong-Kriegsversteck, das Mekongdelta und die hervorragenden Meeresfrüchte in Ho-Chi-Minh-Stadt.

Gut zu wissen: Auf Phu Quoc unbedingt *bún kèn* kosten – süß-sauerer Nudelsalat mit Meeresfrüchten und Fischbrühe. Preise und Besucherzahlen steigen an Weihnachten.

Wann sonst? Nov.–Mai: warm, trocken; Juni– Okt.: feucht, regnerisch (längere Regenzeit auf Con Dao).

- Entspannung
- Essen & Trinken
- Kultur
- Rundreise

Der Strand bei Wreck Bay, einer von vielen an der Sapphire Coast

SAPPHIRE COAST
AUSTRALIEN

Warum jetzt? Meeresfrüchte, Strände, Surfen und wilde Nationalparks
Der tiefe Süden von New South Wales mag den Namen „Sapphire Coast" („Saphirküste") einer Marketingstrategie verdanken, er passt dennoch perfekt zu dieser abgelegenen Region, die sich zu Sommerbeginn ideal erkunden lässt. Sie bietet eine vielfältige Küche mit Meeresfrüchten (besonders Austern), Tümmler, Seebären und Zwergpinguine vor Montague Island, Küstenwege im Bournda-Nationalpark und Goodenia-Regenwald, Dutzende Strände – von familienfreundlich (Eden, Tathra) bis für Surfer (Merimbula, Tathra) – sowie dramatische Küsten in den Nationalparks Mimosa Rocks und Ben Boyd.
Vor Ort: In Narooma, 329 km südlich von Sydney und 209 km südöstlich von Canberra, startet man zum einwöchigen Road Trip: Mit dem Schiff geht's zu den Pinguinen auf Montague Island, dann über die A1 südlich von Tilba Tilba und die Küstenstraße zum Fischerdorf Bermagui. Der Tourist Drive 9 verläuft an der Küste südlich von Tathra, Merimbula und Pambula – vorbei an den Nationalparks Mimosa Rocks und Bournda. Weiter südlich wartet der Ben-Boyd-Nationalpark auf beiden Seiten von Eden.
Gut zu wissen: Südkaper schwimmen im Juli und August vor der Küste, Buckelwale von September bis November.
Wann sonst? Dez.–April: warm; Mai–Nov.: etwas feuchter.

Admiralty Bay auf Bequia in Saint Vincent und den Grenadinen

TRINIDAD

Warum jetzt? In der Sonne zum Sound von *parang* feiern

Im Dezember, dem Beginn der Trockenzeit, tanzt man auf der südlichsten Karibikinsel nicht zu Calypso, Steeldrums oder Soca, sondern zu *parang*. Traditionell touren in der Vorweihnachtszeit *parranderos* mit Gitarren, Cuatros und Kastagnetten durch die Viertel, um für Eggnog, Rum und Sorrel (beliebter Weihnachtsdrink aus Hibiskus) spanische Weihnachtssongs zum Besten zu geben. Man trifft sie in Paramin, Lopinot, in einer Bar oder auf einer organisierten Veranstaltung. Wo die einschlägigen Melodien – vielleicht mit ein bisschen *soca/parang* gemischt – erklingen, gibt's Anlass zum Feiern.

Vor Ort: Im Westen der Insel findet man die meisten Attraktionen. Der Strand in Maracas Bay und das Asa Wright Nature Centre mit Kolibris liegen nördlich vom internationalen Flughafen Piarco. Bei einer Fahrt nach Süden über die Hauptstadt Port of Spain kann man im Caroni Bird Sanctuary Scharlachsichler und Zwergameisenbären suchen, sich in San Fernandos Nachtleben stürzen und am Pitch Lake über schmierigen Asphalt wandeln.

Gut zu wissen: Trini-Essensstände sind die besten der Karibik: *rotis* mit Curry-Fleisch und -Gemüse, *doubles* (Curry-Kichererbsen in *bara*-Fladenbrot) oder *bake'n'shark* (gebratene Fischröllchen) am Maracas Beach.

Wann sonst? Dez.–Mai: trockener; Juni–Nov.: regenreich.

SAINT VINCENT & DIE GRENADINEN

Warum jetzt? Auf den Vulkaninseln neben Sonnenbaden und Schnorcheln Weihnachten feiern

Diese Smaragdkette in der südöstlichen Karibik hat im Dezember zwei Gesichter. Anfang des Monats wartet hier eine entspannte Zeit nach der Hurrikansaison mit viel Sonne am palmengesäumten Sandstrand. Ab Mitte Dezember fängt dann der frühe Vogel den Wurm: Vor Weihnachten scheint die ganze Bevölkerung neun Tage lang ab vier Uhr (morgens!) auf den Beinen zu sein, um zu singen, Steeldrums zu spielen, Fahrrad zu fahren, zu tanzen, Callalo zu löffeln und sich mit dem Nine Mornings Festival in Weihnachtsstimmung zu bringen. Diese einzigartige vincentische Tradition soll über 100 Jahre alt sein und regt mit aufeinander folgenden Chorgesängen vor der Dämmerung die Fantasie aller Besucher an.

Vor Ort: Der internationale Flughafen Saint Vincent liegt im Süden der Insel. Strände gibt's zwar auch auf Saint Vincent (Young Island ist sehr beliebt), doch die besten findet man auf den Grenadinen. Canouan und Bequia, das eine lebhafte Nine-Mornings-Tradition hat, bieten auch herrliche Strände. Einige der besten Schnorchel- und Segelstellen der Karibik sind vor den winzigen Tobago Cays zu finden.

Gut zu wissen: Flüge und Fähren verbinden Saint Vincent mit den Grenadinen; Tobago Cays besucht man am besten per Segeljacht oder auf Tagestrips ab Union Island.

Wann sonst? Dez.–Mai: warm, recht trocken; Juni–Nov.: heiß, verregnet.

SCHOTTLAND

Warum jetzt? Das Jahresende beim Hogmanay zelebrieren

Sekt? Bleigießen? Langweilig! Bei dieser Silvesterparty trägt man flammende Bälle, Fässer oder Fackeln durch schottische Städte. Angeblich geht das traditionelle Hogmanay-Feuerfest auf alte Wikingerbräuche zur Wintersonnenwende zurück; manche behaupten auch, es sollte böse Geister vertreiben. Die feurigen Feste werden in verschiedenen Teilen Schottlands auf einzigartige Weise gefeiert. Inverness schmeißt eine Open-Air-Party mit Musik und Feuerwerk, in Comrie in Perthshire werden große Fackeln (Birkenstäbe mit geteerten Lumpen) angezündet und in Biggar baut man ein riesiges Freudenfeuer. Ein Dudelsackspieler führt einen Umzug mit schwingenden Feuerbällen durch Stonehaven, und in Dufftown, der „Malt-Whisky-Hauptstadt der Welt", endet der jährliche Hogmanay-Ceilidh mit Whisky auf dem Rathausplatz. Die größte Party findet aber in Edinburgh statt: mit einem riesigen Fest auf der Princes Street, einem Open-Air-Konzert, Feuerwerk und einem einsamen Dudelsackspieler auf den Schlossmauern.
Vor Ort: Vorab buchen und genug Feierlaune mitbringen!
Gut zu wissen: Die Stadt Burghead ignoriert den gregorianischen Kalender und feiert Hogmanay am 11. Januar mit einem *clavie*-Umzug: Auf einem nahen Hügel wird ein mit Holzdauben gefülltes Fass angezündet.
Wann sonst? April–Sept.: am wärmsten und trockensten (Mai–Ende Sept.: Mücken); Okt.–März: kälter, regenreicher (Dez.–Feb.: Schnee weiter oben wahrscheinlich).

Beim Hogmanay bringt das Feuerwerk den Himmel über Edinburgh zum Leuchten

NEW ORLEANS
USA

Warum jetzt? Bon Noël im Big Easy Im Dezember ist man in Louisiana zwar zu früh dran für Mardi Gras und die Umzüge, die ab Anfang Januar vor dem „Fat Tuesday“ stattfinden. Dafür ist weniger los und man hat bessere Chancen auf ein freies Hotelzimmer (vielleicht sogar ermäßigt). Der Dezember ist trocken und kühl, aber trotzdem angenehm, und die Stadt versprüht weihnachtlichen Charme: Schmiedeeiserne Balkone und Straßenbahnen sind mit glitzernden Lichtern und Girlanden geschmückt, in der St. Louis Cathedral gibt's Weihnachtskonzerte und Restaurants servieren vergängige Réveillon-Abendessen zu Festpreisen – eine kreolische Tradition. Und die Klassiker sind so fesselnd wie immer: Jazz-Clubs, die altbewährte Eleganz im French Quarter und Garden District und Dampfboote auf dem Mississippi – nur ohne die Touristenmassen.

Vor Ort: Eine stimmungsvolle Unterkunft im French Quarter bucht man besser vorab, auch in der Nebensaison.

Gut zu wissen: St. Charles, die angeblich älteste durchgehend betriebene Straßenbahn der Welt, verkehrt seit 1835. Heute fahren die salbeigrünen Waggons einen 21 km langen Bogen durch die Stadt – Einblick in das Leben von New Orleans für 1,25 US$.

Wann sonst? Feb.–Mai: warm, reichlich Musik und Events; Juni–Sept.: heiß, regnerisch, Hurricanes möglich; Okt.–Nov.: Herbst, angenehm; Dez.–Jan.: kühler, ruhiger.

Ein Saxophonist genießt den Applaus in der Preservation Hall, New Orleans

Kultur
Essen & Trinken

RUND UM NEW ORLEANS

BAYOU SAUVAGE NATIONAL WILDLIFE REFUGE • 25 KM • Sümpfe voller Alligatoren

EVERGREEN PLANTATION, EDGARD • 82 KM • Besterhaltener Plantagenkomplex der Südstaaten

MOBILE, ALABAMA • 233 KM • Kleines New Orleans, lebhafte Musikszene und Mardi Gras

MONTGOMERY, ALABAMA • 511 KM • Bürgerrechtsbewegung und Hank Williams

REGISTER

A

B

O

P

Q

R

S

T

Y

Z

BILDNACHWEIS

S. 8–9: © Scorpp / Shutterstock, © AJP / Shutterstock, © sarah1810 / Shutterstock, © lavenderdays / Shutterstock, © Kateryna Larina / Shutterstock, © Pete Seward / Lonely Planet, © Ikunl / Shutterstock, © Marco Simoni / Getty Images, © Justin Foulkes / Lonely Planet, © ostill / Shutterstock, Emi Cristea / Shutterstock, © agap / Shutterstock, © Oleg Znamenskiy / Shutterstock

S. 11: © AJP / Shutterstock, © Kateryna Larina / Shutterstock, © Pete Seward / Lonely Planet, © Ikunl / Shutterstock, © Justin Foulkes / Lonely Planet, © ostill / Shutterstock, Emi Cristea / Shutterstock, © agap / Shutterstock, © Jess Kraft / Shutterstock, © Pete Seaward / Lonely Planet, © Eric Isselee / Shutterstock, © samart boonyang / Getty Images

S. 32–33: © Justin Foulkes / Lonely Planet, © Matt Munro / Lonely Planet, © Eric Reitsma/ 500px, © Tom Robinson / Lonely Planet, © Roman Marutov / 500px, © soft_light / Shutterstock, © Image Source / Getty Images, © Kjersti Joergensen / Shutterstock, © Vilainecrevette / Shutterstock, © fizkes / Shutterstock, © Sergey Didenko / Shutterstock, © khanbm52 / Shutterstock, © Butterfly Hunter / Shutterstock, © Vixit / Shutterstock, © Andres Virviescas / Shutterstock, © feathercollector / Shutterstock

S. 35: © Sara Winter / Shutterstock, © ESOlex / Shutterstock, © Tom Robinson / Lonely Planet, © Vladislav Gajic / Shutterstock, © Kjersti Joergensen / Shutterstock, © Andres Virviescas / Shutterstock, © Boyloso / Shutterstock, © Butterfly Hunter / Getty Images, © fizkes / Shutterstock, © Feng Wei Photography / Getty Images, © Justin Foulkes / Lonely Planet, © dni / Budget Travel, © feathercollector / Shutterstock, © khanbm52 / Shutterstock, © Eduardo Rivero / Shutterstock, © Vixit / Shutterstock.

S. 56–57: © Mark Read / Lonely Planet, © Luca Quadrio / 500px, © Gualtiero Boffi / Shutterstock, © A'lya / Shutterstock, © Matt Munro / Lonely Planet, © Andrew Montgomery / Lonely Planet, © Rob Hopkins / 500px, © f11photo / Shutterstock, © John Harper / Getty Images, © vvvita / Getty Images, © Jonathan Gregson / Lonely Planet, ©Mark Read / Lonely Planet, © modelmeemaw / Budget Travel, © Philip Lee Harvey / Lonely Planet, © Mark Read / Lonely Planet, © Mark Read / Lonely Planet, © Leungchopan / Shutterstock,

S. 59: © Jonathan Gregson / Lonely Planet, © CandyBox Images / Shutterstock, © Mark Read / Lonely Planet, © Mark Read / Lonely Planet, © Dominique de La Croix /Shutterstock, © Leungchopan / Shutterstock, © Silroby80 / Shutterstock, © Det-anan / Shutterstock, © Andrew Montgomery / Lonely Planet, © Eric Lafforgue / Lonely Planet, © A'lya / Shutterstock, © Dave G Kelly / Getty Images, © Matt Munro / Lonely Planet, © Anandoart / Shutterstock, © Leksele / Shutterstock

S. 80–81: © Willoiam Sharrow / Lonely Planet, © Andrew Montgomery / Lonely Planet, © Peter Novacco / 500px, © Nora De Angelli / 500px, © Pavel Yablochkin / 500px, © Mark Read / Lonely Planet, © AS Food studio / Shutterstock, © Mark Read / Lonely, Planet, ©Stas Kulesh / 500px, © Mark Read / Lonely Planet, © Zhao jian kang / Shutterstock, © Nantpipat Vutthisak / Shutterstock, © Matt Munro / Lonely Planet, ©David Parsons / Getty Images, © randy09 / Budget Travel, © BlueOrange Studio / Shutterstock, ©Mountainpix / Shutterstock, © Ecuadorpostales / Shutterstock, © Rachel Mackay / Lonely Planet.

S. 83: © Rachel Mackay / Lonely Planet, © BlueOrange Studio / Shutterstock, © Viacheslav Lopatin/ Shutterstock, © Matt Munro / Lonely Planet, © Nantpipat Vutthisak / Shutterstock, © Eric Isselee / Shutterstock, © Alain Dandoy / 500px, © Zhao jian kang / Shutterstock, © George Burba / Getty Images, © Perfect Lazybones / Shutterstock.

S. 104–105: © Mark Read / Lonely Planet, © Mark Read / Lonely Planet, © Ostill / Shutterstock, © Mark Read / Lonely Planet, © Mark Read / Lonely Planet, © AndamanSE/ Getty Images, © Skryl Sergey / Shutterstock, © Konstantin Yolshin / Shutterstock, © Paul Morton/ Getty Images, © Matt Munro / Lonely Planet, © Matt Munro / Lonely Planet, © nancpratt / Budget Travel, © Philip Lee Harvey / Lonely Planet, © Julian Love / Lonely Planet, ©Eli Asenova / Getty Images, © Bill Dic / Getty Images, © Barry Kusuma / Getty images.

S. 107: © Leoks / Shutterstock, © Mark Read / Lonely Planet, © Jeff Hunter / Getty Images, © Paul Morton / Getty Images, © Nancpratt / Budget Travel, © Eli Asenova / Getty Images, © Ostill / Shutterstock, © WR Mekwi / Getty Images, © Bill Dic / Getty Images, © SergiyN / Shutterstock, © Barry Kusuma / Getty Images, © Mark Read / Lonely Planet.

S. 128–129: © Rui G Santos/ Shutterstock, © Sivan Askayo / Lonely Planet, © M. Unal Ozmen / Shutterstock, © Jakub Cejpek / Shutterstock, © Pete Seaward / Lonely Planet, © Ethan Daniels / Shutterstock, © bberwyn / Budget Travel, © Vitaly Edush / Getty Images, ©Cory Schadt / 500px, © Pete Seaward / Lonely Planet, © Przemyslaw Skibinski / Shutterstock, © Mark Read / Lonely Planet, © Shutterstock, ©JPRichard / Shutterstock, © Christian Krieglsteiner / 500px, © Smileus / Shutterstock, © Matt Munro / Lonely Planet, ©Lottie Davies / Lonely Planet.

S. 131: ©Shutterstock, © Rich Carey / Shutterstock, © Magdalena Paluchowska / Shutterstock, © kkaplin / Shutterstock, © ZM_Photo / Shutterstock, © M. Unal Ozmen / Shutterstock, © Galina Savina / Shutterstock, © Matt Munro / Lonely Planet, ©Ekaterina Marory / Getty Images, © Anna Azimi / Shutterstock,.

S. 152–153: © kabVisio / Getty Images, © Netfalls - Remy Musser / Shutterstock, © Mark Read / Lonely Planet, © apinunrin / Getty Images, © Sarah Coghill / Lonely Planet, © Mariyana M / Shutterstock, © StevenSchremp / Getty Images, © Matt Munro / Lonely Planet, © Matej Kastelic / Shutterstock, © Incredible Arctic / Shutterstock, © Katiekk / Shutterstock, © George Burba / Getty Images, © Vicky SP / Shutterstock, © Mark Read / Lonely Planet, © rmnunes / Getty Images.

S. 155 © StevenSchremp / Getty Images, © Chase Dekker Wild-Life Images / Getty Images, © Matej Kastelic / Shutterstock, © Mark Read / Lonely Planet, © Khalisa / Budget Travel, ©Vicky SP / Shutterstock, © rmnunes / Getty Images, © Anan Kaewkhammul / Shutterstock, © Grisha Bruev / Shutterstock, © Katiekk / Shutterstock, © Matt Munro / Lonely Planet.

S. 176–177: © Sarymsakov Andrey / Shutterstock, © Africa Studio / Shutterstock, © Dudarev Mikhail / Shutterstock, © Jupiterimages / Getty Images, © Ikunl / Shutterstock, © ex0rzist / Shutterstock, © EpicStockMedia / Shutterstock, © Roman Sigaev / Shutterstock, © Svilen Georgiev / Shutterstock, © DGLimages / Shutterstock, © Aaltair / Shutterstock, © Jiri Foltyn / Shutterstock, © Matt Munro / Lonely Planet, © Ehtesham / Shutterstock, © Jeffrey T. Kreulen / Shutterstock, © Mark Read / Lonely Planet, © Jonathan Gregson / Lonely Planet.

S. 179: © Chameleons Eye / Shutterstock, © Ex0rzist/Shutterstock, © Ethan Daniels / Shutterstock, © Aaltair/ Shutterstock, © Saman527 / Shutterstock, © EpicStockMedia / Shutterstock, © Natursports / Shutterstock, © Matt Munro / Lonely Planet, © Ehtesham / Shutterstock, © Jupiterimages / Getty Images.

S. 200–201: ©Carla Nichiata / Getty Images, © Lisovskaya Natalia / Shutterstock, © demarcomedia / Shutterstock, © Matt Munro / Lonely Planet, © Mark Read / Lonely Planet, © HLPhoto / Shutterstock, © ISchmidt/ Shutterstock, © Andrew Montgomery / Lonely Planet, © Scisetti Alfio / Shutterstock, © Zhang Kan / Shutterstock, © Myles New / Lonely Planet, © Kapulya / Getty Images, © AHPix / Shutterstock, © Teo Jioshvili / Lonely Planet, © Nithid / Shutterstock, © Swayamsiddha Mohapatra / Lonely Planet

S. 204: © Mara Ze / Shutterstock, © Kapulya / Getty Images, © Moises Fernandez Acosta / Shutterstock, © ISchmidt / Shutterstock, © Fotosearch / Getty Images, © Martin Kraft / Shutterstock, © Gualberto Becerra / Shutterstock, © Carla Nichiata / Getty Images, © demarcomedia / Shutterstock, © Det-anan / Shutterstock, © Sinoptik61 / Shutterstock.

S. 224–225: © Kanea / Shutterstock, © Rawpixel.com / Shutterstock, © Kelly Cheng Travel Photography / Getty Images, © theskaman306 / Shutterstock, © Gary Latham / Lonely Planet, © Fulcanelli / Shutterstock, © Michael G Smith / Shutterstock, © Colin D. Young / Shutterstock, © KKulikov / Shutterstock, © Ivoha / Shutterstock, © serenarossi / Shutterstock, © Nadezda Zavitaeva / Shutterstock, © Roberto Zampino / Lonely Planet, © Alex Helin / Shutterstock, © prapass / Shutterstock, © John Bill / Shutterstock, © sarsmis / Shutterstock.

S. 227: © Prapass / Shutterstock, © Michael G Smith / Shutterstock, © Alex Helin / Shutterstock, ©Luciano Queiroz / 500px, © Jareso Shutterstock,© chbaum / Lonely Planet, © Jan Kratochvila / Shutterstock, © Alberto Loyo / Shutterstock, © Lottie Davies / Lonely Planet, © theskaman306 / Shutterstock, © Kanea / Shutterstock,.

S. 248–S. 249: © Loic Lagarde / Getty Images, © Sergio Ballivian/ 500px, © Sergey Nivens / Shutterstock, © Alexnika / Shutterstock, © Bonchan/ Shutterstock, © Alex Segre / 500px, © Gordon Bell / Shutterstock, © Handmade Pictures / Shutterstock, © Bumihills / Shutterstock, © Lukiyanova Natalia / frenta / Shutterstock, © Gillmar / Shutterstock, © Honza Krej / Shutterstock, © Iakov Kalinin / Shutterstock, © John Bill / Shutterstock, © bikeriderlondon / Shutterstock, © ff9photos / Shutterstock

S. 251: © Handmade Pictures / Shutterstock, © Jumnong / Shutterstock, © leoks / Shutterstock, © Russ Nordstrand / 500px, © Cowardlion/ Shutterstock, © John Bill / Shutterstock, © bikeriderlondon / Shutterstock, © Tatiana Bralnina / Shutterstock, © cRutigliano / Shutterstock

S. 272–273: © Itziar Telletxea / Shutterstock, © Joseph Sohm / Shutterstock, © Justin Black / Shutterstock, © Kjeld Friis / Shutterstock, © Natali Zakharova / Shutterstock, © klmoore2 / Lonely Planet, © Andrea Obzerova / Shutterstock, © Nikolay Litov / Shutterstock, © ksena2you / Shutterstock, © f9photos / Shutterstock, © John Walker / Shutterstock, © R.Babakin / Shutterstock, © Pete Seaward / Lonely Planet, © Mark Read / Lonely Planet, © Yuttasak Jannarong / Shutterstock, © Alessandro Colle / Shutterstock, © Artush / Shutterstock.

S. 275: © Philip Lange / Shutterstock, © Joseph Sohm / Shutterstock, © Justin Black / Shutterstock, © Shutterstock, © Kjeld Friis / Shutterstock, © Take Photo / Shutterstock, © Artush / Shutterstock, © Nikolay Litov / Shutterstock, © Samot / Shutterstock, ©Matt Munro / Lonely Planet.

Titel der englischen Ausgabe
WHERE TO GO WHEN
1. Auflage Dezember 2016
Herausgegeben von Lonely Planet Global Limited
CRN 554153
www.lonelyplanet.com

Autoren Sarah Baxter & Paul Bloomfield

Managing Director, Publishing Piers Pickard
Associate Publisher & Commissioning Editor Robin Barton
Redakteure Simon Williamson, Matt Phillips, Tasmin Waby, Ross Taylor
Art Direction Daniel Di Paolo
Layout Mariana Sameiro
Herstellung Larissa Frost, Nigel Longuet

Verlag der deutschen Ausgabe
MAIRDUMONT GmbH & Co. KG
Marco-Polo-Straße 1, 73760 Ostfildern
www.mairdumont.com, www.lonelyplanet.de
Projektbetreuung Andrea Wurth
Übersetzung Holger Mühl, Claudia Riefert, Svenja Tengs, Katja Weber
Redaktion und Produktion Verlagsbüro Wais & Partner, Stuttgart (Thomas Grimpe, Rainer Maucher, Kai Wieland)
Abbildungen Fotos © wie angegeben
9. Auflage 2023
ISBN 978-3-8297-2664-1
Printed in Malaysia